예문으로 익히는
한러 사전

문예림

가	야	거	겨	고	교	구	규	그	기
ga	gya	geo	gyeo	go	gyo	gu	gyu	geu	gi
9	—	27	34	43	57	58	67	68	79
나	냐	너	녀	노	뇨	누	뉴	느	니
na	nya	neo	nyeo	no	nyo	nu	nyu	neu	ni
90	—	101	103	103	—	110	—	112	—
다	댜	더	뎌	도	됴	두	듀	드	디
da	dya	deo	dyeo	do	dyo	du	dyu	deu	di
114	—	133	—	138	—	148	—	151	—
라	랴	러	려	로	료	루	류	르	리
ra	rya	reo	ryeo	ro	ryo	ru	ryu	reu	ri
156	—	156	—	157	—	—	—	—	157
마	먀	머	며	모	묘	무	뮤	므	미
ma	mya	meo	myeo	mo	myo	mu	myu	meu	mi
157	—	169	172	174	—	179	—	—	187
바	뱌	버	벼	보	뵤	부	뷰	브	비
ba	bya	be	byeo	bo	byo	bu	byu	beu	bi
192	208	208	210	212	—	221	—	—	—
사	샤	서	셔	소	쇼	수	슈	스	시
sa	sya	seo	syeo	so	syo	su	syu	seu	si
235	252	253	266	266	—	274	—	281	283
아	야	어	여	오	요	우	유	으	이
a	ya	eo	yeo	o	yo	u	yu	eu	i
300	313	316	327	341	350	352	365	368	373
자	쟈	저	져	조	죠	주	쥬	즈	지
ja	iya	jeo	jyeo	jo	jyo	ju	iyu	jeu	ji
392	—	406	—	425	—	432	—	441	442
차	챠	처	쳐	초	쵸	추	츄	츠	치
cha	chya	cheo	chyeo	cho	chyo	chu	chyu	cheu	chi
453	—	459	—	462	—	463	—	468	468
카	캬	커	켜	코	쿄	쿠	큐	크	키
ka	kya	keo	kyeo	ko	kyo	ku	kyi	keu	ki
471	—	471	—	472	—	—	—	472	473
타	탸	터	텨	토	툐	투	튜	트	티
ta	tya	teo	tyeo	to	tyo	tu	tyu	teu	ti
474	—	477	—	478	—	479	—	480	482
파	퍄	퍼	펴	포	표	푸	퓨	프	피
pa	pya	peo	pyeo	po	pyo	pu	pyu	peu	pi
483	—	485	485	486	488	489	—	490	490
하	햐	허	혀	호	효	후	휴	흐	히
ha	hya	heo	hyeo	ho	hyo	hu	hyu	heu	hi
492	—	507	509	512	—	—	520	520	521

머리말

 예문으로 익히는 **한러사전**은 러시아어 학습자들을 위한 기본 단어 사전으로서, 학습효과를 최대화하기 위해 보다 쉽고, 이해하기 쉽고, 암기하기 쉽도록 배려하였으며, 특히 초보자가 쉽게 러시아어와 친숙해지도록 상용 예문을 엄선하였다.
 러시아어 학습은 기본 문형과 상용어휘를 철저히 습득하는 것이 중요하며, 따라서 사용도가 높은 기본 단어를 적절한 예문을 통하여 이해하고 기억하는 것이 확실한 학습 방법이라고 하겠다.
 본 사전은 학습자다 알아야 할 사항, 이해하기 어렵거나 오해의 소지가 있는 부분에 대해서 가능한 한 상세하게 설명하여 러시아어의 이해를 돕고자 했다. 따라서 본 사전은 이해를 목적으로 한 사전임을 밝혀둔자.
 본 사전이 채택한 5,000여 기본 단어를 예문을 통해 익힌다면 중급의 수준에서 러시아어의 8할 정도를 이해할 수 있다고 판단된다. 러시아어 학습에 많은 발전이 있기를 기대한다.

2002년 1월
슬라브 연구원 최숭

순 서

ㄱ ——————— 9
ㄴ ——————— 90
ㄷ ——————— 114
ㄹ ——————— 156
ㅁ ——————— 157
ㅂ ——————— 192
ㅅ ——————— 235
ㅇ ——————— 300
ㅈ ——————— 392
ㅊ ——————— 453
ㅋ ——————— 471
ㅌ ——————— 474
ㅍ ——————— 483
ㅎ ——————— 492
부록 ——————— 525

가까운　　　[형] БЛИЗКИЙ [bl'i sk'ij]

1) 가까운 친척 — бли́зкий ро́дственник, 비슷한 의견 бли́зкие мне́ния
2) 산이 가까워 보였다. — Го́ры каза́лись бли́зкими
3) 나는 가까운 거리에서 그것을 관찰했다. — Я наблюда́л э́то на бли́зком расстоя́нии.
4) 그는 나와 아주 친한 친구이다. — Он мой ближа́йший друг.
5) 나는 어머니댁과 아주 가까이에서 살고 있다. — Я живу́ совсе́м бли́зко от ма́тери.
6) 아주 가까운 시일안에 В ближа́йшем бу́дущем

~가까이　　　[전] ПРИ [pr'i]

1) 문옆의 벽에 그림이 걸려 있다. — На стене́ при две́ри виси́т карти́на.
2) 우리 공장에는 좋은 식당이 있다. — У нас при заво́де хоро́шая столо́вая.
3) 걱정마세요, 내가 당신과 함께 있을께요 — Не беспоко́йтесь, я бу́ду при вас.
4) 이 책은 작가의 생존시에 출간되었다. — Э́та кни́га вы́шла в свет при жи́зни писа́теля.
5) 당신은 그러한 건강상태로는 그곳에 갈 수 없다. — Вы не мо́жете е́хать туда́ при тако́м здоро́вье.
6) 그는 네 앞에서는 아무 것도 말하지 않을 것이다. — Он при тебе́ ничето́ не ска́жет.

가능하다

1) 가능한 빨리 — как можно скорее
2) 이 책은 아직 살 수 있다. — Эту книгу ещё мо́жно купи́ть.
3 흡연지역 Здесь можно курить.

가능하다   술 возмо́жно [vazmóʒnə]

1) 저녁 때까지 우리는 일을 마칠 수 있을 것이다. — Возмо́жно, что к ве́черу мы зако́нчим рабо́ту.
2) 비가 올지도 모르겠다. — Возмо́жно, бу́дет дождь.
3) 나는 아마 떠나야 할 것 같다. — Мне, возмо́жно, придётся уехать.

가능한   형 возмо́жный [vazmóʒnij]

1) 그들은 무엇이든 할 수 있을 것 같은 생각을 가지고 있다. — Им все ка́жется возмо́жным.
2) 우주연구의 많은 성과들은 우리시대에 와서야 가능한 것이었다. — Мно́гие достиже́ния в изуче́нии ко́смоса ста́ли возмо́жными то́лько в наше вре́мя
3) 저녁에 비가 올 것이다. — Ве́чером возмо́жен дохдь

가다   불완 정 идти́ [it't'i] 《 (부정) ходи́ть 》

1) 어디로 가십니까? — Куда́ вы идёте?
2) 공원에 갑니다. — Я иду́ в парк.
3) 저기 버스가 온다. — Вот идёт авто́бус.
4) 지금은 시험기간이다. — Сейча́с иду́т экза́мены.
5) 영화관에는 재미있는 영화를 상영하고 있다 — В кинотеа́тре идёт интере́сный фильм.

6) 길은 호수로 통한다. — Доро́га идёт к о́зеру.
7) 당신 시계는 정확합니까? — Ва́ши часы́ иду́т то́чно?
8) 어제도 오늘도 비가 왔다. — И вчера́ и сего́дня шёл дождь.
9) 이 외투는 당신에게 잘 어울린다.
 — Э́топла́тье вам о́чень идёт.
10) 그 여자에게는 붉은 색이 잘 어울린다. — Ей о́чень идёт кра́сный цвет.
 11 가두시위 у́личная демонстра́ция

가득찬   형 по́лннй [pólnij]

1) 풀 세트 по́лннй компле́кт, 작품전집 по́лное собра́ние сочине́нии, 보름달 по́лная луна́, 대승 по́лная побе́да
2) 홀은 사람들로 가득찼다. — Зал по́лон наро́ду.
3) 차량은 벌써 만원이다. — Ваго́н уже́ по́лон.
4) 이 나라는 현재 완전한 독립국가이다. — Эта страна́ тепе́рь нахо́дится в по́лной незави́симости.

가르치다   불완 учи́ть [utʃ'ítʼ]

1) 그녀는 내게 피아노를 가르친다. — Она́ у́чит меня́ игра́ть на роя́ле.
2) 나는 매일 교과서에서 새로운 단어를 익힌다.
 — Я ка́ждний день учу́ но́вне слова́ из уче́бника.

가리키다   완 указа́ть [ukazátʼ] ((불완 ука́зывать))

1) 선생님은 내가 틀린 곳을 지적해 주셨다.
 — Учи́тель указа́л мне на оши́бку.

가격 [예] цена́ [tsiná]

1) 구입가격 поку́пная цена́, 소매가격 рознйчная цена́, 정가 Твтёрдая цена, 가격인상(인하) повыще́ние(сниже́ние) цена, 생명을 바쳐 цено́йижи́зни
2) 한국에서는 땅값이 계속 오르고 있다. — Це́ны на зе́мпю в Коре́е постоя́нно расту́т.
3) 음악회 입장권은 2루블이다. — Цена́ биле́та на конце́рт два рубля́

가공 [여] обрабо́тка [abrabótkə]

1) 가공무역 вне́щняя торго́вля обрабо́тки.
2) 이곳 주민들은 주로 농경에 종사한다.
— Жи́тели здесь главнюм о́бразом, занима́тся обрабо́ткой земли́.
[3] 가공산업 обрабатывающая промыщленность

가구 [여] ме́бель [m'éb'l']

1) 얼마 전에 그들은 예쁘고 편안한 가구를 장만했다. — Неда́вно они́ купи́ли краси́вую мя́гкую ме́бель.
[부] иногда́ [inagodá]

1) 나는 가끔 그들을 지하철에서 만난다.
— Иногда́ я встреча́ю их в метро́.

가난 [여] беда́ [b'ıdá]

1) 그는 내가 어려울 때 도움을 주었다.
— Он помо́г мне в беде́.
2) 그는 가난한 가정에서 태어났다. — Он роди-

лся в бедной семье.
3) 이 단편은 조잡하다. — Этот рассказ написан бедным языком.
4 가난뱅이 **бедня́к**
5 불행하게도 **на беду́**
6 가난은 죄가 아니다. — Бе́дность не поро́к.

가난한 　 형 **бе́дный** [bétnij]

1) 작가는 가난한 농사꾼의 가정에서 태어났다.
— Писа́тель роди́лся в бе́дной крестья́нской семье́.

가느다란 　 형 **то́нкий** [tónk'ij] 〔비〕 то́ньше

1) 정밀한 기계 **то́нкий механи́зм**, 까다로운 일 **то́нкое де́ло**, 예리한 풍자 **то́нкий ю́мор**, 예리한 비판 — **то́нкая кри́тика**
2) 이 종이는 너무 얇다. — Э́та бума́га сли́шком тонка́.
3) 강물은 아직 살얼음 뿐이다. — Лёд на реке́ ещё совсе́м то́нкий.

가능성 　 여 **возмо́жность** [vazmósnost']

1) 기회균등의 원칙 **при́нцип ра́вных возмо́жностей**, 자금 — **материа́льные возмо́жности**.
2) 당신은 행복의 가능성을 믿어야 합니다.
— Вам на́до ве́рить в возмо́жность сча́стья.
3) 이것으로 그의 창작능력을 판단할 수가 있다.
— По э́тому суди́ть о его́ тво́рческих возмо́жностях.

가능하다 　 술 **мо́жно** [mózna]

가방(서류)

— Учи́тель указа́л мне на оши́бку.
2) 교수는 이 문제에 대한 참고 문헌을 말씀해 주셨다. — Προфе́ссор указа́л литерату́ру по э́тому вопро́су.
3) 그녀는 나의 실수를 자주 지적해주곤 했다. — Она́ ча́сто ука́зывала мне на оши́бки.
4) 그는 일을 어떻게 처리해야 하는지 우리에게 지시한 적이 없다. — Он никогда́ не ука́зывал нам, как вести́ рабо́ту.

가방(서류)　[남] портфе́ль [partfél']

1) 무임소장관　мини́стр без портфе́ля
2) 서류는 가방 속에 있다. — Бума́ги лежа́т в портфе́ле.

가벼운　[형] лёгкий [l'óxk'ij]

1) 경음악　лёгкая му́зыка, 중공업　лёгкая промы́шленность
2) 이 가방은 아주 가볍다. — Э́та су́мка о́чень лёгкая.
3) 이 문제는 그에게 쉬운 것 같았다. — Вопро́с ему́ каза́лся лёгким.

까뻬이카　[여] копе́йка [kap'ejkə]

1) 마지막 동전 한닢까지　до после́дней копе́йки, 정확히　копе́йка в копе́йку, 수전노　копе́йчная душа́
2) 이 책은 40 까뻬이카이다. — Кни́га сто́ит со́рок копе́ек.

가스　[남] газ [gas]

1) 천연가스　приро́дный газ, 방귀　га́зы

2) 가스 냄새가 난다. — Я чувствую запах газ.
3) 이 기체의 화학성분을 규명해야 한다.
— Нужно определить химический состав э́того га́за.
4) 형은 가스 공장에 취직했다. — Брат поступи́л рабо́тать на газовый заво́д.
5 가스 파이프 газопрово́д, 가스난로 га́зовая печь.

가슴 예 грудь [grút']

1) 모유 гру́дное молоко́, 젖먹이 때에 в гру́дном во́зрасте.
2) 나는 가슴이 아프다. — У меня́ воли́т грудь.
3) 그녀는 아기에게 젖을 물리고 있다. — Она́ даёт грудь ребёнку.

가엽게 술¹ 뭐² жа́лко [ʒálkə]

1) 나는 이 개가 가엽다. — Мне жа́лко э́ту соба́ку.
2) 나는 시간이 아깝다. — Мне жа́лко вре́мени.
3) 네가 우리와 함께 할 수가 없어 유감이다.
— Нам жа́лко, что ты не бу́дешь с на́ми.

가엽다 술 жаль [ʒál']

1) 그를 쳐다보면 애처롭다. — Жаль смотре́ть на него́.
2) 그는 지난 날을 아쉬워 한다. — Ему́ жаль про́шлого.
3) 그가 오지 않는다면 섭섭할 것이다. — Жаль, если вы не придёте.
4) 나는 시간이 아깝다. — Мне жаль вре́мени.

가운데 예 середи́на [s'ır'ıd'ínə]

~가운데에

1) 마을 한복판에 в середи́не дере́вни, 한 여름에 середи́на ле́та, 담화 중에 — в середи́не бесе́ды
2) 그녀는 테이블 중앙에 꽃병을 놓았다.
 — Она́ поста́вила ва́зу на середи́ну стола́.
3) 7월 중순은 푹푹 찐다. — В середи́не юля бы́ли жа́ркие дни.

~가운데에 전 среди́ [sr'ıd'i]

1) 우리들 중에 среди́ нас, 한밤중에 среди́ но́чи
2) 자동차가 광장 한가운데에 멈췄다. — Автомоби́ль останови́лся среди́ пло́щади.
3) 학생들 중에는 운동선수들이 많다. — Среди́ студе́нтов мно́го спортсме́нов.

가위 복 но́жницы [nóʒn'its'i]

1) 내 가위가 어디에 있는지 아십니까? — Вы зна́ете, где нахо́дятся мои́ но́жницы?
2) 점원이 커다란 가위로 천을 자른다. — Продаве́ц отреза́ет ткань больши́ми но́жницами.

가을 여 о́сень [ós'in']

1) 늦가을 глубо́кая о́сень, 가을에 о́сенью
2) 그녀는 가을맞이 준비를 하고 있다.
 — Она́ гото́вится к о́сени.
3) 학교수업은 가을에 시작된다.
 — Заня́тия в шко́лах начина́ются о́сенью.
4 가을비 осе́нний дождь.

가입 중 вступле́ние [fstuplénıə]

1) 2학년이 되자 그들은 학생공부 그룹에 가입했다. — На втором курсе они вступили в студенческое научное общество.

가장   뷔 наиболее [nəiból'ljə]

1) 가장 아름다운 아가씨 наиболее красивая женщина
2) 그는 문제의 가장 쉬운 해결방법을 찾아냈다. — Он нашёл наиболее лёгкий способ решения задачи.
3 가장 좋은 것 самое лучшее

가져다 주다 불완 подавать [pədavát'] ((완 подать))

1) 몇시에 아침을 가져다 드릴까요? — В котором часу подавать вам завтрак?
2) 그는 항상 나를 도와 준다. — Он всегда подаёт мне помощь.
3) 8시에 차를 보내 주십시오 — Подайте мне машину в восемь часов.
4) 모스크바행 비행기는 몇번 문입니까? — На какой выход подали самолёт на Москву?

가져오다 완 принести [pr'in'ıs't'í] ((불완 приносить))

1) 아이스크림을 가져다 주세요 — Принесите мне мороженое.
2) 나는 재미있는 책을 당신에게 가져왔습니다. — Я принёс вам интересную книгу.
3) 당신의 편지는 우리에게 항상 커다란 즐거움을 가져다 줍니다. — Ваше письмо всегда приносит нам большую радость.

가족   여 семья [s'ım'já]

가지

1) 대가족 **большáя семья́**, 단란한 가정 **дрýжная семья́**, 온 가족 **всей семьёй**
2) 휴일마다 온 가족이 식탁에 둘러 앉았다.
— По прáздникам за столóм собирáлась вся семья́.

3 친족관계 **рóдственные отношéния**.

가지   예 **вéтка** [v'étkə]

1) 어린가지 **молóденькие вéтки**
2) 새가 나뭇가지에 앉았다. — Птúца сéла на вéтку.

가지고 가다   불완 **нестú** [n'ıs't'i] 《 [부정] носúть 》

1) 그녀는 아이를 안고 간다. — Онá несёт ребёнка на рукáх.
2) 그는 등에 자루를 메고 간다. — Он нёс мешóк на спинé.
3) 바다에서 축축한 공기가 풍겨왔다. — С мóря неслó сыры́м вóздухом.
4) 바람이 구름을 몰아간다. — Вéтер несёт тýчи.

가지고 다니다   불완 **носúть** [nas'it'] 《 [정] нестú 》

1) 그는 매일 우리에게 우유를 가져다 준다.
— Он кáждый день нóсит нам молокó.
2) 이 가방에는 책이 들어 가겠다. — В э́той сýмке мóжно носúть кнúги.
3) 그는 항상 검은 옷을 입고 다닌다. — Он всегдá нóсит чёрное.

까지   전 **до** [də]

1) 모스크바에서 상트 뻬쩨르부르그까지의 거리

는 650km이다. — От Москвы́ до Санкт Пе- тербу́рга шестьсо́т пятьдеся́т киломе́тров
2) 우리는 아침부터 저녁까지 일했다.
— Мы рабо́тали с утра́ до ве́чера.
3) 피곤해 미치겠어 — Я уста́л до́ сме́рти.
4) 이것은 아직 전쟁전의 일이다. — Э́то бы́ло ещё до войны́.

가치가 있다 불완 сто́ить [stóit']

1) 이 책은 얼마입니까? 1루블 입니다. — Ско́лько сто́ит э́та кни́га? Она́ сто́ит рубль.
2) 주목할 가치가 없다. — Э́то не сто́ит внима́ния.
3) 이 책은 끝까지 읽을 만하다. — Сто́ит проче́сть э́ту кни́гу.
4) 감사합니다! 천만에요 — Спаси́бо! Не сто́ит.
5) 이 일은 많은 노력을 필요로 하였다. — Э́то сто́ило большо́го труда́.
[6] 상품가격 сто́имость това́ра, 100루블 어치 сто́имостью в сто рубле́й, 가치있는 일 це́нная рабо́та.

각각의¹   대 ка́ждый [káʒdij]

1) 모든 학생은 이것을 알아야 한다. — Ка́ждый учени́к до́лжен знать э́то.
2) 모두 책을 한권씩 가지고 있다. — Ка́ждый име́ет по одно́й кни́ге.

각각의²   형 отде́льный [ad'd'el'nij]

1) 각각의 경우 в ка́ждом отде́льном слу́чае
2) 우리는 모두 자기 책상에 앉았다. — Мы

сиде́ли за отде́льным столо́м.
[3] 은행지점 отделе́ние ба́нка

각양각색의   [형] разнообра́зный [rəznəabr'áʒn'ij]

1) 남쪽지방의 자연은 말 그대로 천차만별이다.
— Приро́да на ю́ге о́чень разнообра́зна.

간단하게   [부]¹ [술]² про́сто [próstə] (비) про́ще

1) 그가 이 일을 하기는 식은 죽 먹기이다.
— Ему́ о́чень про́сто э́то сде́лать.
2) 그는 정말 아무것도 모른다. — Он про́сто ничего́ не зна́ет

간략한   [형] кра́ткий [krátk'ij]

1) 직장상사가 작업과정에 대해 간략한 지시를 했다. — Нача́льник це́ха сде́лал кра́ткое сообще́ние о хо́де рабо́ты.

간섭   [중] вмеша́тельство [vm'ɪʃát'l'stvə]

간신히   [부] едва́ [jɪdvá]

1) 나는 간신히 트렁크를 들어 올렸다.
— Я едва́ по́днял чемода́н.
2) 별이 희미하게 보인다. — Звёзды едва́ видны́
3) 그는 초주검이었다. — Он был едва́ жив.
4) 그는 하마터면 살해당할 뻔했다. — Его́ едва́ ли не уби́ли.

간장   со́евый со́ус

간주하다   [불완] полага́ть [pəlagat']

	1) 그가 옳다고 생각한다. — Полага́ю, что он прав. 2) 내일 출발하려고 생각하고 있다. — Я полага́ю завтра отпра́вится. 3) 간주하다. счита́ть
갈망	стра́стное жела́ние
갈비탕	суп из говя́жьей груди́нки.
감기	남 грипп [gr'íp] 1) 감기약 있으십니까? — У вас есть лека́рство от гри́ппа ? 2 감기 просту́да
감동	глубо́кое впечатле́ние 1) 그의 연설은 청중을 감동시키지 못했다. — Его́ речь не произвела́ впечатле́ния на слу́шателей.
감사하다	불완 благодари́ть [bləgəda'rit'] 《 ~кого за что 》 1) 당신의 도움에 감사드린다. — Благодарю́ вас за по́мощь. 2 사의를 표하다 выража́ть благода́рность, 감사의 표시로 в знак благода́рности.
감상파	сентименталист
감자	남 карто́фель [kartóf'ıl'] 1) 고구마 сла́дкий карто́фель 2) 점심에 우리는 감자를 곁들인 고기를 먹었다.

— На обе́д у нас бы́ло мя́со с карто́фелем.

감정   중 чу́вство [tʃ'ústvə]

1) 자존심 чу́вство со́обственного досто́инства, 책임감 чу́вство отве́тственности
2) 뭔가 잃어버린 듯한 기분이다. — У меня́ тако́е чу́вство, что я что-то забы́л.
3) 그는 어려서부터 동물에 대해 특별한 사랑의 감정을 가지고 있었다. — С де́тства у него́ бы́ло необыкнове́нное чу́вство любови́ к живо́тным.

감행하다   불완 сметь [s'm'ét']

1) 그가 어떻게 이것을 한단 말인가! — Как он сме́ет э́то де́лать!
2) 감히 말씀 드립니다. — Сме́ю сказа́ть.
3 꿈도 꾸지마라! — Не сметь!

갑자기   부 вдруг [vdrúk]

1) 갑자기 비가 내리기 시작했다. — Вдруг пошёл дождь.
2 뜻밖에 неожи́данно

갑자기   부 внеза́пно [vn'ızápnə]

1) 그가 갑자기 왔다. — Он прие́хал внеза́пно.

값진   형 дорого́й [dəragój] (비) доро́же

1) 이것은 매우 비싼 물건이다. — Это о́чень дорога́я вещь.
2) 영웅들을 기억한다는 것은 값진 일이다. — Нам дорога́ па́мять геро́ев.

3) 친애하는 이반 이바노비치! — Дорогой Ива́н Ива́нович!

값진 [형] це́нный [tsénnij]

1) 귀중한 선물 це́нные пода́рки, 중요한 제의 це́нное предложе́ние
2) 당신 생각은 아주 귀중한 것이다. — Ва́ша мы́сль очень ценна.
3) 이것은 아주 값진 선물이다. — Это о́чень це́нный пода́рок

강 [여] река́ [pr'ıká]

1) 상류 верхо́вье реки́, 하류 низо́вье реки́
2) 배가 상류로 올라간다. — Вверх по реке́ идёт парохо́д
3) 마을은 바로 강을 끼고 있다. — Дере́вня стои́т на са́мом берегу́ реки́.

강당 [여] аудито́рия [əuditórijə]

1) 대학강당에서는 외국에서 온 학생들의 강연이 있었다. — В аудито́риях университе́та слу́шают ле́кции студе́нты, кото́рые прие́хали из—за рубежа́.

강력한[1] [형] могу́чии [magútʃij]

1) 막강육군 могу́чая а́рмия, 강국 могу́чая страна́
2) 그의 가슴은 넓고 건장하다. — Грудь у него́ была́ широ́кая, могу́чая.

강력한[2] [형] мо́щный [móʃʃnij]

1) 강력한 무기 мощное оружие, 강력한 국가 мощное государство, 우렁찬 목소리 мощный голос
2) 우리는 농업의 힘찬 발전을 기대하고 있다. — Мы надеемся на мощный рост сельского хозяйства
③ 용량 мощность

강요하다 [완] заставить [zastávit] (([불완] заставлять))

1) 그녀는 나를 두시간이나 기다리게 했다. — Она заставила меня ждать два часа.
2) 너의 대답을 강요하진 않겠다. — Я не заставлю тебя отвечать.
3) 그 무엇도 그가 이일을 하라고 강요하지는 않는다. — Ничто не заставляет его сделать это.

강의 [여] лекция [léktsijə]

1) 문학강의 лекция по литературе
2) 오늘 강의가 몇시간이나 있습니까? — Сколько у вас сегодня лекции?
3) 2학년 한국사 강의는 저명 교수가 담당하고 있다. — На втором курсе лекции по истории Кореи читает известный учёный.

강한 [형] сильный [sɯnij]

1) 설득력있는 논거 сильные доводы, 굳센 의지 сильная воля, 심한 추위 сильный мороз, 지극한 사랑 сильая любовь, 우수한 학생 сильный ученик.
2) 우리 부대는 막강하다. — Наши войска очень сильны.

3) 그는 주먹으로 책상을 세게 쳤다. — Он сильно ударил кулаком по столу.

강화 　[중] укрепле́ние [ukriplénijə]

1) 방어선 ли́ния укрепле́ний
2) 지금 우리는 상호간의 우의를 돈독히 해야만 한다. — Сейча́с необходи́мо укрепле́ние дру́жбы ме́жду на́ми.
3) 국제적 안전보장을 강화하자는 제안이 평화지지 세력의 지지를 받고 있다. — Предложе́ния по укрепле́нию междунаро́дной безопа́сности получа́ют доддéржку миролюби́вых сил.

같다 　[술]¹ [접]² равно́ [rəvnó]

1) 이러튼 저러튼 마찬가지이다. — Всё равно́.
2) 2+3=5 — Два и три равно ляти
3) 나에게는 매한가지이다. — Мне всё равно.
4) 나는 반드시 갈 것이다. — Я всё равно пойду́.

개 　[여] соба́ка [sabákə]

1) 사냥개 го́нчая соба́ка
2) 매일 아침 그는 개를 데리고 산책을 간다. — Ка́ждое у́тро он хо́дит гуля́ть с соба́кой.
3) 그는 이 일에 대해서는 귀신이다. — Он на э́том соба́ку съел.
[4] 개같은 삶 соба́чья жизнь.

개념 　[중] поня́тие [pan'át'ijə]

	1) 잉여가치의 개념 поня́тие приба́вочной сто́имости
2) 말과 개념은 별개의 것이다.
— Сло́во и поня́тие ра́зные ве́щи.
3) 그는 이것에 관해서는 아무 것도 모른다.
— Он не име́ет никако́го поня́тия об э́том.
깨끗이	뷔 чи́сто [tʃ'ístə] (비) чи́ще
1) 순 러시아식 чи́сто ру́сский стиль, 꼭 엄마 같이 чи́сто по-матери́нски
2) 그는 항상 손을 깨끗이 씻는다. — Он всегда́ чи́сто мо́ет ру́ки.
3) 방은 깨끗했다. — В ко́мнате бы́ло чи́сто.
깨끗한	형 чи́стый [tʃ'ístij] (비) чи́ще
1) 순금 чи́стое зо́лото, 참된 진리 чи́стая пра́вда, 완전한 일치 чи́стое совпаде́ние, 순이익 чи́стая при́быль.
2) 그는 항상 청결한 옷을 착용한다. — Она́ всегда́ в чи́стой оде́жде.
3) 순수한 철은 자연계에 없다. — Чи́стое желе́зо в приро́де не встреча́ется.
개별적	형 ча́стный [tʃ'ás't'n'ij]
1) 개별적인 결론 ча́стный вы́вод, 사유 ча́стная со́бственность, 개인기업 ча́стное предпринима́тельство.
2) 이것은 그의 개인적인 문제이다.
— Э́то его́ ча́стное де́ло.
3 개인사업자 ча́стник
개선	중 улучше́ние [ulutʃ'en'ijə]

1) 노동조건을 개선할 필요가 있다. — Нужно улучше́ние усло́вий труда́.
2) 신기술의 활용은 노동조건을 개선 하는데 있어서 커다란 가능성을 열어 주었다. — Испо́льзование но́вой те́хники создаёт больши́е возмо́жности для улучше́ния усло́вий труда́.

개성   여 индивидуальность

개시   중 откры́тие [atkrít'ijə]

1) 박물관 개관식에 많은 사람들이 왔다. — На откры́тии музе́я бы́ло мно́го наро́ду.
2) 그는 물리학 분야에 커다란 발견을 했다. — Он сде́лал большо́е откры́тие в о́бласти фи́зики.

개인의   형 ли́чный [l'itʃ'nij]

1) 개인소유 ли́чная со́бственность, 개인감정 ли́чное чу́вство
2) 이것은 나의 개인 의견이다. — Э́то мое ли́чное мне́ние.
3 인격 ли́чность, 개인주의 индивидуали́зм.

거닐다   완 походи́ть [pəxad'ít']

1) 우리는 잠시 공원을 거닐었다. — Мы походи́ли в па́рке.
2) 환자는 잠시 거닐다 다시 누웠다. — Больно́й походи́л и опя́ть слёг.

거대한¹   형 огро́мный [agrómnij]

1) 막중한 의의 огро́мное значе́ние, 거대한 성과 огро́мные успе́хи.

	2) 그곳은 오래된 탁상이 있는 굉장히 큰 방이었다. — Это была огро́мная ко́мната со стари́нным столо́м.
거대한²	형 грома́дный [gramádnij] 1) 그녀는 크게 만족했다. — Она́ чу́вствовала грома́дное удово́льствие. 2) 물리학에서의 새로운 발견은 여러 학문 발전에 커다란 의미를 갖는다. — Откры́тия в фи́зике име́ли грома́дное значе́ние для разби́тия ра́зных нау́к.
거리	여 у́лица [úl'itsə] 1) 바깥에 на у́лице. 2) 거리는 교통이 혼잡하다. — На у́лице большо́е движе́ние. 3) 우리에게는 좋은 때가 올 것이다. — Бу́дет и на на́шей у́лице пра́здник.
거리	중 расстоя́ние [rəstaján'ijə] 1) ~에서 먼곳에 На большо́м расстоя́нии от~, 10km의 거리에 на расстоя́нии 10 киломе́тров 2) 그는 가까운 거리에서 그림을 살펴보고 있다. — Он рассма́тривает карти́ну с бли́зкого расстоя́ния.
거부	남 отка́з 1 거부권 пра́во ве́то
거북선	남 па́нцирный кора́бль

거울	중 зе́ркало [z'erkələ]

1) 그녀는 자기 모습을 거울로 비춰보고 있다.
— Она́ смо́трит на себя́ в зе́ркало.
2) 눈은 마음의 거울이다. — Глаза́ — зе́ркало души́.

거의	부 почти́ [patʃ't'i]

1) 거의 모든 경우에 почти́ во всех слу́чаях.
2) 나는 이 책을 거의 다 읽었다. — Я прочита́л почти́ всю кни́гу.
3) 이것은 거의 같다. — Это почти́ то же са́мое.

거인	남 гига́нт [gigánt]
거절하다	완 отказа́ться [atkazáttsə] 《 불완 отка́зываться 》

1) 그들은 우리의 도움을 거절했다.
— Они́ отказа́лисьот на́шей по́мощи.

거주권	пра́во на жи́тельство
거지	남 ни́щий [níʃ'ij]
거짓말하다	불완 врать [vrát']

1) 이 소년은 거짓말을 하고 있다. — Э́тот ма́льчик врёт.
2) 내 시계는 정확하게 가지 않는다. — Мои́ часы́ врут.
3 거짓말 ложь, 거짓말장이 лгун

걱정	중 беспоко́йство

건강

건강   중 **здоро́вье** [zdaróv'jə]

1) 건강체 **кре́пкое здоро́вье**, 건강을 위해 **для уклепле́ния здоро́вья**
2) 건강이 어떻습니까?
— Как ва́ше здоро́вье?

건강하게   부 **здоро́во** [zdaróvə]

1) 그는 사물을 건전하게 본다. — Он здоро́во смо́трит на ве́щи.
2) 아이들은 대기를 접하는 것이 건강에 좋다.
— Де́тям здоро́во быть на во́здухе.

건강한   형 **здоро́вый** [zdaróvij]

1) 건전한 비판 **здоро́вая кри́тика**, 건강식품 **здоро́вая пи́ща**.
2) 그녀는 매우 건강하다.
— Она́ совсе́м здоро́ва.

건너다   완 **перейти́** [p'ɪr'ɪjt'í] ((불완 **переходи́ть**))

1) 기차는 국경을 넘었다. — По́езд перешёл грани́цу.
2) 그는 2학년으로 진급했다. — Он перешёл на второ́й курс.
3) 지금 길을 건너서는 안된다. — Сейча́с нельзя́ переходи́ть у́лицу.
4) 손님들이 식당에서 정원으로 자리를 옮겼다.
— Го́сти перехо́дят из столо́вой в сад.

건너서   전 **че́рез** [tʃ'ér'ɪz]

1) 1년 후 **че́рез год**, 얼마 후에 **че́рез не́которое вре́мя**, 4시간 마다 **че́рез ка́ждые**

четы́ре часа́

2) 강을 가로질러 새 다리가 건설되었다.
— Че́рез ре́ку постро́ен но́вый мост.
3) 그는 누이를 통해 내게 편지를 전해 왔다.
— Он пе́редал мне письмо́ че́рез сестру́.
4) 수업이 몇분후에 시작된다. — Уро́к начнётся че́рез не́сколько мину́т.

건너편 друга́я сторона́

건드리다 불완 тро́гать [tróɡət']

1) 고양이를 만지지 마라 — Не тро́гай ко́шку !
2) 나를 건드리지 마시오 — Оста́вьте меня́ в поко́е !

건물 중 зда́ние [zdán'ijə]

1) 고층건물 высо́тное зда́ние
2) 클럽은 멋지고 현대적인 건물안에 있다.
— Клуб нахо́дится в прекра́сном совреме́нном зда́нии.

건물 남 ко́рпус [kórpus]

1) 시계 케이스 ко́рпус часо́в, 본청 гла́вный ко́рпус
2) 대학에 새 건물이 세워졌다. — В университе́ постро́или но́вый ко́рпус.

건설 중 строи́тельство [straít'ıl'stvə]

1) 주택건설 жили́щное строи́тельство
2) 이 공장의 건설 책임자는 젊은 기사이다.

— Руководи́телем строи́тельства э́того заво́да явля́ется молодо́й инжене́р.
3) 그는 건축대학에서 공부한다. — Он у́иится в строи́тельном институ́те.
4) 건자재 **строи́тельные материа́лы**, 건설공사 **строи́тельные рабо́ты**.

건축가　　　|남|〔활〕 **строи́тель** [straít'il']

1) 어제 건축기사들의 회의가 있었다. — Вчера́ состоя́лось совеща́ние инженеров—строи́телей.

② 건축학 **архитекту́ра**

건축기사　　|남| **архите́ктор** [ərxit'éktər]

1) 새로운 극장건물은 유명한 건축기사의 설계에 따라 건설되고 있다. — Но́вое зда́ние теа́тра стро́ят по рое́кту изве́стного архите́ктора.

건축하다　　|완| **постро́ить** [pastróit']

1) 도시에 새로운 호텔이 세워졌다. — В го́роде постро́или но́вую гости́ницу.

② 철학체계 **филосо́фское построе́ние**

걷다　　　　|불완|〔부정〕 **ходи́ть** [xad'it'] 《〔정〕 идти́ 》

1) 아기가 걷기 시작했다. — Ребёнок стал ходи́ть.
2) 그는 오랫동안 방안을 왔다갔다 했다. — Он до́лго ходи́л по ко́мнате.
3) 우리 아이들은 이미 학교에 다니고 있다. — На́ши де́ти уже́ хо́дят в щко́лу.
4) 나는 오늘 아내와 함께 박물관에 다녀왔다. — Сего́дня мы с жено́й ходи́ли в музе́й.

5) 거기에 버스가 다닌다.
— Тут хо́дят авто́бусы.
6) 오늘은 기차가 운행하지 않는다.
— Сего́дня по́езда не хо́дят.
7) 시계가 멎었다. — Часы́ не хо́дят.
8 걷기도 전에 뛰려 한다. — Пыта́ется пры́гать ра́ньше, чем научи́лся ходи́ть.

걸리다 불완 висе́ть [v'is'ét]

1) 벽에 그림이 걸려있다.
— На стене́ вися́т карти́ны.

걸어가다 완 пойти́ [pajt'í]

1) 우리는 산책하러 나갔다.
— Мы пошли́ гуля́ть.
2) 아이가 걷기 시작했다. — Ребёнок пошёл.
3) 비가 내리기 시작했다. — Пошёл дождь.

걸음 남 шаг [ʃák]

1) 경솔한 행동 необду́манный шаг, 1보전진 шаг вперёд, 점차로 шаг за ша́гом, 매번 на ка́ждом шагу́.
2) 그는 앞으로 두걸음 나가서 섰다. — Он сде́лал два шага́ вперёд и останови́лся.

검은 형 чёрный [tʃ'órnij]

1) 더러운 손으로 чёрными рука́ми, 암담한 시기 чёрные дни, 나쁜 세력 чёрные си́лы, 막노동 чёрная рабо́та, 암시장 чёрный ры́нок.
2) 나는 검은 핸드백을 샀다. — Я купи́ла себе́ су́мку чёрного цве́та.

게다가

| 접 причём [pr'itʃ'óm]

1) 그는 내 의견에 찬성하지 않았고, 게다가 나를 전혀 이해하지 못한다고 덧붙였다. — Он не согласился с моим мнением, причём доба-
2) 학교에는 멋진 정원이 있는데 대부분의 나무들은 학생들이 심었다. — При школе хороший сад, причём большинство деревьев посадили ученики.

게르만

| 형 германский [g'ırmánsk'ij]

1) 독일어는 게르만어의 하나이다. — Немецкий язык является одним из Германскцх языков.
2) 동독은 우수한 운동선수들을 양성하였었다. — Германская демократическая республика готовил великолепных спортсменов.

게임

| 연 игра́ [igrá]

1) 정치술수 политическая игра́, 말장난 игра́ слов, 불장난 игра́ с огнём.
2) 아이들 유희와 무용이 시작되었다. — Начались детские игры и танцы.
3) 경기가 3 : 5로 끝났다. — Игра́ прошла́ со счётом три—пять.
4) 나는 그 배우의 연기를 무척 좋아한다. — Мне очень нравится игра́ этого актёра.

겨우

| 부 чуть [tʃ'ut']

1) 아주 조금 더 чуть меньше, 동이 트자마자 чуть свет.
2) 그는 간신히 숨을 쉬고 있다. — Он чуть

	дыʹшит.
	3) 그는 하마트면 감기에 걸릴뻔 하였다.
	— Он чуть быloʹ не простудиʹлся.
겨울	여 зимаʹ [z'imá]
	1) 엄동설한 суʹровая зимаʹ, 겨우내 всю зиʹму.
	2) 우리는 월동준비를 하고 있다. — Мы готоʹвимся к зимеʹ.
겨울의	형 зиʹмный [z'ímn'ij]
	1) 동궁 зиʹмний двореʹц, 겨울준비 подготоʹвка к зиʹме, 동복 зиʹмняя одеʹжда
	2) 나는 너에게 겨울 외투를 사주었다.
	— Я купиʹл тебеʹ зиʹмнее пальтоʹ.
견고한	형 проʹчный [prótʃ'n'ij]
	1) 견고한 요새 непристуʹпая креʹпость.
	2 견고성 проʹчность
견본	남 образеʹц [əbrazéts]
견해	взгляд¹, мнение²
	1 견해의 차이 расхождеʹние во мнеʹниях
결코	부 никаʹк [n'ikák]
	1) 나는 아무리 해도 이 제안을 이해할 수 없다.
	— я никаʹк не могуʹ поняʹть эʹто предложеʹние
	2) 도저히 불가능하다. — Никак нельзяʹ.
결과	남 результаʹт [r'ızul'tát]

	1) 내일 그들은 시험결과를 알게 될 것이다. — Завтра они́ узна́ют о результа́тах экза́менов. 2) 2차대전의 결과 5천만 이상이 죽었다. — В результа́те второ́й мирово́й во́йны поги́бло бо́лее пятидесяти миллио́нов челове́к.
결론	남 вы́вод [vivət] 1) 철군 вы́вод во́йск 2) 그는 옳은 결론에 도달했다. — Он пришёл к пра́вильному вы́воду.
결승전	남 фина́л ① 축구 결승전 фина́льный футбо́льный матч.
결심	중 реше́ние [riʃ'énijə] 1) 그는 자신의 결심을 바꾸지 않았었다. — Он не измени́л своего́ реше́ния
결함	남 недоста́ток [n'ɪdastátək] 1) 모든 사람은 결점이 있다. — У ка́ждого свои́ недоста́тки. 2) 시간이 없어서 책을 다 읽지 못했다. — Из-за недоста́тка вре́мени я не смог прочита́ть кни́гу. 3) 그는 무엇이든지 다 넉넉했다. — Он ни в чём не испы́тывал недоста́тка. ④ 짧은 지식 недоста́точные зна́ния.
결합	중 соедине́ние [səjid'in'én'ijə]

1) 연대는 주력부대와 합류하기 위해 행군해 나갔다. — Полк шёл на соединение с главными силами.

② 힘을 합해 **соединённо**.

결합하다　　[완] **связа́ть** [s'v'ɪzát'] (([불완] **свя́зывать**))

1) 운명이 그들을 맺어 주었다. — Судьба́ связа́ла их.
2) 그는 결과를 몇가지 원인과 결부시켜 보았다. — Он связа́л результа́т с не́сколькими причи́нами.
3) 이 일에는 어려움이 따른다. — Э́то де́ло свя́зано с затрудне́ниями.

결혼식　　[여] **сва́дьба** [svád'bə]

결혼하다　　[불완] **жени́ться** [ʒin'íttsə]
(남)

1) 그는 친구 여동생과 결혼했다. — Он жени́лся на сестре́ това́рища.
2) 그는 아들을 친구 딸과 결혼시켰다. — Он жени́л сы́на на до́чери своего́ дру́га.
3) 그들은 얼마전에 결혼했다. — Они́ пожени́лись то́лько неда́вно.

경계¹　　[남] **преде́л** [pr'ɪd'él]

1) 극한 **кра́йный преде́л**, 행복의 절정 **преде́л сча́стья**, 1년내에 **в преде́лах го́да**.
2) 모든 일에는 한계가 있다. — Всему́ есть преде́л.

경계²　　**грани́ца** [granítsə]

	1) 남부경계 지방은 바다와 접해 있다. — Часть ю́жной грани́цы прохо́дит по мо́рю.
경관	남 милиционе́р [m'iliitsian'ér]
	1) 경찰관이 거리에서 교통정리를 하고 있다. — Милиционер следи́т за поря́дком на у́лице
경력	биогра́фия
경보	남 трево́га [tr'ıvógə]
	1) 공습경보 возду́шная трево́га
경비	여 охра́на [axránə]
	1) 해안경비 берегова́я охра́на
경영	중 управле́ние [upravl'éniə]
	1) 경영학 нау́ка управле́ния
경쟁	중 соревнова́ние [sər'ıvnavániə]
	1) 생존경쟁 борьба́ за существова́ние
경제	중 хозя́йство [xaz'ájstvə]
	1) 농업 се́льское хозя́йство, 어업 ры́бное хозя́йство
	2) 나는 아내의 집안일을 도와준다. — Я помога́ю жене́ по хозя́йству.
경제적	형 экономи́ческий [ekənram'itʃ'ısk'ij]
	1) 경제공황 экономи́ческий кри́зис, 경제봉

쇄 экономическая блокада.
2) 서구국가들은 효과적으로 경제위기를 타개하고 있다. — Страны западной Европы эффективно борются с экономическим кризисом.

경제적인 　[형] хозяйственный [xaz'ájs't'v'ınnij]

1) 국가의 경제생활 хозяйственная жизнь страны, 경리과 хозяйственное управление, 가정용품 상점 хозяйственный магазин
2) 여기에 우리 지방의 경제발전에 관한 자료가 수집되어 있다. — Здесь собраны данные о хозяйственном развитии нашего района.
3) 그의 아내는 아주 알뜰하다. — Его жена очень хозяйственная.

경제학 　[여] экономика [ekanóm'ijə]

1) 그는 경제 전문가이다. — Он специалист по экономике.
2) 필자는 현단계에서 시베리아 경제의 근본적인 문제들을 예상하고 있다. — Автор статьи рассматривает основные проблемы экономики сибири на современном этапе.

경찰 　[남]1 [활] [형]2 полицейский [pəl'itséjsk'ij]

1) 경찰관리 полицейский чиновник, 경찰지서 полицейский участок.
2) 저기 경찰차가 있다. — Там стоит полицейская машина.
3) 경찰관에게 물어 보시지요 — Вы можете спросить у полицейского.

| 경축 | 중 пра́зднование [pra´znovan'iə] |
| | 1 경축연 торже́ственный приём |

| 경축일 | 남 пра́здник [pra´z'n'ik] |

1) 국경일 госуда́рственные пра́здники.
2) 휴일에는 항상 친구들이 함께 모였다. — По праздникам друзья́ всегда́ собира́лись вме́сте.
3) 휴일에는 가게가 문을 닫는다. — По праздникам магази́ны закры́ты.

| 경험 | 남 о́пыт [ópit] |

1) 이것은 내가 직접 겪어 보았다. — Я знаю это по со́бственному о́пыту.
2) 그들은 실험실에서 함께 실험을 하기로 하였다. — Они́ реши́ли вме́сте провести́ о́пыт в лаборато́рии.

| 경험주의 | эмпири́зм |

| 곁에 | 전 у [u] |

1) 그녀는 창가에 앉아 있다.
   — Она́ сиде́ла у окна́.
2) 나는 당신을 지하철 출구에서 기다리겠습니다. — Я бу́ду ждать вас у вы́хода из метро́.
3) 그녀는 오빠 집에 산다.
   — Она́ живёт у бра́та.
4) 나는 머리가 아프다. — У меня́ боли́т годова́.
5) 당신은 형제 자매가 있나요? — У вас есть бра́тья и сёстры?

6) 나는 자식이 둘이다. — У нас дво́е дете́й
7) 나는 이 책을 형한테서 빌렸다. — Я взял э́ту кни́гу у бра́та.

계급 [남] класс [klás]

1) 사회는 계급으로 나누어져 있다. — О́бщество де́лится на кла́ссы.
2) 동생은 5학년이다. — Брат у́чится в пя́том кла́ссе.
3) 학생들이 교실에서 복도로 나왔다. — Ученики́ вы́шли из кла́сса в коридо́р.

계급의 [형] кла́ссовый [klássəvij]

1) 계급투쟁 кла́ссовя борьба́.
2) 자본주의국가에서 부르조아들은 기술혁명의 성과를 스스로의 계급적 이익에 이용한다. — В капиталисти́ческих стра́нах, буржуази́я испо́льзует достиже́ния техни́ческой револю́ции в свои́х кла́ссовых интере́сах.

계단 [여] ле́стница [l'és'njitsə]

1) 에스컬레이터 дви́жущаяся ле́стница.
2) 그는 계단을 올라갔다. — Он поднима́лся по ле́стнице.

계몽주의 [중] просвети́тельство [prəsv'ɪt'it'el'stvə]

계산 [남] счёт [ʃʃ'ót]

1) 암산 счёт в уме́, 계산서 счёт
2) 계산서를 주세요 — Да́йте мне счёт.
3) 경기는 1 : 2로 끝났다. — Игра́ ко́нчилась со

	счётом 1 : 2
	4) 그는 이것을 자기 일이라고 여긴다.
	— Он принимáет это на свой счёт.
계산	[남] расчёт [paʃʃ'ót]
	1) 원가계산 расчёт себестóимости.
	2) 그녀는 계산착오를 했다. — Онá сдéлала ошибку в расчёте.
	3) 나는 그놈을 간단히 처치하겠다. — С ним у меня бýдет корóткий расчёт.
	4) 내 예상이 빗나갔다. — Мои́ расчёты не оправдáлись.
	5) 이것은 그의 고려 밖에 있었다. — Это не входи́ло в его расчёты.
계산하다	[불완] считáть [ʃʃ'itát']
	1) 아이는 10까지 셀 줄 안다. — Ребёнок умéет считáть до десяти́.
	2) 사과를 세어 보세요 — Считáйте я́блоки.
	3) 나는 그가 성실한 사람이라고 생각한다. — Я считáю егó чéстным человéком.
계속하다	[불완] продолжáть [prədalsát']
	1) 그는 자기 일을 계속하고 있다. — Он продолжáет свою́ рабóту.
	2) 그녀는 독서를 계속했다. — Онá продолжáла читáть.
	[3] 계속 продолжéние
계약	[남] договóр [dəgavór]
	1) 구매계약 договóр о покýпке, 평화조약 ми́рный договор, 통상협정 торгóвый

договóр, 불가침조약 договóр о ненападéнии.
2) 우리는 우호협정을 체결했다. — Мы заключи́ли договóр о дрýжбе.
3) 대표단 단장들이 문화·예술 협정을 체결했다. — Глáвы делегáции подписáли договóр о культýрном и наýчном сотрýдничестве.
④ 계약서 контрáкт.

계획¹　　　남 план [plán]

1) 5개년 계획 пятилéтний план, 이론적 견지에서 в теоретúческом плáне
2) 이것이 우리 아파트 설계도이다. — Э́то план нáшей кварти́ры.
3) 만사가 계획대로 진행되었다. — Всё шло по плáну.

계획²　　　여 прогрáмма [pragrámmə]

1) 산업발전계획 прогрáмма развúтия индустрúи, 정강 полити́ческая прогрáмма.
2) 그들은 새로운 프로그램에 따라 러시아어를 배우고 있다. — Они́ изучáют рýсский язы́к по нóвой прогрáмме.

고고학　　　여 археолóгия [ərx'ıalógijə]

고구마　　　слáдкий картóфель

고급　　　высококвалифици́рованный рабóчий
기능공
고기　　　중 мясо [m'ásə]

1) 그는 고기 스프를 좋아한다. — Он лю́бит суп

	с мя́сом. 2) 점심식사는 스프와 감자를 곁들인 스테이크가 나왔다. — На обе́д щи и жа́реное мя́со с карто́фелем
고대의	[형] дре́вный [dr'évn'ij] 1) 옛풍습 дре́вный обы́чаи, 노인 дре́вный ста́рик 2) 그는 고대사를 연구한다. — Он изуча́ет дре́внюю исто́рию. [3] 고등교육 вы́сщее образова́ние, 고등학교 вы́сшая щко́ла.
꼬리	[남] хвост [xvóst] 1) 열차후미 хвост по́езда, 뒤에서 в хвосте́ 2) 말 꼬리는 길다. — У пло́щади дли́нный хвост. 3) 토끼는 꼬리가 짧다. — У за́йца коро́ткий хвост.
고맙습니다	[조] спаси́бо [spas'íbə] 1) 많은 도움을 주셔서 감사합니다. — Вы мне о́чень помогли́, большо́е спаси́бо. 2) 당신의 도움에 감사드립니다. — Спаси́бо вам за ва́ши по́мощи. [3] 고마움 благода́рность
고속도로	[여] автостра́да [əftas't'rádə]
고양이	[여] ко́шка [kóʃ'kə]
고요하게	[부] споко́йно [spakójnə]

	1) 그는 조용히 말했다. — Он говори́л споко́йно. 2) 마음이 평온했다. — На душе́ бы́ло споко́йно.
고위회담	перегово́ры на вы́сшем у́ровне.
고전문학	класси́ческая литерату́ра
고추	кра́синй пе́рец
고층건물	высо́тное зда́ние
고향	예 ро́дина [ród'inə] 1 고향마을 ро́дное село́
곡물	중 зерно́ [z'ırnó] 1) 나는 보통 원두커피를 산다. — Я обы́чно покупа́ю ко́фе в зёрнах. 2) 어제 곡물 트럭이 도착했다. — Вчера́ при́были грузовики́ с зе́рном. 3 곡창지대 зерново́й райо́н
꼭지	남 кран [krán] 1) 소화전 пожа́рный кран. 2) 수도꼭지를 꼭 잠그시오 — Кре́пко закро́йте кран. 3) 화물을 기중기로 들어 올리고 있다. — Гру́зы поднима́ют кра́ном.
곧¹	부 вско́ре [fskór'ı] 1) 곧이어 вско́ре по́сле э́того

곧	2) 조만간 당신을 만나뵈었으면 합니다. — Надеюсь, вскóре вас вúдеть. ③ 곧 срáзу же
곧²	뮈 тóтчас [tót'tʃ'əs] 1) 바로 우리에게 오세요 — Тóтчас приходúте к нам. 2) 곧 가겠다. — Тóтчас уйдý.
곧이어	뮈¹ 제² вслед [fs'l'ét] 1) 우리는 그의 뒤를 따라 갔다. — Мы пошлú вслед за ним. 2) 그는 친구가 가는 것을 보았다. — Он смотрéл вслед товáрищу.
골동품	антиквáрные вещú
꼼소몰	남 комсомóл [kəsamól] 1) 꼼소몰은 당의 심복이다. — Комсомóл являéтся вéрным помóщником пáртии.
공	남 шар [ʃár] 1) 당구공 билья́рдный шар, 기구 воздýшный шар, 지구 земнóй шар. 2) 스쁘뜨닉은 지구 주위를 돌고 있다. — Спýтник летáет вокрýг зéмного шáра. 3) 소년은 풍선 2개를 가지고 있다. — У мáльчика два воздýшных шарá.
공간	중 прострáнство [prastránstvə] 1) 공간과 시간 прострáнство и время, 진공 безвоздýшное прострáнство.

	2) 두 탁자 사이에 공간을 남겨 두시오 — Оставьте пространство между двумя столами.
공기	남 **воздух** [vózdux] 1) 공중에 в воздухе, 공습! воздух! 2) 신선한 공기를 마신다는 것은 즐거운 일이다. — Приятно дышать чистым воздухом. 3) 더 자주 호외를 내보낼 필요가 있다. — Нужно чаше бывать на воздухе.
공기의	형 **воздушный** [vazdúʃnij] 1) 공간 воздушное пространство, 항공교통수단 воздушное сообщение, 공습경보 воздушное тревога 2) 지구의 공기층을 대기라고 부른다. — Воздушный слой земли называется атмосфери. 3) 도시 상공에서 공중전이 시작되었다. — Над городом начался воздушный бой.
공동선언	совместная декларация
공부	중 **изучение** [izutʃ'én'iə] 1) 외국어 습득 изучение иностранных языков, 여론조사 изучение общественного мнения 2) 그는 러시아어를 계속 공부하고 있다. — Он продолжает изучение русского языка. 3) 외국어를 배우려면 노력과 시간이 필요하다. — Изучение иностранного языка требует сил и времени.
공부	중 **учение** [utʃ'én'ijə] 1) 맑스주의 교리 марксистское учение

공부하다	
	2) 내가 어렸을 때 아버지는 내게 공부를 가르켜 주셨다. — В детстве оте́ц о́тдал меня́ в уче́ние.
3) 그의 물리학설은 새로운 시대를 열었다. — Его́ уче́ние по физи́ке откры́ло но́вый век.

공부하다 　[불완] изуча́ть [izutʃ'át']

1) 잘 아는 길 изу́ченные доро́ги.
2) 우리는 2년간 러시아어를 공부하고 있다. — Мы два го́да изуча́ем ру́сский язы́к.

공산주의 　[남] коммуни́зм [kəmmun'ízm]

1) 원시공산주의 первобы́тный коммуни́зм, 전시공산주의 вое́нный коммуни́зм
2) 공산주의가 전세계를 위협하고 있다. — Коммуни́зм угрожа́ет всему́ ми́ру.
3) 그는 공산주의가 되었다. — Он был коммуни́стом.

공산주의의 　[형] коммунисти́ческий [kəmmun'is't'itʃ'ısk'ij]

1) 노동에 대한 공산주의적 태도 коммунисти́ческое отноше́ние к труду́.
2) 소련공산당은 레닌이 창당했다. — Коммунисти́ческая па́ртия Сове́тского Сою́за со́здана В. И. Ле́ниным.

공상　пусто́е мечта́ние

공업 　[여] промы́шленность [pramíʃl'ınnəs't']

1) 중공업 тяжёлая промы́шленность, 경공업

лёгкая промышленность, 공예 худо́жественная промышленность

2) 최근 한국은 조선업 분야에서 커다란 성과를 거두었다. — За после́дние го́ды Коре́я доби́лась успе́хов в о́бласти кораблестрои́тельной промы́шленности.

3 공업화 индустриализа́ция.

공업의 [형] промы́шленный [pramíʃl'ınnij]

1) 공업지대 промы́шленный райо́н, 산업자본주의 промы́шленный капитали́зм.
2) 싸라토프는 볼가뉴역의 대표적인 산업 중심지이다. — Сара́тов—кру́пный промы́шленный центр на Во́лге.

3 공업국 индустриа́льная страна́

공원 [남] парк [párk]

1) 나는 공원에 산책을 나간다. — Я иду́ гуля́ть в парк.
2) 택시는 (회사)주차장으로 간다. — Такси́ е́дет в парк.

공장 [남] заво́д [zavót]

1) 기계제작공장 машинострои́тельный заво́д, 자동차공장 автомоби́льный заво́д.
2) 그는 화학공장에서 일한다. — Он рабо́тает на хими́ческом заво́де.
3) 도시에서 멀리 떨어지지 않은 곳에 새 공장이 들어서고 있다. — Недалеко́ от го́рода стро́ят но́вый заво́д.

공장 [여] фа́брика [fábr'ikə]

공중변소

	1) 방직공장 ткáцкая фáбрика.
	2) 내 형은 아동복 공장에서 일한다. — Мой брат рабóтает на фáбрике дéтской одéжды.
	③ 완제품 -фабрикáт.
공중변소	общéственная убóрная
공중전화	남 таксофóн [taksafón]
공책	여 тетрáдь [t'ɪtrát']
	1) 종합장 óбщая тетрáдь.
	2) 나는 두꺼운 공책 두권이 필요하다. — Мне нýжно две тóлстые тетрáди.
	3) 그는 공책을 펴고 강의 요지를 적었다. — Он откры́л тетрáдь и записáл тéму лéкции.
공포¹	연 страх [stráx]
	1) 무서워서 от стрáха, 죽음의 두려움 속에 под стрáхом смéрти.
	2) 그녀는 무서워서 소리를 질렀다. — Онá крикнула от стрáха.
	3) 그녀는 겁을 먹은채 캄캄한 방으로 들어갔다. — Онá со стрáхом вошлá в тёмную квартúру.
공포²	남 ýжас [úʒəs]
	1) 공포에 사로잡힌 объя́тый ýжасом, 아이구 무서워 какóй ýжас
	2) 그녀는 공포에 질려 떨었다. — Онá дрожáла от ýжаса.
	3) 갑자스레 우리는 끔찍한 비명소리를 들었는데 다시 침묵이 흘렀다. — Вдруг мы услы́шали

ужа́сный крик и опять ста́ло ти́хо.

공항   남 аэропо́рт [aerapórt]

1) 공항은 도시의 공중 출입문이다. — Аэропо́рт—возду́шные воро́та го́рода.
2) 우리는 공항으로 친구를 마중하러 갔다. — Мы встреча́ли дру́га в аэропо́рту.

3 우주비행사 космона́вт, 비행선 возду́шный кора́бль, 우주비행선 косми́ческий кора́бль, 우주 ко́смос

공헌   남 вклад [fklát]

1) 러시아 작가들은 세계문학에 커다란 공헌을 하였다. — Ру́сские писа́тели внесли́ кру́пный вклад в мирову́ю литерату́ру.

공화국   여 респу́блика [rˈɪspúblʼikə]

1) 대한민국 Респу́блика Коре́й
2) 소련은 15개 공화국으로 구성됐었다. — Сове́тский Сою́з состоя́л из пятна́дцати респу́блик.

꽃   남 цвет [tsvʼét] цвето́к [tsvʼɪtók]

1) 정예부대 цвет а́рмии, 전성기에 в цве́те лет
2) 우리는 꽃을 들고 손님을 맞이했다. — Мы встре́тили госте́й с цвета́ми.
3) 당신은 녹색이 어울립니다. — Вам идёт зелёный цвет.
4) 우리는 신형 컬러 TV를 샀다. — Мы купи́ли цветно́й телеви́зор но́вой ма́рки.

꽃병   [여] ва́за [vázə]

1) 그녀는 꽃병에 꽃을 꽂았다. — Она́ поста́вила цветы́ в ва́зу.
2) 책상위에 장미를 담은 꽃병이 있다.
— На столе́ стои́т ва́за с ро́зами.

과거   [중] про́шлое [próʃləjə]

1) 지난 해 про́шлый год, в про́шлом году́
2) 나는 지난 날을 후회 안한다. — Мне не жаль про́шлого.
3) 지난 일요일에 우리는 교외에 다녀 왔다. — В про́шлое воскресе́нье мы е́здили за го́род.
4) 이미 끝난 일이다. — Де́ло про́шлое.

과정   [남] курс [kúrs]

1) 북쪽 코스 курс на се́вер, 대학 3학년생 студе́нт тре́тьего ку́рса, 루블의 시세 курс рубля́.
2) 그는 대학에서 물리학 과정을 마쳤다. — Он ко́нчил курс фи́зики в университе́те.
3) 그녀는 대학 3학년이다. — Она́ у́чится на тре́тьем ку́рсе.
4) 기선은 동으로 항로를 돌렸다. — Парохо́д взял курс на восто́к.

과정   [남] проце́сс [pratsés]

1) 민사소송 гражда́нский проце́сс
2) 이것은 현재 검토 중이다. — Э́то сейча́с нахо́дится в проце́ссе рассмотре́ния
3) 영화를 만드는 일은 아주 복잡한 창작과정이다. — Созда́ние фи́льма — сло́жный тво́рческий проце́сс.

과제	중	зада́ние [zadán'ijə]

1) 숙제 дома́шнее зада́ние, 전투임무 боево́е задание
2) 나는 당신이 준 과제를 마칠 수 없었다. — Я не смог вы́полнить ва́ше зада́ние.
3) 우리는 축하 연주회를 개최하는 과제를 맡았다. — Мы получи́ли зада́ние организова́ть пра́здничный конце́рт.

과학	여	нау́ка [naúkə]

1) 학술원 акаде́мия нау́к
2) 그는 사회과학을 공부하고 있다. — Он занима́ется обще́ственными нау́ками.
3) 이것은 당신에게 교훈이 될 것이다. — Э́то вам нау́ка !

4 과학자 учёный

과학의	형	нау́чный [naútʃ'njij]

1) 과학적 공산주의 нау́чный коммуни́зм.
2) 그는 100권이 넘는 학술서의 저자이다. — Он явля́ется а́втором бо́лее ста нау́чных трудо́в.
3) 이 이론은 과학적이지 못하다. — Это тео́рия не нау́чна.

관객	남 [활]	зри́тель [zr'it'ıl']

1) 홀에 관객이 많다. — В за́ле мно́го зри́телей.
2) 관중들은 커다란 관심을 가지고 축구경기를 관전했다. — Зри́тели с огро́мным внима́нием следи́ли захо́дом футбо́льного ма́тча.

관계

관계¹   예 связь [s'v'ias']

1) 이론과 실천의 결합 связь теории с практикои, 사무적인 관계 деловые связи, 체신부 министерство связи.
2) 이러한 사실들 간에는 아무런 연관도 없다.
 — Между этими фактами нет никакой связи.
3) 도시와의 통신이 벌써 며칠씩 두절되었다.
 — Связь с городом не работала уже несколько дней.

관계²   중 отношение [atnaʃ'enjijə]

1) 하급자들에 대한 책임자의 태도 отношение начальника к своим подчинённым, 국제관계 международные отношения
2) 최근에 그녀는 나에 대한 태도를 바꾸었다.
 — В последнее время она изменила своё отношение ко мне.
3) 그와 나는 사이가 좋다. — Мы с ним в хороших отношениях.

관계하다   불완 касаться [kasáttsə]

1) 나는 누군가 내 어깨를 건드린다는 것을 느꼈다. — Я чувствовал, что кто-то касается моего плеча.
2) 이 문제는 너와 아무런 상관이 없다. — Это тебя совсем не касается.

관광   남 туризм [tur'ism]

1) 관광단 группа туристов
2) 여름에 모스크바로 많은 외국 관광객들이 몰려온다. — Летом в Москву приезжает много

иностра́нных тури́стов.

관념론   남 идеали́зм

1 관념적 역사관   идеалисти́ческое понима́ние исто́рии.

관련되다   불완 относи́ться [atnas'ittsə]

1) 이것은 나와는 관계가 없다. — Э́то ко мне не отно́сится.
2) 이 그림은 전세기 중엽 때의 것이다. — Карти́на отно́сится к середи́не про́шлого ве́ка.
3) 그들은 나에게 호의적으로 대해 주었다. — Они́ хорошо́ относи́лись ко мне.
4) 이것은 당신과 관련됩니다. — Э́то относится к вам.

관료   여 бюрокра́тия [b'jurakr'át'ijə]

1 관료주의   бюрокра́тизм

관리¹   중 управле́ние [upravl'én'ijə]

1) 우주선의 조종은 지상에서 한다. — Управле́ние косми́ческим кораблём произво́дят с Земли́.
2) 그는 철도관리소에 근무한다. — Он рабо́тает в управле́нии желе́зной доро́ги.

관리²   중 чино́вник [tʃ'zınóvn'ik]

관세   тамо́женная по́шлина

1 관세협정   тари́фное соглаше́ние

| 관심 | 담 интере́с [in't'ır'és] |

1) 커다란 관심을 가지고   с больши́м интере́сом
2) 이 사건은 세상의 흥미를 불러 일으키고 있다.
 — Э́то собы́тие вызыва́ет о́бщий интере́с.
3) 이 문제는 사회적인 의의를 가지고 있다.
 — Де́ло име́ет обще́ственный интере́с.
4) 이것은 당신의 관심 밖의 일이다.
 — Э́то не в ва́ших интере́сах.

| 관점 | то́чка зре́ния |

| ~(에) 관해 | 전 про [pro] |

1) 그들은 떠나 버렸고 나를 잊어 버렸다.
 — Они́ уе́хали, и про меня́ забы́ли.

| 광고 | 여 рекла́ма [r'ıklám'ə] |

| 광물 | 남 минера́л [m'in'ırál] |

1) 이 지방은 풍부한 광물자원을 가지고 있다.
 — Э́тот край бога́т минера́лами.
 2 생수 — минера́льная вода́

| 광장 | 여 пло́щадь [plóʃʃ'ıt'] |

1) 붉은 광장에 어떻게 갑니까? — Как пройти́ на Кра́сную Пло́щадь?
2) 이 아파트의 면적은 50м²이다. — Пло́щадь э́той кварти́ры равна́ пятидеся́ти квадра́тным ме́трам.

| 광학기구 | опти́ческий прибо́р |

괴롭다   술² 부² **больно** [ból'nə]

1) 나는 걷는 것이 괴롭다. — Мне бо́льно ходи́ть.
2) 그는 나를 심하게 때렸다. — Он бо́льно удари́л меня́.
3) 매우 값이 싸다. — Бо́льно дешёвый.

교과서   담 **уче́бник** [utʃ'ébn'ik]

1) 교과서를 꺼내세요 — Доста́ньте уче́бники.
2) 학생들은 무료로 교과서를 지급받는다.
— Шко́льники получа́ют уче́бники беспла́тно.
③ 교육기관   уче́бное заведе́ние.

교수   담 〔활〕 **профе́ссор** [praf'ésər]

1) 나는 저명교수들의 강의를 듣고 있다. — Я слу́шаю ле́кции изве́стных профе́ссоров.
2) 회의에서 모스크바 대학 역사학부 교수가 연설을 했다. — На конфере́нции вы́ступил профе́ссор истори́ческого факульте́та моско́вского университе́та.

교육¹   중 **воспита́ние** [vəsp'ıtán'ijə]

1) 그녀는 자기가 아이들을 돌보지 않는다.
— Она́ не занима́ется воспита́нием дете́й.
② 교육학   педаго́гика, 교육자   педаго́г.

교육²   중 **образова́ние** [abrəzavánʼijə]

1) 그녀는 훌륭한 음악교육을 받았다.
— Она́ получи́ла прекра́сное музыка́льное образова́ние.

교체	예 сме́на [s'm'énə]
	1) 밤낮의 바뀜 сме́на дня и но́чи.
	2) 젊은이들은 우리의 대를 이을 사람들이다.
	— Мододёжь — на́ша сме́на.
	3) 공장은 2 교대로 가동된다. — Заво́д рабо́тает в две сме́ны.
교회	예 це́рковь [tsérkəf']
	1) 일요일마다 그는 교회에 나간다. — По воскресе́ньям он быва́ет в це́ркови.
	2 예배 церко́вная слу́жба.
구급차	ско́рая по́мощь
구두¹	복 боти́нки [bat'ínk'i]
	1) 이 상점에서는 아동화를 팔고 있다. — В э́том магази́не продаю́т де́тские боти́нки.
	2) 엄마가 아들에게 새구두를 사주었다. — Мать купи́ла сы́у но́вые боти́нки.
구두²	복 ту́фли [túfli]
	1) 실내화 дома́шние ту́фли, 정구화 те́ннисные ту́фли.
	2) 그녀는 예쁜 구두를 신고 있었다. — Она́ была́ в краси́вых ту́флях.
구름	중 о́блако [óbləkə]
	1) 비구름 дождевы́е облака́
	2) 하늘에 흰구름이 흘러 간다.
	— На не́бе плыву́т бе́лые облака́.
구리	예 медь [m'dd']

900	주 **девятьсо́т** [d'ɪv'ɪtssót]	

1) 제2차 세계대전은 1939년에 일어났다.
 — Втора́я мирова́я война́ начала́сь в ты́сяча девятьсо́т три́дцать девя́том году́.

90	주 **девяно́сто** [d'ɪv'ɪnóstə]	

1) 이곳에서는 노동자 90명이 일하고 있다.
 — Здесь рабо́тают девяно́сто рабо́чих.

구역   남 **уча́сток** [utʃ'ástək]

1) 터밭 приса́дебный уча́сток, 선거구 избира́тельный уча́сток
2) 그는 집을 짓기 위한 땅을 불하받기를 원한다.
 — Он хо́чет получи́ть уча́сток земли́ для до́ма.
3) 학교 꽃밭에 아이들이 꽃을 심었다. — На шко́льном уча́стке ребя́та посади́ли цветы́.

9월   남 **сентя́брь** [s'ɪnt'abr']

1) 금년 9월에 в сентябре́ э́того го́да, 작년 9월에 в сентябре́ про́шлого го́да.
2) 미국에서는 9월에 새학기가 시작된다.
 — В США но́вый уче́бный год начина́ется пе́рвого сентября́.

구입하다   불완 **покупа́ть** [pəkupát'] ((완 ку́пить))

1) 그는 책을 많이 샀다. — Он покупа́л мно́го книг.
2) 당신에게 지금 막 나온 신문을 사드리겠습니다. — Я куплю́ вам све́жую газе́ту.
3 구매자 покупа́тель, 구매력 покупа́тельный спосо́бность

구조¹   중 строе́ние [strajén'ijə]

1) 지금 나는 지구의 구조에 관한 재미있는 논문을 읽고 있다. — Сейча́с я чита́ю интере́сную статью́ о строе́нии земли́.

2 건축용 목재 строево́й лес, 건축자재 стрево́й материа́л

구조²   중 спасе́ние [spəs'énijə]

1) 의사가 환자의 생명을 구했다. — Врач спас жизнь больно́му.

꾸준히   부 постоя́нно [pəstajánnə]

1) 지속적인 전쟁의 동인 постоя́нно де́йствующие фа́кторы войны́
2) 나는 항상 너를 생각하고 있다. — Я постоя́нно ду́маю о тебе́.
3) 나는 늘상 아프다. — Я постоя́нно бо́лен.

구체적인   형 конкре́тный [kankr'étnij]

1) 구체적인 예 конкре́тный приме́р
2) 구체적인 예를 하나라도 좋으니 들어 주십시오 — Да́йте хотя́ бы оди́н конкре́тный приме́р.

3 구체화 конкретиза́ция

구하다¹   불완 иска́ть [iskát']

1) 그는 필요한 책을 찾고 있다. — Он и́щет ну́жную кни́гу.
2) 그녀는 오랫동안 직장을 찾았다. — Она́ до́лго иска́ла рабо́ту.

구하다²   완 доста́ть [dastát']

	1) 그는 주머니에서 사과를 꺼내 누이에게 주었다. — Он достал из карма́на я́блоко и дал его сестре́. 2) 이 극장의 표를 구하기는 힘들다. — Тру́дно доста́ть биле́т в э́тот теа́тр. 3) 그는 손이 천장에 닿을 정도로 키가 크다. — Он так высо́к, что доста́нет руко́й до потолка́.
구호품	ве́щи и продово́льствие материа́лы для оказа́ния по́мощи
국가¹	예 страна́ [straná] 1) 전국에 по всей стране́, 국내정세 положе́ние в стране́ 2) 우리나라에서는 대도시가 많이 있다. — В на́шей стране́ мно́го кру́пных городо́в. 3) 그는 오래동안 열대지방에서 살았다. — Он до́лго жил в жа́рких стра́нах.
국가²	중 госуда́рство [gəsudárstvə] 1) 국가원수 гла́ва госуда́рства 2) 국가의 수반은 대통령이다. — Гла́вой госуда́рства явля́ется президе́нт. 3) 소련은 세계최초의 사회주의국가였다. — Сове́тский Сою́з был пе́рвым в ми́ре социалисти́ческим госуда́рством.
국가³	예 держа́ва [dʼɪrʒávə] 1) 열강이 세계를 지배한다. — Вели́кие держа́вы управлзя́ют всем ми́ром.

국가의	형 госуда́рственный [gəsudárs't'v'ınnij]

1) 국기 госуда́рственный флаг, 국가 госуда́рственный гимн, 국가예산 госуда́рственный бюдже́т, 국유재산 госуда́рственный со́бственность, 국경 госуда́рственная грани́ца
2) 그는 모스크바 국립대학에서 공부한다. — Он у́чится в Моско́вском Госуда́рственном Университе́те.

국경   예 грани́ца [gran'ítsə]

1) 외국으로 за грани́цу
2) 국경이 강을 경계로 하고 있다. — Грани́ца прохо́дит вдоль реки́.
3) 그는 스스로의 한계를 모른다. — Он не зна́ет свою́ грани́цу.
4 국경선 пограни́чная ли́ния

국문학   национа́льная литерату́ра

국민적   형 наро́дный [naródnij]

1) 인민재판소 наро́дный суд, 민요 наро́дная песня, 국민소득 национа́льный дохо́д.
2) 나는 러시아 민요를 좋아한다. — Я люблю́ ру́сские наро́дные пе́сни.
3) 뿌쉬킨은 위대한 러시아의 국민시인이다. — Пу́шкин — вели́кий ру́сский наро́дный поэ́т.

국방비   расхо́ды на оборо́ну страны́

국영백화점   госуда́рственный универса́льный магази́н

국유화	예 национализа́ция [nəts'iənəlizáts'ija]

국제적인	형 междунаро́дный [m'ɪʒdunaródnij]

1) 국제법 Междунаро́дное пра́во, 국제규모로 в междунаро́дном масшта́бе, 국제정세 междунаро́одное положе́ние, 국제회의 междунаро́дное совеща́ние.
2) 내일 국제관계에 관한 강연이 있을 예정이다. — За́втра состои́тся ле́кция о междунаро́дном отоше́нии.

국회	남 парламе́нт [pərləm'ént]

1) 국회의원 депута́т парламе́нта

군	예 а́рмия [arm'ijə]

1) 육해공군 а́рмия, флот и военновоздý шные си́лы, 구세군 а́рмия спасе́ния.
2) 그의 아버지는 육군에 복무하는 군인이다. — Его́ оте́ц — вое́нный и слу́жит в а́рмии.

군대	복 войска́ [vajská]

1) 점령군 оккупацио́нные войска́
2) 우리 아군이 도시를 점령했다. — На́ши войска́ за́няли го́род.
3) 1944년 가을 무렵 소련군대는 소연방의 거의 모든 영토를 해방시켰다. — К о́сени 1944 го́да войска́ Сове́тской А́рмии освободи́ли почти́ всю террито́рию СССР.
   4 군용견 войскокова́я соба́ка

군비축소	중 разоруже́ние [rəzəruʒén'ijə]

1) 군비축소회의 конфере́нция по разоруже́-

	нию
	2) 스웨덴 정부는 전면군축을 제안했다. — Шве́дское прави́тельство предложи́ло всео́бщее разоруже́ние. 3) 군비경쟁 — го́нка вооруже́ний, 군비확장 увеличе́ние вооруже́ний
군사기지	вое́нная ба́за
군사동맹	вое́нный сою́з
군수산업	вое́нная промы́шленность
군인	명〔활〕 солда́т [saldát] 1) 그는 군에 있다. — Он слу́жит в солда́тах. 2) 전시에 그는 군복무를 했다. — Во вре́мя войны́ он был солда́том.
군중	여 толпа́ [talpá] 1) 광장에 군중이 모여 들었다. — На пло́щади собрала́сь толпа́. 2) 그들은 군중들 속에서 서로 잃어 버렸다. — Они́ потеря́ли друг дру́га в то́лпе
굳게	부 твёрдо [t'v'órdə] 〔비〕 твёрже 1) 나는 외국에 가기로 굳게 마음 먹었다. — Я твёрдо реши́л уе́хать за грани́цу.
굳은	형 твёрдый [t'v'órdi] 〔비〕 твёрже 1) 고체 твёрдое те́ло, 돌처럼 단단한 твёрдый как ка́мень, 불굴의 정신을 가진 사람 твёрдый ду́хом челове́к, 꺾이지 않는 기질

твёрдый хара́ктер, 분명한 대답　твёрдый отве́т

2) 사과가 퍼렇고 단단했다. — Я́блоки бы́ли зелёные, твёрдые.

3) 땅은 돌처럼 단단했다. — Земля́ была́ твёрдая как ка́мень.

꿈　　[여] мечта́ [m'ıtʃ'ta]

1) 평생소원　мечта́ всей жи́зни
2) 모스크바에 가는 것이 그의 꿈이었다. — Пое́хать в Москву́ бы́ло его́ мечто́й.
3) 그것은 공상일 뿐이다. — Э́то про́сто мечта́.
4) 의사가 되는 것이 그의 어린 시절부터의 꿈이었다. — Стать врачо́м бы́ло его́ мечто́й с де́тства.

꿈꾸다　　[불완] мечта́ть [m'ıtʃ'tát']

1) 그는 이태리에 가는 것을 꿈꾸고 있다. — Он мечта́ет пое́хать в Ита́лию.
2) 그는 성공과 영광을 동경하였다. — Он мечта́л об успе́хе и сла́ве.
3) 나는 그런 것을 꿈에도 생각해 본적이 없다. — Э́то мне и во сне не мечта́лось.

궁리하다　　[완] заду́маться [zadúməttsə]

1) 그는 안락의자에 앉아 생각에 잠겼다. — Он сел в кре́сло и заду́мался.
2) 그는 망설이지 않고 이 일을 했다. — Он не заду́мался э́то сде́лать.
3) 그는 딴 궁리를 하고 있다. — Он име́ет в виду́ друго́е.

궁전　　[남] дворе́ц [dvar'ets]

| | 1) 문화궁전 дворе́ц культу́ры, 과학의 전당 дворе́ц нау́ки, 동궁 Зи́мний Дворе́ц.
2) 궁전안에 박물관이 있다. — Во дворце́ нахо́дится музе́й.
3) 자동차 공장내의 문화궁전에서 내일 커다란 음악회가 열린다. — Во дворце́ культу́ры автомоби́льного заво́да за́втра состои́тся большо́й концерт.

권　　　|남| том [том]

1) 누가 사전 2권을 가져갔지요? — Кто взял второй том словаря?
2) 그는 뿌쉬킨 선집 전권을 가지고 있다. — У него есть все тома собра́ния сочине́нии Пу́шкина.

권력　　|여| власть [vlás't']

1) 입법부　законода́тельная вла́сть, 행정부 исполни́тельная власть, 금권 власть зо́лота, 지방당국 ме́стные вла́сти
2) 국민이 권력을 장악했다. — Наро́д взял власть в свои́ ру́ки.
3) 당국의 결정에 따라 항구가 폐쇄되었다. — По решению властей закры́ли порт.

권리　　|중| пра́во [právə]

1) 시민의 권리와 의무　права и обя́занности граждан, 노동권 право на труд, 국제법 междунаро́дное пра́во, 형법 уголо́вное право, 운전면허증 води́тельские пра́ва.
2) 너는 그렇게 행동할 권리가 없다. — Ты не име́ешь права так поступа́ть.

3) 교수는 국제법 강의를 한다. — Профе́ссор чита́ет ле́кции по междунаро́дному пра́ву.

권위 〖남〗 авторите́т [aftər'it'ét]

1) 그는 대단한 권위를 가지고 있다. — Он име́ет большо́й авторите́т.
2) 그는 화학의 대가이다. — Он кру́пный авторите́т хи́мии.
3) 공장장은 노동자들 사이에서 커다란 권위를 누린다. — Дире́ктор заво́да по́льзуется больши́м авторите́том среди́ рабо́чих.
4 거장 выдаю́щийся ма́стер.

귀 〖중〗 у́хо [úxə] 〔복〕 у́ши

1) 그의 귀는 크다. — У него́ больши́е у́ши.
2) 그는 들은체 만체 한다. — Он и у́хом не ведёт.
3) 한 귀로 듣고 다른 귀로 흘린다. — В одно́ у́хо вошло́, в друго́е вы́шло.

귀여운 〖형〗¹ 〖남〗²〔활〕 ми́лый [m'ilj]

1) 애교스러운 미소 ми́лая улы́бка.
2) 그녀는 사랑스러운 여인이다. — Она́ ми́лая же́нщина.
3) 매일 그녀는 자기 애인을 만난다. — Ка́ждый день она́ встреча́ет своего́ ми́лого.

규모 〖남〗 объём [abjóm]

1) 작업량 объём рабо́т
2) 방 크기가 우리에게는 너무 작다. — Оъём ко́мнаты для нас сли́шком мал.
3) 김박사는 20쪽 분량의 논문을 발표했다.

규율

— До́ктор Ким опубликова́л статью́ объё-
мом в два́дцать страни́ц.
[4] 입체영화 объёмное кино́

규율 [여] дисциплина [d'istsipl'ínə]

1) 노동규율 трудовая дисциплина, 정신무장
внутренняя дисциплина
2) 기업의 노동규율을 향상시키지 않으면 안된
다. — Необходи́мо подня́ть трудову́ю дист-
иплиу́ на предприятии.
3) 물리학은 과학의 기초학문이다. — Фи́зика —
освная дисциплина нау́ки.

규칙 [중] пра́вило [práv'ilə]

1) 문법규칙 граммати́ческое пра́вило, 내규
пра́вила вну́треннего распоря́дка, 교통질
서 пра́вила доро́жного движения.
2) 너는 축구경기 규칙을 아느냐? — Ты знаеш-
ь правила игры́ в футбо́л ?

균형 [중] равнове́сие [rəvnav'és'ijə]

1) 세력균형 равнове́сие сил
[2] 균형적 равнове́рный

그 [대] тот [tót]

1) 누구든지 тот и друго́й, 저승에 на том
све́те, 그래도 тем не ме́нее
2) 나는 이 집에 살고 부모님은 저쪽 집에 사신
다. — В э́том до́ме живу́ я, а в том мой
роди́тели.
3) 제가 부탁한 책을 주세요 — Да́йте мне ту
кни́гу, кото́рую я проси́л.

4) 아는 사람은 대답하세요. — Пусть ответит тот, кто знает.
5) 저 상점에는 상품이 많다. — В том магазине много товаров.
6) 그는 아픈게 아니라 피곤했다. — Он не то, что болен, а устал.

그것 [대] [인칭] оно́ [anó]

1) 사과가 떨어져 땅 위에 있다. — Я́блоко упа́ло. Оно́ лежи́т на земле́.

그것 [대]¹ [접]² то [tó]

1) 나는 대학에 들어가지 않았으나 그것을 후회하지는 않는다. — Я не поступи́л в университе́т, но не жале́ю о том.
2) 나는 엄마가 일찍 돌아와 기뻤다. — Я был рад тому́, что мать верну́лась ра́но.
3) 나는 네가 부탁한 것을 가져왔다. — Я принёс то, что ты проси́л.
4) 만약 늦으면 오지마라 — Е́сли по́здно, то не ходи́.
5) 그들은 맥주를 마시기도 하고 포도주를 마시기도 했다. — Они́ пи́ли то пи́во, то вино́.
6) 비가 오다 말다 했다. — Дождь то шёл, то перестава́л.
7) 바로 이것이 문제이다. — В том — то и де́ло.

그곳에 [부] там [tám]

1) 도처에 там и тут
2) 6시 이후에는 거기에 아무도 없다. — По́сле шести́ часо́в там никого́ не быва́ет.

	3) 나는 내일 그곳에 가려고 한다. — Я бу́ду там за́втра. 4) 차차 알게 될 것이다. — Там ви́дно бу́дет. 5) 그 사람한테 일은 무슨 일이 있다고 그래! — Како́е там у него́ де́ло!
그곳에	튀 туда́ [tudá] 1) 왕복 туда́ и обра́тно, 여기저기로 туда́ — сюда́, 이리저리 то туда́, то сюда́ 2) 나는 그곳에 갈 작정이다. — Я собира́юсь туда́ пое́хать. 3) 우리는 길을 잃었다. — Мы идём не туда́.
그곳으로 부터	튀 отту́да [attúda] 1) 그는 대학에 갔다가 저녁에 거기에서 돌아왔다. — Он ушёл в институ́т и верну́лся отту́да ве́чером. 2) 그는 현재 서울에 있는데 며칠 후에 그곳에서 올 것이다. — Он сейча́с в Сеу́ле и прие́дет отту́да че́рез не́сколько дней.
그녀의	대 её [jijó] 1) 나는 그녀의 오빠와 함께 산다. — Я живу́ вме́сте с её бра́том. 2) 어제 나는 공원에서 그녀를 만났다. — Вчера́ я ви́дел её в па́рке. 3) 그 여자는 집에 없었다. — Её не́ было до́ма.
그때	튀 тогда́ [tagdá] 1) 바로 그때 тогда́ же 2) 나는 당시 학교에 다니고 있었다. — Я учи́лся тогда́ в шко́ле.

	3) 책을 다 읽으면 너에게 줄께 — Когда́ прочита́ю кни́гу, тогда́ дам её тебе́. ④ 당시 상황 тогда́шняя обстано́вка, 당시의 풍습 тогда́шние обы́чаи.
그들	대〔인칭〕 они́ [an'í] 1) 저기 학생들이 앉아 있다. 그들은 이야기를 나누고 있다. — Там сидя́т студе́нты. Они́ разгова́ривают. 2) 우리 정원에 꽃들이 피어 있다. 그 꽃들은 매우 아름답다. — В на́шем саду́ расту́т цветы́. Они́ о́чень краси́вы. 3) 우리들은 그들과 같이 버스를 타고 갔다. — Мы е́хали в авто́бусе вме́сте с ни́ми.
그들의	대〔소유〕 их [íx] 1) 그 사람들의 책이 책상 위에 있다. — Их кни́ги лежа́т на столе́. 2) 나는 극장에서 그들을 보았다. — Я ви́дел их в теа́тре. 3) 그들은 7명이었다. — Их бы́ло семь челове́к.
그램	담 грамм [grám] 1) 나는 버터 200g을 샀다 — Я купи́л две́сти гра́ммов ма́сла.
그러나	접 но [no] 1) 많은 일을 했지만 피곤하지는 않았다. — Я мно́го рабо́тал, но не устал. 2) 그러나 — одна́ко
그러므로	부 потому́ [pətamú]

그러한

1) 왜냐하면 потому́ что
2) 나는 시간이 없어서 올 수가 없다. — Мне не́когда, и потому́ я не могу́ прийти́.
3) 나는 아파서 갈 수가 없다. — Я не могу́ пойти́, потому что бо́лен.

그러한   대 тако́й [takój]

1) 그렇게 커다란 집 тако́й большо́й дом, 그러한 경우 в тако́м слу́чае, 그런 정도로 до тако́й сте́пени
2) 그러한 근로자가 우리에게 필요하다. — Нам ну́жен тако́й рабо́тник.
3) 그는 힘이 매우 좋다. — Он тако́й си́льный.
4) 그는 바로 어떤 사람이냐?
— Кто тако́й он?
5) 뭐야? — Что тако́е?

그런데¹   부 впро́чем [fprótʃˈɪm]

1) 영화는 좋았는데 나는 끝까지 보질 못했다.
— Фильм хоро́ший, впро́чем я не посмотре́л до конца́.
2) 네가 보면 알겠지만 그 여자는 미인이다.
— Она́ краси́вая, впро́чем ты сам уви́дишь.

그런데²   접 [삽입어] одна́ко [adnákə]

1) 우리는 그에게 부탁을 했지만 그는 가지 않았다. — Мы его́ проси́ли, одна́ко он не пое́хал.
2) 하지만 그는 용감한 사람이다. — Он, одна́ко, сме́лый челове́к.
3) 그가 왔지만 나는 아직 그를 만나지 못했다.
— Он прие́хал, однако я его́ ещё не ви́дел.

그렇게	부	так [ták]

1) 바로 이렇게 и́менно так, 소위 так называ́емый, 그럭저럭 так себе́
2) 편지에 그렇게 써 있었다. — Так бы́ло напи́сано в письме́.
3) 나는 녹초가 될 정도로 많이 걸었다. — Я так мно́го ходи́л, что уста́л.
4) 당신이 안가면 내가 가겠소 — Вы не поидёте, так я пойду́.
5) 그래 거기 다녀왔어? — Так ты ходи́л туда́?
6) 날씨가 추우니까 외투를 입으세요 — Пого́да холо́дная, так одева́йте пальто́.

그렇게	부	столь [stól']

1) 그렇게 중요한 сто́ль ва́жный, 그리 위험하지 않은 не столь опа́сный
2) 이 일은 그리 중요하지 않다. — Э́то не столь ва́жно.

그렇다면	접	ита́к [iták]

1) 그럼 안녕 — Ита́к, до свида́ния.
2) 그렇다면 이제 모든 것이 분명해진다. — Ита́к, тепе́рь всё я́сно.

그렇지만	접	всё-таки [fs'ótək'i]

1) 이것은 매우 이상한 일이지만 사실임은 틀림없다. — Э́то о́чень стра́нно, но всё-таки э́то пра́вда.
2) 어쨌든 내가 옳다. — А всё-таки я прав.

그룹	여	гру́ппа [grúppə]

그릇

1) 몇패로 나뉘어 гру́ппами, 군도 гру́ппа острово́в
2) 주민들이 끼리끼리 모였다. — Жи́тели собира́лись гру́ппами.
3) 우리 조는 7명이 함께 일한다. — В на́шей гру́ппе вме́сте рабо́тают семь человек

그릇 [남] сосу́д [sasút]

1) 혈관 кровено́сный сосу́д
2) 그녀는 물이 들어있는 그릇을 탁자위에 놓았다. — Она́ поста́вила сосу́д с водо́и на стол.
3) 박물관에서 우리는 아름다운 은그릇을 보았다. — В музе́е мы ви́дели краси́вые сере́бряные сосу́ды.
[4] 그릇 посу́да.

그리다 [불완] рисова́ть [r'isavat']

1) 나는 그 사람의 초상화를 연필로 그리고 있다. — Я рису́ю его́ портре́т карандашо́м.
2) 멀리 숲이 보였다. — Вдали́ рисова́лся лес.

그림¹ [여] карти́на [kart'inə]

1) 나는 레삔의 그림을 좋아한다. — Мне нра́вятся карти́ны Ре́пина.
2) 오늘 영화관에서는 재미있는 영화를 상영하고 있다. — Сего́дня в кино́ идёт интере́сная карти́на.

그림² [남] рису́нок [r'isúnək]

1) 연필화 рису́нок карандашо́м.
2) 학생은 자신의 그림을 선생님께 보여 드렸다. — Учени́к показа́л свой рису́нок учи́телю.

그림자	예 тень [t'én']	

1) 그늘에서 в тени́, 불만의 그림자 тень неудово́льствия, 황혼 но́чные тени.
2) 그는 우리 뒤를 그림자처럼 따라 다닌다.
— Он хо́дит за на́ми как тень.
3) 과수원은 그늘이 많이 졌다. — В саду́ бы́ло мно́го тени.
4) 진실된 부분이 하나도 없다. — Не́ было ни тени пра́вды.
5) 추호의 의심도 없다. — Нет ни тени сомне́ния.

그 사람   예 он [ón]

1) 아버지 어디 계시냐? 집에 계세요 — Где оте́ц? Он до́ма.
2) 의자는 어디에 있니? 복도에 있어 — Где стул? Он в коридо́ре.

그 여자   대〔인칭〕она́ [aná]

1) 저기 여학생이 있다. 그녀는 독서를 하고 있다.
— Там студе́нтка. Она́ чита́ет.
2) 이 책을 어디에서 구했습니까? 도서관에서 빌렸습니다. — Отку́да у вас э́та кни́га? Я взял её в библиоте́ке.

그의   대 его́ [jɪvó]

1) 그것은 그의 개인적인 의견이다. — Э́то его́ ли́чное мне́ние.
2) 나는 그를 잘 안다. — Я его́ хорошо́ зна́ю.
3) 그는 집에 없다. — Его́ нет до́ма.

그저께   부 позавчера́ [pəzəftʃˈɪrá]

	1) 이 일은 그저께 일어났다. — Это случи́лось позавчера́.
극단적	형 кра́йный [krájn'ij]
	1) 극단의 경우 в кра́йнем слу́чае, 어쨌든 по кра́йнем ме́ре.
	2) 2층 맨끝 왼편 창문에 아직 불이 켜있다. — В кра́йнем ле́вом окне́ на второ́м этаже́ ещё гори́т свет.
	③ 극동 Да́льный Восто́к, 극비문서 соверше́нно секре́тный докуме́нт.
극장	남 теа́тр [t'ıátr]
	1) 인형극 теа́тр ку́кои
	2) 당신은 극장에 자주 가세요? — Вы ча́сто быва́ете в теа́тре?
	3) 그는 러시아 연극사를 공부하고 있다. — Он изуча́ет исто́рию ру́сского теа́тра.
	④ 연극계 театра́льный мир
근대화	여 модерниза́ция [məd'ırn'iʒats'ija]
근무	여 слу́жба [slúz'ba]
	1) 군복무 слу́жба в а́рмии
	2) 그는 외무부에 취직했다. — Он поступи́л на слу́жбу в министе́рство иностра́нных дел.
	3) 군에 오기 전에 그는 공장에 근무했다. — До слу́жбы в а́рмии он рабо́тал на заво́де.
	④ 직원 слу́жащии.
근무하다	불완 служи́ть [sluʒít']
	1) 아버지는 오래동안 군복무를 했다. — Оте́ц

долго служи́л в а́рмии.
2) 그는 어려서 학문에 정진하기로 마음 먹었다.
— Он в ю́ности реши́л служи́ть нау́ке.
3) 상자가 의자로 쓰인다. — Я́щик слу́жит сту́лом.

근심 　 예 забо́та [zəbótа]

1) 회사 간부진은 젊은 전문가들에 대해 커다란 염려를 하고 있다. — Руково́дство предприя́тия проявля́ет большу́ю забо́ту о молоды́х специали́стах.

근심하다 　 불완 беспоко́иться [b'ıspokóittsa] 《 ~о ком, чем 》

1) 나는 그의 건강이 근심스럽다.
— Я беспоко́юсь о его́ здоро́вье.
2) 제가 직접 할테니 염려하지 마세요 — Не беспоко́йтесь, я сам сде́лаю.

끊임없는 　 형 бесконе́чный [biskanétʃ'nij]

1) 가을이 그칠줄 모르는 비와 함께 왔다. — Наступи́ла о́сень с её бесконе́чными дождя́ми.

글자 　 예 бу́ква [búkvə]

1) 글자 그대로 **буква́льно**
2) 3살에 아이는 벌써 모든 글자를 안다.
— В три го́да ма́льчик знал уже́ все бу́квы.

금 　 중 зо́лото [zólətə]

1) 순금 **чи́стое зо́лото**, 루블금화 **рубль зо́лотом**

	2) 금은 인간에게 알려진 최초의 금속이다. — Зо́лото бы́ло пе́рвым мета́ллом, изве́стным челове́ку. 3) 그는 항상 금화로 지불했다. — Он всегда́ плати́л зо́лотом.
금강석	閉 алма́з [almáʒ]
금속	閉 мета́лл [m'ıtál] 1) 귀금속　благоро́дные мета́ллы 2) 현대의 기술에서 금속의 역할은 방대하다. — Роль мета́ллов в совреме́нной те́хнике огро́мна.
금요일	여 пя́тница [p'átn'itsə] 1) 그녀는 매주 금요일에 도서관에서 일한다. — Она́ по пя́тницам рабо́тает в библиоте́ке.
금의	형 золото́й [zəlatój] 1) 훌륭한 일꾼　золото́й рабо́тник, 금시계 золоты́е часы́, 금언　золоты́е слова́, 금메달 золота́я меда́ль, 금반지　золото́е кольцо́ 2) 그는 훌륭한 솜씨를 가졌다. — У него́ золоты́е ру́ки.
급류	閉 пото́к [patók] 1) 몰려드는 군중　лю́дской пото́к, 전보의 홍수　пото́к телегра́мм, 대량의 상품 пото́к това́ров 2) 우리는 계곡을 따라 흐르는 급류의 왼쪽 기슭을 따라 걸어 갔다. — Мы шли по ле́вому бе́-

регу гóрного потóка.

급행열차	남 экспрéсс [ikspréss]
긍정적	형 положи́тельный [pəlaz'ítel'nij]

1) 긍정적인 대답 положи́тельный отвéт
2) 모든 사람들이 그를 긍정적인 사람으로 평가했다. — Егó все счита́ли человéком положи́тельным.

끝	남 край [krúj]

1) 고향 роднóй край, 스텝지대 степнóй край.
2) 그녀는 의자 끝에 걸쳐 앉았다. — Онá сéла на край сту́ла.
3) 우리 지방은 숲이 많다. — В нáшем краю́ мнóго лесóв.

끝내다	완 закóнчить [zakón'tʃ'it'] （（ 불완 зака́нчивать ））

1) 어제 우리는 6시에 일을 마쳤다. — Вчерá мы закóнчили рабóтать в шесть часóв.
2) 우리 공장은 보통 5시에 일이 끝났다. — У нас на завóде обы́чно зака́нчивает работу в пять часóв.

기간	남 срок [srók]

1) 지불기한 срок оплáты, 시험기간 испыта́тельный срок, 4년 기한으로 срóком на четы́ре гóда, 정한 기간내에 в назнáченый срок.
2) 그들은 기한내에 임무를 완수했다. — Они́

기간산업	выполнили задание в срок. 3) 기한이 만료되었다. — Все сроки прошли.
기간산업	ведущие отрасли промышленности
기껏해서	🄫 всего [fs'ıvó] 1) 그는 전부 다해서 200루블을 받았다. — Всего он получил 200 рублей. 2) 누이동생은 나보다 한살 밖에 어리지 않다. — Сестра всего на год моложе меня.
기계공업	машиностроительная промыщленность
기관¹	🄽 орган [oŕgən] 1) 집행기구 исполнительный орган, 심사기관 органы следствия, 국가기관 государственный орган 2) 눈은 시각 기관이다. — Глаз - орган зрения. 3) 모든 정부기관들은 이 과제를 완수해야만 한다. — Все государсрвенные органы должны выполнить эту задачу.
기관²	🄭 учреждение [utʃ'r'ısd'énjijə] 1) 국가기관 государственное учреждение 2) 우리 기관에는 약 100명이 근무하고 있다. — В нашем учреждении работает около ста человек.
기관³	🄽 аппарат [aparát] 1) 보청기 слуховой аппарат 2) 장치(기계)가 쓸모없게 되었다. — Аппарат

вы́шел из стро́я.
3) 그는 국가기관으로 직장을 옮겼다. — Он перешёл на рабо́ту в госуда́рственный аппара́т.
[4] 신체기관 о́рганы те́ла.

기구 [남] инструме́нт [instrum'ént]

1) 현악기 стру́нный инструме́нт, 타악기 уда́рный инструме́нт.
2) 망치와 도끼는 도구이다. — Молото́к, топо́р — инструме́нты.
3) 당신은 어떤 악기를 연주하십니까? — На како́м инстрме́нте Вы игра́ете?

기다리다¹ [불완] ожида́ть [aʒidát']

1) 나는 결코 그런 일을 예상하지 못했다.
— Я никáк не ожидáл такóго собы́тия.
2) 나는 할일이 있다. — Меня́ ожида́ет рабо́та.
[3] 대기실 зал ожида́ния, 열차를 기다리면서 в ожида́нии по́езда, 기대에 어긋나게 про́тив ожида́ний

기다리다² [불완] жда́ть [ʒdát']

1) 우리는 정류장에서 버스를 기다렸다. — Мы стоя́ли на остано́вке и жда́ли автóбус.
2) 그들은 막차를 기다리고 있다. — Они́ ждут после́дний по́езд.
3) 나는 당신의 도움을 기다렸다. — Я ждал от вас по́мощи.

기다리다 (잠시)³ [완] подожда́ть [pədaʒdát']

1) 밑에서 기다리겠습니다. — Я подожду́ вас

내려가 있다. — ... внизу́.

2) 그녀는 운전기사에게 잠시 기다려 달라고 했다. — Она́ попроси́ла шофёра подожда́ть.
3) 내일 알아보고 말씀드릴테니 기다려 주십시오 — Подожди́те, я за́втра узна́ю и скажу́.

| 기다리다 (잠시)[4] | 완 погоди́ть [pəgad'ít'] |

1) 너 어디 두고보자 — Ну погоди́.

| 기대하다 | 불완 наде́яться [nad'éjəttsə] |

1) 우리는 당신의 도움을 기대했습니다. — Мы наде́ялись на ва́шу по́мощь.
2) 그를 믿을 수 없다. — На него́ нельзя́ наде́яться.

3 기대 ожида́ния, наде́жды

| 기독교 | 중 христиа́нство [xris'tiánstvə] |

| 기둥 | 여 коло́нна [kaĺonnə] |

1) 그는 기둥 옆에 서 있다. — Он стои́т у коло́нны.
2) 가도에 트럭 행렬이 나타났다. — На шоссе́ показа́лась коло́нна грузовико́в.

| 기록 | 남 реко́рд [r'ıkórd] |

1) 세계기록 мирово́й реко́рд

| 기만 | 남 обма́н [abm'án] |

| 기반 | 여 ба́за [bázə] |

1) 전진기지 передова́я ба́за
2) 그는 광공업의 기술적 토대를 마련했다. — Он

создал техни́ческую ба́зу для го́рной промы́шленности.
3) 그녀는 군사기지에서 근무한다. — Она́ рабо́тает на вое́нной базе.

기본적인 [형] основно́й [asnavnóij]

1) 헌법 основно́й зако́н, 고정자본 основно́й капита́л.
2) 이 공장의 주생산품은 자동차이다. — Основа́я проду́кция э́того заво́да — автомоби́ли.

기분 [중] настрое́ние [nastraénijə]

1) 기분파 челове́к настрое́ния
2) 나는 오늘 기분이 나쁘다. — У меня́ сего́дня пло́хое настрое́ние.
3) 나는 노래를 부를 기분이 아니다. — У меня́ нет настрое́ния петь.

기쁘다 [숙] рад [rát]

1) 우리는 당신의 성공을해서 기쁩니다. — Мы ра́ды ва́шим успе́хам.
2) 당신을 만나 기쁩니다. — Рад вас ви́деть.
3) 어머니는 아들이 집에 돌아와 기쁘다.
— Мать ра́да, что сын верну́лся домо́й.
4) 후회막심이오! — Я и сам не рад.

기쁨 [여] ра́дость [rádəs't']

1) 생의 환희 ра́дость жи́зни, 기뻐서 с ра́достью
2) 나는 당신을 위해 이 일을 기꺼이 하겠습니다.
— Я с ра́достью сде́лаю это для вас.
3) 반가운 소식 ра́достное изве́стие.

| 기사 | 남 〔활〕 инжене́р [insin'ér]

1) 그는 수석기사로 근무한다. — Он рабо́тает гла́вным инжене́ром.
2) 공장에는 노련한 기사들이 근무하고 있다. — На фа́брике рабо́тают о́пытные инжене́ры.

4 기성복 гото́вая оде́жда, 기성작가 зре́лый писа́тель.

| 기숙사 | 중 общежи́тие [əbʃʃ'ız'it'ijə]

| 기술 | 여 те́хника [t'éxn'ikə]

1) 선진기술 передова́я те́хника, 안전규칙 те́хника безопа́сности.
2) 그는 우리나라 기술사를 집필했다. — Он написа́л кни́гу по исто́рии те́хники на́шей страны́.
3 기술전문대학 те́хникум

| 기술적인 | 형 техни́ческий [t'ıxn'ítʃ'ısk'ij]

1) 기술진보 техни́ческий прогре́сс, 기술교육 техни́ческое образова́ние, 기술개선 техни́ческая реконстру́кция, 기술교육 техни́ческое обуче́ние
2) 그는 평균적인 기술교육을 받았다. — Он име́ет сре́днее техни́ческое образова́ние.
3) 기술공정 — технологи́ческий проце́сс.

| 기아 | 남 го́лод [gólot]

1) 나는 배고프지 않아요 — Я не голо́ден.

기어 오르다　|불완| лезть [l'és't']

1) 꼬마가 나무를 기어 오르고 있다. — Мальчик лезет на дерево.
2) 아이들이 책상 밑으로 기어 들어갔다. — Дети лезли под стол.
3) 여러가지 생각이 머리를 떠나지 않는다. — В голову лезут разные мысли.

기억　|여| память [pám'ıt']

1) 옛정을 생각해서　по старой памяти.
2) 그는 기억력이 좋다. — У него хорошая память.
3) 그에 대한 추억은 영원히 살아있을 것이다. — Память о нём будет жить в веках.

기억하다¹　|완| вспомнить [fspómn'ıt'] ((|불완| вспоминать))

1) 나는 그의 성을 기억할 수가 없다. — Я не могу вспомнить его фамилию.
2) 나는 그때 일을 생각하기도 싫다. — Я не хочу вспоминать об этом времени.

기억하다²　|불완| помнить [pómmit']

1) 당신은 저를 기억하십니까 ? — Вы меня помните ?

기업　|중| предприятие [pr'ıtpr'iját'ijə]

1) 상사　торговое предприятие, 대기업　крупное предприятие.
2) 그는 현대적인 기업에서 일하고 있다. — Он работает на совремемном предприятии.

기자

[3] 기업가 предпринима́тель.

기자 [남] корреспонде́нт [kərˈɪspanˈdˈént]

1) 특파원 специа́льный корреспонде́нт, 종군기자 вое́нный корреспонде́нт.
2) 그는 즈베즈다지 뉴욕 특파원이다. — Он специа́льный корреспонде́нт к нью-Иорку.
[3] 기자회견 пресс-конфере́нция.

기적 [중] чу́до [tʃˈúdə]

1) 미의 극치 чу́до красоты́, 예술의 정수 чу́до иску́сства.
2) 세상에는 불가사의한 일이 흔히 있다. — На све́те нема́ло чуде́с.
3) 그는 기적적으로 살아났다. — Он спасся каки́м-то чу́дом.
4) 그 여자는 정말 아름답다. — Она́ чу́до как хороша́.

기차 [남] по́езд [pójɪst]

1) 급행열차 ско́рый по́езд, 교외열차 при́городный поезд.
2) 내일 나는 그곳에 기차로 갈 것이다.
— За́втра я е́ду на по́езде.
[3] 기차 시간표 расписа́ние по́ездов.

기초 [여] осно́ва [asnóvə] [복] 원리

1) 이 논문은 사실에 기초를 두고 있다. — Осно́вной для статьи́ явля́ются фа́кты.
2) 그는 심지어 이 이론의 원리도 모르고 있다.
— Он не зна́ет да́же осно́в э́той тео́рии.
[3] 기초지식 осно́вные зна́ния

| 기침 | 남 кашель [kaʃəl']

1) 기침약 лекарство от кашля
2) 나는 기침이 심하다. — У меня сильный кашель.
3) 환자의 잦은 기침으로 우리는 잠자기 어려웠다. — Частый кашель больного мешал нам спать.

| 기타 | 여 гитара [g'ıtárə]

1) 그는 기타를 잘친다. — Он хорошо играет на гитаре.

| 기하학 | 여 геометрия [g'ıam'étr'ijə]

1) 기하학은 내가 좋아하는 과목이다.
— Геометрия — мой любимый предмет.

| 기회 | 남 случай [slútʃ'aıj]

1) 이 경우에 в данном случае, 최상의 경우에 в лучшем случае, 어떤 경우에 в некоторых случаях, 좋은 기회 удобный случай
2) 당신에게 내가 살면서 겪었던 한가지 경우를 말해 주겠습니다. — Я расскажу вам один случай из жизни.
3) 나는 그와 이야기할 기회가 없었다.
— У меня не было случая поговорить с ним.
4) 그는 앓고 있기 때문에 이곳에 오지 못했다.
— Он не пришёл сюда по случаю болезни.
5 기회주의자 оппортунист.

| 기획 | 남 проект [praéekt]

1) 예산안 проект бюджета,   여행계획

기후

        проект пое́здки

    2) 내 설계에 맞춰 집이 지어졌다.

      — Дом постро́ен по моему́ прое́кту.

    3) 그는 조약 초안을 준비하고 있다.

      — Он занима́ется подгото́вкой прое́кта догово́ра.

기후　　　　|남| кли́мат　[kl'imát]

    1) 따뜻한 해양조류가 이 지방 기후에 영향을 준다. — Тёплое мо́рское тече́ние ока́зывает влия́ние на кли́мат э́того райо́на.

길¹　　　　|여| доро́га　[darógə]

    1) 철도 зеле́жная доро́га, 도로망 сеть доро́г

    2) 길이 숲을 나왔다. — Доро́га прохо́дит че́рез лес.

    3) 나는 시골로 가는 길을 모른다. — Я не зна́ю доро́ги в э́ту дере́вню

    4) 그들은 언제 여행에서 돌아왔습니까?

      — Когда́ они́ верну́лись с доро́ги?

길²　　　　|남| путь　[pút']

    1) 평화적인 방법으로 ми́рным путём

    2) 이 길이 지름길이다. — Э́тот путь са́мый коро́ткий.

    3) 그는 여행을 떠날 준비를 하고 있다. — Он собира́ется в путь.

    4) 어떤 방법으로 그같은 결론을 얻으셨습니까?

      — Каки́м путём вы доби́лись таки́х результа́тов?

    5) 우리는 당신들과 목적이 다르다. — Нам с

벌이

вами не по пути.

길다   [형] **длинный** [dl'ínnij]

1) 홀에는 긴 식탁이 있다. — В зáле стоúт длинный стол.
2) 소매가 나한테 너무 길다. — Рукавá мне длинны́.

길이   [여] **длинá** [dl'iná]

1) 이 강의 길이는 2km이다. — Длинá э́той рекú два киломéтра.

깊게   [부] **глубокó** [glubakó]

1) 물고기가 물속 깊은 곳에서 헤엄치고 있다. — Ры́бы плыву́т глубокó под водóй.
2) 여기는 깊다. — Здесь глубокó.

깊은   [형] **глубóкий** [glubók'ij]

1) 아득히 먼 옛날 **глубóкая дрéвность**, 심오한 사상 **глубóкая мысль**, 깊은 잠 **глубóкий сон**.

깊이   [여] **глубинá** [glubináa]

1) 옛날옛적에 **в глубинé векóв**, 10m 깊이에 **на глубинé десятú мéтров**
2) 호수의 깊이는 10м이다. — Глубинá óзера — дéсять мéтров.
3) 숲속 깊이 집이 한채 있었다. — В глубúне лéса стоя́л дом.

나

ㄴ

나   대 **Я** [já]

1) 나는 책을 읽는다. — Я читáю кни́гу.
2) 나는 누이가 있다. — У меня́ есть сестрá.
3) 나와 같이 가자 — Пойдём со мнóй.
4) 때려줄거야! — Я тебé!
5) 반드시 목표를 달성할거야 — Не я бу́ду, éсли не добью́сь своегó.

나가다¹   불완 **выходи́ть** [vixad'ít'] 《 완 вы́йти 》

1) 보통 나는 8시에 집을 나선다. — Обы́чно я выхожу́ из дóму в вóсемь часóв.
2) 내 머리속에서 그것이 사라지지 않다. — У меня́ это из головы́ не выхóдит.
3) 그에게서는 나올 것이 없다. — Из негó ничегó не выхóдит.
4) 커다란 창이 거리쪽으로 나왔다. — Большóе окнó выхóдит на у́лицу.

나가다²   완 **вы́йти** [vijt'i] 《 불완 выходи́ть 》

1) 그녀는 방안에서 나왔다. — Онá вы́шла из кóмнаты.
2) 우리는 조그만 역에서 내려 자동차를 타고 갔다. — Мы вы́шли на мáленькой стáнции и поéхали на маши́не.
3) 집에 차가 다 떨어졌다. — Чай у нас весь вы́шел.
4) 그는 좋은 의사가 될 것이다. — Из негó вы́йдет хорóший врач.

| 나가다³ | 완 вы́ступить [vístup'it']
((불완 выступа́ть)) |

1) 회의에서 그는 보고연설을 하였다. — На собра́нии он вы́ступил с докла́дом.
2) 오늘 TV에 내 아내가 출연한다. — Сего́дня по телеви́дению выступа́ет моя́ жена́.

| 나머지 | 남 оста́ток [astátək] |

1) 탑의 잔해 оста́тки па́годы, 완전히 всё без оста́тка.
2) 개에게 밥찌꺼기를 주어라 — Дай соба́ке оста́тки обе́да.

| 나머지의 | 형 остально́й [astal'nój] |

1) 나머지 시간 оста́льное вре́мя, 기타국가들 оста́льные госуда́рства
2) 나는 서둘러 나머지 페이지를 다 읽겠다. — Я бы́стро прочита́ю остальны́е страни́цы.

| 나무 | 중 де́рево [d'ér'ɪvə] |

1) 상록수 вечнозелёное де́рево, 침엽수 хво́йное дерево, 활엽수 ли́ственное де́рево.
2) 여름에 나뭇잎은 푸르다. — Ле́том ли́стья на дере́вьях зелёные.
3) 작은 것은 보고 큰 것은 보지 못한다. — За дере́вьями не ви́деть ле́са.
4) 산에 목조가옥이 있었다. — На горе́ стоя́л деревя́нный дом.

| 나쁘게 | 술¹ 부² нехорошо́ [n'ɪxəraʃó] |

	1) 그렇게 행동하면 좋지 않다. — Нехорошо́ так поступа́ть.
2) 나는 기분이 좋지 않다. — Я чу́вствую себя́ нехорошо́.
3) 나는 기분이 나쁘다. — Мне нехорошо́.
4) 그 여자는 밉게 생겼다. — Она́ нехороша́ собо́й.
나쁘다	술¹ 부² пло́хо [plóxə] 〔비〕 ху́же
1) 그는 행실이 나쁘다. — Он пло́хо себя́ ведёт.
2) 빌어먹을! 주위에는 안개와 눈 밖에 아무것도 보이는게 없구나 — Пло́хо! Круго́м ничего́ не ви́дно, то́лько тума́н и снег.
나쁘지 않게	부¹ 술² ничего́ [n'itʃ'ıvo]
1) 그는 괜찮게 산다. — Он живёт ничего́ себе́.
2) 괜찮아, 그 사람 오라고 그래 — Ничего́, пусть он придёт.
나쁜¹	형 плохо́й [plaxój] 〔비〕 ху́же
1) 흉작 плохо́й урожа́й, 너절한 버릇 плоха́я привы́чка
2) 10월에 이곳은 대체로 날씨가 나쁘다.
— В октябре́ здесь обы́чно плоха́я пого́да.
나쁜²	형 злой [zlój]
1) 그녀의 말에는 독기가 있다. — У неё злой язы́к.
2) 그는 모두에게 화를 낸다. — Он зол на всех.
나의	대〔소유〕 мой [mój]

1) 내 친구는 이것을 모른다. — Мой друг не знает об э́том.

나이[1] 　[봄] **лета́** [l'ıtá]

1) 그후 5년이 흘렀다. — Прошло́ пять лет с тех пор.
2) 그는 벌써 중년이다. — Он уже́ сре́дних лет.
3) 누이는 15살이다. — Сестре́ пятна́дцать лет.
4) 나와 그는 동갑이다. — Мы с ним одни́х лет.

나이[2] 　[남] **во́зраст** [vózrəst]

1) 학교에 갈 나이 **шко́льный во́зраст**, 정년 **преде́льный во́зраст**
2) 그녀는 나와 동갑이다. — Она́ одного́ во́зраста со мной.

나타나다[1] 　[완] **появи́ться** [pəjıv'íttsə]

1) 그는 리셉션에 새 양복을 입고 나타났다. — Он появи́лся на приёме в но́вом костю́ме.
2) 우리나라의 은막에 흥미있는 영화가 나타나기 시작했다. — На на́ших экра́нах ста́ли появля́ться интере́сные фи́льмы.
3) 그는 어디에서 돈이 났냐? — Отку́да у него́ де́ньги появи́лись?

나타나다[2] 　[완] **яви́ться** [jıv'íttsə] (([불완] **явля́ться**))

1) 재능있는 신진작가들이 나타났다. — Яви́лись но́вые писа́тели с тала́нтом.
2) 이것이 그의 사망원인이다. — Э́то яви́лось причи́ной его́ сме́рти.

3) 오전 8시까지 출근해야 한다. — На рабо́ту ну́жно явля́ться в во́семь часо́в утра́.
4) 그는 화학의 권위자이다. — Он явля́ется авторите́том в хи́мии.
5) 내 머리에 생각이 떠올랐다. — У меня́ яви́лась мы́сль.

낙관적 | 형| оптимисти́ческий [apt'ım'ıstjitʃ'eskij]

1) 낙관주의 оптими́зм

낙후한 | 형| отста́лый [astálij]

1) 후진국 отста́лая страна́, 낙후한 기술 отста́лая те́хника.

난로 | 여| пе́чка [p'étʃ'kə], печь [p'étʃ']

1) 그녀는 난로 곁에 앉아 책을 읽고 있다.
   — Она́ сиди́т о́коло пе́чки и чита́ет.
2) 온 가족이 난로가에 모여 앉았다.
   — Вся семья́ собира́ется вокру́г пе́чи.

난방시설 | устро́йство отопле́ния

날개 | 중| крыло́ [krıló]

1) 나에게 날개가 있다면! — Е́сли бы у меня́ бы́ло крыло́.
2) 우리는 머리위에서 나는 날개짓 소리를 듣고 위를 쳐다 보았다. — Мы услы́шали шум кры́льев над голово́й и посмотре́ли вверх.

날다 | 불완| [부정] лета́ть [l'ıtát'] (([정] лете́ть))

1) 머리 위로 새들이 날아 다닌다. — Над го-

ловóй летáют птицы.
2) 여름에 우리는 한국 비행기로 모스크바에 갔다. — Лéтом мы летáли в Москвý на Корейском самолёте.
[3] 하늘의 요새 летáющая крéпость.

날씨 [여] погóда [pagódə]

1) 내일 날씨가 어떨까요? — Какая погода бýдет зáвтра ?

날씬한 [형] тóнкий [tónk'ij]

날카로운¹ [형] óстрый [óstrij]

1) 예리한 시선 óстрое зрéние, 긴박한 정세 óстрое положéние.
2) 그는 입술이 얇고 턱은 길고 뾰족했다. — У негó были тóнкие гýбы и длинный óстрый подбородóк

날카로운² [형] рéзкий [r'ésk'ij] 〔비〕 рéзче

1) 세찬 바람 рéзкий вéтер, 돌발적인 행동 рéзкое движéнче, 거친 표현 рéзкие выражéния
2) 그의 목소리는 날카롭다. — У него рéзкий гóлос.
3) 그는 매우 격하게 문을 닫았다. — Он закрыл дверь очень рéзко.

남극 Южный пóлюс

남기다 [완] остáвить [astáv'ıt'] 《 [불완] оставлять 》

1) 그녀는 나에게 메모를 남겼다. — Она остá

남녀노소	

вила мне записку.
2) 누가 창을 열어 놓았니? — Кто оставил окно открытым?
3) 그는 종종 자기 물건을 차에 두고 내린다. — Он часто оставляет свой вещи в вагоне.
4) 이곳은 주차금지 구역이다. — Здесь нельзя оставлять машину.
5) 더 잘하길! — Это оставляет желать лучшего.

남녀노소	мужчины и женщины, стар и млад
남녀평등	равноправие мужчин и женщин
남다	불완 оставаться [astaváttsə] ((완 остаться))

1) 작업이 시작되기 까지에는 몇 분이 남아 있다. — До начала работы остаётся несколько минут.
2) 나는 아직 그의 사상을 이해하지 못하는 상태이다. — Для меня его мысль ещё остаётся непонятной.
3) 나는 서명할 수 밖에 없었다. — Мне осталось только подписаться.
4) 오늘은 아이들만 집에 남아 있다. — Сегодня дети остались дома одни.
5) 문제는 아직 미해결 상태로 남았다. — Вопрос остался не решённым.

남의	형 чужой [tʃ'uzój]

1) 남의 책 чужая книга, 남의 이름으로 под чужим именем, 남의 덕으로 на чужой счёт
2) 그는 나와는 전혀 다른 사람이다. — Он для

меня совершенно чужой.

3) 그는 우리와는 인연이 없다. — Он нам чужой.

남자   명〔활〕 мужчи́на [muʃˈʃinə]

1) 내 앞에 손에 가방을 든 키 큰 남자가 서 있었다. — Пе́редо мной стоя́л высо́кий мужчи́на с чемода́ном в рука́х.

남쪽   명 юг [júk]

1) ~에서 남쪽으로 к ю́гу от~, 남녘에 на ю́ге
2) 그는 곧장 남쪽으로 걸어갔다. — Он пошёл пря́мо на юг.
3) 이곳은 전국 최남단의 도시이다. — Э́то са́мый ю́жный го́род страны́.

[4] 남동 юго-восто́к, 남동풍 ю́го-восто́чный ве́тер, 남서 ю́го-запа́д, 남서방향 ю́го-запа́дное направле́ние.

남편   명〔활〕 муж [múʃ]

1) 그녀는 남편을 매우 사랑한다. — Она́ о́чень лю́бит му́жа.
[2] 남편 — супру́г.

낮   예 день [dˈenˈ]

1) 오전에 в пе́рвой полови́не дня, 오후에 в вто́ри́ полови́не дня, 이틀 후 через два дня, 며칠전 не́сколько дней наза́д
2) 낮에도 밤에도 비가 왔다. — И день и ночь шёл дождь.
3) 나는 그를 매일 만난다. — Я ви́жу его ка-

	ждый день.
	4) 이 일은 혁명기에 일어났다. — Э́то произошло́ в дни револю́ций.

낮게   부 **ни́зко** [n'ískə] 〔비〕 ни́же.

1) 비행기가 저공비행을 하고 있다. — Самолёт лети́т ни́зко над землёй.

낮에   부 **днём** [d'n'óm]

1) 끊임없이   днём и но́чью
2) 나는 낮에 일하고 밤에 공부한다. — Я днём рабо́таю, а ве́чером учу́сь.

낮은   형 **ни́зкий** [n'ísk'ij]

1) 염가   ни́зкие це́ны, 비열한 행위   ни́зкий посту́пок
2) 우측 강둑은 높고 좌측은 낮다. — Пра́вый бе́рег реки́ — высо́кий, а ле́вый — ни́зкий.

내던지다   완 **бро́ситься** [brós'ittsə] 《 불완 броса́ться 》

1) 명령에 따라 군인들은 앞으로 돌진했다. — По кома́нде солда́ты бро́сились вперёд.
2) 누군가 다리에서 강물로 투신했다. — Кто-то бро́сился с моста́ в ре́ку.

내리다¹   불완 **сходи́ть** [sxad'ít']

1) 너는 여기서 내리는 것이 좋겠다. — Тебе́ лу́чше сходи́ть туда́.
2) 잘될거야! — Сойдёт!
3) 그는 젊은이처럼 보였다. — Он сошёл за молодо́го.

내리다²	완 опусти́ть [apus't'it·] ((불완 опуска́ть))	

1) 그녀는 눈을 내리 깔았다. — Она́ опусти́ла глаза́.
2) 자동판매기에 동전을 넣으시오 — Опусти́те моне́ту в автома́т.

내리다³ 불완 спуска́ться [spuskáttsə]

1) 우리는 산에서 내려왔다. — Мы спуска́лись с го́ры.
2) 길이 바다로 내려가며 나있다. — Доро́га спуска́ется к мо́рю.

내보내다 완 вы́пустить [vípus't'it'] ((불완 выпуска́ть))

1) 그는 자유의 몸이 되었다. — Его́ вы́пустили на свобо́ду.
2) 우리 대학은 금년에 200명의 전문가를 배출했다. — Наш институ́т в э́том году́ вы́пустил две́сти специали́стов.
3) 고양이를 밖으로 내보내지 마십시오 — Не выпуска́йте кота́ на у́лицу.
4) 이 공장은 질 좋은 트랙터를 생산하고 있다. — Э́тот заво́д выпуска́ет лу́чшие тра́кторы.

내부에 부¹ 전² внутри́ [vnutr'i]

1) 내 몸속의 모든 것이 공포로 떨고 있다. — Всё у меня́ внутри́ дрожи́т от стра́ха.
2) 집안은 조용했다. — Внутри́ до́ма бы́ло ти́хо.
3 국내외에 внутри́ и вне страны́.

| 내부의 | 형 вну́тренний [vnútr'ın'n'ij] |

1) 내면세계 вну́тренний мир, 국내정책 вну́тренняя поли́тика, 내적모순 вну́треннее противоре́чие, 내정간섭 вмеша́тельство во вну́тренние дела́
2) 공장 내부설비가 아직 완성되지 않았다. — Вну́треннее обору́дование заво́да ещё не зако́нчено.
3) 그는 국내정세의 근본문제들을 검토하고 있었다. — Он рассма́тривает основны́е вопро́сы вну́треннего положе́ния.

| 냄새 | 남 за́пах [zápəx] |

1) 악취 дурно́й за́пах, 좋은 냄새 прия́тный за́пах
2) 내 방은 꽃향기가 가득하다. — Моя́ ко́мната по́лна за́пахом цвето́в.

| 내용 | 중 содержа́ние [səd'ırsán'ijə] |

1) 가족부양비 расхо́ды по содержа́нию семьи́, 화제 содержание бесе́ды, 요지 кра́ткое содержа́ние.
2) 그의 보고는 내용이 빈약하다. — Его докла́д был сла́бым по содержа́нию.

| 내일 | 부 за́втра [záftrə] |

1) 내일 저녁에 за́втра ве́чером.
2) 내일 만나요! — До за́втра!
3) 내일 우리는 극장에 갈 것이다. — За́втра мы пойдём в кино́.

| 냉장고 | 남 холоди́льник [xəlad'íl'n'ik] |

1) 버터를 냉장고에 넣어라 — Положи́ ма́сло в холоди́льник.

너 　　[대] **ты** [tí]

1) 엄마 뭐해요? — Ма́ма, что ты де́лаешь?
2) 너도 같이 학교에 가자 — Поидём с тобо́й в шко́лу.

너의 　　[대] [소유] **твой** [tvój]

1) 이것은 네가 간여할 일이 아니다. — Э́то не твоё де́ло.
2) 자 여기 네 수건이 있다. — Вот твоё полоте́нце.
3) 이것은 내 것이고, 그것은 네 것이다. — Э́то моё, а э́то твоё.
4) 네 가족에 안부 전해줘 — Приве́т всем твоим.

넉넉한 　　[형] **доста́точный** [dastátətʃ'nij]

1) 그녀는 아주 똑똑하다. — Она́ доста́точно умна́.
2) 맡은 일을 마치려면 세사람이면 충분하다. — Для выполне́ния зада́ния доста́точно трёх челове́к.
3) 우리는 냉장고를 살만한 돈이 넉넉하다. — Де́нег на поку́пку холоди́льника у нас доста́точно.

넓게 　　[부] **широко́** [ʃirakó] [비] ши́ре

1) 널리 알려진 широко́ изве́стный, 넓게 열린 широко́ откры́тый.
2) 문이 활짝 열려 있다. — Дверь была́ широко́

откры́та.

넓은

[형] широ́кий [ʃirók'ij] 〔비〕 ши́ре

1) 대규모로 в широ́ком масшта́бе, 풍부한 가능성 широ́кие возмо́жности.
2) 방구석에 넓은 소파가 놓여 있었다. — В углу́ ко́мнаты стоя́л широ́кий дива́н.
3) 옷이 나한테는 허리가 너무 커요 — Пла́тье мне широко́ в по́ясе.
4) 우리는 내년에 원대한 계획을 가지고 있다. — У нас на бу́дущий год широ́кие пла́ны.

넘겨주다

[불완] сдава́ть [zdavát'] 《[완] сдать 》

1) 우리는 도시를 적에게 넘겨주지 않겠다. — Мы не сдаём го́род проти́внику.
2) 그들은 5과목 시험을 치를 것이다. — Они́ бу́дут сдава́ть пять экза́менов.
3) 벌써 책을 도서관에 반납했습니까? — Вы уже́ сда́ли кни́ги в библиоте́ку?
4) 어제 그녀는 문학시험을 치렀다. — Вчера́ она́ сдала́ экза́мен по литерату́ре.
5) 그는 앓고나서 몹시 쇠약해졌다. — Он си́льно сдал по́сле боле́зни.

네번째

[수] четвёртый [tʃ'ıt'v'órtij]

1) 금년은 5개년계획의 4번째 해이다. — Сейча́с идёт четвёрый год пятиле́тки.

넥타이

[남] га́лстук [gálstuk]

1) 그는 파란 넥타이를 매고 있다. Он но́сит си́ний га́лстук.

년   [남] год [gót]

1) 금년 текущий год, 작년 прошлый год,내년 будущий год.
2) 새해 복 많이 받으십시오 — С новым годом.
3) 1년은 12개월이다. — В году двенадцать месяцев.
4) 나는 20살이다. — Мне двадцать лет.
5) 그때가 그의 전성기였다. — Это были лучшие годы его жизни.

노동   [남] труд [trút]

1) 정신노동 умственный труд, 육체노동 физический труд, 분업 разделение труда, 노동과 자본 труд и капитал, 쉽게 без труда, 힘들여 с трудом, 헛수고 напрасный труд.
2) 우리는 우리 힘으로 살아 나간다. — Мы живём своим трудом.
3) 그는 별다른 어려움 없이 문제를 해결했다. — Он без труда решил задачу.

노동   [형] трудовой [trudavój]

1) 그는 훌륭한 노동규율을 가지고 있다. — У него замечательная трудовая дисциплина.

노동자   [남]¹ [활] [형]² рабочий [rabótʃ'ij]

1) 고용노동자 наёмный рабочий, 노동자와 사무직원 рабочие и служащие, 노동운동 рабочее движение, 작업복 рабочий костюм
2) 대부분의 노동자들은 공장 가까이에 살고 있다. — Большинство рабочих живёт близко

노동자		

от завода.

3) 우리 공장에 새로운 직원식당이 생겼다. — У нас на заво́де постро́ена но́вая рабо́чая столо́вая.

4) 우리 일과는 8시에 시작된다. — Рабочий ден- - па́дают жёлтые ли́стья.

노동자 　　복(활) трудя́щиеся [trud'áʃʃ'ijəs'ə]

1) 근로대중　трудя́щиеся ма́ссы
2) 공장 노동자들은 기한내에 계획을 완수했다.
— Трудя́щиеся заво́да вы́полнили план до сро́ка.
3) 전세계 노동자들은 전쟁을 원하지 않는다.
— Трудя́щиеся всего́ ми́ра не хотя́т войны́.

노란 　　형 жёлтый [ʒóltij]

1) 어용출판물　жёлтая пре́сса.
2) 나무에서 낙엽이 떨어진다. — С дере́вьев па́дают жёлтые ли́стья.

노래 　　여 пе́сня [p'és'n'ə]

1) 민요　наро́дная пе́сня, 대중가요 ма́ссовая пе́сня.
2) 이것이 내가 좋아하는 노래이다. — Э́то моя́ люби́мая пе́сня.
3) 이것은 벌써 싫증이 났다. — Э́то ста́рая пе́- - сня.

노래하다 　　불완 петь [p'ét']

1) 그녀는 노래를 잘한다. — Она́ хорошо́ поёт.
2) 그는 오페라 가수이다. — Он поёт в о́пере.
3) 젊은이들이 어떤 경쾌한 노래를 불렀다.

— Молодые люди пели какую-то весёлую песню.

노력   중 усилие [us'íl'ijə]

1) 헛된 노력   тщетные усилия
2) 당신의 노력 덕분에 우리는 기한내에 계획을 달성할 수 있었습니다. — Благодаря вашим усилиям, нам удалось выполнить план в срок.
3) 국제적 안전보장을 강화하기 위해서는 새로운 노력이 필요하다. — Укрепление международной безопасности требует новых усилий.
4 노력가   старательный человек.

노선   여 линия [l'ín'ija]

1) 경제건설의 기본노선   основная линия экономического строительства.
2) 비행기는 벌써 수평선 너머로 사라졌다. — Самолёт уже не видно за линией горизо- записала

노인   남〔활〕 старик [star'ík]

1) 젊은이가 노인에게 조언을 구했다. — Молодой человек спросил совета у старика.

노임   заработная плата.

노파   여〔활〕 старуха [starúxə]

1) 노파는 손녀와 살고 있다. — Старуха живёт с внучкой.

녹색의   형 зелёный [z'ıl'ónij]

녹음기

1) 녹색연필을 주세요. — Дайте мне зелёный карандаш.
2) 사과는 아직 덜 익었다. — Яблоки ещё зе́лены.

녹음기   남 магнитофо́н [məgn'itafón]

1) 그는 좋은 일제 녹음기가 있다. — У него́ хоро́ший япо́нский магнитофо́н.
2) 그녀는 녹음기에 음악을 녹음했다. — Она́ записа́ла му́зыку на магнитофо́н.

논문   여 статья́ [stat'já]

1) 신문사설 передова́я статья́, 법률조항 статья́ зако́на, 중요한 수입품목 ва́жная статья́ импо́рта
2) 나는 이 문제에 관한 숱한 논문을 읽었다. — Я прочита́л це́лый ряд стате́й по э́тому вопро́су.

논쟁   남 спор [spóor]

1) 거기에 대해서는 논쟁의 여지가 없다. — Об э́том спо́ру нет.
2) 그러한 이유에서 격렬한 논쟁이 일고 있다. — По э́тому по́воду иду́т горя́чие спо́ры.
3) 그들은 아이 양육문제로 자주 다툰다. — Ме́жду ни́ми ча́сто возника́ли спо́ры о воспита́нии дете́й.

논쟁하다   불완 спо́рить [spór'it']

1) 여기에 대해서 그와 말다툼을 벌일 가치도 없다. — С ним не сто́ит спо́рить об э́том.
2) 아이들 앞에서 다투지 마시오 — Не спо́рьте

при де́тях.

놀다 | 불완 игра́ть [igrát']

1) 마당에서 아이들이 놀고 있다. — Во дворе́ игра́ют де́ти.
2) 햇빛이 물위에 반짝인다. — Луч со́лнца игра́ет на воде́.
3) 오늘 우리는 축구를 했다. — Сего́дня мы игра́ли в футбо́л.
4) 그녀는 피아노를 잘 친다. — Она́ хорошо́ игра́ет на роя́ле.
5) 불장난 금지! — Нельзя́ игра́ть с огнём!
6) 그 배우는 중요한 배역을 연기한다. — Э́тот актёр игра́ет ва́жную роль.

놀라운 | 형 удиви́тельный [ud'iv'it'il'nij]

1) 여기에는 별로 놀랄만한 일이 없다. — В э́том нет ничего́ удиви́тельного.
2) 그가 아직 돌아오지 않은 것은 이상하다. — Удиви́тельно, что он ещё не возврати́лся.

농구 | 남 баскетбо́л [bəskitból]

1) 그는 농구를 잘한다. — Он хорошо́ игра́ет в баскетбо́л.
2 농구팀 баскетбо́льная кома́нда.

농담 | 여 шу́тка [ʃútkə]

1) 그는 정말 화가 났다. — Он не на шу́тку рассерди́лся.
2) 그에게 함부로 하지 마라 — С ним шу́тки пло́хи.

농담하다	[불완] шути́ть [ʃut'it']
	1) 그녀는 아이들과 농담하며 노는 것을 좋아한다. — Она́ лю́бит шути́ть с детьми́.
	2) 그는 아마 농담하는 걸거야 — Он, наве́рное, шу́тит.
농민	[남]〔활〕крестья́нин [krɪs't'ján'in]
	1) 소작농 крестья́нин — аренда́тор, 자작농 крестья́нин — собстве́нник
	2) 그는 농민 출신이다. — Он был ро́дом из крестья́н.
농업의	[형] сельскохозя́йственный [s'ɪl'skəxaz'ájs'tjvjɪnnij]
	1) 농산물 сельскохозя́йственные това́ры, 농기구 сельскохозя́йственный инвента́рь.
	2) 토지는 농업생산의 수단이다. — Земля́ — сре́дства сельскохозя́йственного пройзво́дства.
농촌의	[형] се́льский [s'él'sk'ij]
	1) 농촌지역 се́льская ме́стность, 농촌청년 се́льская молодёжь, 시골 선생님 се́льский учи́тель.
	2) 그녀는 시골학교 선생님이었다. — Она́ была́ се́льской учи́тельницей.
	③ 농촌 дере́вня, 농촌문제 агра́рный вопро́с
높은	[형] высо́кий [visók'ij]
	1) 긴 장화 высо́кие сапоги́, 빠른 속도 высо́кие те́мпы, 귀빈 высо́кии гость.

2) 방안으로 키가 큰 처녀가 들어왔다.
— В комнату вошла высокая девушка.
3) 나는 그를 높게 평가하고 있다. — Я высокого мнения о нём.
4) 산의 정상까지는 아직도 멀었다. — До вершины горы ещё высоко.
5) 전등은 책상 위 높은 곳에 달려 있다. — Лампа висит высоко над столом.

높이   여 высота [visatá]

1) 비행기가 10,000м 고도를 날았다. — Самолёт летел на высоте десяти тысяч метров.
2) 적들이 고지를 점령했다. — Враги заняли высоту.

놓다¹   완 положить [pəlaʒít'] ((불완 класть))

1) 나는 표를 어디에 놓아두었는지 기억나지 않는다. — Я не помню, куда положил билет.

놓다²   불완 класть [klás't'] ((완 положчть))

1) 그는 물건을 제자리에 놓는 적이 없다.
— Он никогда не кладёт вещи на место.
2) 나는 커피에 설탕을 넣지 마세요
— Не кладите мне сахара в кофе.
3) 신문과 편지는 우리집 우체함에 넣는다.
— Газеты и письма нам кладут в почтовый ящик.

놓아주다   불완 пускать [puskát'] ((완 пустить))

1) 아이들을 길거리에 내보내지 마세요 — Не пускайте детей на улицу.

누구

2) 잠시 기계를 돌리지 마시오. — Не пускáите покá машину.
3) 나는 너를 그곳에 보내지 않겠다. — Я тебя́ туда́ не пущу́.
4) 바로 승객들을 차량 안으로 들여 보냈다. — Вско́ре пусти́ли пассажи́ров в ваго́н.
5) 그들은 새 공장을 가동시켰다. — Они́ пусти́ли но́вый заво́д в ход.

누구 |의문|¹|관계|² кто [któ]

1) 너는 누구와 일을 했니? — С кем ты рабо́тал?
2) 일하지 않는 자는 먹지도 마라 — Кто не рабо́тает, тот не ест.
3) 알고있는 사람은 대답할 수 있다. — Кто зна́ет, тот мо́жет отве́тить.
4) 나는 아버지가 누군가와 이야기 하시는 것을 보았다. — Я ви́дел, что оте́ц с кем—то разгова́ривает.

누구의 |대| 〔소유〕¹〔관계〕² чей [ʧ'éij]

1) 여기 있는 물건은 누구것이요? — Чьи ве́щи лежа́т здесь?
2) 나는 이름이 모두에게 알려진 작가를 잘 알고 있다. — Я хорошо́ зна́ю писа́теля, чьё и́мя всем изве́стно.
3) 전세계 이름이 알려진 학자가 오늘 서울에 왔다. — Учёный, чьё и́мя изве́стно всему́ ми́ру пришёл в Сеу́л.

누워있다 |불완| лежа́ть [l;ɪʒat']

1) 아버지는 소파에 누워 독서를 하고 계신다.

— Оте́ц лежи́т на дива́не и чита́ет.

2) 책들이 어느 것들은 꽂혀 있고 어느 것들은 쌓여 있다. — Одни́ кни́ги стоя́ли, други́е лежа́ли.

3) 돈은 은행에 예치되어 있다. — Де́ньги лежа́т в ба́нке.

누이 |여| сестра́ [s'ıstrá]

1) 누이는 몇명 입니까? — Ско́лько у вас сестёр?
2) 간호원 медсестра́

눈 |남| снег [s'n'ék]

1) 집집마다 지붕에 눈이 많이 쌓여 있다. — На кры́шах домо́в лежи́т мно́го сне́гу.
2) 눈 덮힌 산 снеговы́е го́ры.
3) 눈이 많이 내리는 겨울 сне́жная зима́, 눈사람 сне́жная ба́ба.

눈 |남| глаз [glás]

1) 예리한 판단력 ве́рный глаз, 내가 보기에는 в мои́х глаза́х.
2) 그는 그녀의 눈을 쳐다 보았다. — Он посмотре́л ей в глаза́.
3) 가늘고 검은 눈동자를 가진 처녀가 문을 열어 주었다. — Дверь откры́ла де́вушка с у́зкими чёрными глаза́ми.

눈물 |여| слеза́ [s'l'ızá]

1) 눈물을 흘리면서 в слеза́х
2) 그녀의 눈에는 눈물이 괴었다. — На её глаза́х появи́лись слёзы.

눈썹

| 눈썹 | 예 **бровь** [brof'] |

1) 소녀는 금발머리에 검은 눈썹을 가졌다. — У девочки волосы светлые, а брови тёмные.

| 눈치채다 | 완 **заметить** [zam'ét'it'] ((불완 замечать)) |

1) 당신은 그 여자가 변한 것을 알았습니까? — Вы заметили её изменение?
2) 그는 나에게 이것으로는 부족하다고 말했다. — Он мне заметил, что этого не хватит.
3) 나는 그의 얼굴에서 아버지와 닮은 곳을 찾아볼 수 없다. — Я не замечаю в его лице ничего похожего на отца.
4) 많은 사람들은 그가 옳다는 것을 알고 있었다. — Многие замечали, что он прав.

| 눕다¹ | 불완 **ложиться** [lasíttsə] ((완 лечь)) |

1) 눈이 땅을 덮었다. — Снег лёг на землю.
2) 나는 일찍 잠자리에 든다. — Я ложусь спать рано.

| 눕다² | 완 **лечь** [l'étʃ'] ((불완 ложиться)) |

1) 그녀는 침대에 누웠다. — Она легла в постель.
2) 어제는 새벽이 되어서야 잠자리에 누웠다. — Вчера я лёг уже под утро.

| 느끼다 | 불완 **чувствовать** [tʃ'ústvəvət'] |

1) 건강하시지요? — Как вы себя чувствуете?
2) 아주 좋습니다. — Я чувствую себя хорошо.

| 느린 | 형 **медленный** [m'edl'ınnij] |

1) 약한 불 медленный огóнь.
2) 그는 천천히 걸어갔다. — Он шёл мéдленным шáгом.

늘어나다 　[불완] тянýться [t'anút'tsə]

1) 촌락의 뒤로 밭이 펼쳐져 있다. — За дерéвней тя́нутся поля́.
2) 일은 2개월간 계속되었다. — Дéло тянýлось два мéсяца.
3) 길은 강기슭을 따라 나있다. — Дорóга тя́нется вдоль бéрега реки́.
4) 꽃은 태양을 향한다. — Цветы́ тянýтся к сóлнцу.

늙은 　[형] стáрый [stárij]

1) 그는 아직 늙지 않았다 이제 겨우 45살인데.
— Он ещё не стар — емý всегó сóрок пять лет.
2) 우리 동네 집들은 거의 모두가 낡았다.
— Домá на нáшей ýлице почти́ все стáрые.

능력 　[여] спосóбность [spasóbnəst']

1) 언어에 대한 재능 спосóбность к языкáм, 재간이 많은 사람 человéк с больши́ми спосóбностями.
2) 그는 음악적 재능이 없는 것으로 판명되었다.
— Оказáлось, что у негó нет никаки́х спосóбностей к мýзыке.

능력있는 　[형] спосóбный [spasóbnij]

1) 그는 물리에 재능이 있다.
— Он спосóбен к фи́зике.

능률

2) 대단한 전문가가 아니면 이 문제를 해결할 수가 없다. — Только крупный специалист спосо́бен реши́ть э́ту пробле́му.
3) 그는 만사능통이다. — Он спосо́бен на всё.
4) 그는 밤낮을 가리지 않고 일할 수 있다. — Он спосо́бен рабо́тать день и ночь.

능률 [여] эффекти́вность [iff'ıkt'ívnəst']

1) 노동생산성 произво́дительность труда́.

늦게 [부]¹ [술]² по́здно [póznə]

1) 너무 늦었다. 집에 가야한다. — Уже́ по́ждно, пора́ домо́й.
2) 그는 밤 늦게 돌아왔다. — Он верну́лся по́здно ве́чером.
[3] 밤 늦게까지 до по́здней но́чи.

늪 [중] о́зеро [óz'ırə]

1) 바이칼은 세계에서 가장 깊은 담수호이다. — Байка́л са́мое глубо́кое пре́сное о́зеро в ми́ре.

ㄷ

다가오다 [완] подойти́ [pədajt'í] (([불완] подходи́ть))

1) 내게 아는 사람이 다가왔다. — Ко мне подошёл знако́мый челове́к.
2) 이 일은 그에게 맞지 않는다. — Э́та рабо́та ему́ не подойдёт.

3) 이 색깔들은 서로 잘 어울린다. — Э́ти цвета́ хорошо́ подхо́дят оди́н к друго́му.
4) 기차가 역으로 다가오고 있다. — По́езд подхо́дит к ста́нции.
5) 문제를 신중하게 대처해야 한다. — На́до подходи́ть к де́лу серьёзно.
6) 이 외투는 내게 어울린다. — Э́то пальто́ мне подхо́дит.

다다르다　[완] дойти́ [dajt'i]

1) 눈을 맞으며 우리는 간신히 역에 도착했다.
   — Под сне́гом мы с трудо́м дошли́ до ста́нции.
2) 우편물은 3일만에 배달된다.
   — По́чта дохо́дит сюда́ в три дня.
3) 그를 따라잡기 힘들다.
   — До него́ не дойдёшь.

따뜻한　[형] тёплый [t'óplij]

1) 방한모　тёплая ша́пка, 환대　тёплый приём
2) 저녁 공기는 잔잔하고 따뜻했다. — Ве́черний во́здух был тих и тёпел.

~따라　[전] по [pə]

1) 우리는 거리를 거닐었다. — Мы шли по у́лице.
2) 그녀는 공원을 산책했다. — Она́ гуля́ла по па́рку.
3) 내 시계로는 6시 5분전이다. — По мои́м часа́м без пяти́ шесть.
4) 우리는 라디오로 러시아어를 배우고 있다.

— Мы изуча́ем ру́сский язы́к по ра́дио.
5) 이 사람은 나의 대학친구이다. — Вот мой това́рищ по институ́ту.
6) 내일 물리학 시험이 있다. — За́втра бу́дет экза́мен по фи́зике.
7) 그는 아파서 오지 못한다. — Он не мог прие́хать по боле́зни.
8) 그는 토요일마다 이곳에 온다. — Он прихо́дит сюда́ по суббо́там.
9) 모든 학생이 교과서를 받았다. — Ка́ждой учени́к получи́л по уче́бнику.
10) 그는 4월부터 8월까지 모스크바에 있었다. — Он был в Москве́ с апре́ля по а́вгуст.
11) 아버지가 돌아 가시자 그는 외국으로 떠났다. — По сме́рти отца́ он уе́хал за грани́цу.

따라

전 вдоль [vdól'] (~чего)

1) 벽을 따라 의자가 놓여 있다. — Вдоль стены́ стоя́т сту́лья.

따라가다

불완 сле́довать [s'l'édəvət']

1) 북방에서는 봄이 짧고 바로 여름으로 넘어간다. — На се́вере за коро́ткой весно́й сле́дует ле́то.
2) 의사의 충고를 따르세요 — Сле́дуйте сове́там врача́.
3) 이 사실에서 그가 옳다는 결론이 나온다. — Из э́того сле́дует, что он прав.
4) 그는 그러한 행동을 해서는 안된다. — Ему́ не сле́дует так поступа́ть.
5) 사건이 꼬리를 물고 일어났다. — Собы́тия сле́довали одно́ из други́м.

6) 나는 얼마를 지불해야 합니까? — Сколько с меня следует?
7) 이 일을 빨리 처리해야 한다. — Это следует делать быстро.

따라서¹ 〖부〗 поэтому [paétəmu]

1) 바빠서 당신에게 편지를 쓸 수가 없었다. — Я был занят, поэтому не писал вам.
2) 그래서 내가 거짓말을 한단 말이지? — Поэтому я лгу?

따라서² 〖접〗 следовательно [s'l'édəvət'ıl'nə]

1) 날씨가 좋아서 우리는 공원에 산책하러 갈 것이다. — Погода хорошая, следовательно, мы пойдём гулять в парк.
2) 날씨가 나빠서 그들은 교외로 나가지 않고 지금 집에 있다. — Погода плохая, следовательно, они не поехали за город и сейчас дома.

다르게 〖부〗 иначе [inátʃ'ı]

1) 어쨌든 так или иначе, 틀림없이 не иначе, 달리 말하면 иначе говоря
2) 달리 방법이 없다. — Иначе нельзя.
3) 나는 조금 다르게 생각한다. — Я думаю несколько иначе.

~다르다 〖불완〗 отличаться [atlitʃ'áttsə]

1) 그는 다른 사람과 무엇이 다릅니까? — Чем он отличается от других?
2) 그녀는 목소리가 아주 뛰어 났다. — Она отличалась хорошим голосом.
〖3〗 외형적인 차이 внешние отличия, ~와는 달

리 в отли́чие от~

다른¹ 형¹ 대² друго́й [drugój]

1) 달리 말하면 други́ми слова́ми, 연달아서 оди́н за други́м, 다음날 на друго́й день.
2) 그는 다른 방에 있다. — Он в друго́й ко́мнате.
3) 그는 다음 날 오겠다고 약속했다. — Он обеща́л прийти́ на друго́й день.
4) 한 사람은 그렇게 생각하지만 또다른 사람은 그렇지 않다. — Оди́н счита́ет так, а друго́й нет.

다른² 형 ино́й [inój]

1) 이것은 별개의 문제이다. — Э́то ино́е де́ло.
2) 어떤 경우 그런 일은 흔히 일어난다. — В ино́м слу́чае э́то быва́ет.
3) 어떤 사람에겐 이것이 유리하다. — Ино́му э́то в по́льзу.
4) 어떤 사람에겐 이것이 마음에 들지 않을 수도 있다. — Ино́му э́то мо́жет не понра́виться.

다른 형 ра́зный [ráznij]

1) 다양한 견해 ра́зные мне́ния, 갖가지 꽃 ра́зные цветы́
2) 그들은 서로 성격이 다르다. — У них ра́зные хара́ктеры.
3) 이 집에는 여러 부류의 사람들이 드나든다. — В дом хо́дят ра́зные лю́ди.

다른 형 про́чий [prótʃ'ij]

1) 타인 про́чие, 말이 나왔으니 말인데 ме-

жду прочим.
2) 다른 사람들은 그렇게 생각하지 않는다.
— Прочие люди так не думают.
3) 다른 사람은 가고 나 혼자 남았다. — Все прочие ушли, а я остался один.

다리 　[여] нога́ [nagá]

1) 전속력으로 со всех ног, 사치스럽게 на широ́кую но́гу.
2) 그녀는 각선미가 그만이다. — У неё краси́вые но́ги.
3) 그때부터 나는 그곳에 발을 끊었다. — С тех пор я туда ни ного́й.

다리 　[남] мост [móst]

1) 철교 железнодоро́жный мост
2) 우리는 다리를 건너 건너편 기슭으로 갔다.
— Мы перешли по мо́сту на друго́й берег.
[3] 작은 다리 мо́стик.

다섯번째 　[주] пя́тый [p'átij]

1) 우리들은 5호차에 탔다. — Мы се́ли в пятый ваго́н.

다수 　[여] ма́сса [mássə]

1) 역은 승객들로 북적거리고 있었다. — На вокза́ле ма́сса пассажи́ров.
2) 우리 정부는 폭넓은 국민대중의 지지를 받고 있다. — На́ше прави́тельство по́льзуется подде́ржкой широ́ких наро́дных масс.

다수 　[중] мно́жество [mnósʒstvə]

다수파	1) 부지기수 бесчисленное мно́жество 2) 그곳에 많은 사람들이 모여들고 있다. — Там собира́ется мно́жество люде́й.
다수파	중 большинство́ [balʃʃins'tvo] 1) 다수의견 мне́ние большинства́
다시¹	부 ещё [jiʃʃ'ó] 1) 다시 한번 ещё раз, 좀더 ещё немно́го, 더욱 더 ещё бо́лее 2) 그는 책을 두권 더 집었다. — Он взял ещё две кни́ги. 3) 그는 아직 젊다. — Он ещё мо́лод. 4) 그들은 이미 학창시절부터 친구사이 였다. — Они́ ста́ли друзья́ми ещё в шко́ле.
다시²	부 сно́ва [snóvə] 1) 싸락눈이 또 내렸다. — Сно́ва пошёл ме́лкий снег. 2) 다시 우리는 함께 하게 되었다. — Сно́ва мы все вме́сте.
다시³	부 опя́ть [ap'áat'] 1) 그는 다시 왔다. — Он опя́ть пришёл. 2) 나는 소금 사는 것을 또 잊었다. — Я опя́ть забы́ла купи́ть соль.
다시⁴	부 вновь [vnóf'] 1) 다시 무더운 여름이 돌아왔다. — Вновь верну́тся жа́ркое ле́то.
다양한¹	형 разли́чный [raz'l'ítʃ'nij] 1) 여러가지 방법으로 разли́чными спо́собами

2) 우리 의견은 완전히 각양각색이다. — Наши мнения совершенно различны.
3) 나는 여러 부류의 사람들과 알게 되었다. — Я познакомился с различными людьми.
④ 구분하지 않고 без различие.

다양한² 〔형〕 разнообразный [rəznaabráznij]

1) 각종식물 разнообразные растения
2) 그는 아주 다양한 계층의 사람들을 만났다. — Он встречался с самыми разнообразными людьми.
③ 형태의 다양성 разнообразие форм

(그)다음에¹ 〔부〕 потом [patóm]

1) 우리는 공부를 한 다음 텔레비젼을 보았다. — Мы сделали уроки, а потом посмотрели телевизор.
2) 그는 후손을 남기지 못하고 죽었다. — Он умер без потомства.

(그)다음에² 〔부〕 затем [zat'ém]

1) 먼저 나는 도서관에 갔다가 다음에 영화관에 갈 것이다. — Сначала я пойду в библиотеку, а затем в кино.
2) 그녀는 교재를 다 읽은 다음에 그것을 번역하기 시작했다. — Она прочитала текст, затем стала его переводить.

다음의 〔형〕 следующий [s'l'édujuʃʃ'ij]

1) 다음번에 в следующий раз, 이튿날에 на следующий день.
2) 이튿날 나는 일찍 일어났다. — Я встал рано

на следующий день.
3) 다음과 같은 학생들이 호출된다. — Вызыва́ются сле́дующие студе́нты.

다이아몬드 　[남] алма́з [almás]

1) 금강석은 가장 단단한 물질이다. — Алма́з — са́мый твёрдый материа́л.

단결 　[여] солида́рность [səlidárnos't']

단과대학 　[남] институ́т [institút]

1) 대학을 마친 다음에 그는 광산기사로 일했다. — По́сле оконча́ния институ́та он рабо́тал го́рным инжене́ром.

단순노동 　просто́й труд

단식투쟁 　голо́дная забасто́вка

단어 　[중] сло́во [slóvə]

1) 외래어 иностра́нное сло́во, 모국어 родно́е сло́во, 결론 заключи́тельное сло́во, 언론의 자유 свобо́да сло́ва, 두말할 나위없이 одни́м сло́вом.
2) 이 단어는 무슨 뜻입니까 — Что означа́ет э́то сло́во?
3) 뻬뜨로프씨 발언하시오 — Сло́во име́ет това́рищ Петро́в.
4) 나는 약속을 지킵니다. — Моё сло́во твёрдое.
[5] 단어장 слова́рик.

단위 　[여] ме́ра [m'érə]

1) 용량 ме́ры ёмкости, 처벌조치 ме́ры наказа́ния, 긴급(비상)조치 Экстренные ме́ры, 다같이 в одина́ковой ме́ре, 완전히 в по́лной ме́ре
2) 길이의 기본단위는 미터이다. — Осно́вная ме́ра длины́ — метр.
3) 그들은 필요한 조치를 취했다. — Они́ при́няли ну́жные ме́ры.
4) 모든 일에는 한계가 있다. — Всему́ есть ме́ра.

단일민족　еди́ная на́ция

단호하게　|뷰| реши́тельно　[r'ıʃi'ıt'l'nə]

1) 그는 그곳에 가기를 단호하게 거부했다. — Он реши́тельно отказа́лся пое́хать туда́.
|2| 단호한 대답　реши́тельный отве́т, 단호한 조치　реши́тельные ме́ры, 결정적인 순간　реши́тельный мо́мент

닫다　|완| закры́ть　[zakrıt']　((|불완| закрыва́ть))

1) 그녀는 눈을 감고 생각에 잠겼다. — Она́ закры́ла глаза́ и заду́малась.
2) 구름이 해를 가렸다. — О́блако закры́ло со́лнце.
3) 저기 봐 궁전문이 닫히네 — Смотри́, закрыва́ют воро́та в дворе́ц.

단단한　|형| кре́пкий　[kr'épk'ij]　〔비〕 кре́пче

1) 진한 커피　кре́пкий ко́фе, 독한 술　кре́пкое вино́.
2) 저 영감님은 아직 정정하다. — Тот стари́к ещё кре́пок.

	3) 바지는 아직 멀쩡하다. — Брюки ещё крéпкие.
	4) 그들은 서로 열렬히 사랑했다. — Они́ крéпко люби́ли друг дрýга.
닫힌	형 закры́тый [zakrítij]
	1) 비공개회의 закры́тое собрáние, 비밀투표 закры́тое голосовáние
	2) 저기 실내체육관이 있다. — Там закры́тый спорти́вный зал.
	3) 그들은 비공개회의를 하고 있다. — Они́ проводя́т закры́тое собрáние.
달¹	남 мéсяц [m'és'əts]
	1) 1개월전 мéсяц томý назáд, 한달에 한번 раз в мéсяц.
	2) 몇월달에 태어났습니까? — В какóм мéсяце вы родили́сь?
달²	여 лунá [luná]
	1) 달나라 Лунá, 보름달 пóлная лунá, 초승달 молодáя лунá
	2) 보름달이 높이 떠있다. — Высокó стоя́ла пóлная лунá.
딸	여 〔활〕 дочь [dótʃ']
	1) 그녀는 아들이 둘이고 딸이 셋이다. — У неё два сы́на и три дóчери.
달러	남 дóллар [dóllər]
	1) 이 책은 2불이다. — Э́та кни́га стóит два дóллара.

담배

달력   남 календа́рь [kəl'ındár']

1) 음력 лу́нный календа́рь, 경기진행표 календа́рь соревнова́ний.
2) 달력이 벽에 걸려 있다. — Календа́рь виси́т на стене́.

달리기   남 бег [b'eg]

1) 제자리 뛰기 бег на ме́сте, 마라톤 경주 марафо́нский бег
2) 그는 100m달리기에서 우승했다
 — Он победи́л в бе́ге на сто ме́тров.
3) 나는 하루종일 용무로 뛰어 다녔다. — Я весь день прошёл в бега́х.
4) 이 소년은 뜀을 잘 뛴다. — Э́тот ма́льчик бы́стро бе́гает.
5) 그는 매일 아침 아슬아슬하게 출근을 한다.
 — Он ка́ждое у́тро бе́гает на рабо́ту.

닭   여 ку́рица [kúr'itsə]

1) 망할 자식 ку́рицын сын
2) 암탉이 알을 낳는다. — Ку́рица несёт я́йца.
3 닭고기 куря́тина, 달걀 кури́ное яйцо́

닮은   형 похо́жий [paxóʒij]

1) 그 여자는 아버지를 닮았다. — Она́ похо́жа отца́.
2) 그들은 서로 닮았다. — Они́ похо́жи друг на дру́га.

담배   여 сигаре́та [s'igar'étə]

1) 그는 내게 담배를 권했다. — Он предложи́л мне сигаре́ту.

	② 재떨이 пе́пельница, 담배갑 па́чка.
담요	[중] одея́ло [adʼıjálə]

1) 엄마가 아기에게 담요를 덮어 주었다.
   — Мать покры́ла ребёнка одея́лом.
2) 그는 자리에 누워 눈 위까지 담요를 뒤집어 썼다. — Он лёг и до са́мых глаз закры́лся одея́лом.

(잡아)당기다	[불완] тяну́ть [tʼınútʼ]

1) 그는 내 머리를 잡아 당겼다. — Он тяну́л меня́ за во́лосы.
2) 그녀는 내게 두손을 내밀었다. — Она́ тяну́ла ру́ки ко мне.
3) 나는 집에 돌아가고 싶다. — Меня́ тя́нет домо́й.
4) 그들은 아직도 대답을 않고 질질 끌고 있다. — Они́ всё ещё тя́нут с отве́том.
5) 그는 바다로 가고 싶어 한다. — Его́ тя́нет к мо́рю.
6) 소포는 5kg이 나간다. — Посы́лка тя́нет пять килогра́ммов.

당면한	[형] очередно́й [atʃʼırʼıdnój]

1) 당면과제 очередна́я зада́ча, 정기휴가 очередно́й о́тпуск
2) 신세계의 다음 호에는 이 문제에 관한 흥미있는 논문이 실릴 것이다. — В очередно́м но́мере 《но́вого ми́ра》 бу́дет интере́сная статья́ по э́тому вопро́су.
3) 내일 당기구 정기회의가 열릴 것이다. — За́втра состои́тся очередно́е собра́ние парти́нной организа́ции.

당사자   заинтересованное лицо

당신¹   대 вы [ví]

1) 얘들아 누가 이렇게 해놨니? — Дети, кто из вас сделал это?
2) 당신은 우리의 가장 좋은 친구입니다. — Вы наш лучший друг.

당신²   대 [소유] ваш [váʃ]

1) 당신의 성은 무엇입니까? — Как ваша фамилия?
2) 당신 물건은 이곳에 아무것도 없다. — Вашего здесь ничего нет.

당장   부 сразу [srázu]

1) 모든 것을 한꺼번에 할 수는 없다. — Нельзя всего сделать сразу.

때   여¹ 출² пора [pará]

1) 봄철 весенняя пора, 우기 дождливая пора, 오래전부터 с давых пор, 지금까지 до сих пор
2) 그후로 우리는 만나지 못했다. — С тех пор мы не встречались.
3) 벌써 집에 갈 시간이다. — Пора идти домой.

대강   부 примерно [pr'ım'erno]

1) 요약해서 말하면 примерно говоря, 10시경 примерно в десять часов
2) 나는 대략 1개월 후에 떠날 것이다. — Я уеду примерно через месяц.
3 모범적 행위 примерное поведение

| 대기 | [여] атмосфе́ра [atmas'f'érə]

  1) 우호적인 분위기 дру́жественная атмосфе́ра.
  2) 달에는 대기가 없다. — На луне́ нет атмосфе́ры.
  3) 그에게서는 따뜻한 분위기가 풍긴다.
     — У него́ тёплая атмосфе́ра.

| 대나무 | [남] бамбу́к [bəmbúk]

| 대낮 | по́лдень

| 대다수 | [중] большинство́ [bəl'ʃinstvó]

  1) 절대다수 абсолю́тное большинство́, 압도적 다수 подавля́ющее большинство
  2) 대부분의 학생들이 휴가를 떠났다. — Большинство́ студе́нтов уе́хало на каникулы.
  3) 제의는 다수결로 채택되었다. — Предложе́ние бы́ло принято большинством го́лосов.

| 대답 | [남] отве́т [atv'ét]

  1) ~에 대한 답 отве́т на~, 답사 отве́тное сло́во, 대응책 отве́тные меры, 보복공격 отве́тный удар
  2) 내 질문에 대한 대답으로 그녀는 웃기만 했다.
     — В отве́т на мой вопро́с она́ то́лько улыбну́лась.
  3) 나는 그의 편지에 답신을 했다. — Я написа́л отве́т на его́ письмо́.

| 대답하다 | [완] отве́тить [atvét'it'] (([불완] отвеча́ть))

1) 학생은 선생님의 질문에 답했다. — Ученик ответил учителю на вопрос.
2) 그는 어째서 내 편지에 답을 안하지? — Почему он не отвечает на моё письмо?

때때로 부 иногда [inagdá]

1) 가끔 그는 나를 찾아 왔다. — Иногда он приходил ко мне.

대대손손 из поколения в поколение

대대적으로 в больших масштабах

대량의 형 массовый [mássəvij]

1) 대중문학 массовая литература, 일반독자 массовый читатель, 대량생산 массовое пройзводство.
2) 이것은 대량 생산품이다. — Это товары массового пройзводства.
3) 우리는 평화를 위한 대중운동을 지지한다. — Мы поддерживаем массовое движение за мир.

대령 남 〔활〕 полковник [palkóvn'ik]

1) 그는 육군대령으로 승진했다. — Он получил звание полковника.

대륙 남 континент [kant'ın'ént]

1) 대륙붕 континентальный шельф

때리다 불완 бить [b'it']

때리다

1) 어린아이를 때려선 안된다. — Нельзя́ бить ребёнка.
2) 우리 팀은 당신 팀에 몇번 이겨보지 못했습니다. — На́ша кома́нда ре́дко бьёт вашу.
3) 창문으로 빗방울이 내려친다. — В о́кна бьёт дождь.
4) 벨이 세번 울리면 음악회가 시작된다. — Бьёт тре́тий звоно́к и начина́ется конце́рт.
⑤ 신기록을 세우다. поби́ть реко́рд.

때리다　　[완] уда́рить [udár'it'] (([불완] уда́рять))

1) 누가 내 머리를 때렸냐? — Кто уда́рил меня́ по голове́?
2) 적군은 사방에서 우리를 공격해 왔다. — Проти́вники уда́рили на нас со всех сторо́н.
3) 추위가 닥쳐왔다. — Уда́рили моро́зы.
4) 갑자기 열이 났다. — Уда́рило в жар.

때마침　　[부] кста́ти [kstát'i]

1) 때마침 돈이 들어왔다. — Де́ньги пришли́сь кста́ти.
2) 우체국에 가면 이 편지도 우체통에 넣어라. — Е́сли бу́дешь на по́чте, кста́ти опусти́ э́то письмо́ в я́щик.
3) 이야기가 나왔으니 말인데 그는 지금 어디에 있니? — Кста́ти, где он сейча́с?

대문호　　кру́пный писа́тель

대사　　[남] посо́л [pasól]

1) 특명전권대사 — Чрезвыча́йный и полномо́богатый

| 대책

대상   남 объéкт [abjékt]

1) 이것은 훌륭한 연구대상이다. — Это прекрáсный объéкт для исслéдования.

2 객관적으로 объектúвно

대서양   Атлантúческий океáн.

대소변   естéственые отправлéния

대신에   튀 вмéсто [vm'éstə]

1) 그가 나 대신에 갔다.
— Он пошёл вмéсто меня́.
2) 내가 네 대신에 이 일을 하겠다. — Я сдéлаю это вмéсто тебя́.

(그)대신에   튀 затó [zató]

1) 이 외투는 무겁지만 대신에 따뜻하다. — Это пальтó тяжёлое, затó тёплое.
2) 농장원들은 열심히 일했고 그래서 풍작을 이뤘다. — Колхóзники трудúлись мнóго, затó и собрáли богáтый урожáй.

대양   남 океáн [ak'ián]

1) 태평양 Тихий океáн
2 배는 대양(바다)을 항해하고 있었다.
— Корáбль плыл по океáну.

대책   여 мéра [m'éra]

1) 비상대책 э́кстренные мéры, 예방대책 мéры предосторóжности
2) 위원회는 공장노동을 개선하기 위한 일련의 대책을 내놓았다. — Комúссия предложúла

대포

ряд мер по улучше́нию рабо́ты це́ха.

대포 　 [예] пу́шка [púʃkə]

1) 대전차포　противота́нковая пу́шка
2) 그들은 대포로 포격을 했다. — Они стреля́ли из пу́шки.

대표 　 [남]〔활〕 представи́тель [pr'ntstav'ıt'ıl']

1) 외교대표　дипломати́ческий представи́тел-ь, 통상 대표　торго́вый представи́тель
2) 공장에 부처의 대표가 도착했다. — На заво́д прие́хали представи́тели министе́рства.
[3] 대표단　делега́ция, 대표부　представи́тельство

대학¹ 　 [남] университе́т [un'iv'irs'it'ét]

1) 그는 대학에 입학했다. — Он поступи́л в университе́т.
[2] 고등교육기관　вы́сшее уче́бное заведе́ние.

대학² 　 [남] институ́т [in's't'itút]

1) 연구소　нау́чно—иссле́довательский институ́т, 사범대학　педагоги́ческий институ́т.
2) 그는 외국어대학에 입학했다. — Он поступи́л в институ́т иностра́нных языко́в.

대화¹ 　 [예] бесе́да [в'ısédə]

1) 단독대담　довери́тельная бесе́да, 간담회　дру́жеская бесе́да, 라디오 좌담회　бесе́да по ра́дио

2) 의장은 학생들과 대담을 가졌다.
— Председа́тель провёл бесе́ду с студе́нтами.
3) 장관과의 회견이 한 시간 후에 열리게 될 것이다. — Бесе́да с мини́стром состои́тся че́-
предподава́тель

대화² | 남 разгово́р [rəzgavór]

1) 우리의 대화는 예술과 음악으로 이어졌다. — Разгово́р у нас шёл об иску́сстве, о му́зыке.
② 남북대화 диало́г ме́жду се́вером и ю́гом Коре́й.

떠나다¹
(타고) | 불완 уезжа́ть [ujɪʒˈʒátʼ] 《 완 уе́хать 》

1) 나는 오늘 동경으로 출국한다. — Я уезжа́ю сего́дня в То́кио.
2) 그는 외국에 갔다. — Он уе́хал за грани́цу.

떠나다² | 완 уйти́ [ujtʼí] 《 불완 уходи́ть 》

1) 그녀는 벌써 오래전에 집으로 떠났다. — Она́ уже́ давно́ ушла́ домо́й.
2) 기선은 어제 출항했다. — Паро́ход ушёл вчера́.
3) 건축을 하는데 많은 돈이 들었다. — На стро́ительство ушло́ мно́го де́нег.
4) 시계가 1주일에 7분 빨랐다. — За неде́лю часы́ ушли́ на семь мину́т.

더러운 | 형 гря́зный [grʼáznij]

1) 종일 비가 와서 길거리가 더러워졌다. — Весь день шёл дождь, и у́лицы го́рода ста́ли

грязными.
2 진흙 грязь

더욱   뛰 более [ból'ıjə]

1) 이것은 10루블 이상 나간다. — Это стóит бóлее десятѝ рублéй.
2) 그는 나보다 키가 크다. — Он бóлее высóкий чем я.
3 다소 бóлее или мéнее

더욱 더   집 тем [t'ém]

1) 더욱 좋게 тем лýчше, 더욱 나쁘게 тем хýже, 그럼에도 불구하고 тем не мéнее
2) 많을수록 좋다. — Чем бóльше, тем лýчше.
3) 빠르면 빠를수록 좋다. — Чем скорéе, тем лýчше.

더운   형 жáркий [ʒárk'ij] 〔비〕 жáрче

1) 격론 жáркий спор, 열대지방 국가 жáркие стрáны
2) 금년 여름은 덥다. — В э́том годý лéто жáркое.

더 좋은   술¹ 뛰² лýчше [lútʃi]

1) 네 방은 내 방보다 더 좋다. — Твоя́ кóмната лýчше моéй.
2) 그녀는 이제 피아노를 조금 더 잘친다. — Онá игрáет на роя́ле сейчáс немнóго лýчше.
3) 옛 친구 하나가 새 친구 둘보다 낫다.
— Стáрый друг лýчше нóвых двух.

덕분에   전 благодаря́ [blagədar'a]

1) 사정 때문에 **благодаря обстоятельствам**
2) 당신 덕분에 우리가 기간내에 일을 마칠 수가 있었다. — Благодаря́ вам мы ко́нчили рабо́ту в срок.
3) 오빠 덕분에 그녀는 수학에 흥미를 갖기 시작했다. — Благадаря́ ста́ршему брату она начала интересова́ться матема́тикой.

던진다   불완 **броса́ть** [brasát'] 《 완 бросить 》

1) 나무는 긴 그림자를 드리웠다. — Дере́вья броса́ли дли́нные те́ни.
2) 물건을 아껴 쓰십시오 — Нельзя́ броса́ть свои ве́щи как попа́ло.
3) 너는 지금까지 한번이라도 담배를 끊어본 적이 있니? — Ра́зве ты до сих пор броса́л кури́ть хоть оди́н раз?

던지다   완 **бро́сить** [brós'it'] 《 완 броса́ть 》

1) 소년은 창문에 돌을 던졌다. — Ма́льчик бро́сил ка́мнем в окно́.
2) 그는 가족을 버리고 미국으로 떠나 버렸다. — Он бро́сил свою́ семью́ и уехал в Аме́рику.
3) 나는 벌써 오래 전에 담배를 끊었다. — Я уже́ давно́ броси́л кури́ть.

떨다   불완 **дрожа́ть** [draʒát']

1) 대지가 진동한다. — Земля́ дрожи́т.
2) 그는 온몸을 부들부들 떨고 있다. — Он дрожи́т всем те́лом.

떨어지다[1]   불완 **па́дать** [pádət']

떨어지다

1) 나뭇잎이 떨어지고 있다. — Листья па́дают с дере́вьев на зе́млю.
2) 나는 너무 더워서 녹초가 되었다. — Я про́сто па́даю от температу́ры.
3) 식료품 가격이 떨어지고 있다. — Це́ны на проду́кты па́дают.
4) 모든 걱정을 나 혼자 걸머지고 있다. — Все забо́ты па́дают на меня́ одного́.

떨어지다² 〔완〕 упа́сть [upás't'] 《 〔불완〕 падать 》

1) 책이 책상에서 떨어졌다. — Кни́га упа́ла со стола́.
2) 아침 무렵 환자의 체온이 떨어졌다. — К утру́ температу́ра у больно́го упа́ла.

덤벼들다 〔불완〕 броса́ться [brasáttsə]

1) 손에 꽃을 든 여자들이 우승자에게 달려 들었다. — На чемпио́на броса́лись же́нщины со цвета́ми в руке́.
2) 그들은 차례로 물에 뛰어들어 해안으로 헤엄쳐 간다. — Они́ друг за дру́гом броса́ются в воду и плыву́т на берег.

덥다 〔술〕¹ 〔뒤〕² жа́рко [ʒárkə]

1) 오늘은 덥다. — Сего́дня жа́рко.
2) 그들은 격렬한 논쟁을 벌였다. — Они́ жа́рко спо́рили.

덮다 〔완〕 покры́ть [pakrít'] 《 〔불완〕 покрыва́ть 》

1) 구름이 하늘을 덮었다. — Облака́ покры́ли

데리고 가다

не́бо.
2) 땅이 눈으로 덮였다. — Земля́ покры́та сне́гом.
3) 스키선수가 이 거리를 15분에 달렸다.
— Лы́жник покры́л э́ту диста́нцию за 15 мину́т.
4 지출액의 보상 покры́тие расхо́дов.

떼다 불완 снима́ть [s'n'imát'] ((완 снять))

1) 외투를 벗지 마세요, 여기는 춥거든요. — Не снима́йте пальто́, тут хо́лодно.
2) 그녀는 사진기를 가지고 있어서 자기 아이들 사진을 자주 찍는다. — У неё фотоаппара́т и она́ ча́сто снима́ет свои́х дете́й.
3) 이 그림을 벽에서 떼어 주세요. — Сними́те э́ту карти́ну со стены́.
4) 그는 모자를 벗고 호올에 들어갔다.
— Он снял шля́пу и вошёл в зал.
5) 바다에서 우리는 사진을 많이 찍었다.
— На мо́ре мы сня́ли мно́го фотогра́фий.

데리고 가다¹ 불완 води́ть [vad'ít']

1) 매일 아침 어머니는 아이를 유치원에 데리고 가신다. — Ка́ждое у́тро мать во́дит ма́льчика в де́тский сад.
2) 그녀는 우리를 한시간 내내 박물관 이곳저곳으로 안내해 주었다. — Она́ це́лый час води́ла нас по музе́ю.
3) 요즘 나는 운전을 거의 하지 않는다.
— Тепе́рь я ре́дко вожу́ маши́ну.

데리고 가다 불완 [정] вести́ [v'ls't'í] ((부정 води́ть))

1) 엄마가 아기 손을 잡고 데리고 간다. — Мать ведёт ребёнка за руку.
2) 당신은 운전을 잘하십니다. — Вы отлично ведёт машину.
3) 이 길은 어디로 가는 길입니까?
   — Куда ведёт эта дорога?
4) 지금 새로 오신 선생님이 수업을 하고 계신다.
   — Теперь новый предподаватель ведёт занятия.

데리고 가다³ 완 повести [pəv'ıs't'i]

1) 그들은 노인을 의사에게 데려 갔다. — Они повели старика к врачу.
2) 운전기사가 차를 몰았다. — Шефёр повёл машину.
3) 이것은 아무 짝에도 쓸데가 없다. — Это ни к чему не поведёт.

데리고 오다 완 привести [pr'iv'is't'i] ((불완 приводить))

1) 그를 여기에 데리고 오시오. — Приведите его сюда.
2) 이 일은 우리를 곤경에 빠뜨리고 있다.
   — Это приведёт нас к большой трудности.
3) 그는 여러 차례에 걸쳐 그 여자를 우리에게 데리고 왔다. — Он несколько раз приводил её к нам.
4) 이 일로 내 기분이 나아졌다. — Это приводит меня в хорошее настроение.
5) 이것은 어떤 결론도 나올 수 없다. — Это ни к чему не приведёт.

~도   조¹ 접² ни [n'i]

1) 학생은 하나의 실수도 하지 않았다. — Ученик не сделал ни одной ошибки.
2) 아이는 아직 읽지도 쓰지도 못한다.
   — Ребёнок ещё не умеет ни читать, ни писать.
3) 하늘에는 구름 한점 없다. — На небе ни облачка.

도구   중 орудие [arúd'ijə]

1) 농기구   сельскохозяйственные орудия
2) 언어는 개념의 전달수단이다. — Язык — орудие передачи понятий.
3) 아군은 들판에 대포를 설치했다. — Наши войска установили тяжёлые орудия на поле.

도끼   남 топор [tapór]

1) 그는 도끼로 문을 내리 찍었다. — Он ударил топором в дверь.

도대체   조 же [ʒə]

1) 바로 그날에   в тот же день, 바로 그곳에 там же, 바로 그때에   тогда же.
2) 그는 바로 오늘 올 것이다. — Он придёт сегодня же.
3) 그는 내 책과 똑같은 책을 가지고 있다.
   — У него есть такая же книга, как у меня.
4) 도대체 내 안경이 어디에 있습니까?
   — Скажи, где же мой очки?
5) 도대체 너는 언제 오려고 하니? — Когда же ты придёшь?

도덕   여 мораль [maral']

1) 이 사람은 기독교 윤리를 따른다. — Э́тот челове́к приде́рживается христиа́нской мора́ли.
2) 도덕은 사람의 행동, 그와 사회, 노동, 가족과 집단과의 관계에서 표현된다. — Мора́ль нахо́дит выраже́ние в посту́пках челове́ка, его́ отноше́нии к о́бществу, труду́, семье́, коллекти́ву.

③ 도덕적 책임 мора́льная отве́тственность, 정신적 만족 мора́льное удовлетворе́ние, 정신상태 мора́льное состоя́ние, 고상한 도덕적 품성을 가진 사람 челове́к с высо́ких мора́льных ка́честв

도망가다   완 убежа́ть [ub'lʒát'] 《 불완 убегать 》

1) 소년은 집으로 달아났다. — Ма́льчик убежа́л домо́й.
2) 그는 탈옥했다. Он убежа́л из тюрьмы́.

③ 도주 бе́гство

도면   남 чертёж [tʃ'irt'ós]

1) 그는 건물 도면을 그리고 있다. — Он составля́ет чертёж зда́ния.

② 설계도면 прое́кт

도발   여 провока́ция [prəvakáts'ija]

도서관   여 библиоте́ка [b'ibl'iat'eka]

1) 어제 나는 도서관에서 책을 빌렸다. — Вчера́ я взял кни́ги в библиоте́ке.
2) 그는 많은 장서를 소장하고 있다. — У него́ богьша́я библиоте́ка.

③ 모스크바 레닌 도서관 — Библиотéка úмени Лéнина в Москвé.
④ 열람실 читáльная.

도시 | 남 гóрод [górət]

1) 지방도시 провинциáльный гóрод, 전원도시 зелёный гóрод.
2) 우리는 밤에 도시에 도착했다.
— Мы приéхали в гóрод нóчью.
3) 나는 도시생활에 익숙해 있다. — Я привык к городскóй жúзни.

도와주다 | 불완 помогáть [pəmagát'] 《 완 помóчь 》

1) 그녀는 자주 엄마 일을 거들어 드린다. — Онá чáсто помогáет мáтери в рабóте.
2) 누나는 내가 물리문제 푸는 것을 도와 주었다.
— Сестрá помоглá мне решúть задáчу по фúзике.
3) 이 약은 아주 효과가 있다. — Это лекáрство óчень помоглó.

도움 | 여 пóмощь [póməʃʃ']

1) 긴급구조 скóрая пóмощь, 빈민구제기금 фонд пóмощи бéдным.
2) 어려울 때면 그는 항상 나를 도와주러 왔다.
— В трýдную минýту он всегдá приходúл мне на пóмощь.

도장 | 남 штамп [ʃ'tamp]

도착하다 | 불완 приезжáть [pr'ijiʒ'át] 《 완 приéхать 》

1) 아버지는 다음 주에 동경에 도착하신다.

도착하다	

— Оте́ц приезжа́ет в То́кио на бу́дущей неде́ле.

2) 그는 열차로 왔다. — Они́ прие́хали на по́езде.

3 대표단의 도착   прие́зд делега́ции.

도착하다   완 прибы́ть [pr'ibít'] ((불완 прие́хать))

1) 열차는 5시에 도착한다. — По́езд прибу́дет в пять часо́в.
2) 그는 수입이 많이 늘었다. — У него́ при́было мно́го дохо́ду.
3) 강물이 불어나고 있다. — Вода́ в реке́ прибыва́ет.

4 도착   прибы́тие.

도처에   부 всю́ду [fs·udu]

1) 나는 여기저기 편지를 다 찾았지만 아무 곳에서도 찾지 못했다. — Я всю́ду иска́л письмо́, но не мог найти́.

2 도처에서   по-всю́ду.

독립   여 незави́симость [n'lzəv'ís'iməst']

1) 그는 조국의 독립을 위해 목숨을 바쳤다.
— Он о́тдал жизнь за незави́симость свое́й ро́дины.

2 남녀를 불문하고   незави́симо от по́ла, 연령에 관계없이   незави́симо от по́ла, 연령에 관계없이   незави́симо от во́зраста

3 독립국가   незави́симое госуда́рство

똑바로   부 пря́мо [pr'ámə]

1) 이 길을 따라 곧장 가시오, — Иди́те пря́мо

по э́той у́лице.
2) 집으로 바로 가세요? — Вы идёте прямо домо́й?
3) 솔직히 이야기해 주세요. 당신은 그 사람을 좋아하지 않나요? — Скажи́те пря́мо, вы не лю́бите э́того челове́ка?
4) 이것은 문제와 직접 관련이 있다. — Э́то пря́мо отно́сится к вопро́су.

독일인   담 [활] не́мец [n'ém'lts]

1) 독일인은 독일주민의 기저를 이루는 민족이다. — Не́мцы — наро́д, составля́ющий основно́е населе́ние Герма́нии.
2) 그는 독일 음악을 공부하고 있다.
— Он изуча́ет неме́цкую му́зыку.

독신   담 холостя́к [səlas't'ák]

① 독신자   холосто́й

독자   담 [활] чита́тель [tʃ'itát'ıl']

1) 신문은 독자의 투고를 실어야 한다. — Газе́та должна́ отвеча́ть на пи́сьма чита́телей.

독재   여 диктату́ра [d'ıktatúrə]

① 독재자   дикта́тор

독특한   형 осо́бый [asóbij]

1) 우리는 별다른 어려움 없이 임무를 완수했다.
— Мы сде́лали зада́ния без осо́бого труда́.
2) 그는 독창적인 의견을 제시했다. — Он выража́ет осо́бое мне́ние.
③ 특수부   осо́бый отде́л.

독창성	[여] оригина́льность [ər'lg'lnál'nost']

1) 작품의 독창성 оригиналиность произведе́ния

돈	[부] де́ньги [d'én'g'i]

1) 그는 항상 빈털털이이다. — Он всегда́ без де́нег.

② 용돈 карма́нные де́ньги 술값 де́ньги на во́дку.

돌	[남] ка́мень [kam'ln']

1) 그는 커다란 돌위에 앉아 있다. — Он сиде́л на большо́м ка́мне.
2) 나는 마음이 무겁다. — У меня́ на се́рдце ка́мень.

돌의	[형] ка́менный [kám'lnnij]

1) 석기시대 ка́менный век, 석탄 каменный у́гол
2) 크렘린 돌담 앞에 붉은 광장이 있다. — Пе́ред ка́менными стена́ми Кремля́ — Кра́сная Пло́щадь.

돌려주다	[불완] отдава́ть [addarat'] 《 [완] отда́ть 》

1) 벌써 도서관에 책을 반납할 시간이다. — Уже́ нам пора́ отдава́ть кни́ги в библиоте́ку.
2) 우리는 적군에게 도시를 내주어야 했다. — Нам пришло́сь го́род вра́гам.
3) 메아리가 숲속에 울려 퍼졌다. — Э́хо отдава́лось в лесу́.

| (되)돌려 주다 | 완 верну́ть [v'lrnút']

1) 이 책을 도서관에 반납해 주세요. — Верни́те э́ти кни́ги в библиоте́ку.
2) 나는 아파서 집으로 돌아왔다. — Меня́ верну́ли домо́й и́з-за боле́зни.
3) 그루지야는 작년에 독립을 되찾았다. — В про́шлом году́ Гру́зии верну́ли свою́ незави́симость.

돌아서다 | 완 оберну́ться [ab'ırnuttsə]
《 불완 обёртываться 》

1) 그는 우리 쪽으로 돌아섰다. — Он оберну́лся в на́шу сто́рону.
2) 문제가 호전되었다. — Де́ло оберну́лось к лу́чшему.
3) 3일이면 다녀올 것이다. — В три дня оберне́мся.

돌아오다¹ | 완 верну́ться [v'lrnúttsə]

1) 어제 그는 밤 늦게 귀가했다. — Вчера́ он верну́лся домо́й по́здно ве́чером.
2) 그는 의식을 회복했다. — К нему́ верну́лось созна́ние.

돌아오다² | 불완 возвраща́ться [vəzvraʃʃ'áttsə]

1) 저기 학생들이 집으로 돌아가고 있다. — Вот шко́льники возвраща́ются домо́й.

동그라미 | 남 кружо́чек [kruz'ótʃ'lk]

동기 | 남 по́вод [póvət]

동등한		

1) 전쟁의 동기 по́вод к войне́
2) 그녀는 아무 일에나 잘 웃는다. — Она́ смеётся по любо́му по́воду.
3) 그들은 만나서 모든 것을 해결할 훌륭한 이유가 있다. — У них был прекра́сный по́вод встре́титься и всё реши́ть.
4 어떤 동기에서 по каки́м моти́вам.

동등한   형 ра́вный [rávnij]

1) 같은 속도로 с ра́вной ско́ростью, 동등한 조건에서 на ра́вных усло́виях
2) 만인은 법 앞에 평등하다. — Все равны́ пе́ред зако́ном.
3) 2+4=6 — Два плюс четы́ре равно шести́.

동료   여 компа́ния [kampán'ijə]

1) 그에게는 항상 유쾌한 친구들이 모여 든다. — У него́ всегда́ собира́ется весёлая компа́ния.
2) 그는 큰 회사의 사원이다. — Он служащий кру́пной компа́нии.

동물   중 живо́тное [z'lvótnoe]

1) 고등동물 высокообразо́ванные живо́тные 동물계 живо́тный мир
2 동물원 зоопа́рк

동반   중 сопровожде́ние [səprəvaz'énijə]

동사   동 глаго́л [gləgól]

동시에   부 одновреме́нно [adnəvr'im'énnə]

1) 우리는 동시에 역에 도착했다. — Мы одновреме́нно прие́хали на вокза́л.

동의 　[중] согла́сие [saglás'ljə]

1) 벌써 새로운 기구를 실험하는데 대한 기사의 동의가 있었다. — Уже́ есть согла́сие инжене́ра на испыта́ние но́вого прибо́ра.

동쪽 　[남] восто́к [vastók]

1) 극동 Да́льный Восто́к, 근동 Бли́жный Восто́к, 중동 Сре́дный восто́к.
2) 우리는 동부로 이동하고 있었다. — Мы двигались на восто́к.
3) 한국은 극동에 있다. — Коре́я нахо́дится на Да́льнем Восто́ке.

동지 　[남][활] това́рищ [taváriiʃʃ']

1) 전우 това́рищ по ору́жию, 학우 това́рищ по шко́ле.
2) 그는 나의 직당동료이다. — Он мой това́рищ по рабо́те.
3) 이바노프씨 당신께 전화왔습니다. — Това́рищ Ива́нов, вас про́сят к телефо́ну.
4) 동지들, 회의를 시작하겠습니다. — Това́рищи, разреши́те откры́ть собра́ние.

되어 있다 　[불완] состоя́ть [səstaját']

1) 아파트는 방이 3개로 되어있다. — Кварти́ра состои́т цз трёх ко́мнат.
2) 그 사건의 의미는 무엇에 있습니까? — В чём состои́т значе́ние собы́тия?

돼지	예〔활〕 свинья́ [s'v'in'já] 1) 우리 농장에는 우량품종의 돼지 500마리가 있다. — У нас в колхо́зе пятьсо́т свине́й лу́чших поро́д.
두려운	형 стра́шный [stráʃnij] 1) 무서운 이야기 стра́шный расска́з, 무서운 죄 стра́шное преступле́ние, 심한 고통 стра́шная боль, 혹한 стра́шный моро́з. 2) 그는 무서운 사람이니 조심하세요 — Не ве́рьте ему́, он стра́шный челове́к. 3) 나는 무섭다. — Мне стра́шно. 4) 그는 지독히도 가난하다. — Он стра́шно бе́- — Во-пе́рвых, я уста́л, и во-вторы́х, 5) 그는 혼자있는 것을 무서워 한다. — Ему́ стра́шно быть одному́.
두번째	주〔서〕 второ́й [ftarój] 1) 2월은 1년중에 두번째 달이다. — Февра́ль — второ́й ме́сяц го́да.
둘	주 два [dvá] 1) 커다란 집 2채가 새롭게 건축되었다. — Постро́ено два но́вых больши́х дома. 2) 그 학생이 어려운 문제 두개를 풀었다. — Учени́к реши́л две тру́дные зада́чи.
둘	주〔집합〕 дво́е [dvójə] 1) 그들 가정은 아이가 둘이다. — У них в семье́ дво́е дете́й. 2 제발로 на свои́х двои́х

둘러싸다	[불완] окружа́ть [akruz'át']	

1) 늪은 숲으로 둘러 싸였다. — Боло́то окружа́ли дере́вья.
2) 그녀의 주변에는 좋은 사람들 뿐이다. — Её окружа́ют хоро́шие лю́ди.

둘째로	[삽입] во-вторы́х [vəftaríx]	

1) 우선 나는 피곤하고 그 다음으로 자고 싶다. — Во-пе́рвых, я уста́л, и во-вторы́х, хочу́ спать.

둥근	[형] кру́глый [krúglij]	

1) 원탁에 앉읍시다. — Ся́дем за э́тот кру́глый стол.
2) 그는 완전히 바보다. — Он кру́глый дура́к.
3) 하늘에 떠있는 달은 아주 둥글다. — Луна́ на не́бе совсе́м кру́глая.

둥글게	[부] круго́м [krugóm]	

1) 그는 뒤로 돌아섰다. — Он поверну́лся круго́м.
2) 주위에는 산도 숲도 없다. — Круго́м нет ни лесо́в, ни гор.
3) 집주위를 개가 맴돌았다. — Круго́м до́ма ходи́ла соба́ка.
4) 전적으로 내 잘못이다. — Я круго́м винова́т.

뒤로	[부] наза́д [nazát]	

1) 그는 갑자기 뒤를 돌아 보았다. — Он вдруг посмотре́л наза́д.

	2) 그녀는 책을 반납했다. — Она отдала книгу назад. 3) 이것은 오래전의 일이다. — Это было много лет назад.
뛰어난	뭐 **отлично** [atl'itʃ'nə] 1) 그는 러시아어를 뛰어나게 잘한다. — Он отлично говорит по-русски. 2) 나는 이곳이 아주 좋다. — Здесь мне отлично. 3) 그녀는 러시아어를 수를 받았다. — Он получил 《отлично》 по русскому языку. 4) 그는 모든 시험을 최우수를 받았다. — Он сдал все экзамены на отлично.
~뒤에¹	전¹ 뭐² **после** [pós'l'ı] 1) 3시 이후에는 한가합니다. — У меня будет свободное время после трёх часов. 2) 나중에 너에게 들리겠다. — Я зайду к тебе после. 3) 먼저 생각하고 그 다음에 말하라 — Сперва подумай, а после скажи.
~뒤에²	전 **за** [zə] 1) 장이 소파 뒤에 놓여 있다. — Шкаф стоит за диваном. 2) 내 뒤를 누군가 따라오고 있다. — За мной кто-то идёт. 3) 그녀는 빵을 사러 상점에 갔다. — Она сходила в магалин за хлебом. 4) 어제 나는 하루종일 일을 했다. — Вчера я целый день сидел за работой.

5) 우리는 장을 소파 뒤에 놓았다.
— Мы поста́вили шкаф за дива́н.
6) 그들은 자유를 위해 싸웠다. — Они боро́лись за свобо́ду.
7) 이 과제를 1주일 동안 마칠 수 있나요? — Вы мо́жете вы́полнить зада́чу за неде́лю?
8) 우리는 일이 시작되기 한시간 전에 공장에 도착했다. — Мы прие́хали на заво́д за час до нача́ла робо́ты.
9) 그는 사십이 훨씬 넘었다. — Ему́ далеко́ за со́рок.

~뒤에　　　전 позади́ [pəzad'i]

1) 그녀는 내 뒤에 앉았다. — Она́ сиде́ла позади́ меня.
2) 그는 뒤에 앉아 있었다. — Он сиде́л позади́.
3) 가장 어려운 일은 지나갔다. — Са́мое тяжёлое позади́.

뜨거운　　　형 горя́чии [gar'átʃ"ij]

1) 뜨거운 차를 드시겠습니까?
— Хоти́те горя́чего чая?
2) 격렬한 논쟁이 일었다.
— Происходи́л горя́чий спор.
3) 예전에 아버지는 매우 성미가 급하셨다.
— Ра́ньше оте́ц был о́чень горя́ч.

드러내다　　　완 обнару́жить [abnarúʒit']

1) 그녀는 대단한 음악적 재능을 보였다. — Она́ обнару́жила больши́е спосо́бности к му́зыке.

드레스　　　중 пла́тье [plát'jə]

1) 그녀는 긴 드레스를 입었다. — На ней бы́ло дли́нное пла́тье.

드문   형 ре́дкий [r'etk'ij] 〔비〕 ре́же

1) 진귀한 손님   ре́дкий гость.
2) 산림이 벌거숭이가 되었다. — Лес стал ре́дким.
3) 그런 경우는 매우 드물다. — Таки́е слу́чаи о́чень ре́дки.
4) 그는 어쩌다 이곳에 온다. — Он ре́дко быва́ет здесь.

~든지   접 ли́бо [l'ibə]

1) 내일 나는 극장이나 혹은 박물관에 가려 한다. — За́втра я пойду́ ли́бо в кино́, ли́бо в музе́й.

듣다¹   불완 слы́шать [slíʃət'] 《 완 услы́шать 》

1) 나는 어디선가 이 목소리를 들은 적이 있다. — Где-то я слы́шал э́тот го́лос.
2) 우리는 더이상 그에 대해 아무런 이야기도 듣지 못했다. — Мы бо́льше о нём не слы́шали.
3) 그 사람 말이 들리세요? — Вы слы́шите его́?
4) 그는 귀가 어둡다. — Он пло́хо слы́шит.
5) 나는 그가 대학에 입학했다는 이야기를 들었다. — Я слы́шал, что он поступи́л в институ́т.
6) 그는 여기에 대해 들으려고도 하지 않는다. — Он об э́том и слы́шать не хо́чет.

듣다²(경청)   불완 слу́шать [slúʃət'] 《 완 послу́шать 》

들어 올리다

1) 그녀는 음악을 듣는 것을 즐긴다. — Она любит слу́шать му́зыку.
2) 학생들은 열심히 강의를 듣고 있다.
   — Студе́нты внима́тельно слу́шают ле́кцию.
3) 그는 아버지 말씀을 잘 듣는다. — Он хорошо́ слу́шает отца́.
4) 말씀하세요(전화통화시) — Слу́шаю !

듣다³　　[완] послу́шать [paslúʃət']

1) 당신은 아버지 말씀을 따르는 것이 좋습니다.
   — Вам лу́чше послу́шать отца́.

들르다　　[완] зайти́ [zajt'í]

1) 집에 가는 길에 그는 우체국에 들렀다.
   — По доро́ге домо́й он зашёл на по́чту.
2) 잠시 들려주게 — Зайди́ ко мне на мину́точку.
3) 이야기는 한밤중까지 계속됐다. — Бе́седа заходи́ла за по́лночь.

들어가다¹　　[불완] входи́ть [fxad'it'] (([완] войти́))

1) 들어가도 좋습니까? 예, 들어오십시오
   — Мо́жно войти́ ? Входи́те, пожа́луйста.

들어가다²　　[완] войти́ [vajt'í] (([불완] входи́ть))

1) 누군가 방으로 들어갔다. — Кто-то вошёл в ко́мнату.
2) 이것은 우리의 습관이 되었다. — Э́то у нас вошло́ в привы́чку.

들어 올리다　　[불완] поднима́ть [pədn'imátj] (([완] подня́ть))

1) 질문이 있으면 오른 손을 드세요 — Éсли у вас есть вопрос, поднимайте пра́вую руку.
2) 환자를 침대에서 일으켜 앉히지 마세요 — Не поднима́йте больно́го с посте́ли.
3) 경쟁은 노동에 대한 관심을 불러 일으킨다.
— Соревнова́ние поднима́ет интерес к рабо́те.
4) 엄마는 마루에서 아기를 안아 올렸다.
— Мать подняла́ ребёнка с по́ла.
5) 그들은 대중이 투쟁에 참여하도록 선동했다.
— Они́ по́дняли ма́ссы на борьбу́.
6) 우리의 과제는 경제부흥이다. — На́ша зада́ча подня́ть хозя́йство.

뜻밖에 부 неожи́данно [n'iaʒidənnə]

1) 뜻밖에도 아버지가 돌아 오셨다. — Неожи́данно оте́ц верну́лся.
2) 새로운 소식은 모두에게 뜻밖이었다.
— Изве́стие оказа́лось неожи́данным для всех.

들판 중 по́ле [pól'ə]

1) 빙원 ледя́ное по́ле, 활동무대 по́ле де́ятельности
2) 들판이 눈으로 덮였다. — Поля́ бы́ли покры́ты сне́гом.
3) 트랙터가 밭에 나와 있었다. — Тра́кторы вы́шли в поле.
4) 그의 앞에는 폭넓은 활동무대가 열려 있었다.
— Перед ним открыва́ется широ́кое по́ле де́ятельности.

들판의 형 полево́й [pəl'ıvój]

1) 야생화 полевы́е цветы́, 밭작물 полевы́е культу́ры, 야전병원 полево́й го́спиталь
2) 시골에서는 밭일이 시작되었다. — В дере́вне начали́сь полевы́е рабо́ты.

뜻   남 смысл [smísl]

1) 단어의 뜻 смысл сло́ва, 글자 그대로 в буква́льном смы́сле, 좁은(넓은)의미에서 в узком(широ́ком) смы́сле, 생의 의미 смысл жи́зни, 건전한 판단 здра́вый смысл.
2) 그녀는 그가 한 말의 뜻을 이해할 수가 없었다. — Она́ не могла́ поня́ть смы́сла того́, что он сказал.
3) 이것을 요구할 의의가 없다. — Нет смы́сла проси́ть об э́том.

등   여 спина́ [s'p'iná]

1) 그는 창을 등지고 서있다. — Он стои́т спино́й к окну́.
2 배후세력 та́йные си́лы.

등대   남 мая́к [maj'ák]

등장   중 выступле́ние [vistupl'énjijə]

1) 발언권 пра́во выступле́ние.
2) 이것이 나의 첫 무대이다. — Э́то моё пе́рвое выступле́ние на сце́не.

ㄹ

라디오   중 ра́дио [rád'io]

       1) 밤에 우리는 자주 라디오를 듣는다. — По вечера́м мы ча́сто слу́шаем ра́дио.

라이타   예 зажига́лка [saz'ɪgálkə]

       1 그녀는 램프를 켰다. — Она́ зажгла́ ла́мпу.

러시아어로   무 по-ру́сски [parúsk'i]

       1) 나는 러시아어로 이야기하고 싶다. — Я хочу́ говори́ть по-ру́сски.
       2) 그들은 완전히 러시아식으로 살고 있다. — Они́ живу́т совсе́м по-русски.

레인지   예 плита́ [pl'ɪtá]

       1) 전기 레인지   электри́ческая плита
       2) 엄마는 가스 레인지로 식사준비를 하신다. — Ма́ма гото́вит на га́зовой пли́те.
       3) 그들은 보도 블록을 따라 걸었다. — Они́ шли по ка́менным пли́там у́лицы.

레코오드   예 пласти́нка [plas't'ínkə]

       1) 무엇이나 좋은 판이 있으면 틀어주세요 — Поста́вьте каку́ю-нибудь хоро́шую пласти́нку.

~로부터 [전] из-за [izzə]

1) 그녀는 문뒤에서 그를 쳐다 보았다. — Она смотрела на него из-за двери.
2) 아이들은 비 때문에 집으로 돌아왔다. — Дети вернулись домой из-за дождя
3) 나무 때문에 호수가 보이지 않는다. — Из-за деревьев не видно озеро.

로케트 [여] ракета [rakétə]

1) ICBM Межконтинентальная баллистическая ракета.
2) 로케트는 대기에서는 물론 우주공간에서도 작동할 수 있다. — Ракета может двигаться как в атмосфере, так и в космическом пространстве.

리터 [남] литр [l'ítr]

1) 1리터들이 병 литровая бутылка
2) 나는 포도주 1리터를 샀다. — Я купил литр вина.

마당 [남] двор [dvór]

1) 조폐국 монетный двор, 객주집 постоялый двор, 축사 скотный двор.
2) 아이들이 마당에서 놀고 있다. —

Дети играют во дворе.
3) 밖은 상쾌하다. — На дворе хорошо.

마력	лошадиная сила

마련하다	완 устроить [ustroit']

1) 학생들이 재미있는 음악회를 개최했다.
— Студенты устроили интересный концерт.
2) 그녀는 아들을 학교에 입학시켰다.
— Она устроила сына в школу.
3) 내일 3시면 당신에게 괜찮으세요? — Завтра в три часа — это вас устроит?
4) 나는 당신이 그와 만날 수 있도록 주선하겠다.
— Я вам устрою встречу с ним?
5) 이것이 마음에 듭니다. — Это меня устраивает.

마루	남 пол [pól]

1) 마루바닥 деревянный пол, 남성 мужской пол
2) 책이 바닥에 떨어졌다. — Книга упала на пол.
3) 답안을 작성할 때 성별과 나이를 명기해야 한다. — В ответе необходимо указать пол и возраст.

마르크스주의	남 марксизм [marks'ízm]

1) 마르크스주의는 마르크스의 주장과 학설의 체계이다. — Марксизм — система взглядов и учения Маркса.

마른	형 сухой [suxój] [비] суше

1) 비가 내리지 않는 여름 сухое ле́то, 냉정한 사람 сухо́й челове́к, 냉대 сухо́й приём
2) 풀이 벌써 바싹 말랐다. — Трава́ уже́ совсе́м суха́я.

마시다¹ 불완 пить [p'it']《 완 вы́пить 》

1) 매일 아침 나는 우유를 마신다.
— Ка́ждое у́тро я пью молоко́.
2) 우리는 우정을 위해 축배를 든다.
— Мы пьём за наш дру́жбу.
3) 나는 당신이 술을 좀 한다고 들었다.
— Я слы́шал, что вы пьёте.

마시다² 완 вы́пить [ví p'it']

1) 그는 보드카 한잔을 마시고 말하기 시작했다.
— Он вы́пил стака́н во́дки и заговори́л.
2) 자, 우정을 위해 건배!
— Дава́йте вы́пьем за на́шу дру́жбу.

마을 여 дере́вня [d'ır'évn'ə]

1) 마을은 강가에 있었다. — Дере́вня стоя́ла на берегу́ реки́.
2) 그는 시골에서 어린 시절을 보냈다.
— В де́тстве он жил в дере́вне.

마음에 들다 불완 нра́виться [nráv'ittsə]

1) 나는 그 배우가 마음에 든다.
— Мне нра́вится э́тот актёр.
2) 나는 강기슭을 걸어다니는 것을 좋아한다. — Мне нра́вится ходи́ть по бе́регу реки́.

마일 여 ми́ля [m'íl'ıa]

| 마지막 | 명 конéц [kan'éts]

1) 끝까지 до концá, 끝없이 без концá, 결국 в концé концóв, 시작과 끝 начáло и конéц
2) 가을이 다 지나고 있다. — Óсень подхóдит к концý.
3) 전국각지에서 그들에게 돈과 편지를 보내왔다. — Со всех концóв страны́ присла́ли им де́ньги и пи́сьма.

| 마찬가지 | ¹всё равнó ²однó и тóже

| 마치¹ | 접 бýдто [búttə]

1) 그는 죽은 듯이 누워있다. — Он лежи́т, бýдто мёртвый.
2) 그는 아무것도 모르는 것처럼 조용히 있다. — Он молчи́т, бýдто ничегó не знáет.
3) 그가 아프다고들 한다.
— Говоря́т, бýдто он бóлен.

| 마치² | 접 слóвно [slófnə]

1) 그는 마치 죽은 사람처럼 마루에 누워 있었다. — Он лежáл на полý, слóвно мёртвый.
2) 누군가 노래를 부르는 것 같다.
— Слóвно ктó-то поёт.

| 마치다 | 완 кóнчить [kɒn'tʃ'it'] ((불완 кончáть))

1) 우리는 오늘 저녁 이 일을 마쳐야 한다. — Мы должны́ кóнчить э́ту рабóту сегóдня ве́чером.
2) 나는 무엇으로 시작하여 무엇으로 끝내야 하는지 모르겠다. — Не знáю, с чегó начáть и

чем ко́нчить.
3) 연주회는 밤 9시에 끝났다. — Конце́рт ко́нчился в де́вять часо́в ве́чера.
4) 그의 시도는 허사로 끝났다. — Его́ попы́тки ко́нчились ниче́м.
5) 이것으로 만사는 끝장이 났다. — На э́том всё де́ло и ко́нчилось.

마침 [부] кста́ти [kstát'i]

1) 마침 네가 왔구나 — Ты пришёл кста́ти.

마침내¹ [부] наконе́ц [nəkan'éts]

1) 이제야 наконец-то
2) 드디어 그들이 우리를 발견했다.
— Наконе́ц они́ нас заме́тили.
3) 나는 간신히 성공할 수 있었다.
— Наконе́ц мне удало́сь.
4) 이제야 너를 만나다니 — Наконе́ц-то я уви́дел тебя́.

마침내² в конце́ концо́в

막 [명] за́навес [zánəv'ɪs]

1) 끝날 무렵에 под за́навес, 방화벽 желе́зный за́навес.
2) 막이 오르고 있다. — За́навес поднима́ется.
3) 떼구름이 하늘을 가렸다. — За́навес облако́в закры́л не́бо.

막걸리 коре́йская ри́совая бра́га.

막노동 чёрная рабо́та

만국의 노동자	рабо́чие всех стран

만나다   완 встре́тить [fstr'ét'it'] ((불완 встреча́ть))

1) 귀가 길에 아버지를 만났다. — По доро́ге домо́й я встре́тил отца́.
2) 누가 역으로 나를 마중나옵니까?
 — Кто встре́тит меня́ на вокза́ле?
3) 그때 나는 극장에서 그녀를 자주 만났다.
 — Тогда́ я ча́сто встреча́л её в теа́тре.
4) 가는 곳마다 우리를 반갑게 맞아 주었다.
 — Всю́ду нас встреча́ли с ра́достью
5) 그런데 우리 어디서 만날까요?
 — А где мы встре́тимся?
6) 그들은 계속해서 자주 만났다. — Они́ продолжа́ли встреча́ться вре́мя от вре́мении.

만남   여 встре́ча [fstr'étʃ'ə]

1) 우리는 길거리에서 우연히 만났다. — На́ша встре́ча произошла́ случа́йно на у́лице.
2) 역에서 냉대를 받았다. — Встре́ча на вокза́ле была́ холо́дной.
3) 문학서클에서 학생들과 작가들의 만남이 있었다. — В литерату́рном клу́бе состоя́лась встре́ча студе́нтов с писа́телями.
4) 시합종료까지 5분 남았다. — До конца́ встре́чи остаётся пять мину́т.

만두   부 пельме́ни

만들다   완 соста́вить [sastáviit']

1) 그는 대사전을 편찬하였다. — Он соста́вил большо́й слова́рь.

2) 이 일은 커다란 어려움이 따르지 않는다.
— Это не составит большого труда.
3) 그는 지금 보고서를 작성하고 있다.
— Он сейчас составляет доклад.
4) 이것이 유일한 가능성이다. — Это составляет единственную возможность.

만반의 대책 все необходимые меры

만약 접¹ если [jés'l'i]

1) 만약의 경우에 на всякий случай
2) 비가 오면 집으로 돌아갈 것이다. — Если пойдёт дождь, мы вернёмся домой.
3) 잘못한 사람이 있다면 그것이 바로 나이다.
— Если кто виноват, то только я один.
4) 그가 오지 않더라도 나는 가겠다.
— Если даже он не придёт, я всё равно пойду.

만장일치 부 единодушно

만족 중 удовольствие [udavól's't'vi'jə]

1) 기꺼이 с удовольствием.
2) 그는 음악을 즐겨 듣는다. — Он с удовольствием слушает музыку.
3) 내 부모는 시골에서 근심걱정없이 살고 계신다. — Мои родители живут в своё удовольствия в деревне.

만족스럽게¹ 부 довольно [davól'nə]

1) 아버지는 아들을 보고 만족스럽게 웃음을 지

만족스럽게 | | | | 164

었다. — Отец довольно улыбался, глядя на сына.
2) 시간이 무척 많이 흘렀다. — Прошло довольно много времени.
3) 이제 그만 울어라! — Довольно плакать!
4) 나는 이것으로도 충분하다. — С меня и этого довольно.
5) 그들은 현재의 생활에 만족한다. — Они довольны тем, как сейчас живут.

만족스럽게² 〔부〕 достаточно [dastatótʃ'nə]

만족하다 〔불완〕 хватать [xvatát'] ((〔완〕 хватить))

1) 나는 시간이 부족하다. — У меня не хватает времени.
2) 이것이면 한달은 문제없다. — Этого хватит на месяц.
3) 그는 시간이 모자란다. — Ему не хватает времени.
4) 이 비축량만 있으면 우리는 한달동안 충분히 지낼수 있다. — Этих запасов нам хватит на целый месяц.

만화 〔여〕 карикатура [kəriɪkatúˊra]

많은 〔대〕¹ 〔복〕²〔활〕 многие [mnóg'ii]

1) 많은 세월이 흘렀다.
 — Прошли многие годы.
2) 많은 사람들은 전쟁이 일어나지 않을 것이라고 생각한다. — Многие думают, что война не произоидёт.

많은 것 〔중〕 многое [mnógəiə]

1) 3일 동안 나는 많은 것을 보았다.
— За три дня я уви́дел мно́гое.
2) 우리는 많은 것에 대해 서로 이야기해야 한다.
— Нам на́до о мно́гом переговори́ть.
3) 그는 많은 면에서 정당하였다. — Во мно́гом он был прав.

많이   부¹ 대² мно́го [mnógə]

1) 극장에는 사람들이 많았다. — В теа́тре бы́ло мно́го наро́ду.
2) 그는 일을 많이 한다. — Он мно́го рабо́тает.

많이   부¹ 대² сто́лько [stól'kə]

1) 나는 그에게 이 일을 수차례 부탁했다.
— Я сто́лько раз проси́л его́ об э́том.
2) 아들에게서 당신 말씀을 많이 들었습니다.
— Сын мне про вас сто́лько рас сказа́л.
3) 그는 고생을 많이 했다. — Он сто́лько страда́л.
4) 얻은 만큼 잃었다. — Ско́лько нашёл, сто́лько и потеря́л.
5) 너는 어디에 그리 오래 있었니? — Где ты был сто́лько вре́мени ?

말¹   남〔활〕 конь [kón']

1) 말을 타라! 지휘관이 명령했다. — По ко́ням ! о́тдал команди́р кома́нду.
2 말을 타고 верхо́м.

말²   여 ло́шадь [lóʃət']

1) 경마 скакова́я ло́шадь, 승마 верхова́я ло́шадь

말하다	
	2) 나는 그가 말타는 것을 도왔다. — Я помо́г ему́ сесть на ло́шадь.
말하다¹	완 сказа́ть [skazát'] 《 불완 говори́ть 》
	1) 이 일을 알게 되면 그가 무어라고 할까? — Что он ска́жет, е́сли узна́ет об э́том?
	2) 죄송하지만 지금 몇시 입니까? — Скажи́те пожа́луйста, кото́рый тепе́рь час?
	3) 당신 말씀대로 하겠습니다. — Я сде́лаю всё, что вы ска́жете.
말하다²	불완 говори́ть [gəvar'it'] 《 완 сказа́ть 》
	1) 당신은 영어를 하십니까? — Вы говори́те по-англи́ски?
	2) 그는 항상 진실을 말한다. — Он всегда́ говори́т пра́вду.
	3) 그가 아프다고들 한다. — Говоря́т, что он бо́лен.
	4) 집회에서 많은 연설이 행해졌다. — На собра́нии говори́лось мно́го рече́й
망	여 сеть [s'ét]
	1) 어망 рыболо́вная сеть, 철도망 железнодоро́жная сеть
	2) 새 몇마리가 망에 걸렸다. — Пти́цы попа́ли в сеть.
망년회	про́воды ста́рого го́да
망원경	남 телеско́п [t'ɪl'ɪskóp]
망치	남 молото́к [məlatók]

1) 그는 망치로 못을 박았다. — Он ударил молотком по гвоздю.

맞다   완 попáсть [papás't'] ((불완 попадáть))

1) 돌이 유리창에 맞았다. — Кáмень попáл в окнó.
2) 공원에 가려면 어떻게 가나요 ? — Как мне попáсть в парк ?
3) 다행히도 나는 좋은 협력자를 만날 수 있었다. — К счáстью я попáл на хорóшего помóщника
4) 너는 어떻게 여기에 오게 되었니 ? — Как ты сюдá попáл ?

~맞은 편에   전 прóтив [prót'iv]

1) 1 : 3 один прóтив трёх, 지난 해에 비해 прóтив прóшлого гóда, 감기약 лекáрство прóтив грúппа.
2) 집 맞은 편에 나무가 서 있다. — Прóтив допонрáвился
3) 그들은 바람을 안고 걸어갔다. — Они шли прóтив вéтра.
4) 아무런 반대도 없다. — Ничегó не имéть прóтив.

매우   부¹ óчень [ótʃ'ın']

1) 그는 아주 늦게 집에 갔다. — Он пришёл домóй óчень пóздно.
2) 나는 연극을 아주 좋아한다. — Мне óчень понрáвился спектáкль.

매우   부 весьмá [v'ıs'má]

	1) 극비 весьма́ секре́тно.
	2) 당신을 만나서 대단히 반가왔습니다. — Весьма́ рад вас ви́деть.
	3) 이것은 매우 어려운 과제이다. — Э́то весьма́ тру́дная зада́ча.
매운	형 го́рький [gór'kij]
	1) 연기의 매운 냄새로 숨쉬기가 어려웠다. — Го́рький за́пах ды́ма меша́л дыша́ть.
맥박	남 пульс [púl's']
맥주	중 пи́во [p'ívə]
	1) 그는 맥주 한잔을 마셨다. — Он вы́пил стака́н пи́ва.
	2) 맥주병 пивная буты́лка, 맥주안주 заку́ски к пи́ву.
맨끝의	형 кра́йный [krájn'ij]
	1) 극빈 крайная нужда́, 적어도 по крайней ме́ре, 극단적인 경우에 в крайнем слу́чае.
	2) 맨끝 창에 불이 켜져 있다. — В кра́йнем окне́ гори́т ого́нь.
	3) 그는 반드시 필요해서 이 일을 했다. — Он сде́лал э́то при кра́йней необходи́мости.
맨앞의	형 передово́й [p'ır'ıdavój]
	1) 진보사상 передова́я иде́я, 선진과학 передовая на́ука.
	2) 진실되고 우수한 사람들이 일한다면 아무리 조그만 기업이라도 앞서 나갈 수 있다. — Да́же са́мое ма́ленькое предприя́тие мо́жет стать

передовы́м, е́сли на нём рабо́тают настоя́щие, больши́е лю́ди.

맨주먹으로	го́лыми рука́ми

맺다   완 заключи́ть [zəkl'utʃ'ít']

1) 이것으로 그가 옳다는 결론을 내릴 수가 있다.
— Из э́того мо́жно заключи́ть, что он прав.
2) 그는 뿌쉬킨의 시구절로 연설을 맺었다.
— Он, заключи́л свою́ речь фра́зой из стихо́в Пу́шкина.
3) 양 대학은 문화협정을 체결했다. — О́ба университе́та заключи́ли культу́рное соглаше́ние.

머리   여 голова́ [gəlavá]

1) 머리끝에서 발끝까지 с головы́ до ног.
2) 그녀는 모자를 벗었다. — Она́ сняла́ с головы́ шля́пу.
3) 그는 머리가 뛰어나다. — У него́ све́тлая голова́
4) 그는 머리가 잘 돈다. — У него́ голова́ хорошо́ рабо́тает.

머리카락   복 во́лосы [vólǝsi]

1) 백발 седы́е во́лосы, 가발 накладны́е во́лосы.
2) 그녀의 머리는 아름답다. — У неё краси́вые во́лосы.

먹다   불완 есть [jés't']

먼	1) 고기와 빵을 드십시오. 우리는 생선과 밥을 먹겠습니다. — Вы еди́те мя́со и хлеб, а мы еди́м ры́бу и рис. [2] 아침 за́втрак, 점심 обе́д, 저녁 у́жин
먼	[형] да́льний [dál'n'ij] 〔최상〕 дальне́йший 1) 먼 친척 да́льный ро́дственник 2) 우리 배는 원양항해에서 돌아왔다. — Наш кора́бль верну́лся из да́льнего пла́вания. 3) 우리는 가일층의 학문발전을 기대하고 있다. — Мы наде́емся на дальне́йшее разви́тие нау́к.
먼	[형] далёкий [dal'ók'ij] 〔비〕 да́лее, да́льше 1) 장거리 여행 далёкое путеше́ствие, 먼 장래에 далёкое бу́дущее. 2) 그는 옛날 어린 시절을 회상했다. — Он вспо́мнил далёкое де́тство. 3) 그녀는 과학이 질색이다. — Она́ о́чень далека́ от нау́ки. 4) 그는 진실하지 못하다. — Он далёк от исти́ны. 5) 그들은 서로 가깝게 지내지 않는다. — Они́ далёкие друг дру́гу лю́ди. [6] 멀리서 издалека́
먼저	[부] снача́ла [snatʃ'álə] 1) 먼저 생각하고 그 다음에 말하라 — Снача́ла поду́май, а пото́м говори́. 2) 맨 처음부터 하세요 — Де́лайте всё снача́ла.
(보다) 먼저	[부] ра́ньше [rán'ʃi]

1) 누구보다 먼저 ра́ньше други́х
2) 이 공장은 기한보다 일찍 계획을 완수했다.
— Заво́д вы́полнил план ра́ньше сро́ка.
3) 전에 이곳에는 작은 집들이 있었는데 지금은 거대한 건물들이 들어섰다. — Ра́ньше здесь бы́ли ма́ленькие дома́, а сейча́с огро́мные зда́ния.
4) 나는 저녁 전에 돌아오지 못한다. — Я не верну́сь ра́ньше ве́чера.
5 제일 먼저 са́мый пе́рвый 무엇보다 먼저 пре́жде всего́.

먼지 [예] пыль [pil']

1) 눈가루 сне́жая пыль, 석탄가루 у́гольная пыль
2) 먼지가 내 눈에 들어갔다. — Пыль попа́ла мне в глаза́.
3) 장화는 먼지 투성이였다. — Сапоги́ бы́ли в пыли́.

멀리 [튀] далеко́ [dəl'ıkó]

1) 그는 도시에서 벗어나 살고 있다. — Он живёт далеко́ от го́рода.
2) 집까지는 아직도 멀었다. — До до́ма ещё далеко́.

(더)멀리 [튀] да́льше [dál'ʃi]

1) 나는 당신보다 시내에서 더 멀리 떨어져 살고 있다. — Я живу́ да́льше вас от це́нтра го́рода.
2) 계속 읽으세요 — Чита́йте да́льше.
3) 이 길은 조금 멀기는 하지만 길이 좋다.
— Э́тот путь немно́го да́льше, но доро́га

멀어지다 лу́чше.

멀어지다 완 отойти́ [atajt'i]
1) 우리가 탄 기선은 벌써 연안에서 멀어졌다.
— Наш парахо́д уже́ далеко́ отошёл от бе́рега.

메뉴 중 《 불변 》 меню́ [m'ın'ú]
1) 메뉴를 보여 주세요 — Да́йте, пожа́луйста, меню́.

메모 여 запи́ска [zap'ískə]
1) 여행기 путевы́е запи́ски, 학보 учёные запи́ски, 보고서 докладна́я запи́ска.
2) 그에게 이 메모를 전해 주십시오
— Переда́йте ему́, пожа́луйста, э́ту запи́ску.
3) 교수는 노트를 보며 강의를 하고 있다.
— Профе́ссор чита́ет ле́кции по запи́скам.

면담 ли́чная бесе́да

면도 여 бри́тва [br'itvə]

면허증
(허가증)
1) реше́ние
2) лице́нзия

명령[1] 남 прика́з [pr'ikás]
1) 연대장은 사격개시 명령을 내렸다. — Команди́р полка́ о́тдал прика́з начина́ть стреля́ть.
2) 사장은 기사를 공장책임자로 임명하는 명령서에 서명했다. — Дире́ктор подписа́л прика́з о

назначе́нии инжене́ра нача́льником це́ха.

명령² [여] кома́нда [kamándə]

1) 소방대 пожа́рная кома́нда, 축구팀 футбо́льная кома́нда.
2) 병사들은 명령에 따라 사격을 개시했다.
— Солда́ты на́чали стреля́ть по кома́нде.
3) 우리 팀은 12명이다. — В на́шей кома́нде двена́дцать челове́к.

명령하다 [완] приказа́ть [pr'ikazát']

1) 아버지는 나에게 지체말고 그곳으로 떠나라고 명하셨다. — Оте́ц приказа́л мне пойти́ туда́ неме́дленно.

명백하다 [술] очеви́дно [atʃ'ıv'ídnə]

1) 그가 이것을 몰랐던 것이 분명했다. — Бы́ло очеви́дно, что он не знал э́того.
2) 그 여자는 오지 않을거야 — Она́, очеви́дно, не придёт.
3) 이것은 너무도 명백하다. — Э́то соверше́нно очеви́дно.

명백히 [부]¹ [술]² поня́тно [pan'átnə]

1) 알겠어요? 예, 알겠습니다. — Поня́тно? Да, поня́тно.
2) 선생님은 모든 것을 알기 쉽게 말씀하셨다.
— Учи́тель рассказа́л обо всём о́чень поня́тно.
3) 그들은 물론 주어진 과제를 기한내에 완수할 것이다. — Они́, поня́тно, вы́полнят зада́ние в срок.

명예	예 честь [tʃ'és't']

명예
1) 이것은 나에게 있어서 명예의 문제이다. — Это для меня вопрос чести.
2) 이 행동은 당신에게 영예롭다. — Это делает вам честь.

명인 남〔활〕 мастер [más't'ır]

1) 나는 공장에서 반장으로 근무하고 있다. — Я работаю мастером на заводе.
2) 그는 시계공이다. — Он часовой мастер.
3) 그는 뛰어난 작가이자 시인이다. — Он не только мастер слова, но и поэт.

명칭 중 название [nazvánijə]

1) 지명 название местности, 우리라는 이름의 소설 роман под названием мы.
2) 나는 이 역의 이름을 알지 못한다. — Я не знаю названия этой станции.

몇몇 대¹〔수량〕 부² несколько [n'éskəl'kə]

1) 회의에서 몇 사람이 발언을 했다. — На собрании выступило несколько человек.
2) 나는 오늘 기분이 조금 나아졌다. — Сегодня я чувствую себя несколько лучше.

모기 남 комар [kamár]

모든 대 всё [fs'ó]

1) 필요한 모든 것 всё необходимое, 모든 것이 잘되고 있다. Всё в порядке.
2) 나는 여름을 미국에서 보냈다. — Всё лето я провёл в США.

3) 모든 것을 이해하겠다. — Всё поня́тно.
4) 항상 당신은 혼자 앉아서 무엇인가를 생각하시는군요. — Всё вы сиди́те оди́н, о чём то ду́маете.
5) 비가 점점 더 억세게 내리고 있다. — Дождь идёт всё сильне́е.

모래   명 песо́к [p'ısók]

1) 설탕가루 са́харный песо́к.
2) 아이들은 모래에서 놀기를 좋아한다. — Де́ти лю́бят игра́ть в песке́.
3 모래시계 песо́чные часы́.

모레   부 послеза́втра [pəs'l'ızáftrə]

1) 모레 시험이 시작된다. — Экза́мены начина́ются послеза́втра.

모방   중 подража́ние [pədraz'ánijə]

1) 이것은 저것을 그대로 모방한 것이다.
— Э́то пря́мое подража́ние тому́.

모순   중 противоре́чие [prət'ivar'étʃ'ijə]

1) 반항정신 дух противоре́чия, 계급적 모순 кла́ссовые противоре́чия.
2) 이 사람들은 모순 투성이라 이들의 행동을 이해하기 곤란하다. — Э́ти лю́ди полны́ противоре́чий, в их поведе́нии тру́дно разобра́ться.

모습   명 вид [v'ít]

1) 시원하게 잘생긴 외모 прия́тный вид, 병색 больно́й вид, 아름다운 풍경 краси́вый

모습

вид.
2) 그는 건강한 모습이었다. — У него́ был здоро́вый вид.
3) 나는 그녀를 시야에서 놓쳤다. — Я потеря́л её из ви́да.
4) 이곳은 전망이 좋다. — Отсю́да прекра́сный вид.
5) 내가 좋아하는 운동종목은 축구이다.
— Мой люби́мый вид спо́рта футбо́л.
6) 그의 모습이 아직 눈에 선하다. — Я как бу́-
году́ мы собра́пи хоро́ший урожа́й пшени́-

모습 [남] о́браз [óbrəs]

1) 주인공의 성격 о́браз геро́я, 생활양식 о́браз жи́зни.
2) 그녀의 모습이 오랫동안 내 머리에서 떠나지 않았다. — Её о́браз до́лго не выходи́л из мое́й головы́.
3) 소설에는 현대여성의 전형적인 모습이 그려져 있다. — В рома́не дан о́браз совреме́нной же́нщины.
4) 그들은 조용한 생활양식에 익숙했다. — Они́ привы́кли к споко́йному о́бразу жи́зни.
5) 그는 주로 시를 쓴다. — Он пи́шет гла́вым о́бразом стихи́.

모으다 [불완] собира́ть [səb'irát'] (([완] собра́ть))

1) 나는 논문자료를 수집 중이다. — Я собира́ю материа́лы для статьи́.
2) 우리 아들은 외국 우표를 수집하고 있다.
— Наш сын собира́ет иностра́нные ма́рки.
3) 전교생을 교정에 집합시키시오 — Собери́те всех учени́ков во двор.

4) 올해 우리는 밀농사가 대풍이다. — В этом году́ мы собра́ли хоро́ший урожа́й пшени́цы.

모자¹ 　여 шля́па [ʃápə]

1) 그 여자는 채양이 있는 새 모자를 쓰고 있다. — На ней была́ но́вая шля́па.

모자² 　여 ша́пка [ʃápkə]

1) 털모자 мехова́я ша́пка.
2) 그는 모자를 쓰고 다닌다. — Он хо́дит в ша́пке.

모퉁이 　남 у́гол [úgəl]

1) 몰래 из-за угла́, 암살 уби́йство из-за угла́
2) 어디에선가 자동차 2대가 나타났다. — Из-за угла́ появи́лось две маши́ны.
3) 그녀는 방구석에 앉아 있다. — Она́ сиди́т в углу́ ко́мнаты.

모험 　여 авантю́ра [əvant'úra]

목¹ 　중 го́рло [górlə]

1) 나는 목이 아프다. — У меня́ боли́т го́рло.
2 목걸이 бу́сы.

목² 　여 ше́я [ʃéjə]

1) 그녀는 나의 목에 안겼다. — Она́ бро́силась мне на ше́ю.

목록 　남 спи́сок [sp'ísək]

1) 선생은 학생들에게 필요한 책 목록을 주었다.
— Учи́тель дал ученика́м спи́сок ну́жных книг.

목소리   남 го́лос [góləs]

1) 양심의 소리 го́лос со́вести, 투표권 пра́во го́лоса.
2) 그녀는 날카로운 소리를 질렀다. — Она́ кричи́т то́нким го́лосом.
3) 그는 많은 표를 받았다. — Он собра́л мно́го голосо́в.

목요일   남 четве́рг [tʃ'ɪt'v'érk]

1) 목요일에 집회가 있다. — В четве́рг состои́тся собра́ние.

목욕탕   여 ба́ня [bán'a]

목적지   ме́сто назначе́ния

목표   여 це́ль [tsél']

1) 평화적인 목적으로 в ми́рных це́лях, 무슨 목적으로? С како́й це́лью?
2) 그는 공부 잘하는 것을 스스로의 목표로 삼고 있다. — Он счита́ет свое́й це́лью хорошо́ учи́ться.
3) 우리는 대화를 위해 이곳에 왔다. — Мы пришли́ сюда́ с це́лью поговори́ть.

몫   여 до́ля [dól'ə]

1) 행운 счастли́вая до́ля, 비운 го́рькая до́ля

무기

2) 그것도 일리가 있다. — В э́том есть до́ля пра́вды.

몸   중 те́ло [t'élə]

1) 고(액)체 твёрдое(жи́дкое) те́ло, 나체 го́лое те́ло, 시체 мёртвое те́ло.
2) 그는 몸이 튼튼하다. — Те́ло у него́ бы́ло кре́пкео.
③ 체격이 튼튼한 사람 челове́к кре́пкого телосложе́ния.

못   남 гвоздь [gvós't']

1) 그림이 못에 걸려있다. — Карти́на виси́т на гвозде́.

무거운   형 тяжёлый [t'ısólij]

1) 힘든 임무 тяжёлая обя́занность, 중벌 тяжёлое наказа́ние, 고통스러운 죽음 тяжёлая смерть, 중량급 тяжёлый вес.
2) 나는 무거운 트렁크들을 가지고 있다. — У меня́ тяжёлые чемода́ны.

무게   남 вес [v'és]

1) 저울에 달아서 по весу, 경량급 лёгкий вес.
2) 화물 중량은 5t 정도이다. — Вес гру́за о́коло пяти́ тонн.

무기[1]   중 вооруже́ние [vaaruzéniijə]

1) 현대병기 совреме́нное вооруже́ние, 군비 축소 сокраще́ние вооруже́ний.

무기

2) 우리는 군비확장을 반대한다. — Мы про́тив увеличе́ния вооруже́ний.

무기² 【중】 ору́жие [arúʒijə]

1) 대량살상무기 ору́жие ма́ссового уничтоже́ния, 무기를 들고 с ору́жием в рука́х
2) 지식보다 더 큰 무기는 없다. — Нет ору́жия бо́лее си́льного, чем зна́ние.

무대 【여】 сце́на [stsénə]

1) 제1막 1장 де́йствие пе́рвое, сце́на пе́рвая
2) 그녀는 연극이 삶의 전부이다. — Она́ не могла́ жить без сце́ны.

무료 【형】 беспла́тный [bsplátn'ıj]

1) 이 박물관 입장은 무료이다. — Вход в э́тот музе́й беспла́тный.

무릎 【중】 коле́но [kal'énə]

1) 그녀는 무릎을 꿇고 있다. — Она́ стои́т на коле́нях.
2) 강변의 물은 무릎 조금 높이까지 찬다. — Вода́ у бе́рега была́ немно́го вы́ше коле́н.
3) 노인은 앉아서 무릎사이에 지팡이를 놓았다. — Стари́к сел и поста́вил свою́ па́лку ме́жду коле́ней.

무서워하다 【불완】 боя́ться [bajáttsə] 《 ~кого, чего 》.

1) 그는 아무것도 두려워 않는다. — Он ничего́ не бои́тся.

| 무선전화 | радиотелефо́н |

무섭게 |부| ужа́сно [uʒásnə]

1) 당신을 만나서 무지무지하게 반갑습니다.
— Я ужа́сно рад вас ви́деть.
2) 할일이 없다는 것은 끔찍한 일이다.
— Ужа́сно, е́сли не́чего де́лать.

2) 나는 감기에 걸릴까봐 걱정이다. — Я бою́сь простуди́ться.

무엇 |대|¹ |접|² что [ʃtó]

1) 이것은 무엇입니까? — Что э́то?
2) 너는 무엇을 원하니? — Чего́ ты хо́чешь?
3) 당신은 무엇을 생각하고 계십니까? — О чём вы ду́маете?
4) 우리가 박물관에서 본 모든 것이 아주 흥미로웠다. — Всё, что мы ви́дели в музе́е, бы́ло о́чень интере́сно.
5) 아이들은 아버지가 돌아오셔서 기뻐한다.
— Де́ти ра́ды, что оте́ц верну́лся.
6) 그가 대답하지 않아서 나는 깜짝 놀랐다.
— Он не отве́тил, что меня́ о́чень удиви́ло.

(그)무엇 |대| что-то

1) 그가 뭔가 러시아어로 말했지만 알아듣지 못했다. — Он что-то сказа́л по-ру́сски, но я не по́нял.
2) 나는 어쩐지 가고 싶지 않다. — Мне что-то не хо́чется идти́.

무엇 때문에 |부| заче́м [zatʃ'ém]

무엇이든지 | | | | 182

　　　　　　1) 무엇 때문에 그가 왔나?
　　　　　　— Зачéм он пришёл?
　　　　　2) 바로 그래서 그가 왔다!
　　　　　　— Вот зачéм он пришёл!

무엇이든지　　[대] что-нибудь　[ʃtón'ibut·]

　　　　　1) 그가 여기에 대해 무엇인가 알고 있는게 있습니까? — Знáет ли он чтó-нибудь об э́том?

무엇인가　　[대] (부정) нéчто　[n'éʃtə]

　　　　　1) 당신 스스로에 대해 무언가 이야기해 주십시오 — Расскажи́те мне нéчто о самóм себé.

무역　　　　[여] торгóвля　[targóvl'ə]

　　　　　1) 무역 внéшняя торгóвля, 도매 оптóвая торгóвля, 소매 рóзничная торгóвля
　　　　　2) 그는 무역업을 한다. — Он занимáется торгóвлей.
　　　　　[3] 통상조약 торгóвый договóр, 무역 협정 торгóвое соглашéние, 상사 торгóвая фи́рма

문　　　　　[여] дверь　[d'v'er']

　　　　　1) 비상출입구 запаснáя дверь, 자물쇠 дверной замóк, 문손잡이 дверная рýчка.
　　　　　2) 그녀는 문을 열었다. — Онá откры́ла дверь.

문　　　　　[복] ворóта　[varótə]

　　　　　1) 교문 앞에서 당신을 기다리고 있습니다.
　　　　　　— Я подождý вас у ворóт шкóлы.
　　　　　2) 양팀은 훌륭하게 골문을 지켰다. — Óбе комá-

нды хорошо́ защища́ли свои́ воро́та.

문구   여 фра́за [frázə]

1) 상투적인 문구 изби́тая фра́за.
2) 그는 2시간 동안 이 문구를 준비했다.
— Он гото́вил э́ту фра́зу два часа́.

문명   여 цивилиза́ция [tsʲɪvʲɪlʲɪzátsʲɪja]

1) 문명의 이기 бла́га цивилиза́ции

문맹퇴치   ликвида́ция негра́мотности

문법   여 грамма́тика [grammátʲɪka]

1) 최근 외국인을 위한 러시아어 문법교재가 나왔다. — Неда́вно вы́шел но́вый уче́бник грамма́тики ру́сского языка́ для иностра́нцев.

문자   여 бу́ква [búkvə]

1) 단어 《день》은 4개 문자이다.
— В сло́ве 《день》 четы́ре бу́квы.

문제[1]   남 вопро́с [vaprós]

1) 민족문제 национа́льный вопро́с, 사활이 걸린 문제 вопро́с жи́зни и сме́рти, 시간문제 вопро́с вре́мени
2) 당신에게 질문이 있습니다.
— У меня́ к вам вопро́с.
3) 문제는 누가 이것을 할 것인가 하는 점이다.
— Вопро́с в том, кто э́то бу́дет де́лать.

문제[2]   여 пробле́ма [prabl'émə]

1) 이것은 현대과학의 문제이다.

— Это проблéма совремéнной науки.

문턱　　　　　[남] порóг [parók]

1) 의식의 한계　порóг сознáния
2) 나는 그를 집에 들이지 않겠다. — Я не пущý его на порóг.
3) 겨울이 닥쳐 온다. — Зимá на порóге.

문학　　　　　[여] литератýра [l'it'ıratúrə]

1) 뿌쉬킨에 관한 문헌　литератýра о Пýшкине, 문학청년　молодьíе люби́тели литератýры
2) 그는 아동문학을 공부하고 있다.
— Он изучáет дéтскую литератýру.
3) 그는 이 테마에 관한 기본문헌을 잘 알고 있다. — Он хорошó знáет основнýю литератýру по этой тéме.
[4] 필독서　обязáтельная литератýра

문학의　　　　[형] литератýрный [l'it'ıratúrnij]

1) 표준어　литератýрный язы́к, 문학유산　литератýрное наслéдие, 문학사조　литератýрное направлéние.
2) 그에 의해 조그마한 문학서클이 결성되었다.
— Им был организóван небольшóй литератýрный кружóк
3) 그 책은 수려한 표준어로 쓰여졌다. — Кни́га напи́сана хорошим литератýрным языкóм.

문화　　　　　[여] культýра [kul'tura]

1) 체육　физи́ческая культýра
2) 그는 러시아 문화사 강의를 준비하고 있다.

— Он готóвится к лéкции по истóрии рýсской культуры.
3) 그는 아주 교양있는 사람이다. — Он человéк высокой культýры.

문화의   [형] культýрный [kul'túrnij]

1) 문화수준 культýрный ýровень, 문화교류 культýрный обмéн.
2) 쌍트-뻬제르부르그는 러시아의 커다란 문화 중심지이다. — Санкт-Петербург-большóй культýрный центр России.
3) 그녀는 매우 교양있는 아가씨이다. — Онá óчень культурная дéвушка.

물   [여] водá [vada]

1) 음료수 питьевáя водá, 약수 минерáльная вода, 만조 высóкая водá, 간조 ни́зкая водá.
2) 물 한잔 주십시오 — Дáйте мне стакáн воды́.
3) 그는 항상 냉수로만 세수를 한다. — Он всегдá умывáется только холóдной водóй.

물   [형] вóдный [vótnij]

1) 수상교통은 경제에 커다란 역할을 한다.
— Водный трáнспорт игрáет большýю роль в народном хозя́йстве.

물감   [여] крáска [kráskə]

1) 화가는 물감으로 그림을 그리고 있다.
— Худóжник пи́шет карти́ну крáсками.

| 물건 | 예 вещь [v'éʃʃ'] |

1) 이 물건 이름이 무엇입니까? — Как называ́ется э́та вещь?
2) 그는 짐을 들고 역으로 나갔다. — Он пое́хал на вокза́л с веща́ми.
3) 이것은 그의 걸작이다. — Э́то его́ лу́чшая вещь.

| 물결 | 예 волна́ [valná] |

1) 오늘은 바다에 큰 파도가 친다. — Сего́дня на мо́ре больши́е во́лны.

| 물고기 | 예 ры́ба [ríbə] |

1) 그들은 호수로 낚시를 갔다. — Они́ е́здят лови́ть ры́бу на о́зеро.

| 물론 | 삽입 коне́чно [kan'éʃnə] |

1) 나는 물론 내일까지 이 책을 다 읽을 것이다. — Я, коне́чно, прочита́ю э́ту кни́гу до за́втра.
2) 당신은 독서를 좋아합니까? 물론이지요 — Вы лю́бите ччта́ть? Коне́чно.

| 물리학 | 예 фи́зика [f'íz'ikə] |

1) 원자핵물리학 фи́зика а́томного ядра́.
2) 그는 원자물리학을 연구한다. — Он изуча́ет а́томную фи́зику.
3) 물리학자 фи́зик.

물물교환   товарообме́н

물비누   жи́дкое мы́ло

| 물심양면으로 | материа́льно и духо́вно |

물질   중 вещество́ [v'ıʃʃ'ıstvó]

1) 방사성 물질 радиоакти́вное вещество́, 물적증거 веще́ственное доказа́тельство.
2) 이 물질은 자연계에서 고체상태로 존재한다.
— Э́то вещество́ встреча́ется в приро́де в твёрдом состоя́нии.
3) 과일에는 많은 유익한 물질이 들어 있다.
— Фру́кты соде́ржат мно́го поле́зных веще́самий

물질적   형 материа́льный [mət'ır'jal'nij]

1) 물질세계 материа́льный мир, 물질적인 곤란 затрудни́тельное материальное положе́ние.
2) 그들은 국민생활의 물질적 수준을 향상시키기 위해 온갖 노력을 기울였다. — Они́ боро́лись за повыше́ние материа́льного у́ровня жизни наро́да.

물품   남 предме́т [pr'ıdm'et]

1) 생필품 предме́ты пе́рвой необходи́мости, 연구대상 предме́т изучения, 화제 предмет разгово́ра, 작품의 테마 предме́т сочине́ния
2) 여기서는 옷가지를 팔고 있다. — Здесь прода́ют предме́ты оде́жды.
3) 당신이 사랑하는 사람은 누구입니까? — Кто явля́ется предме́том вашей любви́?
4) 물리는 내가 가장 좋아하는 과목이다.
— Фи́зика мой самий люби́мый предме́т.

미개척분야   не разви́тая отра́сль

미국 　　[명] Аме́рика [amérika]

　　1) 미국인 америка́нец, 미국의 америка́нский
　　2) 오늘 일단의 미국인들이 모스크바에 도착했다. — Сего́дня в Москву́ прие́хал гру́ппа америка́нцев.
　　3) 나는 영문학을 좋아한다. — Мне нра́вится америка́нская литерату́ра.
　　[4] 미합중국 Соединённые Шта́ты Аме́рики.

미녀 　　[명] красави́ца [krəsav'itsa]

미래 　　[중] бу́душее [búduʃʃ'ijə]

　　1) 그녀는 미래의 행복을 꿈꾸고 있다.
　　— Она́ мечта́ет о счастли́вом бу́дущем.
　　2) 가까운 시일내에 새 기계의 실험이 종료될 것이다. — В ближа́йшем бу́дущем зако́нчатся испыта́ния но́вой маши́ны.

미래의 　　[형] бу́дущий [búduʃʃ'ij]

　　1) 장래에 в бу́дущем, 내년 бу́дущий год
　　2) 내년에 우리는 남부로 갈 것이다.
　　— В бу́дущем году́ мы пое́дем на юг.
　　3) 역사학부 학생들이 미래의 선생과 학자들이다. — Студе́нты истори́ческого факульте́та — э́то бу́дущие преподава́тели и учёные.

미소 　　[명] улы́бка [ulípkə]

　　1) 그녀는 만면에 미소를 머금은 채 말한다. — Она́ говори́т с улы́бкой на лице́.
　　2) 그녀는 아주 상냥한 미소를 짓는다.
　　— У неё о́чень ми́лая улы́бка.

③ 미소를 머금은 얼굴 улыба́ющееся лицо́

미소짓다　　[불완] улыба́ться [ulibáttsə] 《 [완] улыбну́ться 》

1) 보세요, 저기 그가 편지를 읽으며 웃고 있지요
   — Смотри́, там он чита́ет письмо́ и улыба́ется.
2) 그는 행복을 누리게 되었다.
   — Сча́стье улыбну́лось ему́.
3) 그는 운수가 좋다. — Жи́знь ему́ улыба́ется.
4) 그녀는 웃지도 않았다.
   — Она́ да́же не улыбну́лась.

미술가　　[남] худо́жник [xudóznik]

1) 한국미술협회는 서울에서 현대화가전을 준비하고 있다. — Обще́ство худо́жников Коре́й организу́ет вы́ставки карти́н совреме́нных худо́жников в Сеу́ле.
② 미술전람회 худо́жественная вы́ставка

미치광이　　сумасше́дший

미터　　[남] метр [m'étr]

1) 평방미터 квадра́тный метр, 입방미터 куби́ческий метр
2) 옷감 2m를 주십시오 — Да́йте мне два ме́тра материа́ла.

미학　　[여] эсте́тика [est'ét'ıkə]

민속무용　　наро́дный тане́ц.

민족¹

[명][활] наро́д [narót]

1) 대중의 이익은 보호되어야 한다.
— На́до защища́ть интере́сы наро́да.
2) 공원에는 많은 사람들이 있었다. — В па́рке бы́ло мно́го наро́ду.
3) 국민경제 계획 народнохозя́йственный план

민족²

[여] на́ция [nátsija]

1) 민족은 사회가 역사적으로 발전한 결과이다.
— На́ции явля́ются результа́том истори́ческого разви́тия о́бщества.

민족의

[형] национа́льный [nətsianál'nij]

1) 민족해방운동 национа́льно-освободи́тельное движе́ние, 민족문화 национа́льная культу́ра, 국가 национа́львный гимн, 국기 национа́льный флаг.
2) 오스트리아의 국어는 독일어이다. — Национа́льным языко́м А́встрии явля́ется неме́цкий язы́к.
3) 한국의 전통의상은 외국인들의 주목을 끈다.
— Коре́йский национа́льный костю́м привлека́ет внима́ние иностра́нцев.
[4] 민족주의 национали́зм, 민족성 национа́льность

민주적

[형] демократи́ческий [d'ɪmǝkrat'ítʃ'isk'ij]

1) 민주적 중앙집권제 демократи́ческий централи́зм, 민주개혁 демократи́ческие преобразова́ния
2) 시민들은 스스로의 민주적 권리를 행사할 수가 있다. — Гражда́не мо́гут испо́льзовать

свои́ демократи́ческие права́.

민주주의   여 демокра́тия [d'ɪmakrát'ijə]

1) 당내 민주주의   внутрипарти́йная демокра́тия
2) 이것이 민주주의 원칙이다. — Э́то при́нципы демокра́тии.
3) 사회주의적 민주주의는 모든 시민에게 동등한 권리를 보장한다. — Социалисти́ческая демокра́тия обеспе́чивает ра́вные права́ всем гра́жданам

믿다   불완 ве́рить [v'ér't] ((완 пове́рить))

1) 나는 당신을 믿습니다. — Я вам ве́рю.
2) 우리는 승리를 확신한다. — Мы ве́рим в побе́ду.
3) 나는 믿어지지 않는다. — Мне не ве́рится.

믿음   여 ве́ра [vérə]

1) 그는 어렵게 살았지만 인간에 대한 믿음이 있었다. — У него́ тру́дная жизнь, но он сохрани́л ве́ру в люде́й.

밀   여 пшени́ца [pʃin'ítsə]

1) 우리는 밀농사 풍년을 일구었다. — Мы доби́лись высо́кого урожа́я пшени́цы.
2) 밀가루   пшени́чная мука́.

밀물   남 прили́в [prilíf]

밀집방어   концентри́рованная защи́та

밑에 　　　　전 под [pəd]

1) 우리는 커다란 나무 아래에 앉았다.
— Мы сиде́ли под больши́м де́ревом.
2) 그들은 빗속을 거닐었다. — Они́ шли под дождём.
3) 그녀는 그의 영향력하에 있다. — Она́ нахо́дится под его влия́нием.
4) 그는 모스크바 근교에 생가가 있다. — У него́ есть родно́й дом под Москво́й.
5) 그는 침대 밑에 트렁크를 넣었다. — Он поста́вил чемода́н под крова́ть.
6) 그는 이 사건으로 재판에 회부되었다. — Его́ за э́то о́тдали под суд.
7) 그들은 저녁 무렵 도착했다. — Они́ прие́хали под ве́чер.
8) 그는 아직 40세 안쪽이다. — Ему́ ещё под со́рок
9) 그는 피아노 반주에 맞추어 노래하고 있다.
— Он поёт под роя́ль.

밑에서 　　　전 из-под [ispəd]

1) 그는 침대 밑에서 트렁크를 꺼냈다. — Он доста́л чемода́н из-под крова́ти.

바나나 　　　남 бана́н [banán]

바늘 　　　여 иго́лка [igólkə]

1) 바늘 가는데 실 간다. — Куда́ иго́лка туда́ и ни́тка.

바다   중 мо́ре [mór·ə]

1) 흑해 Чёрне мо́ре, 인산인해 мо́ре люде́й.
2) 바다는 적막했다. — Мо́ре бы́ло споко́йное.
3) 우리나라는 3면에 바다를 끼고 있다. — На́ша страна́ с трёх сторо́н омыва́ется моря́ми.
4 바닷가 бе́рег мо́ря.

바다의   형 морско́й [marskój]

1) 해수욕 морски́е купа́ния, 해양국 морска́я держа́ва, 함대 морско́й флот, 해양자원 морски́е ресу́рсы
2) 당신에게는 바다 공기가 좋을 것이다. — Морско́й во́здух вам бу́дет поле́зен.

바닥   중 дно [dnó]

1) (끝까지) 마시자 — До дна !
2) 그는 강바닥에서 돌을 주웠다. — Он доста́л ка́мень со дна реки́.
3) 컵 바닥에 설탕이 남았다. — На дне стака́на оста́лся са́хар.

바라다   불완 жела́ть [ʒilát']

1) 당신의 건강과 행복 그리고 성공을 기원합니다. — Жела́ю вам здоро́выя, сча́стья и успехов.
2) 우리 모두는 당신이 속히 돌아오시길 바라고 있습니다. — Мы все жела́ем чтобы вы верну́лись к нам ско́ро.

바라보다[1]   불완 смотре́ть [smatr'ét']

바라보다

1) 그녀는 나를 보고 있다. — Она́ смо́трит на меня́.
2) 그는 오랫동안 창밖을 내다 보았다. — Он до́лго смотре́л в окно́.
3) 아이들은 TV 보기를 좋아한다. — Де́ти лю́бят смотре́ть телеви́зор.
4) 여기서 그는 작업을 감독한다. — Здесь он смо́трит за рабо́той.
5) 당신은 이 일을 어떻게 보십니까? — Как вы на э́то смо́трите?
6) 창문이 남쪽으로 나있다. — Окно́ смо́трит на юг
7) 잊지 않도록 조심하세요 — Смотри́те, не забу́дьте.

바라보다² [불완] **гляде́ть** [gl'ıd'ét']

1) 그녀는 창가에 앉아서 거리를 바라보고 있었다. — Она́ сиди́т у окна́ и гляди́т на у́лицу.

바람 [남] **ве́тер** [v'ét'ır]

1) 갑자기 강풍이 몰아쳤다. — Вдруг подня́лся си́льный ве́тер.
2) 그는 변덕장이이다. — У него́ ве́тер в голове́.

바로¹ [조] **и́менно** [ím'ınnə]

1) 바로 그 때에 и́менно в то вре́мя
2) 이 분이 바로 그 사람입니다. — Э́то и́менно он.
3) 나는 바로 이 책이 필요하다. — Мне нужна́ и́менно э́та кни́га.
4) 학생들, 즉 뻬트로프, 이바노프와 바실리예프

	가 왔다. — Пришли́ ученики́, а и́менно, Петро́в, Ивано́в и Васи́льев.
	5) 이 일은 다른 사람 아닌 바로 그 사람이 했다. — Э́то сде́лал и́менно он.
바로²	조 вон [vón]
	1) 저기 그가 온다. — Вон он придёт.
바로³	부 ро́вно [róvnə]
	1) 바로 8시에 와라 — Приди́ ко мне ро́вно в 8 часо́в
바로 그	대 са́мый [sámij]
	1) 바로 이것 тот же са́мый, 바로 그 사람 тот са́мый челове́к, 가장 어려운 문제 са́мый тру́дный вопро́с
	2) 이것이 바로 우리가 이야기했던 바로 그 책이다. — Э́то та кни́га о кото́рой мы говори́ли.
	3) 나무들이 창 바로 밑에서 자라고 있다. — Дере́вья расту́т под са́мыми о́кнами.
	4) 이길이 지름길이다. — Э́та доро́га са́мая коро́ткая.
빠른	형 ско́рый [skór'ij]
	1) 구급차 ско́рая по́мощь, 급행열차 ско́рый по́езд
	2) 다시 만나요! — До ско́рого свида́ния!
	3) 곧 돌아오겠습니다. — Я ско́ро верну́сь.
빠른	형 бы́стрый [bístrij]

바보

1) 그는 빠른 걸음으로 복도를 지나갔다. — Быстрыми шагами он прошёл по коридору.
2) 이것이 농업의 급속한 발전을 저해하고 있다. — Это мешает быстрому росту сельского хозяйства.
3) 기차는 빨리 달린다. — Поезд идёт быстро.

바보 [남] дурáк [durák]

1) 그는 바보가 아니다. — Он не дурáк.
[2] 바보같은 소리 чепухá

바이올린 [여] скрипка [skr'ípkə]

1) 그녀는 바이올린연주를 잘한다. — Онá хорошó игрáет на скрипке.
2) 그는 5살부터 바이얼린을 배웠다.
 — Он учился игрáть на скрипке с пяти лет.
[3] 바이올리니스트 скрипáч.

바지 [복] брюки [br'úk'i]

1) 그는 회색바지를 입고 있었다.
 — Он нóсит сéрые брюки.
2) 그는 새 하복바지를 입었다. — На нём были нóвые лéтние брюки.

바퀴 [중] колесó [kəl'ısó]

1) 자동차는 4륜이다. — У машины четыре колесá
2) 기차 바퀴소리가 들렸다.
 — Слышно, как стучáт колёса вагона.

박람회 [여] выставка [v'ístafkə]

1) 당신 벌써 이 박람회를 보셨나요 — Вы ужé

были на э́той вы́ставке?

박물관　　　[남] музе́й [muz'éj]

1) 역사박물관　истори́ческий музе́й
2) 오늘 박물관은 문을 닫는다.
— Сего́дня музе́й закры́т.

박사　　　　[남] до́ктор [dóktər]

1) 빨리 의사를 불러야 합니다.
— На́до скоре́е вы́звать до́ктора
2) 그는 최근에 물리학박사가 되었다.
— Он неда́вно стал до́ктором физи́ческих нау́к.
[3] 박사논문　до́кторская диссерта́ция

박수　　　　[복] аплодисме́нты [əpləl'ismént'i]

1) 박수갈채를 받으며　под бу́рные аплодисме́нты

박수치다　　[불완] аплоди́ровать [əplaol'írəvat']

1) 청중은 오랫동안 배우들에게 박수를 보냈다.
— Зри́тели до́лго аплоди́ровали арти́стам.

반대하다　　[불완] возража́ть [vəzrəʒ'át']

1) 그녀는 아버지 말씀을 거역하지 않는다.
— Она́ никогда́ не возража́ла отцу́.
2) 나는 이 제안에 반대하고 싶다. — Я хочу́ возрази́ть про́тив э́того предложе́ния.

반대로　　　[뷔]¹ [조]² наоборо́т [naabarót]

1) 그는 사사건건 거꾸로 행한다. — Он всё де́лает наоборо́т.

| 반드시 | | 198 |

2) 나는 오히려 커피 보다는 차를 좋아한다.
— Мне, наоборот, больше нравится чай, чем кофе.
3) 그는 모든 것을 거꾸로 해석한다. — Он всё понимает наоборот.
[4] 반대쪽 другая сторона, 반대자 противник, 반대세력 оппозиционные силы

반드시　　[부] обязательно [ab'ızát'ıl'nə]

1) 그는 꼭 온다. — Он обязательно придёт.
2) 반드시 당신에게 편지를 쓰겠습니다. — Я обязательно напишу вам письмо.
[3] 필수조건 обязательное условие, 의무교육 обязательное обучение

반복하다　　[완] повторить [pəftar'it'] (([불완] повторять))

1) 다시 한번 말씀해 주세요 — Повторите, пожалуйста, ещё раз.
2) 시험에 대비해 그는 교과서를 처음부터 복습했다. — К экзамену он повторил учебник сначала.
3) 노파는 똑같은 말을 되풀이하고 있다.
— Старуха повторяет одно и то же.
4) 집에서 복습을 하세요 — Повторяйте уроки дома
5) 복습은 공부의 기본이다. — Повторенье — мать ученья.

반제품　　полуфабрикат

반영　　[중] отражение [ətraz'énijə]

반지　　[중] кольцо [kal'tsó]

1) 결혼반지 обруча́льное кольцо́, 포위망 кольцо́ блока́ды.
2) 그녀는 금반지를 끼고 있다. — Она́ но́сит на па́льце золото́е кольцо́.

반찬　　　|복| заку́ски [ʒakúski]

받게되다　　|불완| получа́ться [pəlutʃ'áttsə] 《 |완| получи́ться 》

1) 여기서는 우편물이 하루에 두번 배달된다.
— По́чта тут получа́ется два ра́за в день.
2) 사진에 그녀는 어떻게 나왔습니까?
— Как она́ получи́лась на фотогра́фии?
3) 사진이 잘 나왔다. — Сни́мок получи́лся хоро́ший.

받다¹　　|불완| получа́ть [pəlutʃ'át'] 《 |완| получи́ть 》

1) 그녀는 아들에게서 돈을 받고 있다. — Она́ получа́ет де́ньги от сы́на.
2) 당신은 제 편지를 받으셨습니까? — Вы получи́ли моё письмо́?

받다²　　|불완| принима́ть [pr'in'imát'] 《 |완| приня́ть 》

1) 여기서 국제우편을 접수합니까? — Здесь принима́ют по́чту за грани́цу?
2) 그를 서클 회원으로 받으들이지 마시오
— Не принима́йте его́ в чле́ны кружка́.
3) 그는 매일 아침 찬물로 샤워를 한다.
— Ка́ждое у́тро он принима́ет холо́дный душ.
4) 의사는 오늘 환자를 보지 않는다. — До́ктор

받치다

сего́дня не принима́ет больны́х.
5) 그녀는 나의 구혼을 받아 들였다. — Она́ приняла́ моё предложе́ние.
6) 그의 입당이 승인되었다. — Его́ приня́ли в па́ртию.
7) 회의에서 중요한 결의사항이 채택되었다.
— На собра́нии при́няли ва́жное реше́ние.
8) 장관은 외빈을 접견했다. — Мини́стр при́нял иностра́нных госте́й.
9) 환자는 아무것도 먹지 않는다. — Больно́й ничего́ не принима́ет.

받치다 |불완| подде́рживать [pad'd'érʒivət']

1) 그는 이곳의 질서를 유지하고 있다.
— Он здесь подде́рживает поря́док.
2) 우리 모두는 그의 계획을 지지한다.
— Мы все подде́рживаем его́ план.

발견   обнаруже́ние [əbnaruz'énijə]

발굴   раско́пки [raskópki]

발명   изобрете́ние [izəbr'it'énijə]

발명가 изобрета́тель

발생하다¹ |완| случи́ться [slutʃ'íttsə] 《 |불완| слча́ться 》

1) 무슨 일이 있습니까? — Что случи́лось с ва́ми?
2) 나는 우연히 그를 만나 이야기를 조금 나누었다. — Мне случи́лось встре́титься с ним и поговори́ть.
3) 때때로 그는 우리집에 놀러오곤 한다.

— Случáется, что он прихóдит к нам.

발생하다² 　　|불완| возникáть [vəz'n'ikát']

1) 나는 새로운 생각이 떠올랐다. — У меня возниклá нóвая мысль.
2) 우리는 종종 이 문제에 대해 논쟁을 벌인다. — Об э́том у нас чáсто возникáют спóры.

발자국 　　|남| след [slét]

1) 그녀의 얼굴에는 아직도 예쁜 흔적이 보인다 (처녀 때는 굉장히 예뻤겠어요) — На лицé её ещё бы́ли видны́ следы́ красоты́.

발전¹ 　　|중| развитие [raz'v'it'ijə]

1) 의식의 향상　духóвное развитие
2) 러시아의 경제발전에 있어서 농업은 중요한 역할을 하고 있다. — В развитии экономики России важная роль принадлежи́т сéльскому хозя́йству.

발전² 　　|남| прогрéсс [pragr'éss]

발전소　　электростáнция

수력발전소　гидро-электростáнция

화력발전소　тепловáя электростанция

발전하다 　　|불완| развивáться [rəz'v'iváttsə]

1) 최근 수년간 그들의 중공업이 급속히 발전하고 있다. — В послéдние гóды у них бы́стро развивáется тяжёлая промы́шленность.
2) 심각한 사태가 농촌에서 벌어지고 있다.

발표하다

— Серьёзные события развиваются в деревне.

발표하다　　　完 **объявить** [abjıv'it']

1) 신문에 그의 연주회에 대한 기사가 나왔다.
— В газете объявили о его концерте.
[2] 선전포고 **объявление войны**, 선고 **объявление приговора**

밝은¹　　　형 **яркий** [járkij] 〔비〕 **ярче**.

1) 뛰어난 재능 **яркий талант**, 명백한 증거 **яркое доказательство**.
2) 나는 선명한 색을 싫어한다.
— Я не люблю ярких цветов.

밝은²　　　형 **светлый** [s'v'étlij]

1) 맑은 날 **светлый день**, 총명한 지혜 **светлый ум**
2) 나는 크고 환한 방으로 들어갔다. — Я вошёл в большую светлую комнату.

밤　　　여 **ночь** [nótʃ']

1) 밤새 **всю ночь**, 백야 **белые ночи**, 밤낮 **днём и ночью**
2) 안녕히 주무세요 — **Спокойной ночи**.
3) 밤새 비가 왔다. — Всю ночь шёл дождь.
4) 밤에 환자는 잠을 잘못 잤다.
— Ночью больной плохо спал.
[5] 밤낮 **сутки**.

밤의　　　형 **ночной** [natʃ'nój]

1) 야간열차 **ночной поезд**, 잠옷 **ночная**

рубашка

2) 나는 야간열차로 떠나겠다.
— Я уезжаю с ночным поездом.

방 　 [예] комната [kómnəta]

1) 방구석　углы комнаты
2) 아버지는 지금 방에 계신다. — Отец сейчас у себя в комнате.
[3] 실내온도　комнатная температура

빵 　 [남] хлеб [xl'ép]

1) 방금 구어낸 빵　свежий хлеб, 확고한 수입　верный хлеб
2) 빵 주세요 — Дайте мне хлеба.
3) 저기 쌀, 밀등 곡식들이 잘자라고 있다.
— Там прекрасно растут хлеба : рис, пшеница и др.

방문¹ 　 [중] посещение [pəs'iʃʃ'énujə]

방문² 　 [남] визит [vizít]

1) 프랑스 외무장관이 모스크바를 공식 문했다.
— В Москве с официальном визитом находился министр иностранных дел Франции.

방방곡곡 　 повсюду

1) 전국 방방곡곡에서　со всех уголков страны

방법¹ 　 [남] способ [spósəp]

1) 과학적 방법　научный способ, 표현법　способ выражения, 사용법　способ упот — ребления, 이와 같이　таким способом, 다른

방법 | 방법으로 другим способом.
| 2) 그는 여러 방법으로 이 문제를 해결했다.
| — Он решил эту задачу различными способами.
| ③ 어떤 방법으로 каким образом

방법² | 남 метод [m'étət]
| 1) 변증법적 방식 диалектическии метод, 교수법 метод обучения
| 2) 우리는 새로운 러시아어 교수법에 따라 공부하고 있다. — Мы изучаем русский язык по новому методу.
| ③ 방법론 методика¹, методология²

방안 | предложение [pr'ılaʒ'énijə]
| ① 조국통일방안 предложения по обЪединению родины

방어¹ | 여 защита [zaʃʃ'itə]
| 1) 민중은 스스로의 자유를 수호하기 위해 일어서고 있다. — Народ поднимается на защиту своей свободы.
| ② 방어태세 полная готовность

방어² | 여 оборона [əbarónə]
| 1) 2차대전시 레닌그라드 방어전은 500주야 동안 계속 되었다. — Девятьсот дней и ночей продолжалась оборона Ленинграда в годы Великой Отечественной Войны

방어하다 | 불완 защищать [zəʃʃ'iʃʃ'at']
| 1) 이 나무들은 집으로 부는 바람을 막아준다.

— Эти дере́вья защища́ют дом от ве́тра.

방울　　　[여] ка́пля [kápl'ə]

1) 새발의 피　ка́пля в мо́ре, 마지막 피 한방울 까지　до после́дней ка́пли кро́ви.
2) 비가 굵은 방울이 되어 내렸다.
— Дождь па́дал кру́пными ка́плями.

방학　　　[명] кани́кулы [kan'íkuli]

1) 겨울(여름) 방학　зи́мние(ле́тние) шко́льные кани́кулы
2) 지금 학생들은 여름방학이다. — Сейча́с у студе́нтов ле́тние ка́йкулы.

방해　　　[중] препя́тствие [prip'átsvijə]

1) 그에게는 어떠한 장애물도 없다. — Для него́ не существу́ет никаки́х препя́тствий.
2) 고난을 이겨내는 법을 배워야 한다. — На́до учи́ться преодолева́ть препя́тствия.

방해하다　　　[불완] меша́ть [m'ɪʃát']

1) 라디오 때문에 나는 공부하기가 어려웠다.
— Ра́дио меша́ло мне занима́ться.
2) 그녀는 수저로 수프를 젓고 있다.
— Она́ меша́ет суп ло́жкой.
3) 어째서 우리는 떠나지 못합니까?
— Что нам меша́ет уйти́?
4) 방해가 되지 않습니까? — Я вам не помеша́л?

방향　　　[중] направле́ние [nəpravl'én'ijə]

1) 바다를 향하여　по направле́нию к мо́рю,

반대 방향으로 в противоположном направлении, 문학조류 литературное направле́ние.
2) 자동차는 역쪽으로 가고 있다. Маши́на идёт по направле́нию к вокза́лу.
3) 우체국은 어느쪽에 있습니까? — В како́м направле́нии нахо́дится по́чта?

배¹ 남 парохо́д [pəraxót]

1) 여객선 пассажи́рский парохо́д
2) 나는 배표를 샀다. — Я купи́л биле́т на парохо́д.

배² 중 су́дно [súdnə]

1) 어선 рыболо́вное су́дно, 여객선 пассажи́рское су́дно
2) 배가 기슭으로 다가갔다. — Су́дно подошло́ к бе́регу.

배³ 남 живо́т [ʒivót]

1) 그는 엎드려 있다. — Он лежи́т на животе́.
2) 배부른 **сы́тым**, 배고픈 **голо́дным**

배 여 гру́ша [grúʃə]

1) 정원에 커다란 배나무가 자라고 있다. — В саду́ растёт высо́кая гру́ша.

배당 중 распределе́ние [rəspr'ɪd'il'énijə]

배려 여 забо́та [zabótə]

1) 집안 일 **забо́ты по хозя́йству**, 무사태평 **без забо́т**

2) 그는 환자를 간호했다. — Он взял на себя́ забо́ту о больно́м.
3) 그는 아무런 걱정없이 산다. — Он живёт без забо́т.
4) 나는 이 일에 아무런 신경을 쓰지 않는다. — Я об э́том совсе́м не забо́чусь

배우 [남]〔활〕 актёр [akt'ór]

1) [여] арти́ст
2) 이 사람은 주연배우이다. — Э́тот актёр игра́ет гла́вную роль.

배우다 [완] научи́ться [nəutʃ'ítsə]

1) 당신은 어디서 한국말을 그렇게 잘 배웠습니까? — Где вы научи́лись так хорошо́ говорить по-корейски?

100 [수] сто [stó]

1) 당신이 100% 옳아요 — Вы на сто проце́нтов пра́вы.

백개 [여] со́тня [so'tn'ə]

1) 집회에 수백명이 왔다. — На собра́ние пришли́ со́тни люде́й.

100만 [남] миллио́н [m'il'jon]

1) 이 도시의 주민은 200만이다. — В го́роде два миллио́на жи́телей.
[2] 백만장자 миллионе́р

배우다 [불완] учи́ться` [utʃ'íttsə]

1) 우리는 러시아어를 배운다. — Мы у́чимся

ㅂ

русскому языку.
2) 그녀는 학교에 다니기 때문에 아직 일은 하지 않는다. — Она́ не рабо́тает, а ещё у́чится.

뺨 |여| щека́ [ʃʃˈɪká]

1) 그는 소년의 뺨을 때렸다. — Он уда́рил ма́льчика по щеке́.
2) 눈물이 아이의 뺨에 흘러 내렸다.
— Слёзы текли́ по щека́м ребёнка.

버스 |남| авто́бус [aftóbus]

1) 나는 가끔 버스를 탄다. — Иногда́ я сажу́сь в авто́бус.
2) 운동장에서 전철까지 버스가 다닌다.
— От стадио́на до метро́ хо́дит авто́бус.

버터 |중| ма́сло [máslə]

1) 아주 순조롭게 как по ма́слу
2) 나에게 버터 빵을 주세요
— Да́йте мне хлеб с ма́слом

번역 |남| перево́д [pʼɪrʼivot]

1) 통역 перево́дчик
2) 번역을 할 때 그는 사전을 사용한다. — При пи́сьменном перево́де он по́льзовался словарём.
3) 통역은 양국어를 다 잘 알아야 한다.
— У́стный перево́д тре́бует хоро́шего зна́ния обо́их языко́в.

번영 |중| процвета́ние [prətsvʼitánijə]

번호	넘 но́мер [nóm'ır]	

1) 순위 но́мер по поря́дку, 다음 호 Следующий но́мер.
2) 당신 전화번호를 말씀해 주세요 — Скажи́те, пожа́луйста, ваш номер телефо́на.
3) 이 일은 제대로 진행되지 않을 것이다.
— Э́тот но́мер не пройдёт.

벌금	넘 штраф [ʃ't'ráf]	

벌목장	лесосе́ка

벌써	부 уже́ [uʒé]	

1) 그는 이미 어린애가 아니다.
— Он уже́ не ребёнок.
2) 우리가 왔을 때 이미 그는 떠나고 없었다.
— Когда́ мы пришли́, он уже́ уе́хал.
3) 그는 모스크바에서 벌써 2년동안 살고 있다.
— Он уже два го́да живёт в Москве́.

범죄	중 преступле́ние [pr'ıstupl'énijə]	

① 범죄행위 престу́пный акт
② 범죄자 престу́пник

법	넘 зако́н [zakón]	

1) 노동법 зако́н о труде́, 불문률 непи́саный зако́н, 자연법 есте́ственный зако́н, 사회발전법칙 зако́н обще́ственного разви́тия.
2) 그는 새로운 화학법칙을 발견했다. — Он откры́л но́вый хими́ческий зако́н.
3) 당신은 법률에 따라 여기에 대한 권리를 가지

고 있습니다. — Вы име́ете на э́то пра́во по зако́ну.
4) 그는 약속을 반드시 지킨다. — Для него́ сло́во зако́н.
5) 법은 사회경제제도의 반영이며 정치의 표현형태 중의 하나이다. — Зако́н явля́ется отраже́нием социа́льно — экономи́ческого стро́я, одно́й из форм выраже́ния поли́тики.

6 법정 суд

벗은 | 형 го́лый [gólij]

1) 나체 го́лое те́ло, 대머리 го́лая голова́, 민둥산 го́лая гора́.
2) 그의 서재 바닥에는 아무것도 깔려있지 않았다. — У него́ в кабине́те пол был го́лый.

뼈 | 예 кость [kós't']

1) 이 생선은 가시가 많다. — В э́том ры́бе мно́го косте́й.

벽 | 예 стена́ [s't'ıná]

1) 크렘린 성벽 Кремлёвская стена́, 자욱한 안개 стена́ тума́на, 믿음직한 지원하에 как за ка́менной стено́й.
2) 벽에 커다란 그림이 걸려있다. — На стене́ виси́т больша́я карти́на.

3 벽보 стенгазе́та

변소 | убо́рная[1], туале́т[2]

변증법 | 예 диале́ктика [d'ial'éktiıkə]

변하다 | 환 преврати́ться [pr'ıvrat'ítsə]

《 불완 превращáться 》

1) 물이 얼음이 되었다. — Водá превратúлась в лёд.
2) 신개발지가 급속도로 도시화되어 가고 있다. — Посёлок быстро превращáется в гóрод.

변혁 중 преобразовáние [pr'iəbrazavánijə]

① 혁명적 개혁 революциóнные переме́ны

변호사 남 адвокáт [advakát]

변화 중 изменéние [izm'ın'én'ijə]

1) 근본적인 변화 коре́нные изменéния
2) 내가 없는 동안에 도시에는 커다란 변화가 있었다. — Покá меня́ нé было, в гóроде произошлú больши́е изменéния.

변화시키다 완 измени́ть [izm'ın'it']

1) 세월은 사람을 변하게 한다. — Гóды мóгут измени́ть человéка.
2) 모든 것이 바뀌었다. — Всё измени́лось.

별 여 звездá [z'v'ızda]

1) 북극성 поля́рная звездá, 유성 пáдающая звездá.
2) 하늘에 별들이 반짝인다. — На нéбе горя́т звёзды.
3) 그녀는 영화 스타이다.
  — Онá звездá экрáна.

별명 중 прóзвище [prózviʃ'ʃ'e]

병¹ 여 болéзнь [bal'éz'n]

	1) 그는 어제 아파서 일을 하지 못했다. — Вчера он не работал из-за болезни
	② 소아마비 английская болезнь.
병²	예 бутылка [butílkə]
	1) 책상 위에 병이 몇개 있다. — На столе стоят бутылки.
	2) 나는 포도주 1병을 주문했다. — Я заказал бутылку вина.
병원	больница¹ [bəl'nítsa], госпиталь²
	1) 그는 중앙소아과병원 원장이다. — Он работает главным врачом центральной детской больницы.
베개	예 подушка [padúʃkə]
	1) 그녀는 환자 머리 밑에 새 베개를 받쳐 주었다. — Она положила новую подушку под голову больного.
보건	중 здравоохранение [stravəəxpranénijə]
보고	남 доклад [daklát]
	1) 대중강연 публичный доклад, 구두보고 устный доклад, 서면보고 пи́сменный доклад.
	2) 그는 흥미를 끄는 보고를 했다. — Он сделал интересный доклад.
	3) 그는 보고서를 가지고 소장에게 갔다. — Он пошёл к директору с докладом.
보급	중 распространение [rəsprəsran'énijə]

보관 　　　[중] хране́ние [xran'énijə]

보내다¹ 　　[완] посла́ть [paslát] (([불완] посыла́ть))

1) 나는 시골에 계신 부모님께 엽서를 보냈다.
— Я посла́л откры́тку роди́телям в дере́вню.
2) 나를 모스크바 대회에 파견해 주십시오
— Пошли́те меня́ в Москву́ на съезд.
3) 그는 한달에 한번씩 어머니께 돈을 부쳐 드린다. — Он посыла́ет ма́тери де́ньги раз в ме́сяц.

보내다² 　　[완] отпра́вить [atpráv'it']

1) 나는 집에 편지를 보냈다. — Я отпра́вил домо́й письмо́.
2) 오는 우랄지방 근무를 명 받았다.
— Его́ отпра́вили на рабо́ту на Ура́л.
[3] 발차시간 вре́мя отправле́ния по́езда, 출발점 то́чка отправле́ния.

보내오다 　　[완] присла́ть [pr'islát'] (([불완] присыла́ть))

1) 그 사람은 내게 몇권의 책을 보내 왔다. — Он присла́л мне кни́ги.

보다¹ 　　[불완] вида́ть [v'idát']

1) 나는 4월부터 그를 보지 못했다. — Я не вида́л его́ с апре́ля.
2) 아무 것도 보이지 않는다. — Ничего́ не ви́дно.

보다² 　　[불완] ви́деть [v'id'lt'] (([완] уви́деть))

1) 이곳에서는 도시가 잘보인다. — Отсю́да мы

보다

хорошо́ ви́дим весь го́род.
2) 나는 자세히 쳐다보고 있지만 아무 것도 보이지 않는다. — Я смотрю́, но ничего́ не ви́жу.
3) 당신을 만나게 되어 기쁩니다. — О́чень рад ви́деть вас.
4) 나는 자신의 과오를 깨달았다. — Я ви́дел свою́ оши́бку.
5 아시는 대로 **как ви́дишь**, 그것봐 **вот ви́дишь**.

보다³ 완 уви́деть [uv'id'ɪt']

1) 곧 우리는 바다를 볼 수 있을 것이다.
— Ско́ро мы уви́дим мо́ре.
2) 나는 내가 위험한 처지에 있음을 알았다.
— Я уви́дел опа́сность своего́ положе́ния.
3) 오늘 저녁 당신을 만날 수 있을까요?
— Могли́ ли я уви́деть вас сего́дня ?

보다⁴ 완 посмотре́ть [pəsmatr'ét']
((불완 смотре́ть))

1) 그녀는 나를 쳐다 보았다. — Она́ посмотре́ла на меня́.
2) 나는 그 영화를 보고 싶다. — Я хочу́ посмотре́ть э́тот фильм.
3) 의사는 환자의 목구멍을 진찰했다. — Врач посмотре́л го́рло больно́го.

보다⁵ 완 взгляну́ть [vzgl'ɪnút']

1) 그는 나에게 시선조차 주지 않았다.
— Он да́же не вагляну́л на меня́.
2) 그는 이 문제에 무관심했다. — Он взгляну́л на э́то равноду́шно.

보다 나은　　[형] лу́чший　[lútʃij]

1) 그는 나보다 더 좋은 방에 있다. — У него́ лу́чшая ко́мната, чем моя́.
2) 그는 반에서 제일 우수한 학생이다.
　— Он лу́чшии учени́к в кла́ссе.
3) 더이상 좋은 것을 나는 생각해낼 수가 없다.
　— Лу́чшего я не приду́маю.

보다 더　　[전] чем　[tʃʼém]

1) 이 사전은 저것 보다 좋다. — Э́тот слова́рь лу́чше, чем тот.
2) 많이 읽으면 읽을 수록 더 많이 알게 될 것입니다. — Чем бо́льше бу́дете чита́ть, тем бо́льше бу́дете знать.

보다 적게　　[부][비] ме́нее　[mʼénʼijə]　[원] ма́ло

1) 그럼에도 불구하고　тем не ме́нее
2) 그는 40살이 안되었다. — Ему́ ме́нее сорока́ лет.
3) 이 아이는 다른 아이들에 비해 침착하지 못하다. — Э́тот ребёнок ме́нее споко́йный, чем оста́льные де́ти.

보다 적다　　[술]¹ [대]² [부]³ ме́ньше　[mʼénʼʃi]

1) 두배 적게　в два ра́за ме́ньше, 적어도　не ме́ньше чем
2) 내 방은 네 방보다 작다. — Моя́ ко́мната ме́ньше твое́й.
3) 오늘 이곳에는 어제보다 사람들이 적다.
　— Сего́дня здесь ме́ньше наро́ду, чем вчера́.

보다 큰	

4) 나는 그보다 책을 덜 읽는다. — Я читаю меньше, чем он.

5) 그녀는 나보다 키가 작다. — Она́ ме́ньше меня́.

보다 큰 [술]¹ [대]² [부]³ бо́льше [ból'ʃi]

1) 나의 방이 당신 방 보다 더 큽니다.
— Моя́ ко́мната бо́льше ва́шей.

2) 그는 나보다 책이 많다. — У него́ бо́льше книг, чем у меня́

3) 그는 나보다 더 많은 책을 산다.
— Он покупа́ет книг бо́льше чем я.

4) 더이상 그곳에 가지 않겠다. — Бо́льше я туда́ не пойду́.

[5] 무엇 보다도 бо́льше всего́, 점점 더 всё бо́льше и бо́льше.

보도¹ [복] све́дения [s'v'éd'ın'ijə]

1) 통계자료 статисти́ческие све́дения, 물리학의 초보지식 элемента́рные све́дения по фи́зике

2) 그는 상당한 정도의 물리학 지식을 가지고 있다. — Он облада́ет больши́ми све́дениями по фи́зике.

3) 그는 자신에 대해서 불과 조금 밖에 알려주지 않았다. — Он сообщи́л лишь не́которые све́дения о себе́.

보도² [중] сообще́ние [səabʃʃ'énijə]

1) 내일 날씨 뉴스를 들었나요? — Вы слы́шали сообще́ние о пого́де на за́втра?

[2] 보도기사 репорта́ж

보도³   중 сообщéние [saapʃˈʃˈénˈijə]

1) 보도에 의하면 по сообщéнию, 철도교통 железнодорóжное сообщéние.
2) 나는 친구가 죽었다는 연락을 받았다.
— Я получи́л сообщéние о смéрти дру́га.
3) 우리는 시내까지 직통 교통편이 있다. — У нас пря́мое сообщéние с цéнтром гóрода.

보드카   여 вóдка [vókaə]

1) 나는 보드카 1병을 다 마셔 버렸다.
— Я вы́пил буты́лку вóдки.

보름달   пóлная луна́

보석   драгоцéнцный кáмень

보수적   형 консервати́вный [kənsˈirvatífnij]

① 보수와 진보의 투쟁 борьба́ мéжду стáрым и нóвым.
② 보수주의 консервати́зм

보여주다   완 показáть [pəkazátˈ] ((불완 покáзывать))

1) 모임이 끝난 뒤 영화가 상영되었다. — Пóсле собрáния показáли фильм.
2) 그는 자신이 훌륭한 화가임을 보여 주었다.
— Он показáл себя́ хорóшим худóжником.
3) 오늘 당신에게 도시를 안내하고 싶다.
— Сегóдня я хочу́ покáзывать вам гóрод.

보이는   형 ви́дный [vítnij]

1) 요직 ви́дный пост, 저명한 학자 ви́дный

	учёный
	2) 산에서는 마을이 잘보인다. — С горы́ дере́вня хорошо́ ви́дна.
3) 벌써 기차가 보인다. — По́езд уже́ ви́ден.
보이다	불완 вы́глядеть [vígl'əd'ıt']
1) 그녀는 행복해 보인다. — Она́ вы́глядит счастли́вой.
2) 그는 실제 나이보다 어려 보인다.
— Он вы́глядит моло́же свои́х лет.
보이다²	완 показа́ться [pəkazáttsə]
1) 당신에게 이런 모든 것이 이상하게 보일지 모르겠다. — Вам всё э́то мо́жет показа́ться стра́нным.
2) 산등성이에 달이 떠올랐다. — Из-за гор показа́лась луна́.
보이다³	술¹ 삽입² ви́дно [v'ídnə]
1) 여기서는 공원이 잘보인다. — Отсю́да хорошо́ ви́дно парк.
2) 누가 보아도 그가 옳다. — Всем ви́дно, что он прав.
3) 아무곳에서도 그를 찾아볼 수가 없다. — Его́ нигде́ не ви́дно.
4) 그는 아무래도 오지않을 것 같다.
— Он, ви́дно, не придёт.
보장하다	완 обеспе́чить [ab'ısp'étʃ'it']
1) 이것은 세계평화를 보장할 것이다.
— Э́то обеспе́чит мир во всём ми́ре.
2 보장 обеспе́чение, 공고한 평화보장 обе-

спе́чение про́чного ми́ра

보충하다   완 доба́вить [dabáv'it']

1) 커피에 설탕을 더 타주세요 — Доба́вьте cа́хару в ко́фе.
2) 모든 것이 명백하니 더 말할 것이 없다.
— Всё я́сно, доба́вить не́чего.

보통   부 обы́чно [abítʃ'nə]

1) 보통 때와 마찬가지로 как обы́чно.
2) 나는 보통 6시에 일어난다.
— Я обы́чно встаю́ в шесть часо́в.

보통의¹   형 обы́чный [abítʃ'nij]

1) 일상적인 현상 обы́чное явле́ние, 재래식 무기 обычное вооруже́ние
2) 오늘 나는 보통 때와 같은 시간에 일어났다.
— Сего́дня я встал в обы́чное вре́мя.

보통의²   형 обыкнове́нный [abiknav'énnij]

1) 이것은 흔히 있는 일이다.
— Э́то обыкнове́нная исто́рия.

보트   여 ло́дка [lótkə]

1) 모터보트 мото́рная ло́дка, 원자력 잠수함 а́томная подво́дная ло́дка
2) 그들은 보트를 타고 고기를 잡았다.
— Они́ лови́ли ры́бу с ло́дки.

보험   중 страхова́ние [strəxavánijə]

보호무역주의 протекциони́зм

복도   남 коридо́р [kərˈidor]

1) 복도에는 아무도 없다. — В коридо́ре никого́ нет.

복사   중 копи́рование [kapíravənijə]

복잡한   형 сло́жный [slósnij]

1) 복잡한 환경   сло́жная обстано́вка
2) 이것은 복잡한 문제이다.
— Э́то сло́жный вопро́с.

복종   중 подчине́ние [padtʃʼinˈénijə]

본부   남 штаб [ʃtáp]

1) 총참모부   генера́льный штаб
2) 그는 참모장교이다. — Он офице́р шта́ба.

본질¹   여 су́щность [súʃʼʃʼnəsˈtʼ]

1) 본질적으로   в су́щности
2) 나는 문제의 본질을 파악하는데 적지않은 노력이 들었다. — Мне сто́ило нема́ло труда́ поня́ть су́щность де́ла.

본질²   중 существо́ [suʃʼʃʼɪstvó]

1) 문제의 본질을 말하자면   по суще́ству вопро́са говоря́
2) 그녀는 문제의 본질을 이해 못한다. — Она́ не понима́ет существа́ вопро́са.
3) 그곳에는 하나의 생명체도 없다. — Там нет ни одного́ живо́го существа́.

볼쉐빅   남 〔활〕 большеви́к [bəl'ʃiv'ík]

1) 그는 볼쉐빅당을 창당했다. — Он создал па́ртию большевико́в.

봄   여 весна́ [v'ısná]

1) 이른 봄 ра́нняя весна́, 청춘 весна́ жи́зни.
2) 겨울이 지나고 봄이 온다. — За зимо́й сле́дует весна́.
3) 나는 봄에 당신 집에 가겠습니다. — Я прие́ду к вам весно́й.
4 봄바람 весе́нний ве́тер.

봉건주의   남 феодали́зм [f'ıədalízm]

1) 봉건시대 пери́од феодали́зма

봉기   중 восста́ние [vasstánijə]

1) 1917년의 10월 무장봉기는 레닌의 승리로 끝났다. — Октя́брьское вооружённое восста́ние зако́нчилось побе́дой Ле́нина.

봉투   남 конве́рт [kanv'ért]

1) 그녀는 편지를 써서 봉투에 넣었다. — Она́ написа́ла письмо́ и положи́ла его́ в конве́рт.

봉함엽서   почто́вая откры́тка

부   중 министе́рство [m'in'is't'érstvə]

1) 내무부 министе́рство вну́тренних дел, 교육부 министе́рство просвеще́ния.
2) 그는 외무부에 근무하고 있다. — Он рабо́тает в министе́рстве иностра́нных дел.

| 부끄럽다 | 술 стыдно [stídnə] |

1) 나는 친구의 나쁜 행동을 부끄럽게 생각합니다. — Мне стыдно за плохое поведение товарища.
2) 나는 당신 때문에 창피합니다. — Мне за вас стыдно.
3) 당신은 부끄럽지도 않소? — Как вам не стыдно?

4 부끄럽게도 к моему стыду.

| 부근에 | 부¹ 전² около [ókələ] |

1) 곁에 젊은 아가씨가 서 있었다. — Около стояла молодая женщина.
2) 우리 주위에 구경꾼들이 몰려 들었다. — Около нас собрались зрители.
3) 우리는 약 5km를 걸었다. — Мы прошли около пяти километров.

| 부단한 | 형 постоянный [pəstajánnij] |

1) 정회원 постоянный член, 상임위 постоянный комитет.
2) 이같은 계속되는 소음으로 작업을 할 수가 없다. — Этот постоянный шум мешает работать.

| 부대 | 남 отряд [atr'at] |

1) 전위대 передовой отряд
2) 건설대에는 40여명의 학생들이 있다. — В строительном отряде около сорока студентов.

| 부두러운 | 형 мягкий [m'áxk'ij] 〔비〕 мягче |

1) 경쾌한 동작 мягкие движения, 온순한 성

| | 격 мягкий хара́ктер. |
| | 2) 이 벼개는 아주 푹신하다. — Э́та поду́шка о́чень мягка́. |

부락   남 посёлок [pas'ólək]

1) 역 주변에 새로운 마을이 생겨났다. — О́коло ста́нции вы́рос посёлок.

부록   중 приложе́ние [prilas'énijə]

부르다¹   완 вы́звать [vízvət'] ((불완 вызыва́ть))

1) 나는 그에게 전화를 했다. — Я вы́звал его́ по телефо́ну.
2) 이것은 많은 의문을 불러 일으켰다. — Э́то вы́звало мно́го сомне́ний.
3) 소장이 그를 호출했으나 그는 자리에 없었다. — Его́ вызыва́ли к дире́ктору, но его́ не́ было в це́ху.
4) 이 단편은 항상 독자의 웃음을 자아낸다. — Э́тот расска́з всегда́ вызыва́ет смех чита́теля.

(~라고) 부르다²   완 назва́ть [nazvat'] ((불완 называ́ть))

1) 그들은 아들을 이반이라고 이름지었다. — Они́ назва́ли своего́ сы́на Ива́ном
2) 유럽의 주요도시들 이름을 대어 보세요 — Назови́те гла́вные города́ Евро́пы.

부르다³   불완 звать [zvát']

1) 그녀는 내게 도움을 청하고 있다. — Она́ зовёт меня́ на по́мощь.
2) 당신 이름은 무엇입니까? — Как вас зову́т?

3) 나는 뾰뜨르라고 합니다. — Меня зовут Пётр.

부르다⁴

불완 называть [nəzivát'] ((완 назвать))

1) 소위 так называемый
2) 그는 박사라고 불리운다. — Его называют доктором.

부르조아

여 буржуазия [bruʒuaz'ijə]

1) 부르조아가 생산수단을 소유하고 있다. — Буржуазия обладает собственностью на средства производства.
2) 부르조아 계층은 19세기에 태동되었다. — Буржуазный строй зародился в XIX веке.
3) 부르조아 민주주의 Буржуазная демократия.

부모

복 родители [rad'it'ıl'i]

1) 그의 부모는 아직 생존해 계시다. — Его родители ещё живы.
2) 내 친구 부모님은 아주 좋으신 분들이다. — Родители моего друга очень приятные люди.

부분

여 часть [tʃ'ás't']

1) 1/5 одна пятая часть
2) 대부분의 학생들은 지금 실습중이다. — Большая часть студентов сейчас на практике.
3) 나는 톨스토이 장편 1부를 다 읽었다. — Я прочитал первую часть романа Толстого.
4) 이것은 일의 1/3에 해당한다. — Это соста-

вляет третью часть работы.

부양하다	불완 содержать [səd'ırʒát']

1) 그는 부모를 모셔야 한다. — Он должен содержать своих родителей.
2) 채소에는 비타민이 함유되어 있다. — Овощи содержат витамины.
3) 이 책은 흥미있는 내용이 많이 있다. — Книга содержит в собе много интересного.

부엌	여 кухня [kúxn'ə]

1) 한국음식 корейская кухня
2) 부엌에 냉장고가 있다. — В кухне стоит холодилиник.

부인	여〔활〕 дама [dámə]

1) 신사 숙녀 여러분! Дамы и господа!, 스페이드의 여왕 пиковая дама
2) 모스크바에서 나는 한 부인을 우연히 알게 되었다. — В Москве я случайно познакомился с одной дамой.

부자	남 богатый [bagátij]
부정	중 отрицание [ətritsánijə]

1) 이 사실은 부정할 수는 없다. — Отрицание этого факта невозможно.

부지런한	형 прилежный [pril'éʒ'nij]
부총리	заместитель премьер — министра
부탁	여 просьба [próz'bə]

~부탁	

1) 그의 부탁으로 по его про́сьбе
2) 그녀는 우리에게 여러가지 부탁을 자주 했다.
 — Ча́сто она́ обраща́лась к нам с ра́зными про́сьбами.
3) 당신께 큰 부탁이 있어요 — У меня́ к вам больша́я про́сьба.

~부터   전 от [at]

1) 때때로 вре́мя от оре́мени, 노소 불문하고 от ма́ла до вели́ка.
2) 기선이 해안에서 멀어져 갔다. — Парохо́д отошёл от бе́рега.
3) 집에서 직장까지 가깝다.
 — От до́ма до рабо́ты бли́зко.
4) 나는 모스크바의 친구에게서 편지를 받았다.
 — Я получи́л письмо́ от това́рища из Москвы́.
5) 그들은 공포로 떨었다. — Они́ дрожа́ли от стра́ха.

북극   Се́верный по́люс

1) 북극권 Се́верный поля́рнй круг
2) 북극성 Поля́рная звезда́.
3) 북두칠성 Больша́я медве́дица
4 북방정책 се́верная поли́тика

북쪽   남 се́вер [s'év'ɪr]

1) 이 도시는 모스크바 북쪽에 있다. — Э́тот го́род нахо́дится к се́веру от Москвы́.
2) 배가 북진하고 있다.
 — Су́дно идёт в се́верном направле́нии.
3 북극 Се́верный по́люс, 북풍 се́верный ве́тер

분   [여] мину́та [m'inutə]

1) 시시각각 ка́ждую мину́ту
2) 이 역에서 열차는 10분간 정차한다.
— На э́той ста́нции по́езд стои́т де́сять мину́т.
3) 그는 한숨도 자지 않았다. — Он не спал ни мину́ты.

분명하게   [부]¹ [술]² я́сно [jásnə]

1) 천천히 그리고 분명히 말하시오
— Говори́те ме́дленно и я́сно.
2) 그가 오지 않을 것이 분명해졌다.
— Ста́ло я́сно, что он не придёт.

분명한   [형] я́сный [jásnij]

1) 아주 명백하다. — Ясне́е ясно́го.
2) 달이 하늘과 바다 사이를 천천히 헤엄쳐 간다는 생각이 들 정도로 공기는 깨끗하고 맑았다.
— Во́здух был так чист и я́сен, что каза́лось, луна́ ме́дленно плывёт ме́жду не́бом и мо́рем.

분별하다   [완] призна́ть [pr'iznát']

1) 나는 그녀를 알아보지 못했다. — Я её не призна́л.
2) 많은 국가들이 새 정부를 승인했다.
— Мно́гие стра́ны призна́ли но́вое прави́тельство.
[3] 공식승인 официа́льное призна́ние.

분석   [남] ана́лиз [anál'is]

1) 분석표 табли́ца с результа́тами ана́лиза
2) 이 책에서 우리는 사건을 분석했다. — В э́той

книге мы дали анализ событий.
3) 의사는 환자의 혈액검사를 다시 하도록 했다.
— Врач попросил повторить анализ крови больного.

분야   예 отрасль [ótrəs'l']

1) 우리는 국민경제의 모든 분야에서 발전을 기대하고 있다. — Мы надеемся на развитие всех отраслей народного хозяйства.
2) 이 분야에서 커다란 진보가 이루어졌다.
— В этой области бы достигнут большой прогресс.

분위기   예 атмосфера [ətmasf'éra]

1) 우호적인 분위기속에서 в дружественной атмосфере

분자   예 молекула [mal'ékulə]

1) 분자는 원자로 구성된다.
— Молекулы состоят из атомов.

분쟁   남 конфликт [kanflikt]

불   남 огонь [agón']

1) 진퇴양난 между двух огней
2) 그는 서류를 불속에 던졌다. — Он бросил бумаги в огонь.
3) 이곳에서 도시의 불빛이 보인다. — Отсюда видны огни города.
4) 적군이 우리 진지에 포격을 개시했다.
— Враги открыли огонь по нашим позициям.

	5) 아니 땐 굴뚝에 연기날까 — Нет дыма без огня.
불가능한	술 невозмо́жно [n'ıvazmóʒnə] 1) 이것을 잊는다는 것은 불가능하다. — Забы́ть э́то невозмо́жно. 2) 그의 행동은 용납할 수 없다. — Он ведёт себя невозможно.
불가침조약	догово́р о нападе́нии
불경기	예 депре́ссия [d'ipréssija]
불구하고	부 несмотря́ [n'ısmatr'á] 1) 어떤 일이 있더라도 несмотря ни на что. 2) 신병에도 불구하고 그는 근무를 계속했다. — Несмотря́ на боле́знь, он продолжа́л работать.
불량품	това́ры ни́зкого ка́чества
불로소득	нетрудово́й дохо́д
불리다	불완 называ́ться [nəzivát'tsə] 1) 이 거리의 이름은 무엇입니까? — Как называ́ется э́та у́лица? 2) 이것은 노어로 무엇이라고 합니까? — Как э́то называ́ется по - ру́сски? 3) 그는 자기를 바실리라고 했다. — Он назва́лся Васи́лием.
불만	중 недово́льство [n'ıdavól'stvə]

	1) 그는 여행이 불만이다. — Он недово́лен путеше́ствием.
불법행위	правонаруше́ние
불사조	남 фе́никс [f'éniks]
붉은	형 кра́сный [krásnij] 1) 붉은 기 кра́сное зна́мя, 붉은 광장 Кра́сная Пло́щадь, 적십자사 Кра́сный крест, 고추 кра́сный пе́рец. 2) 나에게 붉은 연필을 주세요 — Да́йте мне кра́сный каранда́ш.
불평등	중 нера́венство [n'iráv'instvə]
불행	중 несча́стье [n'istʃást'e] 1) 그들은 커다란 불행을 맛보았다. 산에서 아들이 죽은 것이다. — У них случи́лось большо́е несчастье : в гора́х поги́б сын.
비	남 дождь [dóʃʃ'] 1) 아침 내내 비가 왔다. — Всё у́тро шёл дождь 2) 밖에는 부슬부슬 가을비가 내리고 있다. — На у́лице идёт ме́лкий осе́ний дождь.
비결	남 ключ [kl'vtʃ'] 1) 성공의 비결 ключ к успе́ху
비교	중 сравне́ние [sravn'én'ijə] 1) 지난해에 비해 по сравиению с про́шлом

го́дом

2) 그는 그 아버지와는 천양지차이다. — Он не идёт в какое сравне́ние с его отцо́м.

3) 돼지고기는 소고기에 비해 상당히 싸다. — По сравне́нию с говя́диной свини́на совсе́м дешёвая.

4 비교연구방법 сравни́телыый ме́тод иссле́дования, 비교언어학 сравни́тельное языкозна́ние.

5 비교적 сравни́тельно

비누 　 중 мы́ло [mílə]

1) 화장비누 туале́тное мы́ло, 세탁비누 хозя́йственное мы́ло.

2) 그의 온뺨은 비누 투성이었다.
— Вся щека́ у него́ была́ в мы́ле.

비단 　 남 шёлк [ʃ'olk]

1) 비단옷 шёлковое пла́тье

비둘기 　 남 го́лубь [góluf']

1) 광장에서 아이들이 비둘기에게 먹이를 주었다. — На пло́щади де́ти корми́ли голубе́й.

비록~
이지만 　 접 хотя́ [xat'á]

1) 모두가 녹초가 되었지만 부대는 전진을 계속했다. — Отря́д шёл вперёд, хотя́ все уже́ уста́ли.

2) 너는 놀고 싶겠지만 허락되지 않는다. — Хотя́ бы ты и захоте́л игра́ть, тебе́ бы э́того не позво́лили.

3) 그는 동의는 했지만 여전히 불만을 가지고 있

	— Он хотя́ и согласи́лся, но по-пре́жнему оста́лся недово́лен.
비무장지대	демилитаризо́ванная зо́на
비밀	[예] та́йна [tájnə]
	1) 국가기밀 госуда́ретвенная та́йна, 성공의 비결 та́йна успе́ха, 자연의 신비 та́йны приро́ды
	2) 나는 너에게 아무런 비밀이 없다. — У меня́ нет никаки́х тайн от тебя́.
	3) 비밀요원 та́йный аге́нт, 비밀결사 та́йное о́бщество
비서	[남] секрета́рь [s'ikr'itár']
	1) 벌써 몇년동안 그녀는 사장 비서로 근무하고 있다. — Уже́ не́сколько лет она́ рабо́тает секретарём дире́ктора.
비슷하게	[부] подо́бно [padóbnə]
	1) 그와 마찬가지로 подо́бно ему́
	2) 그는 형들과 같이 행동했다. — Он поступи́л подо́бно свои́м ста́ршим бра́тьям.
비슷한¹	[형] подо́бный [pədóbnij]
	1) 전혀 틀리다. ничего́ подо́бного.
	2) 그는 차이콥스키와 같은 재능이 있다. — У него́ тала́нт подо́бный Чайко́вскому.
비슷한²	[전치] вро́де [vrod'l]
	1) 나는 내 개와 비슷한 개를 보았다. — Я встре́тил соба́ку вро́де мое́й.

	2) 그는 조금 늙은 것 같다. — Он вро́де постаре́л.
비준	여 ратифика́ция [rət'ıf'iká tsija]
비판	여 кри́тика [krít'ika]

1) 신문은 시의 교통업무를 비판하고 있다. — Газе́та критику́ет рабо́ту городско́го тра́нспорта.

비행기 남 самолёт [səmal'ót]

1) 수송기 тра́нспортный самолёт.
2) 비행기들이 고공을 음속으로 비행한다. — Самолёты лета́ют на большо́й высоте́ со ско́ростью зву́ка.
3) 비행사 пило́т, 비행장 аэродро́м

비행하다 불완〔정〕 лете́ть [l'ıt'ét'] 《 부정 》

1) 새들은 북쪽으로 날아간다. — Пти́цы летя́т на се́вер.
2) 비행기가 부산으로 날아가고 있다. — Самолёт лети́т в Пуса́н.
3) 항공학교 лётная шко́ла.

빈 형 пусто́й [pustój]

1) 공백 пусто́е ме́сто, 실속없는 사람 пусто́й челове́к, 내용없는 책 пуста́я кни́га
2) 우리들은 너무 일찍 와서 홀이 아직 텅텅 비어 있었다. — Мы сли́шком ра́но пришли́ : зал совсе́м ещё пусто́й.

빈농 бедне́йшее крестья́нство

빛¹   남 луч [lútʃ']

1) 한가닥의 희망 **луч наде́жды**.
2) 햇빛이 눈위로 내리 쬐인다. — Со́лнечный луч па́дает на снег.

빛²   남 свет [s'v'ét]

1) 달빛이 비칠 때 **при свете луны́**, 자유의 빛 **свет свобо́ды**, 전세계에 걸쳐 **по всему́ све́ту**, 상류사회 **вы́сший свет**.
2) 전등불빛이 그녀의 머리를 바로 비쳤다. — Свет ла́мпы па́дал ей пря́мо на го́лову.
3) 박물관에는 전세계에서 온 그림들이 수집되어 있다. — В музее со́браны карти́ны со всего́ све́та.

빛나는   형 блестя́щий [bl'st'áʃʃ'ij]

1) 그녀는 반짝이는 눈동자를 가지고 있다.
 — У неё блестя́щие глаза́.
2) 그는 뛰어난 학새이다. — Он блестя́щий студент.
3) 일이 순조롭게 진행되고 있다. — Дела́ идёт блестя́ще.

4   수 четы́ре [tʃ'ıtir'ı]

1) 그는 벌써 4일 동안 출근을 않고 있다.
 — Он уже́ четы́ре дня не ходи́л на рабо́ту.

人

사건   중 собы́тие [sabít'ijə]

1) 어제 매우 이상한 사건이 일어났다. — Вчера́ произошло́ одно́ о́чень стра́нное собы́тие.

사격경기   стрелко́вые соревнова́ния

사고방식   о́браз мы́слей

사교계   све́тские круги́

사과   중 я́блоко [jáblǝkǝ]

1) 눈알 гла́зное я́блоко, 불화의 씨앗 я́блоко раздо́ра
2) 그녀는 사과 1상자를 샀다. — Она́ купи́ла я́щик я́блок.

사냥   예 охо́та [axótǝ]

1) 사냥개 охо́тничья соба́ка
2) 그는 훌륭한 사냥꾼이었다. — Он был хоро́шим охо́тником.

사다   완 купи́ть [kup'ít'] 《 불완 покупа́ть 》

1) 그녀는 자기 가방을 샀다. — Она́ купи́ла себе́ су́мку.
2) 건강은 돈으로 사지 못한다. — Здоро́вья за де́ньги не ку́пишь.

사대주의   низкопоклонство

  １ 사대주의자 низкопоклонник

사라지다   불완 исчезáть [iʃʃ'ızát'] 《 완 исчéзнуть 》

1) 우리 민속전통이 급속히 사라지고 있다.
   — Нарóдная традиция у нас быстро исчезáет.
2) 내 모자가 없어졌다. — Моя́ шля́па исчéзла.
3) 그는 군중속으로 모습을 감추었다.
   — Он исчéз в тóлпе.

사람   남 человéк [tʃ'ılav'ék]

1) 실무자 деловóй человéк, 참된 사람 настоя́щий человéк
2) 그는 아주 좋은 사람이다. — Он óчень хорóший человéк.
3) 우리는 모두 다섯이었다. — Нас бы́ло пять человéк.

사람들   복〔활〕 лю́ди [l'ud'i] 《 단 человéк 》

1) 저명인사들 знáтные лю́ди, 가난한 사람들 бéдные лю́ди
2) 거리에는 사람들이 넘쳤다. — У́лицы полны́ людéй.

사랑   여 любóвь [l'ubóf']

1) 정신적 사랑 платони́ческая любóвь, 조국애 любовь к рóдину, 모성애 матери́нская любóвь, 부부애 супру́жеская любóвь.
2) 그는 연애결혼했다. — Он жени́лся по любви́.

사랑하다	[불완] люби́ть [l'ub'ít']

1) 나는 당신을 사랑합니다. — Я вас люблю́.
2) 그는 공원 산책을 즐긴다. — Он лю́бит гуля́ть в па́рке.
3) 버터에 온기는 금물이다. — Ма́сло не лю́бит тепла́.

사리사욕   своекоры́стие

사립학교   ча́стное уче́бное заведе́ние

사무국   [중] бюро́ [b'uro]

1) 사무국 멤버는 5명이다. — В бюро́ пять чле́нов.
2) 그는 관상대에서 근무한다. — Он рабо́тает в бюро́ пого́ды.

[3] 법률상담소 бюро́ юриди́ческой по́мощи, 관광안내소 бюро́ тури́стов

사무실   [남] кабине́т [kəgb'in'ét]

1) 내각 кабине́т мини́стров, 화학연구실 хими́ческий кабине́т.
2) 사장실에 어떻게 갑니까? — Как пройти́ в кабине́т дире́ктора ?
3) 강의는 물리연구실에서 진행된다. — Заня́тия состоя́ться в кабине́те фи́зики

사무원   [남][활] слу́жащии [slúʒəʃʃ'ij]

1) 그는 근로자가 아니라 사무원이다. — Он не рабо́чий, а слу́жащии заво́да.

400   [주] четы́реста [tʃ'ıtír'ıstə]

	1) 이 책은 400 페이지로 되어 있다. — В кни́ге четы́реста страни́ц.
사범대학	педагоги́ческий институ́т
사상	예 иде́я [id'éjə] 1) 진보사상 передовы́е иде́ии, 소설이 지닌 사상 иде́я рома́на 2) 인간의 사상은 인간의 실제경험을 바탕으로 싹튼다. — Иде́и люде́й возника́ют на осно́ве их пра́ктики. 3) 이 소설의 근본사상은 무엇인가요? — Кака́я основна́я иде́я э́того рома́на? 4) 나에게 좋은 생각이 떠올랐다. — Мне пришла́ в го́лову прекра́сная иде́я. 5) 사상 мысль¹, мышле́ние
사슬	예 цепь [tsép'] 1) 산맥 го́рная цепь, 연속적인 사건 цепь собы́тий, 줄지어 це́пью 2) 개가 사슬에 묶여 있다. — Соба́ка на цепи́.
사실¹	남 факт [fakt] 1) 확실한 사실 достове́рный факт 2) 이것은 역사적인 사실이다. — Э́то истори́ческий факт. 3) 이바노프가 아프다는 것은 사실이다. — Что Ивано́в бо́лен, э́то — факт.
사실²	예 действи́тельность [d'ijsvít'il'nost'] 1) 실제로 действи́тельно, на са́мом де́ле
사실주의	реали́зм

40	주 со́рок [sóək]
	1) 나는 40kg의 물건을 나르는게 힘겼다. — Мне тяжело́ нести́ со́рок килогра́ммов.
	2 40년대 сороковы́е го́ды.
사시사철	четы́ре вре́мени го́да.
사용	중 употребле́ние [upətr'ıbl'énijə]
	1 사용료 пла́та за по́льзование
싸우다¹	불완 боро́ться [baróttsə]《 ~с кем, чем 》
	1) 우리는 보다 나은 미래를 위해 싸우고 있다. — Мы бо́ремся за лу́чшее бу́душее.
싸우다²	불완 воева́ть [vəjıvát']
	1) 우리는 최후의 한 사람까지 싸울 것이다. — Мы бу́дем воева́ть до после́днего солда́та.
사유재산	ча́стная собсвенность
사월	남 апре́ль [apr'el']
	1) 나는 4월부터 이곳에서 근무하기 시작했다. — Я на́чал рабо́тать здесь с апре́ля.
	2 만우절 пе́рвое апре́ля
사이에	전 ме́жду [m'éʒdu]
	1) 나는 2시 3시 사이에 돌아 오겠다. — Я верну́юсь ме́жду двумя́ и тремя́ часа́ми.
	2) 이 문제에 대해서 학자들 사이에 논란이 있었다. — Об э́том вопро́се был спор ме́жду учёными.

	3) 선생과 제자 사이에 나이 차는 별로 없었다. — Между учителем и учеником небольшая ра́зница в во́зрасте.
사자	남 лев [l'éf]
사전	남 слова́рь [slavár'] 1) 백과사전 энциклопеди́ческий слова́рь, 주석사전 то́лковый слова́рь. 2) 나는 사전에서 이 단어를 찾을 수가 없었다. — Я не мог найти́ э́того сло́ва в слова́ре.
사진	남 сни́мок [s'n'ímək] 1) 나는 여기서 사진 몇장을 찍었으면 한다. — Я хочу́ сде́лать здесь не́сколько сни́мков.
사진기	남 фотоаппара́т [fotaaparát] 1) 나는 이 사진들을 내 사진기로 찍었다. — Я сде́лал э́ти сни́мки свои́м фотоаппара́том 2) 앨범 фотоальбо́м
사형	сме́ртная казнь 1 사형선고 сме́ртный пригово́р
사회	중 о́бщество [ópʃʃ'ɪstvə] 1) 기술협회 техни́ческое о́бщество, 체육회 спорти́вное о́бщество 2) 그들은 사회발전을 위해 노력했다. — Они́ труди́лись для разви́тия о́бщества. 3) 그는 한일협회 회원이다. — Он принадлежи́т к о́бществу 《Коре́я — Япо́ния》

| 사회적 | 형 социа́льный [sətsiál'nij]

1) 사회제도 социа́льный строй, 사회과학 социа́льные нау́ки, 사회적 신분 социа́льное пройсхожде́ние, 사회보장 социа́льное обеспе́чение
2) 그들은 여성의 사회적 지위향상에 노력하였다. — Они́ стремя́тся к повыше́нию социа́льного положе́ния же́нщины.

사회적인 | 형 обще́ственный [apʃʃ'és't'v'ınnij]

1) 사회단체 обще́ственная организа́ция, 공동재산 обще́ственное иму́щество, 공공건물 обще́ственные зда́ния
2) 현대의 사회정세에 대한 좌담이 있었다.
— Бесе́да шла о совреме́нной обще́ственной обстано́вке.

사회주의의 | 형 социалисти́ческий [sətsiəl'is't'itʃ'ısk'ij]

1) 사회주의제도 социалисти́ческий строй, 사회주의경쟁 социалисти́ческое соревнова́ние.
2) 1982년 프랑스에서는 사회당이 집권했다.
— Во Фра́нции к вла́сти пришла́ социалисти́ческая па́ртия в 1982 году́.

산 | 여 гора́ [gará]

1) 산맥 го́ры.
2) 높은 산이 보인다. — Мы ви́дим высо́кую го́ру.
3) 그들은 산지에서 생활한다. — Они́ жи́ли в гора́х.

산소

4) 산에 가야 범을 잡지 — Чтобы поймать тигр, надо идти в горы.

산소   남 кислоро́д [k'islarót]

1) 산소분자는 보통의 조건에서 2개의 원자로 이루어져 있다. — Моле́кула кислоро́да при обы́чных усло́виях состои́т из двух а́томов.

산수   여 арифме́тика [arifmét'ika]

1) 산수는 수에 관한 학문이다. — Арифме́тика наука о чи́слах.
2 고등수학 вы́сшая матема́тика.

산업   여 промы́шленность [pram'íʃ'lennost']

1 산업혁명 промы́шленная револю́ция

산의   형 го́рный [górnij]

1) 산꼭대기는 구름으로 가려져 있다. — Го́рная верши́на закры́та облака́ми.
2) 그는 광산기사이다. — Он го́рный инжене́р.

산책하다   불완 гуля́ть [gul'at']

1) 나는 공원으로 산책하러 간다.
— Я иду́ гуля́ть в парк.
2) 바람이(이리저리) 불고 있다.
— Ве́тер гуля́ет.

쌀   남 рис [r'ís]

1) 일본인은 생선과 쌀을 자주 먹는다.
— Япо́нцы ча́сто едя́т ры́бу и рис.

살다   불완 жить [ʒit']

	1) 장수하시길 기원합니다. — Желáю, чтóбы вы жи́ли дóлго. 2) 그녀는 스스로 생활을 해나간다. — Онá живёт свои́м трудóм. 3) 내 누이는 모스크바에 산다. — Моя́ сестрá живёт в Москвé.
살아있는	형 живо́й [ʒivój] 1) 생생한 사실 живо́й факт, 치유되지 않은 상처 жива́я рáна, 날카로운 상상력 живо́е воображéние 2) 그는 아직 살아 있었다. — Он был ещё жив. 3) 그 아이는 아주 활발한 어린이이다. — Он óчень живо́й ребёнок.
살인	중 уби́йство [ubísvə] 1 살인범 уби́йца
살찐	형 то́лстый [tólstij] 〔비〕 то́лще 1) 무우 다리 то́лстые но́ги. 2) 그의 팔은 굵다. — У негó рýки то́лстые.
3	주 три [tr'i] 1) 나는 축구 입장권 3매를 가지고 있다. — У меня́ есть три билéта на футбóл
300	주 три́ста [tr'ístə] 1) 이 대학은 매년 300명의 전문가를 배출하고 있다. — Кáждый год э́тот институ́т выпускáет три́ста специали́стов.
삼림	형 леснóй [l'ɪsnój]

1) 산불 лесно́й пожа́р, 임업 лесно́е хозя́йство.
2) 우리는 숲속의 길을 따라 갔다. — Мы шли по лесно́й доро́ге.
3) 그는 목재산업에 종사한다. — Он рабо́тает в лесно́й промы́шленности.

30 주 три́дцать [tr'íttsət']

1) 공원은 집에서 30m 떨어져 있다. — Парк нахо́дится в тридцати́ ме́трах от до́ма.

3월 남 март [márt]

1) 3월에는 가끔 눈이 온다. — В ма́рте ча́сто идёт снег.
2) 3월초까지는 스키를 탈 수 있었지만 3월 말에는 날씨가 아주 따뜻해졌다. — В нача́ле ма́рта ещё мо́жно бы́ло ката́ться на лы́жах, а в конце́ ма́рта ста́ло совсе́м тепло́.

삼촌 남[활] дя́дя [d'ád'ə]

1) 나는 당신 삼촌과 아는 사이입니다. — Я был знако́м с ва́шим дя́дей.
2) 그는 나의 외삼촌이다. — Он мой дя́дя по ма́тери.

상담 여 консульта́ция [kənsul'tátsija]

1) 법률상담 юриди́ческая консульта́ция

상대방 друга́я сторона́

상륙작전 деса́нтная опера́ция

상사 여 фи́рма [fírmə]

상상	중	воображе́ние [vəabraʒ'énijə]

상설전시회 постоя́нная вы́ставка

상기시키다	불완	напомина́ть [nəpəm'inát']

1) 이 사진은 나를 추억에 잠기게 한다. — Э́тот сни́мок напомина́ет мне о про́шлом.
2) 나는 그녀만 보면 어머니 생각이 난다. — Она́ о́чень напомина́ет мне мать.

상당한	형	значи́тельный [znatʃ'ít'ıl'nij]

1) 거액 значи́тельная су́мма, 현저하게 в значи́тельной сте́пени
2) 이것은 상당한 정도로 그의 기분에 좌우된다. — Э́то в значи́тельной ме́ре зави́сит от его́ настрое́ния.
3) 나는 그를 중요한 인물로 생각하고 있다. — Я его́ счита́ю значи́тельным челове́ком.

상당히	부	значи́тельно [znatʃ'ít'ıl'nə]

1) 그는 나보다 훨씬 나이가 많다. — Он значи́тельно ста́рше меня́.
2) 오늘 바깥은 아주 따뜻했겠다. — Сего́дня на у́лице значи́тельно тепле́е.

상봉	중	свида́ние [s'v'idán'ijə]

1) 안녕! — До свида́ния
2) 그녀는 새옷을 입고 데이트하러 갔다. — Она́ пошла́ на свида́ние в но́вом пла́тье.

상부의	형	ве́рхный [v'érxn'ij]

1) 윗층에 그들이 살고 있다.

— На ве́рхнем этаже́ они́ живу́т.
2) 그녀는 상의를 벗었다. — Она́ сняла́ ве́рхнюю оде́жду.

상연 즁 представле́ние [pr'ɪtstavl'én'ijə]

1) 우리는 지혜의 슬픔이란 공연을 보러 갔다.
— Мы пошли́ на представле́ние 《Го́ря от ума́》
2) 이 책은 이 지방의 자연에 대해 완전한 지식을 제공해 준다. — Кни́га даёт по́лное представле́ние о приро́де э́того кра́я.
3) 나는 그곳에 대해서는 아무것도 모른다. — Я не име́ю ни мале́йшего представле́ния об э́том.

상자 남 я́щик [jáʃ'ʃ'i]

1) 이 상자속에 무엇이 있습니까? — Что нахо́дится в э́том я́щике?
2) 나는 그녀의 편지를 윗 서랍 밑바닥에 넣어 두었다. — Я положи́л её письмо́ на са́мое дно ве́рхнего я́щика.

상점 남 магази́н [məgaz'ín]

1) 백화점 универса́льный магази́н, 서점 кни́жный магази́н.
2) 어떤 상점에서 이 넥타이를 사셨습니까?
— В како́м магази́не вы купи́ли э́тот га́лстук?

상중하 верх, середи́на и низ

상품 남 това́р [təvár]

	1) 상품가격 це́ны на това́ры
	2) 상점에는 여러 종류의 상품들이 많이 있다.
	— В магази́нах мно́го ра́зных това́ров.
	3) 상품유통 товарооборо́т
상표	то́рговая ма́рка
상태	중 состоя́ние [səstajánʼijə]
	1) 국가경제상황 экономи́ческое состоя́ние страны́, 전쟁상태 состоя́ние войны́, 정신상태 мора́льное состоя́ние, 고체(액체)상태 твёрдое(жи́дкое) состоя́ние
	2) 일이 잘되어 갑니까? (진척상황은 어떤가요?) — В како́м состоя́нии нахо́дится ва́ша рабо́та ?
상호	형 взаи́мный [vzəímnij]
	1) 그들은 언제나 서로 이해했다. — Ме́жду ни́ми всегда́ существова́ло взаи́мное понима́ние
상황	중 обстоя́тельство [abstajátʼılʼstvə]
	1) 사태 обстоя́тельства де́ла, 그러한 상황에서 при таки́х обстоя́тельствах, 가정형편에 따라서 по семе́йным обстоя́тельствам.
	2) 이 사건은 그의 장래를 바꾸어 놓았다. — Э́то обстоя́тельство измени́ло его́ дальне́йшую жизнь
	3) 그는 납득할 수 없는 상황에서 죽었다. — Он поги́б под стра́нных обстоя́тельствах.
상황²	중 положе́ние [pəlazénʼijə]

	1) 사태 положение вещи, 전시상태 воéнное положéние, 지도적 위치 руководящее положéние, 기본원리 основные положéния. 2) 해상에서는 선박의 위치를 측정해야 한다. — Нáдо определи́ть положéние сýдна в мóре. 3) 그는 어려운 상황에서 벗어났다. — Он вы́шел из трýдного положéния.
새	여 пти́ца [pt'itsə] 1) 철새 перелётная пти́ца. 2) 새가 남쪽으로 날아간다. — Пти́цы летя́т на юг.
새로운	형 нóвый [nóvij] 1) 햇감자 нóвый картóфель, 근세사 нóвая истóрия, 신·구의 투쟁 борьбá стáрого с нóвым 2) 새해 복많이 받으세요 — С нóвым гóдом! 3) 구두는 아직 새것이다. — Тýфли ещё совсéм нóвые.
새벽	남 рассвéт [rəssv'ét] 1 새벽이슬 ýтренняя росá
새해	нóвый год 1) 새해 복많이 받으세요 — С нóвым гóдом!
(내) 생각 에는	по-мóему [pamójɪmu] 1) 내 생각으로는 네가 아니라 그가 옳은 것 같

다. — По-моему, не ты, а он прав.

2) 나는 내 식대로 이것을 했다. — Я сделал это по-моему.

생각 [예] мысль [mís'l']

1) 사고방식 образ мыслей
2) 그는 한가지 재미있는 생각을 나에게 가르쳐 주었다. — Он подал мне одну интересную мысль.
3) 나는 여기에 대해 생각조차 가져보지 않았다. — У меня этого и в мыслях не было.

색갈 [남] цвет [tsv'ét]

1) 나는 밝은 색을 좋아한다. — Я люблю яркие цвета.
2) 색연필을 사줘 — Купи мне цветные карандаши.

생각된다 [불완] казаться [kazáttsə] (([완] показаться))

1) 처음에는 일이 어렵게 보였다. — Работа сначала казалась трудной.
2) 그녀는 아직도 어린아이 같다. — Она кажется ещё ребёнком.
3) 나는 가끔 그녀가 나를 사랑하지 않는다는 생각이 든다. — Мне иногда кажется, что она меня не любит.

생각하다 (잠시) [완] подумать [padúmət']

1) 어째서 당신은 갑자기 그 생각을 하셨습니까? — Почему вы вдруг подумали об этом?
2) 나는 그가 그런 사람이었다는 것을 생각조차

생각하다	

할 수 없었다. — Я даже и подýмать не мог, что он был такѝм человéком.

3) 여기에 대해서 생각을 좀 해보아야 한다.
— Об э́том придётся подумать.

생각하다²   불완 дýмать [dúmət'] ((완 подýмать))

1) 무엇을 생각하고 계십니까? — О чём вы дýмаете?
2) 그가 곧 돌아오리가 생각한다. — Дýмаю, что он скóро вернётся.
3) 그는 미국에 가려고 생각하고 있었다. — Он дýмает éхать в ША.

생선   여 рыˋба [ríbə]

1) 그녀는 생선 1kg을 샀다. — Онá купи́ла килогрáмм рыˋбы.
2) 그는 고기 미끼를 샀다. — Он купи́л корм для рыб.

생각해내다   완 придýмать [pr'idúmət']

1) 나는 다른 해결책을 생각해낼 수 없었다.
— Я не мог придýмать другóго вы́хода.
2) 아이는 새로운 놀이를 생각해냈다.
— Ребя́та придýмали нóвую игрý.

생명   여 жизнь [ʒíz'n']

1) 생활양식 óбраз жи́зни, 생활비 срéдства к жи́зни, 한평생 в течéние всей жи́зни, 생명보험 страховáние жи́знч
2) 달에는 생명체가 없다. — На лунé нет жи́зни.
3) 사람이 가진 가장 값진 것은 생명이다.

— Са́мое дорого́е у челове́ка — э́то жизнь.
4) 나는 살아오는 동안 많은 것을 보았다.
— Я мно́го ви́дел в жи́зн.
5) 그는 행복한 삶을 살고 있다. — Он ведёт счастли́вую жизнь.

생물¹ 　[남] органи́зм [argan'ízm]

1) 지상에는 다양한 종류의 생물들이 존재한다.
— На земле́ существу́ют разнообра́зные органи́змы.
2) 그는 건강한 신체를 갖고 있다. — У него́ здоро́вый органи́зм.

생물² 　живо́е существо́

1) 생물리　биофи́зика

생물학 　[여] биоло́гия [bialógijə]

1) 그는 생물학에 관한 많은 서적을 가지고 있다.
— У него́ мно́го книг по биоло́гии.

생산 　[중] произво́дство [prəizvótstvə]

1) 생산비　изде́ржки произво́дства, 생산방식 спо́соб произво́дства, 미국제 비행기 самолёт америка́нского произво́дства.
2) 우리나라는 공작기계 생산이 대폭 증가했다.
— Произво́дство станко́в в на́шей стране́ си́льно вы́росло.

생산과 소비　произво́дство п потребле́ние

생산의 　[형] произво́дственный [prəizvótstv'ınnij]

1) 생산공정　произво́дственный проце́сс, 생

산관계 производственные отношения.
2) 9시에 생산협의회가 열린다. — В де́вять часо́в бу́дет произво́дственное совеща́ние.

생산하다 | 불완 производи́ть [prəizvad'it] 《 완 произвести́ 》

1) 우리 공장은 공작기계를 생산한다. — Наш заво́д произво́дит станки́.
2) 여기서는 화학실험들을 하고 있다. — Здесь произво́дят хими́ческие о́пыты.
3) 그의 연설은 나에게 커다란 인상을 주었다. — Его́ речь пройзвела́ на меня́ си́льное впечатле́ние.

생일 | день рожде́ния

생전에 | при жи́зни

생존경쟁 | борьба́ за существова́ние

생화학 | биохи́мия

생활 | 남 быт [bit]

1) 가풍 семе́йный быт, 새로운 생활양식 но́вой быт
2) 텔레비젼이 우리 생활의 일부가 된 것은 이미 오래이다. — Телеви́дение уже́ давно́ вошло́ в наш быт.

생활필수품 | бытовы́е това́ры

생활양식 | о́браз жи́зни

샤워 | 남 душ [duʃ]

1) 나는 샤워를 하고 싶다. — Я хочу́ приня́ть душ.

서기   남 (활) секрета́рь [s'ıkr'ıtár']

1) 서기장(사무총장) Генера́льный секрета́рь, 개인비서 ли́чный секрета́рь, 국무장관 Госуда́рственный секрета́рь
2) 그녀는 러시아어 연구소에서 비서로 일하고 있다. — Она́ рабо́тает секретарём в институ́те ру́сского языка́.

서다   불완 остана́вливаться [astanávl'ıvəttsə]
《 완 останови́ться 》

1) 그는 어떤 어려움도 극복하고 나아간다. — Он ни пе́ред чем не остана́вливается.
2) 우리는 항상 이 호텔에 투숙한다. — Мы всегда́ остана́вливаемся в э́той гости́нице.
3) 그의 시선이 그 여자에게서 멈추었다. — Его́ взгляд останови́лся на э́той же́нщине.
4) 자동차가 대문 앞에 멈췄다. — Маши́на останови́лась у воро́та.

서두르다   불완 торопи́ться [tərap'íttsə]

1) 미안합니다 나는 지금 아주 바쁩니다. — Прости́те, я очень тороплю́сь.
2) 급하세요? — Вы торо́питесь?

서로서로   друг дру́га

서론   중 введе́ние [fv'dénijə]

1) 그의 학술서는 서론, 1, 2, 3장 그리고 결론부분으로 이루어져 있다. — Его́ нау́чная рабо́та состои́т из введе́ния, трёх глав и заключе́

ния

서류   남 документ [dəkum'ént]

1) 비밀문서 секретные документы, 역사자료 исторические документы.
2) 필요한 서류가 다되었습니까? — Уже составили нужный документ?
3) 신분증을 제시하시오 — Покажите ваши документы.
4) 이것은 중요한 역사적 자료(문헌)입니다.
   — Это важные исторические документы.

서방   남 Запад [západ]

서있다   불완 стоять [staját]

1) 나는 오래 줄을 섰다. — Я долго стоял в очереди.
2) 테이블 위에 꽃병이 있다. — На столе стоит ваза с цветами.
3) 좋은 날씨가 계속 되었다. — Стояла хорошая погода.
4) 기차가 오래동안 서있다. — Поезд долго стоит.
5) 공장이 가동하지 않는다. — Завод стоит.
6) 우리 앞에는 중대한 과제가 놓여 있다.
   — Перед нами стоят важные задачи.
7) 그림 하단에 서명이 있다. — Внизу картины стоит подпись.

서 있다 (잠시)   완 постоять [pəstaját']

1) 그는 문앞에서 10분쯤 서 있다가 집으로 갔다.
   — Он постоял у ворот минут десять и

пошёл домой.

2) 그는 조국을 옹호했다. — Он постоял за отечество.

서쪽 [명] **запад** [západ]

1) 이 도시는 모스크바에서 서쪽으로 있다. — Этот город находится к западу от Москвы.
2) 서구의 예술에 대해 말씀해 주십시오 — Расскажите, пожалуйста, об искусстве запада.

서쪽의 [형] **западный** [západnij]

1) 서풍 **западный ветер**, 서구열강 **западные державы**.
2) 그들은 서부국경에서 전투를 벌였다. — Они воевали на западной границе.
3) 그는 서구문학을 공부하고 있다.
— Он изучает западную литературу.

써클 [명] **кружок** [kruʒók]

1) 우리는 러시아어 써클을 만들었다. — Мы организовали кружок русского языка.
2) 학창시절 그는 프랑스어 써클에서 활동했다.
— Ещё в школе он занимался в кружке французского языка.

석간신문 вечерняя газета

석기시대 каменный век.

석유 [여] **нефть** [n'éft']

1) 이 지방은 원유가 풍부하다. — Эта обрасть богата нефтью.

선

|예| ли́ния [l'ín'ijə]

1) 직선 пря́мая ли́ния, 곡선 крива́я линия, 해안선 берегова́я линия
2) 그는 연필로 직선을 그었다. — Он провёл карандашо́м прямую линию.

선²

|중| добро́ [dabró]

1) 진선미 и́стина, добро́ и красота́, 남의 물건 чужо́е добро́.
2) 그는 그녀에게 많은 도움이 되어 주었다. — Он сде́лал ей мно́го добра́.
3) 여기서 좋은 결과는 나오지 않을 것이다. — Из э́того добра́ не вы́йдет.

선³

|예| черта́ [tʃ'ırtá]

1) 시내에 в че́рте го́рода, 시외에 за черто́й го́рода, 품성 черты́ хара́ктера, 특징 отличи́тельная черта́, 대체로 в о́бщих черта́х.
2) 그는 빨간 연필로 줄을 그었다. — Он провёл черту́ кра́сным карандашо́м.
3) 한국인들의 특징 중에 하나는 연대감이다. — Одно́й из национа́льных черт у коре́йцев явля́ется чу́вство това́рищества.
4) 그녀는 얼굴 생김이 단정하다. — У неё пра́вильные черты́ лица́.

선거

|복| вы́боры

1) 한국사람은 20세부터 선거권을 행사한다. — Гра́ждане Коре́й име́ют пра́во в вы́борах с двадцати́ лет.

선결문제	первоочередной вопрос
선결조건	предпосылка
선박	남 корабль [karábl'] 1) 선박들이 출항한다. — Корабли уходят в море. 2) 조선소 Корабельная верфь.
선반	여 полка [pólkə] 1) 책을 선반에 꽂아 주세요 — Поставьте книги на полку. 2) 당신이 원하는 책은 위에서 두번째 칸에 있습니다. — Нужная вам книга стоит на второй полке сверху.
선생¹	남(활) учитель [utʃ'ít'ıl'] 여(활) учительница [utʃ'ít'ıl'n'itsə] 1) 선생은 자기 학생 모두의 성을 알고 있다. — Учитель знает всех своих учеников по фамилиям. 2) 나의 어머니는 선생님이었다. — Моя мать была уиительницей.
선생²	남(활) преподаватель [pr'ıpədavát'él] 1) 그는 러시아어 선생이다. — Он работает преподавателем русского языка
선언	여 декларация [d'iklarátʃija]
선원¹	남(활) моряк [mar'ák] 1) 나의 아버지는 선원이었다. — Мой отец был

선원

моряко́м.

선원² 남 матро́с [matrós]

1) 나의 형은 기선의 선원이었다. — Мой брат — матро́с на парохо́де.

선장 남〔활〕 капита́н [kəp'itán]

1) 사병은 대위에게 경례했다. — Солда́т о́тдал честь капита́ну.
2) 내 친구는 큰 배의 선장이 되고 싶어한다. — Мой това́рищ хо́чет быть капита́ном большо́го корабля́.
3) 한국팀 주장은 금메달리스트가 되었다. — Капита́н коре́йской кома́нды стал олимпи́йским чемпио́ном.

선진국가 передова́я страна́

선진기술 передова́я те́хника

선택 남 вы́бор [víbər]

1) 총선거 всео́бщие вы́боры
2) 당신은 선택을 잘했습니다. — Вы сде́лали хоро́ший вы́бор.
3) 이 상점에는 식료품이 고루 준비되어 있습니다. — В э́том магази́не большо́й выбор проду́ктов.
4) 오늘 전국에서 선거가 일제히 실시되었다. — Сего́дня вся страна́ уча́ствовала в вы́борах

선포 중 провозглаше́ние [prəvasglaʃ'énijə]

선풍기	남 вентиля́тор	[v'it'il'átor]
설계도	남 прое́кт	[praékt]

1) 예술가와 건축기사들이 전철역 설계를 공동으로 했다. — Над прое́ктами ста́нций метро́ рабо́тали коллекти́вы худо́жников и архите́кторов.

설득	중 убежде́ние	[ub'ısd'énıə]

1) 정치적 신념 полити́ческие убежде́ния
2) 나는 그가 옳다는 것을 확신하고 있다. — Э́то моё глубо́кое убежде́ние, что он прав.

설립¹	중 основа́ние	[asnaván'ijə]

1) 공화국 창설 основа́ние респу́блики, 아무 근거없이 без вся́ких основа́ний.
2) 당신은 이 대학이 언제 설립되었는지 기억하십니까? — Вы по́мните год основа́ния этого университета?
3) 그들은 반석위에 집을 짓고 있다. — Они́ стро́ят дом на ка́менном основа́нии.
4) 그는 아무런 이유없이 화를 내고 있다. — Он се́рдится без вся́кого основа́ния.

설립²	중 созда́ние	[sazdán'ijə]

1) 이 극장의 설립은 도시 문화생활에 중요한 기여를 했다. — Создание этого теа́тра яви́лось кру́пным собы́тием в культу́рной жи́зни го́рода.

설명하다	완 объясни́ть	[abjıs'n'ít]

	1) 그의 행동을 어떻게 설명해야 하나? — Как объясни́ть его́ поведе́ние?
	② 사랑의 고백 объясне́ние в любви́.
설비	중 обору́дование [abarúdəvən'ijə]
	1) 공장설비 заво́дское оборудование
	2) 공장은 농업용구를 생산한다. — Заво́д произво́дит сельскохозя́йственное обору́дование
설치	여 устано́вка [ustanófkə]
	1) 그들은 전화를 설치하고 있다. — Они́ произво́дят устано́вку телефо́на.
	2) 공장에 새로운 기계가 설치되기 시작했다. — В це́хе на́чали устано́вку но́вых станко́в.
설탕	남 са́хар [sáxər]
	1) 각사탕 한알 кусо́к са́хару, 포도당 виногра́дный са́хар.
	2) 나는 보통 홍차에 설탕을 타서 마신다. — Я обы́чно пью чай са́харом.
섬	남 о́остров [óstrəf]
	1) 그들은 섬에 살고 있다. — Они́ живу́т на о́строве
	2) 배에서 녹색의 커다란 섬이 보이기 시작했다. — С корабля́ уже́ мо́жно бы́ло ви́деть большо́й зелёный о́стров.
	③ 섬나라 островна́я страна́
성	여 фами́лия [fam'íl'ijə]
	1) 선생들은 학생들을 성으로 부른다. — Учи́тель называ́ет ученико́в по фами́лии.

2) 누이는 시집을 가서 남편 성을 따랐다. — Сестра́ вы́шла за́муж и взяла́ фами́лию му́жа.

성격   남 хара́ктер [xarákt'ır]

1) 고약한 성질   дурно́й хара́ктер, 의지가 강한 사람   челове́к с хара́ктером
2) 그녀는 성격이 아주 좋다.
— У неё прекра́сный хара́ктер

성공   남 успе́х [us'p'éx]

1) 이 계획의 성공은 너에게 달렸다.
— Успех э́того пла́на зави́сит от тебя́.
2) 그는 물리학에 좋은 성적을 받았다.
— Он де́лает больши́е успе́хи в фи́зике.
3) 성과가 있기를 바란다. — Жела́ю вам успе́ха.
4) 재미가 어때요? — Как ва́ши успе́хи?

성공적으로   부 успе́шно [us'p'éʃnə]

1) 일이 잘되어 간다. — Дела́ иду́т успе́шно.
2) 학술회의가 성공적으로 진행되었다.
— Нау́чная конфере́нция прошла́ успе́шно.

성공하다   완 уда́ться [udáttsə] ((불완 удава́ться))

1) 수술은 성공했다. — Опера́ция удала́сь.
2) 우리는 기한내에 성공적으로 마칠 수 있을 것이다. — Нам уда́тся зако́нчить рабо́ту к сро́ку.
3) 치료법을 연구하는데 성공하였다. — Удало́сь разрабо́тать ме́тоды лече́ния.

성과   중 достиже́ние [dəs't'iʒén'ijə]

1) 우리는 목표달성을 위해 노력하고 있다.
— Мы стара́емся для достиже́ния свое́й це́ли.
2) 이것이 현대기술의 새로운 성과이다. — Вот но́вые достиже́ния совреме́нной те́хники.

성난   [부] серди́то [s'ırd'ítə]

1) 그는 성이 나서 책을 책상 위에 집어 던졌다.
— Он серди́то бро́сил кни́гу на стол.
[2] 성난 목소리 серди́тый го́лос, 성난 얼굴 серди́тое лицо́.

성냥   [여] спи́чка [s'p'itʃ"kə]

1) 배싹마른 худо́й как спи́чка
2) 성냥 있습니까? — У вас есть спи́чки?

성명   [중] заявле́ние [zaʒavl'énijə]

1) 공동성명 совме́стное заявле́ние
2) 신문 1면에 정부성명이 발표되었다. — На пе́рвых страни́цах газе́ты напеча́тали заявле́ние прави́тельства.

성분   [남] соста́в [sastáf]

1) 지도부를 구성하는 사람들 руководя́щий соста́в, 5人으로 구성된 위원회 коми́ссия в соста́ве пяти́ челове́к.
2) 그 약의 성분에는 풀이 들어있다. — В соста́в лека́рства вхо́дят тра́вы.

성실한   [형] серьёзный [s'ır'ıjóznij]

1) 일에 대한 진지한 태도 серьёзное отноше-

ние к работе, 위험한 사태 серьёзное положение, 중병 серьёзная болезнь.
2) 그는 아주 성실한 청년이다. — Он был очень серьёзным юношей.
3) 아무 일도 없었다. — Ничего серьёзного не случилось.

성인   명 взрослый [fsróslij]

1) 그는 벌써 성장한 아이들이 있었다. — У него уже взрослые дети.

성장   명 рост [róst]

1) 인구증가 рост носеления, 물가앙등 рост цен
2) 봄과 여름은 식물의 성장기이다. — Весна и лето время роста растений.
3) 방으로 키가 큰 남자가 들어왔다. — В комнату вошёл мужчина высокого роста.

성지   священная земля

세계   명 мир [m'ír]

1) 외계 внешний мир, 인간의 내면세계 внутренний мир человека, 과학계 научный мир, 세계선수권 первенство мира.
2) 전세계인들은 대문호 톨스토이를 알고 있다. — Весь мир знает крупного писателя Толстого.
3) 평화가 전쟁을 이긴다. — Мир победит войну.

세계적   형 мировой [m'iravój]

	1) 세계대전 мировáя войнá, 세계기록 мировóй рекóрд, 세계무대 мировáя арена
	2) 한국은 세계경제에서 점점 더 중요한 역할을 하고 있다. — Корéя игрáет всё бóлее значи́тельную роль в мировóй эконóмике.
세관	тамóжня [tamóʒ'n'a]
세기	명 век [v'ék]
	1) 20세기 двадцáтый век, 석기시대 кáменный век.
	2) 곧 21세기이다. — Скóро бýдет двáдцать пéрвый век.
	3) 원자력 시대가 벌써 시작되었다. — Áтомный век ужé началcя́.
세대	중 поколéние [pəkal'én'ijə]
	1) 제3세대 трéтье поколéние, 대대손손 из поколéния в поколéние, 왕족 королéвское поколéние.
	2) 뚜르게네프는 과거 세대의 뛰어난 사람들 중의 한사람이다. — Тургéнев — оди́н из лýчших людéй прóшлого поколéния.
세력	여 си́ла [síla]
	1) 의지력은 어려서 부터 키워야 한다. — Си́лу вóли нáдо воспи́тывать с дéтства.
세력투쟁	борьбá за власть
세력권	сфéра влия́ния
세번째	주 [서] трéтий [tr'ét'ij]

1) 그는 대학 3년생이다. — Он на третьем курсе.

세부   여 деталь [d'ıtál']

1) 아주 상세하게 во всех деталах, 기계부품 детали машины.
2) 나는 이 일을 상세히 알지 못한다.
— Я не знаю деталей этого дела.
3) 기계에는 부품이 많다.
— В машине много деталей.
4 세부계획 детальный план

세수하다   불완 умываться [umiváttsə]

1) 매일 아침 나는 찬물로 세수한다. — Каждое утро я умываюсь холодной водой.
2 세수수건 полотенце

세우다¹   불완 ставить [stáv'it'] ((완 поставить))

1) 그녀는 책들을 새 책꽂이에 꽂았다. — Она ставит книги на новые полки.
2) 이 논문의 목적은 국제관계의 분석에 있다.
— Статья ставит целью анализ международных отношений.
3) 우리는 이 연극을 여러번 상연했다. — У нас уже много раз ставили это представление.

세우다²   완 поставить [pastáv'it'] ((불완 ставить))

1) 꽃병을 책상위에 올려 놓으세요 — Поставьте вазу на стол.
2) 최근 우리집에 전화를 가설했다. — Недавно у нас в квартире поставили телефон.

세우다	
세우다³	완 установи́ть [ustənav'ít] ((불완 устана́вливать)) 1) 우리는 그들과 통신에 성공했다. — Нам удало́сь установи́ть связь с ни́ми.
세탁	형 стира́льный [s't'ırál'nij] 1) 세탁기 стира́льная маши́на, 세제 стиральный порошо́к 2) 그녀는 새 세탁기를 샀다. — Она́ купи́ла но́вую стира́льную маши́ну. 3) 빨래가 잘 된다. — Э́то хорошо́ стира́ется.
센치미터	сантиме́тр
셋	수 трое [trójə] 1) 그녀는 자녀가 셋이다. — У неё трое дете́й 2) 우리는 3명이었다. — Нас бы́ло трое.
셔츠	여 руба́шка [rubaʃkə] 1) 그에게는 푸른 색 셔츠가 어울린다. — Ему́ идёт си́няя руба́шка.
소금	여 соль [sol'] 1) 식염 пи́щевая соль, 돌소금 ка́менная соль, 가장 귀중한 것 соль земли́. 2) 수프에 그렇게 소금을 많이 넣지마라 — Не клади́ так мно́го со́ли в суп. 3) 여기에 본질이 있다. — В э́том вся соль.
소나무	여 сосна́ [sasná] 1) 바닷가에 크고 푸른 소나무들이 자랐다. — На

берегу́ мо́ря росли́ высо́кие зелёные со́сны.

소녀   [예]〔활〕 **де́вочка** [d'evətʃ"kə]

1) 여자아이는 8살이다. — Э́той де́вочке во́семь лет.
2) 누이는 계집아이를 낳았다. — У сестры́ роди́лась де́вочка

소년   [남]〔활〕 **ма́льчик** [mál'tʃ'ik]

1) (동화속의) 난장이   ма́льчик с па́льчик.
2) 7살쯤 된 꼬마가 밖으로 들어갔다. — В ко́-
— Проти́вник на́чал стреля́ть из пу́шки по
3) 나는 네 말대로는 하지 않는다. — Я тебе́ не ма́льчик.

쏘다   [불완] **стреля́ть** [str'ɪl'át']

1) 그는 사격을 잘한다. — Он хорошо́ стреля́ет.
2) 그는 활로 과녁을 쏘았다. — Он стреля́л из лу́ка в цель.
3) 적군은 대포로 도시를 포격하기 시작했다. — Проти́вник на́чал стреля́ть из пу́шки по го́роду.

소련의   [형] **сове́тский** [sav'étsk'ij]

1) 소비에트 정권   сове́тская вла́сть
2) 보스토크는 사람을 태운 최초의 소련 위성이다. — «Восто́к» — пе́рвый сове́тский спу́тник с челове́ком на борту́.
3) 내 아버지는 소련정부 일을 하셨다. — Мой оте́ц рабо́тал в сове́тском прави́тельстве.

소리 | 남 шум [ʃúm]
1) 파도소리 шум мо́ря.
2) 나는 소음 때문에 머리가 아프다. — У меня́ боли́т голова́ от шу́ма.
[3] 왁자지껄한 패 шу́мная компа́ния, 센세이션을 일으킨 성공 шу́мный успе́х.

소리 | 남 звук [zvúk]
1) 발걸음소리 звук шаго́в, 모음 гла́сный звук, 자음 согла́сный звук.
2) 비행기가 음속으로 날았다. — Самолёт лете́л со ско́ростью зву́ка.

소리내다 | 불완 шуме́ть [ʃum'ét]
1) 나는 정신이 헷갈린다. — У меня́ шуми́т в голове́
2) 이건 숲이 내는 소리다. — Э́то лес шуми́т.

소리지르다 | 완 закрича́ть [səkr'itʃ'át']
1) 아이가 울음을 터뜨렸다.
— Ребёнка закрича́л
2) 엄마가 아이에게 소리쳤다. — Мать закрича́ла на ма́льчика.

소리치다 | 완 кри́кнуть [kr'ínut'] ((불완 крича́ть))
1) 그는 무어라고 소리쳤지만 나는 알아듣지 못했다. — Он что — то кри́кнул, но я не по́нял.
2) 그녀는 항상 아이들에게 소리 지른다.
— Она́ всегда́ кричи́т на дете́й.

소매 | 남 рука́в [rukáf]

	1) 소방호스 пожа́рный рука́в
	2) 그녀는 소매없는 흰색 원피스를 입고 있었다. — Она́ была́ в бе́лом пла́тье без рукаво́в
소문	남 слух [slux]
	1) 소문을 믿지 마세요 — Не ве́рьте слу́хам.
	2) 그는 음감이 좋다. — У него́ хоро́ший слух.
	3) 그는(정신을 차려) 귀를 기울였다. — Он весь обрати́лся в слух
소방서	пожа́рная
소방차	пожа́рная маши́на
소비	중 потребле́ние [pətr'ibĺenijə]
소수민족	национа́льные меньши́нства
소시지	여 колбаса́ [kəlbasá]
	1) 오늘 아침식사는 빵, 치즈, 그리고 소시지와 차다. — Сего́дня на за́втрак — хлеб, сыр, колбаса́ и чай.
소식	여 весть [v'és't']
	1) 부음 весть о сме́рти
	2) 그는 언제나 많은 뉴스 거리를 가지고 있다. — У него́ всегда́ мно́го вся́ких весте́й.
	3) 오랫동안 그에게서 아무런 소식도 없었다. — До́лго от него́ не́ было никаки́х весте́й.
소유	여 со́бственность [sóbsv'ɪnnost']
	1) 소유자 со́бственник

소유하다

소유하다 |불완| име́ть [imét']

1) 그는 많은 장서를 가지고 있다. — Он име́ет большую библиоте́ку.
2) 우리 모두는 노동권을 가지고 있다. — Мы все име́ем пра́во на труд.
3) 이 문제는 모든 사람들에게 중요한 의미를 지니고 있다. — Э́тот вопро́с име́ет ва́жное значе́ние для всех.
4) 이 방은 2개의 큰 창이 있다. — Э́та ко́мната име́ет два больши́х окна́.

소유하다 |불완| облада́ть [abladát']

1) 이 시인은 재능을 가지고 있다. — Э́тот поэ́т облада́ет тала́нтом.
2) 그는 건강이 아주 좋다. — Он облада́ет хоро́шим здоро́вьем.
3 소유자 облада́тель.

소책자 |여| кни́жка [k'n'íʃkə]

1) 나는 당신이 쓴 어린이 책을 좋아한다. — Мне нра́вится ва́ша кни́жка для дете́й.
2) 통장에 1000루블 예금이 있다. — На кни́жке лежи́т ты́сяча рубле́й.

소총 |여| винто́вка [v'intótkə]

1) 자동소총 автомати́ческая винто́вка
2) 병사들이 소총을 쏘았다. — Солда́ты стреля́ли из винто́вки.

소파 |남| дива́н [d'iván]

1) 그녀는 소파에 앉아 있다. — Она́ сиди́т на дива́не.

속도	남 темп [témp]

1) 산업발전의 속도 темп развития промы́шленности.
2) 경기가 아주 빠른 속도로 진행되었다.
— Игра́ проходи́ла в о́чень бы́стром те́мпе.

속력	여 ско́рость [skórəs't']

1) 음속 ско́рость зву́ка, 광속 ско́рость све́та, 고속 больша́я ско́рость.
2) 열차는 시속 100км의 속도로 달리고 있다.
— По́езд идёт со ско́ростью сто киломе́тров в час.

~(에) 속하다	불완 принадлежа́ть [pr'inədl'ısát']

1) 토지는 국민의 것이다. — Земля́ принадлежи́т наро́ду.
2) 그는 뛰어난 작가 중의 한사람이다. — Он принадлежи́т к числу́ лу́чших худо́жников.
3) 광활한 미래가 그를 기다리고 있다. — Ему́ принадлежит большое бу́дущее.

손	여 рука́ [ruká]

1) 나는 그녀의 손을 잡았다. — Я взял её за руку́.
2) 손대지 말것 — Рука́ми не тро́гать.
3) 그는 많은 가족을 부양한다. — У него́ на рука́х большая семья́.
4) 자, 제가 도와드리지요 — Вот вам моя рука́.
5) 그는 재치가 넘친다.
— У него́ золоты́е руки́.

손가락	남 па́лец [pal'ıts]

	1) 그녀의 손가락은 길고 예쁘다. — У неё длинные красивые пальцы.
손가방	예 сумка [súmkə]
	1) 나는 집에서 나올 때 항상 손가방을 들고 다닌다. — Я никогда не выхожу из дома без сумки.
손금	линии на ладони
손녀	예〔활〕 внучка [vnútʃ'kə]
	1) 그녀는 손녀가 두명있다. — У неё две внучки.
손님	예 гость [gost']
	1) 귀빈 высокий гость.
	2) 저희 집에 놀러 오십시오 — Приходите к нам в гость.
손목시계	ручные часы
손바닥	예 ладонь [ladón']
	1) 그는 손바닥에 사과를 올려놓고 있다. — Он держит на ладони яблоко.
	2) 산에서는 도시 전체가 한눈에 보인다. — С горы весь город, как на ладони.
손발	руки и ноги
손수건	носовой платок
손실	예 потеря [pat'ér'ə]

	1) 시간낭비 потéря врéмени.
	2) 그의 죽음은 커다란 학문적 손실이었다.
	— Егó смерть былá серьёзной потéрей для наýки.
손자	남〔활〕 внук [vnúk]
	1) 할머니는 자기 손자를 사랑한다. — Бáбушка лю́бит своегó внýка.
손잡이	여 рýчка [rútʃ″kə]
	1) 그는 문 손잡이를 잡았지만 웬일인지 방에 들어가지 않았다. — Он держáлся за рýчку двéри, но в кóмнату почемý — то не входи́л.
	2) 그녀는 새 펜으로 쓰고 있다. — Онá пи́шет нóвой рýчкой.
솔	여 щётка [ʃʃ′ótkə]
	1) 옷솔 좀 줘 — Дай мне щётку для одéжды.
솔직한¹	형 простóй [prastój]
	1) 소박한 사람 простóй человéк, 보통사람 простóй смéртный, 보통우편 простóе письмó.
	2) 정말로 너는 그렇게 쉬운 문제도 맞출 수가 없니? — Неужéли ты не мог отвéтить на такóй простóй вопрóс?
	3) 나는 순박한 사람이 좋다.
	— Я люблю́ простóго человéка.
솔직한²	형 чéстный [tʃ′ésnij]

송금	де́нежный перево́д
송별회	проща́льный ве́чер
송유관	нефтепрово́д
수	중 число́ [tʃ'isló]

1) ~을 포함하여 в том числе́, 10월 초순에 в пе́рвых чи́слах октября́
2) 우리 클럽의 회원수는 급속히 증가하고 있다. — Число́ чле́нов на́шего кружка́ бы́стро растёт
3) 오늘은 몇일이지요? — Како́е сего́дня число́?
4) 오늘은 벌써 20일 이군요 — Сего́дня уже́ двадца́тое число́.

수건	중 полоте́нце [pəlat'éntsə]

1) 엄마 깨끗한 수건 주세요 — Ма́ма, принеси́ мне чи́стое полоте́нце.

수단	중 сре́дство [sr'étstvə]

1) 온갖 수단을 다 동원해서 все́ми сре́дствами, 운반수단 сре́дства передвиже́ния, 보도기관 сре́дства ма́ссовой информа́ции, 두통약 сре́дство от головно́й бо́ли, 생계비 сре́дства существова́ния.
2) 그는 온갖 수단을 다 써서 자기 목적을 달성했다. — Он все́ми сре́дствами доби́лся свое́й це́ли.
3) 그들은 클럽 건립자금을 받았다. — Они́ получи́ли сре́дства на строи́тельство клу́ба.

수도¹	예 столи́ца [stal'ítsə]
	1) 서울은 한국의 수도이다. — Сеу́л — столи́ца Коре́й.
수도²	남 водопрово́д [vədəpravót]
	1 수도꼭지 водопрово́дный кран
수도원	남 монасты́рь [mənəst'íp']
수량	중 коли́чество [kal'ítʃ'ıstvə]
	1) 수많은 사람들 большо́е коли́чество люде́и, 막대한 양 бесчи́сленное коли́чество.
	2) 가게에는 상품이 많다. — В магази́не большо́е коли́чество това́ров.
수리	남 ремо́нт [rimónt]
	1) 극장은 수리 때문에 문을 닫았다. — Кинотеа́тр закры́т на ремо́нт.
	2) 학자는 연구소설립 때부터 그곳을 책임지고 있었다. — Учёный руководи́т лаборато́рией со дня её основа́ния.
수산업	ры́бная промы́шленность
수산자원	ресу́рсы мо́рского промы́сла
수상	премье́р — мини́стр
수색	복 по́иски [póisk'i]
	1) 행복을 쫓아 в по́исках сча́стья
	2) 오래동안 찾은 끝에 우리는 마땅한 집을 찾아

수송	냈다. — После до́лгих по́исков мы нашли́ ну́жный дом.
수송	여 перево́зка [p'ir'ivóʒskə]
수수께끼	여 зага́дка [zəgátka]
수술	여 опера́ция [ap'ırátsijə]

1) 수술 후에 환자는 기분이 좋아졌다. — Больно́й чу́вствует себя́ хорошо́ по́сле опера́ции.
2) 지휘관은 새로운 작전계획을 하달 받았다. — Команди́р получи́л план но́вой опера́ции.
   3 수술실 операцио́нная

수신안테나	приёмная анте́нна
수업	남 уро́к [urók]

1) 역사의 교훈 уро́к исто́рии
2) 나는 숙제하는 것을 잊었다.
   — Я забы́л сде́лать уро́ки.
3) 그는 중학교에서 음악을 가르친다. — Он даёт уро́ки му́зыки в сре́дней шко́ле.

수영	중 пла́вание [plávən'ijə]

1) 배놀이 пла́вание на ло́дках, 세계일주항해 кругосве́тное пла́вание.
2) 내가 좋아하는 운동종목은 수영이다. — Мой люби́мый вид спо́рта — пла́вание.
3) 기선은 항해중이다. — Парохо́д нахо́дится в пла́вании.

수영장	남 бассе́йн [bəsséin]

1) 우리는 일주일에 두번 수영장에 간다. — Мы хо́дим с бассе́йн два ра́за в неде́лю.

수요   여 потре́бность [patr'ébnəst']

1) 절실한 요구   насу́щная потре́бность.
2) 그는 그 여자를 위해 무언가 도움이 되는 일을 해주고 싶은 욕구를 느꼈다. — Он чу́вствовал потре́бность сде́лать что — нибудь поле́зное для неё.

수우프   남 суп [súp]

1) 고기국 мясно́й суп, 야채수우프 овощно́й суп.
2) 점심에 우리는 수우프와 함께 고기를 먹었다. — На обе́д мы взя́ли суп с мя́сом.

수정   남 криста́лл [kristál]

수정주의   ревизиони́зм

수입   남 и́мпорт [ímport]

수준   남 у́ровень [úrəv'ın]

1) 생활수준 жи́зненный у́ровень, 수뇌부회의 собеща́ние на высо́ком у́ровне, 대사급 외교관계 дипломати́ческие отноше́ния на у́ровне посло́в.
2) 수업은 수준 높게 진행되었다. — Заня́тия прошли́ на высо́ком у́ровне.

수출입   ввоз и вы́воз

수출품   э́кспортные това́ры

수학	математика
	① 수학여행 уче́бная экску́рсия

수행하다 [완] вы́полнить [ví pəln'it'] (([불완] выполня́ть))

1) 우리 공장은 기한내에 계획을 110% 완수했다.
— Наш заво́д вы́полнил план на 110% в срок.
2) 그는 항상 우리의 소원을 들어 준다. — Он всегда́ выполня́ет на́ше жела́ние.

수화기 [여] тру́бка [trúpkə]

1) 할아버지가 파이프 담배를 피우신다.
— Де́душка ку́рит тру́бку.
2) 그는 수화기를 들고 그녀에게 말했다.
— Он снял тру́бку и говори́л в неё.

수확 [남] урожа́й [uraʒáj]

1) 예년에 없는 풍작 небыва́лый урожа́й.
2) 이곳은 벼를 2모작한다. — Здесь собира́ют два урожа́я ри́са.
3) 올해는 감자가 풍작이다. — В э́том году́ хоро́ший урожа́ю карто́феля.
④ 높은 수확량 высо́кая урожа́йность, 풍년 урожа́йный год.

순간 [남] моме́нт [mam'ént]

1) 현시점 теку́щий моме́нт, 필요한 시기에 в ну́жный моме́нт, 좋은 기회 благоприя́тный моме́нт.
2) 그 순간이 그녀의 운명을 결정지었다. — Э́тот моме́нт реши́л её судьбу́.

순금	чи́стое зо́лото
순회공연	복 гастро́ли [gəstróli]
술안주	여 заку́ска [səkúska]
숨쉬다	불완 дыша́ть [diʃat']

1) 그는 고통스럽게 숨쉬고 있다. — Он ды́шит тяжело́
2) 깊게 숨을 쉬세요 — Дыши́те глу́бже!

숨쉬다	완 вздохну́ть [vzdaxnút']

1) 대답 대신에 그는 한숨만 내 쉬었다.
— В отве́т он то́лько вздохну́л.

숫고양이	남〔활〕 кот [kót]

1) 우리 고양이는 하얗고 크다. — Кот у нас бе́лый и большо́й.
2 암고양이 ко́шка

숫자	여 ци́фра [tsítrə]

1) 로마숫자 ри́мские ци́фры, 아라비아숫자 ара́бские ци́фры.
2) 아이가 숫자 쓰는 것을 배우고 있다. — Ребёнок у́чится писа́ть ци́фры.

숲	남 лес [l'és]

1) 침엽수림 хво́йный лес, 활엽수림 ли́ственный лес, 건축용 목재 строево́й лес.
2) 나는 숲속을 산책하는 것을 즐긴다.
— Я люблю́ гуля́ть в лесу́.
3) 목재값이 끊임없이 오르고 있다. — Цена́ на

쉬다   лес постепе́нно растёт.

[4] 임업 лесно́е хозя́йство, 삼림자원 ле́сные бога́тства.

쉬다   [불완] отдыха́ть [addixát'] (([완] отдохну́ть))

1) 그녀는 지금 바닷가에서 휴양중이다. — Она́ сейча́с отдыха́ет на мо́ре.
2) 당신은 휴식이 필요합니다. — Вам на́до отдохну́ть.

쉽게   [부]¹ [술]² легко́ [l'ıxko]

1) 그는 쉽게 짐을 들었다. — Он легко́ по́днял груз.
2) 우리 집은 아주 찾기 쉽다. — Наш дом о́чень легко́ найти́.

쓰다¹   [불완] писа́ть [p'isát'] (([완] написа́ть))

1) 아침에 그녀는 편지를 썼지만 다 쓰지는 못했다. — У́тром она́ писа́ла пи́сьма, но не написа́ла все.
2) 당신은 러시아어를 잘 쓰시는군요 — Вы хорошо́ пи́шете по-ру́сски.
3) 그는 내게 편지를 자주 쓴다. — Он мне ча́сто пи́шет.

쓰다²   [완] написа́ть [nəp'isát'] (([불완] писать))

1) 그는 일주일 동안 이 단편을 썼다. — Он написа́л э́тот расска́з за неде́лю.
2) 모스크바에서 꼭 편지 주십시오 — Напиши́те мне обяза́тельно из Москвы́.

스무번째   [주][서] двадца́тый [dvattsátij]

	1) 20년대 **двадцáтые годы́**
	2) 우리는 20세기에 살고 있다. — Мы хивём в двадцáтом веке.
스스로	대 **сам** [sám]
	1) 아버지가 직접 집회에 가셨다. — Отéц сам был на собрáнии.
	2) 그일을 그녀에게 직접 말하세요 — Скажи́те об э́том ей самóй
	3) 나는 스스로 이일을 하겠습니다. — Я сам сдéлаю это.
	4) 그는 모든 것을 자기 스스로 한다. — Он всё дéлает сам.
	5) 그의 어머니는 정말 착하신 분이다. — Егó мать сáма добротá.
스케이트	복 **коньки́** [kan'k'í]
	1) 우리는 스케이트를 탔다. — Мы катáлись на конькáх
	② 빙상선수 **конькобéжец**, 빙상경기 **конькобéжный**.
스크린	남 **экрáн** [ekrán]
	1) 영화배우 **артист экрáна**.
	2) 스크린에서 아주 낯익은 얼굴이 나를 쳐다 보았다. — С экрáна на меня́ смотрéло óчень знакóмое лицó.
스키	복 **лы́жи** [lízi]
	1) 우리는 스키를 탔다. — Мы ходи́ли на лы́жах
	② 스키선수 **лы́жник**.

스타킹	복 чулки́ [tʃ'ulk'i]

1) 그녀는 두터운 스타킹을 신었다. — Она́ но́сит то́лстые чулки́.

스텝	여 степь [s't'ep']

1) 내가 태어난 도시는 스텝지방에 있다. — Го́род, где я роди́лся, нахо́дится в степи́.

스푼	여 ло́жка [ló∫kə]

1) 차 스푼 ча́йная ло́жка.
2) 그 아이는 벌써 스푼으로 수프를 먹을 줄 안다. — Э́тот ребёнок уже́ уме́ет есть суп ло́жкой.

슬픔	중 го́ре [gór'ə]

1) 그는 아들의 죽음으로 커다란 슬픔에 빠졌다.
 — У него́ большо́е го́ре : у́мер сын
2) 그는 불행에 빠졌다. — Его́ пости́гло го́ре.
3) 살아오면서 그는 많은 슬픈 일을 겪었다.
 — В жи́зни он ви́дел мно́го го́ря.
4) 슬픈 소식 гру́стная весть, 슬픈 печа́льный

습관	여 привы́чка [pr'ivítʃ'kə]

1) 악습 дурна́я привы́чка, 습관으로 по привы́чке
2) 그녀는 잠자리에서 책을 읽는 습관이 있다.
 — У неё была́ привы́чка чита́ть в посте́ли.
3) 나는 아직 이 일에 익숙하지 못하다.
 — Я к э́тому де́лу ещё не привы́чен.

승강기	남 лифт [l'ift]

| | 1) 화물 엘리베이터 грузово́й лифт.
| | 2) 우리는 엘리베이터를 타고 올라갔다. — Мы подняли́сь на ли́фте.

승객 | 남[활] пассажи́р [pəsaʒír]
| | 1) 객차 пассажи́рский ваго́н
| | 2) 승객들이 자기 자리에 앉았다. — Пассажи́ры заня́ли свои́ места́.

승낙 | 중 разреше́ние [rəzr'iʃ'énijə]
| | 1) 그는 환자를 면회하기 위해 의사의 허락을 받았다. — Он получи́л разреше́ние врача́ на посеще́ние больно́го.

승리 | 여 побе́да [pab'édə]
| | 1) 연전연승 побе́да за побе́дой
| | 2) 우리는 승리를 거두었다. — Мы доби́лись побе́дой.

승리하다 | 완 победи́ть [pab'ıd'ít'] ((불완 побежда́ть))
| | 1) 그는 챔피언을 꺾었다. — Он победи́л чемпио́на.

시 | 복 стихи́ [s't'ixí]
| | 1) 시인이 새로운 시를 썼다. — Поэ́т написа́л но́вые стихи́
| | 2) 시와 산문 поэ́зия и про́за

시간¹ | 남 час [tʃ'ás]
| | 1) 1시간 동안에 в тече́ние часа́, 2시간 동안 на два часа́, 종일 це́лыми часа́ми, 주간

시간	

дневны́е часы́, 야간 ночны́е часы́.
2) 나는 당신을 1시간 내내 기다렸습니다.
— Я ждал вас це́лый час.
3) 그녀는 3시까지는 온다.
— Она́ придёт к трём часа́м.
4) 그는 자정이 지나 귀가했다. — Он верну́лся домо́й в пе́рвом часу́ но́чи.
5) 그는 점심시간에 우리에게 왔다. — Он пршёл к нам в час обе́да.

시간²   중 вре́мя [vr'ém'ə]

1) 공간과 시간 простра́нство и вре́мя, 오늘날까지 до настоя́щего вре́мени, 금후 на бу́дущее вре́мя, 그때부터 с того́ вре́мени.
2) 나는 시간이 없다. — У меня́ нет вре́мени.
3) 지금 몇시입니까?
— Ско́лько сейча́с вре́мени?
4) 그때는 멋진 시절이었다. — Э́то бы́ло прекра́сное вре́мя.

시간의   형 часово́й [tʃ'ɪsavóл]

1) 1시간의 대담 ча́совая бесе́да, 시계바늘 ча́совая стре́лка, 시계방향으로 по часово́й стре́лке, 시계 반대방향으로 про́тив часово́й стре́лки, 시계수리점 часова́я мастерска́я.
2) 회의는 1시간의 토론 끝에 결의를 채택한다.
— Заседа́ние при́няло реше́ние по́сле часово́й рабо́ты.
3) 내 누이는 시계공장에 다닌다. — Моя́ сестра́ рабо́тает на часово́м заво́де.
4) 보초가 초소에 서있다. — Часово́й стои́т на

посту́.

시간표	중 расписа́ние [rəspisánijə]
시계	복 часы́ [tʃ'ɪsí]

1) 팔목시계 ручны́е часы́, 회중시계 карма́нные часы́, 벽시계 сте́нные часы́
2) 내 시계는 정확하게 간다.
— Мои́ часы́ иду́т то́чно.
3) 시계가 2분 빠르다.
— Часы́ спеша́т на две мину́ты.
4) 시계가 2분 느리다.
— Часы́ отстаю́т на две мину́ты.

시기	남 пери́од [p'ɪr'íət]

1) 오랜 기간 동안에 в тече́ние дли́тельного пери́ода, 전후시기 послевое́нный пери́од.
2) 그 때가 그의 생애에서 제일 어려운 시기였다.
— Э́то был са́мый тру́дный пери́од в его́ жи́зни.

시대	여 эпо́ха [epóxə]

1) 문예부흥기 эпо́ха возрожде́ния
2) 아인쉬타인 이론은 물리학 역사의 한 시대를 풍미했다. — Тео́рия Эйнште́йна сде́лала эпо́ху в исто́рии фи́зики.

시대정신	дух вре́мени
시도	여 попы́тка [papítkə]

1) 혁명의 기도 попы́тка переворо́та, 도주시도 попы́тка к бе́гству.

시도하다   286

2) 그는 여러 차례에 걸쳐 옳다는 것을 증명하려고 애썼다. — Он не раз де́лал попы́тки доказа́ть, что прав.

시도하다¹   불완 про́бовать [próbəvət'] 《 완 попро́бовать 》

1) 그녀는 물리문제를 풀려고 오랫동안 애를 썼다. — Она́ до́лго про́бовала реши́ть зада́чу по фи́зике.

시도하다²   완 попро́бовать [papróbəvət']

1) 우리는 우리의 힘을 시험해 봤다. — Мы попро́бовали свои́ си́лы.
2) 당신의 일자리를 구해 보겠습니다.
— Я попро́бую устро́ить вас на рабо́ту.

시력   중 зре́ние [zr'én'ijə]

1) 관점에서   с то́чки зрения
2) 그는 시력을 잃었다. — Он потеря́л зре́ние

시련   중 испыта́ние [ispitán'ijə]

1) 아버지의 병은 우리에게는 커다란 시련이었다. — Боле́знь отца́ была́ для нас больши́м испыта́нием.

시민   남〔활〕 граждани́н [grəʒdan'ín]

1) 그는 미국시민이다.
— Он америка́нский граждани́н.
2) 이분을 아십니까?
— Вы зна́ете э́того гражданина ?

시민의   형 гражда́нский [graʒdánskij]

1) 민법[단] гражда́нское пра́во, 시민적인 용기 гражданское му́жество, 시민권 гражда́нство.
2) 그는 시민으로서의 의무를 다했다. — Он вы́полнил свой гражда́нский долг.
3) 그는 민법을 잘 안다. — Он хорошо́ зна́ет гражда́нское пра́во.
4) 이곳에는 이미 민간인이 모두 소개되었다.
— Здесь уже́ не бы́ло ни одного́ гражда́нского челове́ка.

시선 [남] взгляд [vzgl'át]

1) 얼핏보아 на пе́рвый взгляд, 첫눈에 с пе́рвого взгля́да.
2) 이것은 분명한 일이다. — Э́то я́сно с пе́рвого взгля́да.
3) 도대체 어디서 그런 이상한 생각을 갖게 되었니? — Отку́да у тебя́ таки́е срта́нные взгля́ды?

시설 [중] обору́дование [əbarúdəvən'ijə]

시속 100km со ско́ростью сто киломе́тров в час

씨앗 [중] се́мя [s'ém'ə]

1) 파종할 씨앗 семена́ для посе́ва, 불화의 씨 семена́ раздо́ра.
2) 우리는 밀 씨앗이 모자란다.
— У нас не хвата́ет семя́н пшени́цы.

시외전화 междугоро́дный телефо́н

시외버스 при́городный авто́бус

시원한

| 시원한 | 형 прохла́дный [praxládnij]
1) 산들바람 прохла́дный ветеро́к, 냉정한 태도 прохла́дное отноше́ние.
2) 선선한 아침이었다.
— Бы́ло прохла́дное у́тро.

10월
남 октя́брь [akt'ábr']
1) 당신은 10월까지 이 일을 마쳐야 한다. — Вы должны́ зако́нчить э́ту рабо́ту к октябрю́.
2) 10월 혁명 Вели́кая октя́брьская социалисти́ческая револю́ция

시인
남 [활] поэ́т [paét]
1) 뿌쉬킨은 위대한 시인이다.
— Пу́шкин — вели́кий ру́сский поэт.

시작
중 нача́ло [natʃálə]
1) 최초에 в са́мом нача́ле, ~의 지도하에 под нача́лом у кого́.
2) 나는 이 책을 처음부터 끝까지 다 읽었다.
— Я прочита́л кни́гу от нача́ла до конца́.

시작되다
완 нача́ться [natʃ'áttʃə]
1) 그들에게는 전혀 새로운 생활이 시작되었다.
— Для них начала́сь совсе́м но́вая жизнь.
2) 우리 업무는 8시에 시작된다. — У нас рабо́та начина́ется в во́семь часо́в.

시작하다¹
완 стать [stát']
1) 그는 공장에서 일하기 시작했다. — Он стал рабо́тать на фа́брике.

	2) 그에게 무슨 일이 있습니까? — Что с ним стало? 3) 시계가 멈췄다. — Часы́ ста́ли. 4) 나는 이 보고서를 읽지 않겠다. — Я не ста́ну чита́ть доклад.
시작하다²	[완] нача́ть [natʃ'át·] (([불완] начинать)) 1) 나는 이 일을 3일 전에 시작했다. — Я на́чал э́ту рабо́ту три дня наза́д. 2) 그녀는 4월부터 학교에서 공부를 시작했다. — Она́ начала́ заниита́ться в шко́ле с апре́ля. 3) 몇시에 당신 공장은 근무를 시작합니까? — В кото́ром часу́ начина́ют рабо́тать у вас на заво́де?
시작하다	[불완] бра́ться [bráttsə] (([완] взяться)) 1) 그는 그런 일을 어떻게 시작해야 할지 몰랐다. — Он не знал, как бра́ться за та́кую рабо́ту.
시장	[남] база́р [bəzár]
시집가서	[부] за́муж [zámuʃ] 1) 그녀는 의사에게 시집갔다. — Она́ вы́шла за́муж за врача́. 2) 그녀는 내가 아는 사람에게 시집갔다. — Она́ за́мужем за мои́м прия́телем.
시청자	[남] [활] телезри́тель [t'ıl'ızr'ít'ıl']

	1) 시청자 여러분 음악 프로를 방송하겠습니다. — Дороги́е телезри́тели, передаём музыка́льную програ́мму.
시합	중 соревнова́ние [sər'ıvnaván'ijə] 1) 두 체제의 평화경쟁 ми́рное соревнова́ние двух систе́м, 스키경기 соревнование по лы́жам, 수영경기 соревнова́ние по плава́нию. 2) 이 경기에 많은 나라의 선수들이 참가했다. — В э́тих соревнова́ннях принима́ли уча́стие спортсме́ны мно́гих стран.
시험	남 экза́мен [egzám'ın] 1) 입학시험 вступи́тельные(приёмные) экза́мены, 구두시험 у́стный экза́мен, 수학시험 экза́мен по матема́тике. 2) 그녀는 물리시험을 아주 겁내 했다. — Она́ о́чень боя́лась экза́мена по фи́зике.
식당	남 рестора́н [r'ıstarán] 1) 그들은 역 식당에서 점심을 먹는다. — Они́ обе́дают в рестора́не при вокза́ле.
식당	여 столо́вая [stalóvəjə] 1) 학생식당 студе́нческая столо́вая 2) 그는 보통 구내식당에서 점심을 먹는다. — Он обы́чно обеда́ет в столовой.
식료품	복 проду́кты [pradúkti] 1) 농산물 продукты(сельсого хозя́йства),

수산물 продукты морского промысла.
2) 당신은 식료품을 어디에서 구입합니까?
— Где вы покупаете продукты ?
③ 생산적 노동 продуктивный труд, 식료품 상점 продуктовый магазин.

식료품공업   пищевая промышленность.

식물   중 растение [ras't'én'ijə]

1) 1년생 식물 однолетние растения
2) 이 식물의 꽃은 매우 아름답다.
— Цветы этого растения очень красивы.

식물원   ботанический сад

식민지   여 колония [kalónija]

식사   중 питание [p'itán'ijə]

1) 노동자들은 식당급식의 개선을 요구하고 있다. — Рабочие требуют улучшению питания в столовой

식인종   людоеды

신   남〔활〕 бог [bog]

1) 그는 신을 믿는다. — Он верит в бога.
2) 일이 잘되어 간다. — Дела идут слава богу.
3) 그녀는 신의 존재를 믿지 않는다. — Она не верит в существование бога.

신기록   новый рекорд

신고하다   완 заявить [zəjıv'it']

신념		1) 그는 자신의 대회참가를 통보했다. — Он заяви́л о своём уча́стии в съе́зде.
신념	예 ве́ра [v'érə]	1) 그는 결코 승리에 대한 확신을 잃지 않았다. — Он никогда́ не теря́л ве́ры в побе́ду. 2) 이곳에는 각양각색의 종교를 믿는 사람들이 살고 있다. — Здесь живу́т лю́ди вся́кой ве́ры.
신뢰하다	완 пове́рить [pav'ér'it']	1) 나는 내 눈을 의심했다. — Я не пове́рил свои́м глаза́м. 2) 어머니는 자식의 성공을 믿었다. — Мать пове́рила в успе́х сы́на. 3 절대적 신뢰 абсолю́тное дове́рие
신맛의	형 ки́слый [k'íslij]	1) 쓴 웃음 ки́слая улы́бка, 씁쓰레한 표정 ки́слый вид. 2) 이 사과는 맛이 아주 시다. — Э́то я́блоко о́чень ки́слое. 3) 나는 소금에 절인 양배추를 좋아한다. — Я люблю́ ки́слую капу́сту.
신문	예 газе́та [gaz'étə]	1) 일간신문 ежедне́вная газе́та, 벽보 стенна́я газе́та. 2) 이 신문은 1주일에 3번 발행된다. — Э́та газе́та выхо́дит три ра́за в неде́лю.
신발	о́бувь [óbuv']	

| 신비주의 | мистици́зм |

| 신문기자 | 남 журнали́ст [ʒurnal'íst]
1) 그는 기자가 되고 싶어 한다. — Он хо́чет быть журнали́стом.

| 신분 | 중 зва́ние [zván'ijə]
1) 군대계급 во́инские зва́ния, 신분에 맞게 по своему́ зва́нию.
2) 그는 의사 자격을 얻었다. — Он получи́л зва́ние врача́.

| 신사 | 남 [활] господи́н [gəspad'ín]
1) 대통령 각하 Господи́н Президе́нт
2) 이것을 이선생께 전해주십시오 — Переда́йте э́то господи́ну Ли.
3) 이 신사분은 누구십니까? — Кто э́тот господи́н?

| 신생독립국 | молодо́е незави́симое госуда́рство.

| 신선한 | 형 све́жий
1) 새소식 све́жие но́вости, 생맥주 свеже́е пи́во
2) 이곳 공기는 맑고 신선하다. — Здесь во́здух чист и свеж.
3) 막나온 신문 있어요? — У вас све́жие газе́ты?

| 신성한 | 형 свято́й [s'v'ıtój]
1) 신성한 의무 свято́й долг
2) 그는 성지순례를 하고 있다. — Он хо́дит по

	святым местам. 3) 나는 성인군자가 아니다. — Я ведь не святой.
신세계	новый мир
신세대	новое поколение
신중하게	貝 осторожно [astaróʒnə] 1) 조심해! осторожно! 2) 소녀가 조심스럽게 길을 건넜다. — Девочка осторожно перешла улицу.
신중하게	貝 серьёзно [s'ır'ıjóznə] 1) 나는 신중하게 말하는 것이다. — Я говорю серьёзно 2) 그는 중병이다. — Он серьёзно болен.
신청서	중 заявление [səjavl'énijə]
실망	중 отчаяние [attʃájanijə]
실업자	безработник
실	여 нитка [nítka] 1) 이 실은 너무 가늘다. — Эти нитки слышком тонке.
실수	여 ошибка [aʃípkə] 1) 이것은 아주 심각한 잘못이다. — Это очень серьёзная ошибка.
실제로	貝 действительно [d'ıjs't'v'it'l'nə]

1) 그것은 정말로 그렇다. — Это действи́тельно так.
2) 그렇다. 그것은 실제로 필요하다. — Да, действи́тельно, э́то ну́жно.
3 실제에 있어 в действи́тельности.

실험실   여 лаборато́рия [rəbəratórija]

실현   여 реализа́ция [r'iəlizáts'ija]

심리전   психи́ческая ата́ка

심부름   복 поруче́ния [pərutʃ'énijə]

심장부   са́мая гла́вная часть

실제의   형 реа́льный [r'ıál'nij]

1) 실질임금 реа́льная зарпла́та, 현실적인 정책 реа́льная поли́тика.
2) 작가는 생생한 현실을 잘 알아야 한다. — Писа́телям необходи́мо познако́миться с реа́льной дея́тельностью
3) 현실적인 목표를 스스로 설정할 필요가 있다. — На́до ста́вить себе́ реа́льные це́ли
4 비판적 사실주의 крити́ческий реали́зм, 현실주의자 реали́ст, 현실 реа́льность.

실질적인   형 практи́ческий [prakt'ıtʃ'ısk'ij]

1) 실천이성 практи́ческий смысл, 실천적 적용 практи́ческое примене́ние.
2) 이것은 실제로 도움이 되지 않는다. — Э́то не име́ет практи́ческой по́льзы.

실현되다   완 состоя́ться [səstajáttsə]

실천

1) 계획은 실현되지 않았다.
— План не состоялся.
2) 내일 발쇼이 극장 예술인들의 연주회가 있다.
— Завтра состоится концерт артистов Большого Театра.

실천   [여] пра́ктика [prákt'ikə]

1) 이론을 실천에 옮겨야 한다. — Нужно проводи́ть теорию на пра́ктике.
2) 매년 학생들은 실습을 하러 여러 지방으로 떠난다. — Ка́ждый год студе́нты е́дут на пра́ктику в разные места́
3) 그는 이 분야에서 풍부한 경험을 가지고 있다. — У него больша́я пра́ктика в этой о́бласти.

실험   [중] испыта́ние [ispitán'ijə]

1) 핵무기 실험 испыта́ние я́дерного ору́жия, 준엄한 시련 суро́вое испыта́ние.
2) 이곳에서 기계설비 실험이 진행되고 있다.
— Здесь прово́дят испыта́ние обору́дования.
3) 그는 중대한 시련에 부딪혀 있다. — Он стои́т пе́ред серьёзными испыта́ниями.

실험실 [여] лаборато́рия [ləbaratór'ijə]

1) 그들은 실험실에서 실험을 하고있다. — Они́ прово́дят о́пыты в лаборато́рии.

실현   [중] осуществле́ние [asuʃʃ'ıstvl'én'ijə]

1) 그는 자신의 꿈을 이루기 위해 열심히 일했다.
— Он мно́го рабо́тал для осуществле́ния свое́й мечты́.

심장 [중] сéрдце [s'értsə]

1) 충심으로 от всегó сéрдца, 진정 от чи́стого сéрдца
2) 그는 심장수술을 받았다. — Ему́ сдéлаии операцию на сéрдце.
3) 그는 착한 사람이다. — У негó дóброе сéрдце.
4) 모스크바는 우리 조국의 심장이다. — Москвá — сéрдце нáшей рóдины.
5) 그가 내 마음에 들었다. — Он мне пришёлся на сéрдцу
[6] 따뜻한 환대 сердéчный приём, 연애 сердéчные делá

심지어 [조] дáже [dáʒə]

1) 지금까지도 дáже тепéрь
2) 그 사람 까지도 이 문제를 쉽게 풀었다. — Дáже он лéгко реши́л э́ту задáчу.
3) 나는 상상조차 할 수 없었다. — Я дáже предстáвить себé не мог.

심판 [남][활] судья́ [sud'já]

1) 국제심판 судья́ междунарóдной категóрии
2) 나는 있었던 모든 일을 판사에게 진술하겠다. — Я расскажу́ нарóдному судьé всё, как бы́ло.
3) 나는 이 일을 알지 못한다. — Я в э́том дéле не судья́.

10 [수] дéсять [d'és'ıt']

1) 이 돌은 저것 보다 10배는 크다. — Э́тот кá

мень в де́сять раз бо́льше, чем тот.
2) 그는 10년째 트랙터 일을 한다. — На тра́кторах он рабо́тает деся́тый год.

10 [명] **деся́ток** [d'ɪs'átək]

1) 수만 **деся́тки ты́сяч**, 달걀 10알 **деся́ток яи́ц**
2) 그는 40대이다. — Ему́ пошёл пя́тый деся́ток.
3) 선반과 책상 위에 책 수십권이 있다. — На по́лке и на столе́ лежа́ли деся́тки книг.

19 [주] **девятна́дцать** [d'ɪv'ɪtnáttsət']

1) 이것은 벌써 19년이 되었다. — Э́тому уже́ девятна́дцать лет.

14 [주] **четы́рнадцать** [tʃ'ɪtírnəttsət']

1) 우리는 14명이었다. — Нас бы́ло четы́рнадцать.

13 [주] **трина́дцать** [tr'ináttsət']

1) 내 누이는 13살이다. — Мое́й сестре́ трина́дцать лет.

17 [주] **семна́дцать** [s'ɪmnáttsət']

1) 이 처녀는 17세이다. — Э́той де́вушке семна́дцать лет.

18 [주] **восемна́дцать** [vəs'ɪmnáttsət']

1) 이 책은 18 루블이다. — Э́та кни́га сто́ит восемна́дцать рубле́й.

| 10억 | 남 миллиа́рд [m'il'já rt] |

1) 전세계에는 수십억의 사람들이 살고 있다.
— Во всём ми́ре живу́т миллиа́рды люде́й
2) 억만장자 миллиарде́р

| 15 | 수 пятна́дцать [p'ıtná ttsət'] |

1) 그는 15년 옥살이를 했다. — Он сиде́л в тюрьме́ пятна́дцать лет.

| 16 | 수 шестна́дцать [ʃısná ttsət'] |

1) 우리 서클의 회원은 16명이다. — Наш кружо́к состои́т из шестна́дцати чле́нов.

| 12 | 수 двена́дцать [d'v'ıná ttsət'] |

1) 그는 이곳에 12시에 왔다. — Он пришёл сюда́ в двена́дцать часо́в.

| 12월 | 남 дека́брь [d'ıká br'] |

1) 이곳은 12월이 따뜻했다. — Здесь дека́брь был тёплым.
2) 그는 1962년 12월 2일생이다. — Он роди́лся второ́го декабря́ 1962 го́да.

| 11 | 수 оди́ннадцать [ad'ínəttsət'] |

1) 11시까지 우리집에 오십시오 — Приходи́те к нам к одиннадцати часа́м.

| 11월 | 남 ноя́брь [najabr'] |

1) 나는 11월 생이다. — Я роди́лся в ноябре́

| 씻다 | 불완 мыть [mít'] |

1) 방안에 들어가지 마세요. 방바닥을 닦고 있어요. — Не входи́те в ко́мнату, там мо́ют пол.
2) 나는 뜨거운 물에 그릇을 솔로 닦고 있다. — Я мо́ю посу́ду щёткой в горя́чей воде́.

О

아가씨   예〔활〕 де́вушка [d'évuʃkə]

1) 나는 아름다운 아가씨를 알게 되었다. — Я познако́мился с краси́вой де́вушкой.

아기   남 ребёнок [r'ıb'ónək]

1) 엄마가 아기를 안고있다. — Мать де́ржит ребёнка на рука́х.

아내   연〔활〕 жена́ [ʒiná]

1) 형수는 선생님이다. — Жена́ бра́та — учи́тельница.

~아니다   조 не [n'i]

1) 그는 러시아어를 모른다. — Он не зна́ет ру́сского языка́.
2) 이곳은 인민학교가 아니라 대학이다. — Э́то не наро́дная шко́ла, а институ́т.
3) 우리를 너를 찾아온 것이 아니다. — Мы пришли́ не к тебе́.
4) 우리는 동의하지 않을 수 없다. — Мы не мо́жем не согласи́тся.

아니다	조¹ 술² **нет** [n'ét]	

1) 당신은 모스크바에 가보셨습니까? 못가 보았습니다. — Вы были в Москве? Нет.
2) 그는 그때 모스크바에서 살았지 레닌그라드에서 살지는 않았다. — Он жил тогда в Москве, нет в Ленинграде.
3) 나는 이 책이 없다.
— У меня нет этой книги.

아들	남 [활] **сын** [sín]	

1) 왠일인지 아들에게서 오래동안 소식이 없다.
— Почему-то давно нет письма от сына.

아래로	부 **вниз** [vn'ís]	

1) 보트는 강물을 따라 하류로 내려갔다.
— Лодка плывёт вниз по течению реки.

아래에	부 **внизу́** [vn'izú]	

1) 우리는 아래층에 그들은 윗층에 살고 있었다.
— Мы живём внизу, а они живут вверху.

아래의	형 **ни́жный** [niiʒn'j]	

1) 속내의 **ни́жнее бельё**, 강 하류 **ни́жнее течéние реки́**
2) 책상 아래 서랍을 열어라
— Открой нижний ящик стола.

아름다움	여 **красота́** [krəsatá]	

1) 자연의 아름다움 **красота́ приро́ды**, 진선미 **и́стина, добро́ и красота́**
2) 그는 그렇게 호남은 아니다. — Он не отл-

아마

ичается красотой.

3) 그녀는 빼어난 미모를 지녔다. — Она отличается своей красотой.

4 아름다운 красивый

아마　　삽입 вероятно [v'ırajáanə]

1) 그는 아마 오지 않을 것이다. — Он, вероятно, не придёт.
2) 이것은 될 것 같다. — Это весьма вероятно.
3 십중 팔구 틀림없이 По всей вероятности

아마　　삽입 видимо [v'ıd'imə]

1) 너는 아직 이 일을 모르는 것 같구나 — Ты, видимо, ещё не знаешь.
2) 인산인해를 이루었다. — Народу было видимо — невидимо

아마도¹　　наверно [nav'érnə]

1) 아마 나는 극장에 갈 수 없을 것 같다. — Я, наверно, не смогу пойти в театр.

아마도²　　пожалуй [pasáluj]

1) 아마도 네가 옳은 것 같다. — Пожалуй, ты прав
2) 그는 떠났을거야 — Он, пожалуй, уехал.

아마도³　　삽입 кажется [kázəttsə]

1) 그는 아마도 미국인인 것 같다. — Он, кажется, американец.
2) 네가 옳은 것 같다. — Кажется, ты прав.

아무것도　　대 ничто [n'iztó]

1) 이 책은 아무런 재미도 없다. — В книге нет ничего интересного.
2) 나는 당신에게 아무것도 묻지 않을 것이다.
— Я ни о чем вас не спрашиваю.
3) 아무것도 도움이 될만한 것은 없었다.
— Ничто не могло помочь.

아무도 　 대〔부정〕 никто́ [n'iktó]

1) 그는 여기에 대해 아무에게도 말하지 않았다.
— Он никому́ не рассказа́л об э́том.
2) 아무도 이것을 믿지 않을 것이다. — Никто́ э́тому не пове́рит.
3) 그는 여기서 별볼일 없는 사람이다. — Он здесь никто.

아버지 　 남 оте́ц [at'éts]

1) 어제 나는 그 사람 아버지를 만났다. — Вчера́ я ви́дел его́ отца́.

아이들 　 복〔활〕 де́ти [d'ét'i] 《 단 ребёнок 》

1) 7세부터 아이들은 학교에 다닌다. — Де́ти с семи́ лет хо́дят в шко́лу
2) 7세까지의 아이들은 유치원에 다닌다.
— Дете́й до семи́ лет во́дят в де́тский сад.

아이스크림 　 중 моро́женое [maróz'ınoe]

1) 쵸콜렛 아이스크림 шокола́дное моро́женое
2) 아이들은 아이스크림을 아주 좋아한다.
— Де́ти о́чень лю́бят моро́женое.

아주머니 　 여 тётя [t'ót'ə]

아직까지

1) 우리는 숙모집에 갔다. — Мы были в гостях у тёти.

아직까지   до сих пор

아침   중 утро [útrə]

1) 나는 아침까지 잠을 자지 못했다.
— Я не спал до утра́.
2) 우리는 아침 7시에 일어난다. — Мы встаём в семь часо́в утра́.
3) 매일 아침 나는 공원을 산책한다. — По утра́м я гуля́ю по па́рку.
4) 우리는 내일 아침 일찍 떠날 것이다. — Мы уезжа́ем за́втра ра́но у́тром.

아침식사   남 за́втрак [záftrək]

1) 오늘 아침식사는 무엇입니까? — Что у нас сего́дня на за́втрак?
2) 우리는 집에서 아침식사를 한다. — Мы за́втракаем до́ма.

아카데미   여 акаде́мия [akad'ém'ijə]

1) 아카데미회원 акаде́мик, 육군사관학교 Вое́нная Акаде́мия
2) 그는 과학원 회원이다. — Он рабо́тает в акаде́мии нау́к.
3) 그녀는 해군사관학교에 입학했다. — Она́ поступи́ла в морску́ю акаде́мию.

아파트   여 кварти́ра [kvart'irə]

1) (방) 3칸짜리 아파트 кварти́ра из трёх ко́мнат

	2) 우리 아파트는 방이 3칸이다. — В нашей квартире три комнаты.
	③ 집세 квартирная плата(квартплата)
아편	냄 о́пиум [ópium]
아프다	불완 боле́ть¹ [bal'ét']

1) 어디가 편찮으십니까? — Что у вас болит ?
2) 손과 발이 아픕니다. — У меня боля́т ру́ки и но́ги.

불완 боле́ть²

1) ((~о ком, чём)) 그는 오랫동안 심장병을 앓고 있다. — Он до́лго боле́ет се́рдцем.
2) ((~за кого)) 모든 한국인들은 올림픽팀을 응원했다. — Все коре́йца боле́ли за свои́х олимпи́йцев

아픔   여 боль [ból']

1) 그는 넘어져서 무릎에 심한 통증을 느꼈다. — Он упа́л и почу́вствовал о́струю боль в коле́не.

아홉   주 де́вять [d'év'ıt']

1) 우리는 그들 9명의 여학생들을 만났다. — Мы встре́тили э́тих де́вять студе́нток.

아홉번째   주〔서〕 девя́тый [d'ıv'átij]

1) 교과서 9쪽을 펴세요 — Откро́йте уче́бник на страни́це девя́той.

| 악 | 306 |

악   중 зло [zló]

         1) 악을 선으로 갚아라 — Плати́те до́бром за зло.

악마   남 (활) чёрт [tʃ'órt]

         1) 제기랄 **чёрт возыми́**, 내버려 둬 **чёрт с ним**

         2) 도대체 그 사람 어디에 있어! — Чёрт его́ зна́ет, где он!

         3) 난 몰라! — Чёрт с тобо́й!

악어   крокоди́л [krəkadʼíl]

악조건   неблагоприя́тные усло́вия

안개   남 тума́н [tumán]

         1) 아침안개 **у́тренный тума́н**, 짙은 안개 **густо́й тума́н**, 어렴풋이 **как в тума́не**.

         2) 오늘 거리에 안개가 꼈다. — Сего́дня на у́лице тума́н.

         3) 안개가 개었다. — Тума́н рассе́ялся.

안개   복 очки́ [atʃ'kʼí]

         1) 그는 안경을 쓰고 다닌다. — Он но́сит очки́ /он хо́дит в очка́х.

안내하다[1]   완 провести́ [prəvʼısʼtʼí] ((불완 проводи́ть))

         1) 그는 숲을 지나 우리를 인도했다.

         — Он провёл нас че́рез лес.

         2) 우리는 회의를 성공리에 마쳤다.

         — Мы успе́шно провели́ заседа́ние.

         3) 나는 모스크바에서 한달을 보냈다.

— Я провёл ме́сяц в Москве́.
4) 비서가 나를 공장장에게 안내했다. — Секрета́рь проводи́л меня́ к дире́ктору заво́да.
5) 우리는 주당 3회씩 러시아어 수업을 한다. — У нас прово́дят заня́тия по ру́сскому языку́ три ра́за в неде́лю.
6) 당신은 바닷가에서 무엇을 하며 시간을 보냈습니까? — Как вы проводи́ли вре́мя на мо́ре?

안내하다² [완] **ввести́** [v'v'ıst'í] (([불완] **вводи́ть**))

1) 주인이 손님을 식당으로 안내했다. — Хозя́ин ввёл госте́й в столо́вую.
2) 우리 공장에 새로운 생산방식이 도입되었다. — У нас на заво́де ввели́ но́вый ме́тод произво́дства.
3) 잠시 기다려 주십시오, 곧 방으로 안내해 드리겠습니다. — Подожди́те, сейча́с вас вво́дят в но́мер.
4) 그녀는 항상 이곳에 유행을 몰고 온다. — Она́ здесь всегда́ вво́дит но́вую мо́ду.

안락의자 [중] **кре́сло** [kr'éslə]

1) 그는 안락의자에서 자고 있다. — Он спит в кре́сле.

안전 [여] **безопа́сность** [b'ızapásnəst']

1) 여기에서 우리는 아주 안전하다. — Здесь мы в по́лной безопа́сности.
[2] UN안보이사회 Сове́т Безопа́сности, 안전지대 Зо́на безопа́сности.
[3] 안전면도기 безопа́сная бри́тва.

안정 | 남 покóй [pakój]

1) 쥐죽은 듯한 자연의 정적 мёртвый покóй прирóды, 편히 잠드소서 вечный ему покóй, 응급실 приёмый покой
2) 환자는 안정이 필요하다. — Больнóму нýжен покóй.
3) 돌아가신 어머니 покóйная мать.

안타깝다 | 불완 жалéть [ʒil'ét']

1) 그는 당신을 만나지 못해 섭섭해 한다. — Он жалéет, что не успел увúдеть вас.
2) 우리는 노력도 시간도 아까와하지 않았다. — Мы не жалéли ни трудá, ни врéмени.
3) 모두가 그를 불쌍히 여겼지만 누구도 그를 돕지는 않았다. — Все егó жалéли, но никтó емý не помóг.

앉다¹ | 불완 садúться [sad'íttsə] ((완 сесть))

1) 안락의자에 앉으세요, 나는 소파에 앉겠어요. — Садúтесь, пожáлуйста, в крéсло, а я сажýсь на дивáн.
2) 나는 버스를 자주 탑니다. — Я часто сажýсь в автóбус.
3) 이따금 그녀는 피아노 앞에 앉아 피아노를 칩니다. — Иногдá она садúтся за рояль и игрáет.
4) 우리들은 창가에 앉아서 해가 지는 것을 바라보고 있었다. — Мы сидéли у окнá и смотрéли, как садúлось сóлнце.

앉다² | 완 сесть [s'és't'] ((불완 садúться))

1) 그녀는 방에 들어와 의자에 앉았다. — Онá

вошла́ в ко́мнту и се́ла на стул.
2) 그들은 모두 식탁에 앉았다. — Они все се́ли за стол.
3) 대학에 가려면 몇번 버스를 타야 합니까? — В какой авто́бус мне сесть, что́бы попа́сть в университе́?
4) 비행기는 농장에서 멀리 떨어진 곳에 착륙했다. — Самолёт сел далеко́ от колхо́за.

앉아 있다　　[불완] сиде́ть [s'id'ét']

1) 우리는 소파에 앉아 있었다. — Мы сиде́ли на дива́не.
2) 손님들이 식탁에 앉아 있다. — Го́сти сидя́т за столо́м.
3) 나무가지에 예쁜 새가 앉아 있다. — На ве́тке сиди́т краси́вая пти́ца.
4) 나는 오늘 종일 집에 있었다. — Сего́дня я весь день сиде́л до́ма.

알　　[중] яйцо́ [jijtsó]

1) 찐계란　яйцо́ всмя́тку
2) 매일 아침 우리 닭은 알을 낳는다. — Ка́ждое у́тро на́ша ку́рица кладёт яйцо́.

알고있는　　[형] изве́стный [iz'v'ésnij]

1) 일정한 조건하에　при изве́стных усло́виях
2) 그는 이 이름으로 알려져 있다. — Он изве́стен под э́тим и́менем.
3) 그녀는 유명한 작가의 딸이다. — Она́ дочь изве́стного писа́теля.
4) 그는 일정한 시간에 잠을 잔다. — Он ложи́тся спать в изве́стный час.

알게되다	познако́миться [pəznakóm'ittsə]

1) 어제 나는 그의 형과 알게 되었다. — Вчера́ я познако́мился с его́ бра́том.

알고있다	술 изве́стно [iz'v'ésnə]

1) 널리 알려져 있다. — Всем изве́стно.
2) 이 사실을 알고 계십니까? — Изве́стно ли вам об э́том?

알기쉬운	형 поня́тный [pan'átnij]

1) 완전히 정당한 요구 вполне поня́тное тре́бование
2) 제 질문이 이해되십니까? — Вам поня́тен мой вопро́с?
3) 교수는 복잡한 문제를 알기쉬운 말로 이야기했다. — Профе́ссор говори́л о сло́жных пробле́мах поня́тным языко́м.

알다	완 узна́ть [uznát']

1) 나는 목소리를 듣고 옛친구들을 알아봤다. — Я узна́л ста́рого дру́га по го́лосу.
2) 나는 아내한테서 이 일을 알았다. — Я узна́л э́то от свое́й жены́.
3) 나는 아까 이 소식을 들었다. — Я неда́вно узна́л э́ту но́вость.

알다(상세히)	완 разобра́ться [rəzabráttsə] 《 불완 разбира́ться 》

1) 그는 국제관계에 능통하다. — Он хорошо́ разобра́лся в междунаро́дных отноше́ниях.
2) 그가 어떤 사람인지 모르겠다. — Не могу́ разобра́ться нём.

| 알다 | 불완 знать [znát'] |

1) 그는 러시아어를 잘한다. — Он хорошо знает русский язык.
2) 나는 그를 잘알지 못한다. — Я мало знаю о нём
3) 무엇을 해야 할지 모르겠다. — Я не знаю, что делать.
4) 나는 아직 이곳의 추위를 겪어보지 못했다. — Я ещё не знаю здешнего мороза

| 알루미늄 | алюминий |

| 알리다 | 불완 сообщать [saapʃʃ'át'] 《 완 сообщить 》|

1) 그는 8월에 서울에 오겠다고 알려왔다. — Он сообщил мне, что приедет в Сеул в августе.

| 암소 | 예〔활〕 корова [karóvə] |

1) 젖소는 많은 우유를 제공한다. — Коровы дают много молоко

| 암시장 | чёрный рынок |

| 압도적 다수 | подавляющее большинство |

| 압력 | 중 давление [davl'énijə] |

1) 우리는 주변의 압력으로 휴가때 여행을 포기했다. — Мы отказались от поездки в отпуск под давлением обстоятельства.

| 앞에 | 전 перед [p'ér'ıd] |

1) 잠들기 전에 перед сном
2) 그녀는 오랫동안 거울 앞에 서있었다.

앞에

— Она́ до́лго стоя́ла пе́ред зе́ркалом.
3) 죄송합니다. — Я винова́т пе́ред вами.
4) 당신에 비하면 그는 무엇이냐? — Что он перед тобой?

앞에 　　[뷔] впереди́ [fp'r'ıd'i]

1) 그는 내앞에서 걸어 간다. — Он шёл впереди меня́
2) 전방에 산이 보인다. — Впереди́ ви́дны го́ры.
3) 당신은 아직도 앞길이 구만리같이 남아 있습니다. — У вас ещё вся жизнь впереди́

앞으로 　　[뷔] вперёд [fp'ır'ót]

1) 전진! вперёд!
2) 시계가 빠르다. — Часы́ иду́т вперёд.
3) 시인은 항상 앞서가야 한다. — По́эт всё вре́мя до́лжен двигаться вперёд

애쓰다 　　[불완] стреми́ться [str'ım'íttsə]

1) 전세계 사람들은 평화를 갈망하고 있다.
— Наро́д во всём ми́ре стреми́тся к ми́ру.
2) 국민들은 자유를 위해 끊임없는 투쟁을 하고 있다. — Наро́д стреми́тся боро́ться за свобо́ду.

애쓰다 　　[불완] пыта́ться [pitáttsə]

1) 그는 이것을 해보려고 시도조차 안했다.
— Он и не пыта́лся сделать это.
2) 그는 늦은 이유를 설명하려 애썼다.
— Он пыта́лся объясни́ть, почему́ опозда́л.
[3] 고문 иы́тка

| 애쓰다 | 불완 стара́ться [staráttsə]

1) 나는 저녁까지 일을 마치기 위해 전력을 기울이고 있다. — Я стара́юсь из всех сил зако́нчить рабо́ту к ве́черу.

| 야당 | оппозицио́нная па́ртия

| 야수 | ди́кий зверь

| 야전병원 | полево́й го́спиталь

| 약 | 중 лека́рство [l'kárstvə]

1) 나는 6시간 마다 약을 먹는다. — Я принима́ю лека́рство че́рез шесть часо́в.
2) 병원복도에는 약 냄새가 가득하다. — В коридо́ре больни́цы па́хло лека́рствами.

| 약간 | 부¹ 대² немно́жко [n'ımnóʃkə]

1) 그는 약간 피로했다. — Он немно́жко уста́л.
2) 그는 물을 조금 마셨다. — Он вы́пил немно́жко воды́

| 약간의 | 대 [부정] не́который [n'ékətərij]

1) 얼마후 че́рез не́которое вре́мя, 얼마전부터 с не́которых пор
2) 시간이 조금 흘렀다. — Прошло́ не́которое вре́мя.
3) 몇 집에 불이 켜져 있었다. — В не́которых дома́х горе́л свет.
4) 어떤 사람들은 이렇게 말한다. — Не́которые говоря́т так.

| 약국 | 예 апте́ка [apt'ékə]

| 약소민족 | | 314 |

	1) 비상약품 дорóжная аптéка, 감기약 аптéкарский чáй.
	2) 어머니는 아들을 약국에 심부름 보냈다.
	— Мать послáла сы́на в аптéку.
	③ 약사 аптéкарь

약소민족   мáлые нáции

약속하다   완 обещáть [ab'ıʃʃ'át']

1) 그는 내일 오겠다고 약속했다. — Он обешáл прийти́ зáвтра.
2) 그는 훌륭한 음악가가 될 자질이 있다. — Он обещáет быть хорóшим музыкáнтом.
3) 날이 추워질 것 같다. — День обещáет быть хóлодным.
④ 약속 обещáние

약혼   예 помóлква [pamólkva]

양   예〔활〕 овцá [aftsá]

1) 들판에 양들이 많았다. — На пóле бы́ло мнóго овéц.

양말   복 носки́ [nask'í]

1) 나는 화려한 빛깔의 양말을 싫어한다.
— Я не люблю́ я́ркие носки.

양배추   예 капýста [kapústə]

1) 다시마 мóрская капýста
2) 그녀는 양배추 1kg을 샀다. — Онá купи́ла килогрáмм капýсты.

양심   예 сóвесть [sóv'ls't']

	1) 깨끗한 양심 **чи́стая со́весть**, 신앙의 자유 **свобо́да со́весть**
	2) 나는 양심이 허락하지 않아서 이 일을 할 수가 없다. — Не могу́ я э́того сде́лать — со́весть не позволя́ет !
양쪽의	주 〔집합〕 **о́ба** [óbə]
	1) 두 아들 **о́ба сы́на**, 쌍방 **о́бе стороны́**.
	2) 나는 책 두권을 다 읽었다. — Я прочита́л о́бе кни́ги
	3) 나는 두명의 학생들과 이야기를 나누었다. — Я говори́л с обо́ими ученика́ми.
양탄자	남 **ковёр** [kav'ór]
	1) 마루바닥에 양탄자가 깔려 있다. — На полу́ лежи́т ковёр
양파	남 **лук** [lúk]
	1) 파 **зелёный лук**
	2) 그녀는 수프에 양파를 더 넣었다. — Она́ доба́вила в суп лу́ку.
양해	중 **соглаше́ние** [səglaʃ'enijə]
약한	형 **сла́бый** [slávij]
	1) 허약한 어린이 **сла́бый ребёнок**, 산들바람 **сла́бый ве́тер**, 약점 **сла́бое ме́сто**, 약한 측면 **сла́бая сторона́**.
	2) 그는 약골로 태어났다. — Он роди́лся сла́бым ребёнком
얌전한	형 **поря́дочный** [par'ádətʃ'nij]

양보	[여] уступка [ustúpka]
어깨	[중] плечо [plʲɪtʃʲó]

1) 그는 그녀의 어깨에 손을 얹었다. — Он положи́л ру́ку ей на плечо́.
2) 그는 40년동안 노동 일을 했다. — У него за плеча́ми 40 лет трудово́й жи́зни.

어두운	[형] тёмный [tʲómnij]

1) 검은 머리카락 тёмные во́лосы, 수상한 인물 тёмная ли́чность, 무지몽매한 사람 тёмные лю́ди.
2) 내 방은 아주 어둡다. — У меня́ о́чень тёмная ко́мната.

어둠	[여] темнота́ [tʲɪmnatá]

1) 어둠속에서 в темноте́, 어두워지기 전에 до темноты́
2) 그녀는 불도 켜지 않은 채 어둠 속에 앉아 있었다. — Она́ сиде́ла без огня́ в темноте́.

어디로	[부] куда́ [kudá]

1) 당신은 오늘 저녁에 어디에 가십니까?
— Куда́ вы идёте сего́дня ве́чером?
2) 우리가 가고 싶었던 식당은 닫혀 있었다.
— Рестора́н, куда́ мы хоте́ли пойти́, был закры́т.
3) 보내는 곳으로 가겠다. — Куда́ напра́вят, туда́ и пое́ду.

어디서	[부] отку́да [atkúda]

1) 이 사실을 어디에서 알았지? — Откуда ты это узнал?
2) 나는 우리가 얼마 전에 떠나온 도시에 대해 이야기를 했다. — Я рассказал о городе, откуда мы недавно приехали.

어디에   부 где [gd'e]

1) 어디서 만날까요? — Где мы встретимся?
2) 나는 너희들 중에 누구도 가보지 못한 곳에 갔었다 — Я был там, где никто из вас никогда не был.
3) 나는 어디에선가 연필을 잃어 버렸다.
— Я где-то потерял карандаш.

어떠한¹   대 какой-нибудь [kakójn'ibut']

1) 무언가 결정을 내려야 한다. — Нужно принять какое-нибудь решение.

어떠한²   대 какой [kakój]

1) 당신은 어떤 책을 샀습니까? — Какие книги вы купили?
2) 그가 왔으니 얼마나 다행이야! — Какое счастье, что он приехал!
3) 당신은 어떤 색깔의 양복을 원하십니까?
— Какого цвета костюм вам нужен?

어떤   의문¹ 관계² который [katórij]

1) 이 책들 중에서 너는 어떤 것을 갖겠니?
— Которую из этих книг ты возьмёшь?
2) 방에 들어간 사람은 그의 형이다. — Человек, который вошёл в комнату, его брат.
3 몇시에 В котором часу~

| 어떤 | 대 какой-то [kakójtə] |

1) 그에게 무언가 새로운 임무가 주어졌다.
   — Ему дали какое-то новое задание.
2) 어떤 사람이 당신을 기다립니다. — Какое-то человек вас ждёт.

| 어떤~도 | 대 никако [n'ikakój] |

1) 이것은 아무런 의심의 여지도 없다. — Нет никакого сомнения в этом.
2) 그는 절대로 작가가 아니다. — Никакой он не писатель.
3) 아무 희망도 없다. — Нет никакой надежды.

| 어떻게¹ | 부 как-то [káktə] |

1) 그는 어떻게 어떻게 해서 극장표를 구할 수 있었다. — Он как-то сумел достать билеты в театр.
2) 어쩐 일인지 좋지 않은 일이 벌어졌다.
   — Как-то нехорошо получилось.
3) 그는 무언가 좀 이해하기 힘들게 말한다.
   — Он говорит как-то непонятно.

| 어떻게² | 부 как [кáк] |

1) 여기 어쩐 일이셔요? — Как вы сюда попали?
2) 당신을 만나서 정말 반갑습니다! — Как я рад вас видеть!
3) 그는 마치 한국사람처럼 한국말을 구사한다.
   — Он говорит по-корейски как кореец.
4) 학자로서 그와 필적할만한 사람이 없다.
   — Как учёный он не имеет себе равных.
5) 우리가 알게된지 2년이 넘었다. — Пршло два года, как мы познакомились.

어려운	형 трýдный [trúdnij]

1) 어려운 일 трýдная рабóта, 어려운 시기 трýдное врéмя, 중병 трýдная болéзнь.
2) 이것은 매우 어려운 일이다. — Это óчень трýдный вопрóс.

어려움	여 трýдность [trúdnəst']

1) 이 일의 가장 어려움은 무엇이냐? — В чём состоúт глáвная трýдность этой рабóты?

어른	남 [활]¹ 형² взрóслый [vzróslij]

1) 성장한 아들 взрóслый сын, 혼기가 찬 딸 взрóслая дочь
2) 어른들은 방에 남아 있다. — Взрóслые остáлись в кóмнате.
3) 그 아이의 생각이 어른같다. — Этот мáльчик рассуждáет, как взрóслый мужчúна.

어문학	языкознáние и литератýра

어리석은	형 глýпый [glúpij]

1) 바보같은 모습 глýпый вид
2) 그는 어리석은 사람이었다. — Он оказáлся глýвым человéком.
3) 아이가 아직 철이 안들었다. — Ребёнок ещё глýпый.

어머니	여 мать [mat']

1) 외할아버지 дéдушка по мáтери
2) 그 여자는 어려서 아기를 가졌다. — Онá рáно стáла мáтерью.

| 어부 | 명 〔활〕 рыба́к [ribák]

1) 어부들은 망으로 고기를 잡는다. — Рыбаки́ ло́вят ры́бу се́тью.
② 어항 рыболо́вный порт

| 어제 | 부 вчера́ [ftʃ'ɪrá]

1) 어제 저녁 TV에서 재미있는 프로그램이 방영되었다. — Вчера́ ве́чером по телеви́дению была́ интере́сная переда́ча.

| 어조 | 명 тон [тóи]

1) 그는 격한 어조로 그렇게 말했다. — Он так сказа́л ре́зким то́ном.

| 언어학 | языкозна́ние

| 언제 | 부¹ 관계 когда́ [kagdá]

1) 당신은 언제 집에 계시겠습니까? — Когда́ вы бу́дете до́ма?
2) 나는 혼자 있고 싶을 때가 있다. — Быва́ют моме́нты, когда́ я люблю́ остава́ться оди́н.
3) 그는 일을 마치고 나갈 것이다. — Он уе́дет, когда́ ко́нчит рабо́ту.

| 언제나 | 부 никогда́ [n'ikagdá]

1) 우리는 이것을 결코 잊지 않을 것이다.
— Мы никогда́ э́того не забу́дем.
2) 그는 언제나 집에 없다. — Его́ никогда́ не быва́ет до́ма.

| 언제인가 | 부 когда́-то [kagdátə]

1) 한때 그는 시골에서 살았다. — Когда́-то

он жил в деревне.
2) 언제인지는 몰라도 나는 이 책을 분명히 읽었다. — Когда-то я читал эту книгу.

언젠가 　[부] **однáжды** [adnáʒdi]

1) 어느날 밤에 **однáжды вéчером**
2) 새로 문을 연 극장에 나는 한번 갔었다.
— В нóвом кинотеáтре я был однáжды.
3) 언젠가 우리는 거리에서 만난 적이 있다.
— Однáжды мы встрéтились на ýлице.

얻다¹　[완] **добúться** [dab'íttsə]

1) 우리는 실험에서 좋은 결과를 얻었다. — Мы добúлись хорóших результáтов в испытáнии.
2) 그에게서는 한마디도 들을 수 없다. — От негó не добúться слóва.

얻다²　[불완] **находúть** [nəxad'ít'] 《 [완] **найтú** 》

1) 나는 시간을 내서 운동을 하고 있다. — Я нахожý врéмя и занимáюсь спóртом.
2) 나는 우울증에 빠져 있다. — На меня нахóдит тоскá.

얼굴　[중] **лицó** [l'itsó]

1) 관계자 **заинтересóванное лицó**, 등장인물 **дéйствующее лицó**, 법조인 **юридúческое лицó**.
2) 그의 얼굴에 미소가 떠올랐다. — На егó лицé появúлась улы́бка.
3) 여기서는 그가 없어서는 안될 사람이다.
— Тут он был необходúмым лицóм.
[4] 가면 **личúна**.

얼마나   뮈¹ 대² ско́лько [skól'kə]

1) 내가 알기에는 ско́лько я зна́ю
2) 이 책은 얼마인가요? — Ско́лько сто́ит э́та кни́га?
3) 집회에 몇 사람이 왔나요? — Ско́лько челове́к пришло́ на собра́ние?
4) 이거 얼마만인가요! — Ско́лько лет, ско́лько зим!

얼마전에   뮈 неда́вно [n'ɪdávnə]

1) 최근에 일어난 일 неда́вние собы́тия
2) 나는 그것을 최근에 알았다. — Я узна́л об э́том неда́вно.

얼음   답 лёд [l'ót]

1) 4월에는 강물이 다 녹는다. — В апре́ле река́ была́ уже́ свобо́дна ото льда.
  2 아이스 케익 леденéц

엄동설한   моро́зная и сне́жная зима́

엄지   большо́й па́лец

엄한   형 стро́гий [stróg'ij] 〔비〕 стро́же

1) 엄격한 규율 стро́гая дисципли́на, 혹독한 비평 стро́гая кри́тика, 단정한 양복 стро́гий костю́м.
2) 그는 엄하게 말했으나 눈빛은 명랑했다. — Он говори́л стро́гим то́ном, а глаза́ бы́ли весёлые.
  3 엄격히 말하여 стро́го говоря́

없애다	완 уничто́жить [unˈitʃˈtóʒit]	

1) 우리 부대가 적군을 전멸시켰다.
— На́ши ча́сти уничто́жили врага́.
2) 화재로 숲 몇 헥터가 다 타버렸다. — Пожа́р уничто́жил не́сколько гекта́ров ле́са.
[3] 멸시에 가득찬 눈초리 уничтожа́ющий взгляд

없어지다   완 пропа́сть [prapásˈt'] ((불완 пропада́ть))

1) 내 서류가 없어졌다. — У меня́ пропа́ли бума́ги.
2) 그는 목소리가 나오지 않았다. — У него́ пропал го́лос.
3) 꽃이 얼어 죽었다. — Цветы́ пропа́ли от моро́за
4) 나는 파멸이다. — Я пропа́л.

없이   전 без [bˈɪz] [bis]

1) 의심할 여지없이 без сомне́ния, 예외없이 без исключе́ния
2) 그는 모자를 쓰지 않고 집을 나섰다. — Он вы́шел из до́ма без шля́пы.
3) 당신이 없을 때 누군가 왔었다. — Без вас приходи́л кто́-то.
4) 벌써 9시 5분전이다.
— Уже́ без пять де́вять.

엊그제   вчера́ и позавчера́

에   В 1. 전 ㄱ (~의 속에) ㄴ (~에서)
　　　ㄷ (~때에) ㄹ (~에)
　　2. 대 ㄱ (~속으로) ㄴ (~상태로) ㄷ

(~동안에) ㄹ (~의)

1) 내 책은 가방속에 있다.
   — Кни́га у меня́ в портфе́ле.
2) 우리는 도시에서 살고 있다.
   — Мы живём в го́роде.
3) 그와 나는 예전에 가깝게 지냈다.
   — Мы с ним ра́ньше в дружбе́.
4) 벌써 많은 사람들이 외투를 입고 다닌다.
   — Уже́ мно́гие хо́дят в пальто́.
5) 어려서 그들은 같이 공부했다.
   — В де́тстве они́ учи́лись вме́сте.
6) 금년 봄은 일찍 왔다.
   — В э́том году́ весна́ пришла́ ра́но.
7) 우리는 8월내내 모스크바에 있었다.
   — Мы бы́ли в Москве́ в а́вгусте.
8) 당신은 몇시에 일을 시작합니까?
   — В кото́ром часу́ у вас на́чинается рабо́та?
9) 그는 내게서 2~3보 떨어져 서있다.
   — Он стоя́л в двух — трёх ша́гах от меня́.
10) 우리는 방안으로 들어갔다.
    — Мы вошли́ в ко́мнату.
11) 그들은 기분이 좋아졌다.
    — Они́ пришли́ в весёлое настрое́ние.
12) 기차는 5시에 도착한다.
    — По́езд прихо́дит в пять часо́в.
13) 이 거리는 2km에 달한다.
    — Э́то у́лица длинно́й в два киломе́тра

1) 다행하게도 к счáстью, 얼굴을 맞대고 лицóм к лицý
2) 모든 사람들이 광장으로 나간다. — Все идýт к плóщади.
3) 내일 우리 집에 오십시오 — Приходи́те к нам зáвтра.
4) 그는 나에게 잘 대해 주었다. — Он ко мне хорошó отнóсится.
5) 그녀는 어학에 재능이 있다. — Онá спосóбна к языкáм.
6) 5시경에 당신을 찾아 가겠습니다. — Мы приéдем к вам к пяти́ часáм.
7) 모든 것이 호전되어 간다. — Всё к лýчшему.

~에게(부탁) ~하다 |환| обрати́ться [abrat'ittsə] ((|불완| обращáться))

1) 그녀는 나에게 도와달라는 부탁을 했다.
   — Онá обрати́лась ко мне с прóсьбой о пóмощи.
2) 나는 얼굴을 창문쪽으로 돌렸다.
   — Я обрати́лся лицóм к окнý.
3) 불조심하시오!
   — Осторóжно обращáйтесь с огнём!
4) 지구는 태양의 주위를 돈다.
   — Земля́ обращáется вокрýг Сóлнца.
5) 이미 많은 사람들이 이 질문을 나에게 하였다.
   — С э́тим вопрóсом ко мне ужé мнóгие обращáлись.

[6] 호소 обращéние

에너지 |여| энéргия [en'érg'ijə]

1) 수력 вóдая энéргия
2) 지구는 태양에서 방대한 양의 에너지를 받고

~에 대해	

있다. — Земля получает от солнца огромное количество энергии.

~에 대해 전 О [a]

1) 무엇에 대해 생각하십니까? — О чём вы думаете?
2) 아무에게도 이 일에 대해 말하지 마시오
 — Никому не говорите об этом.
3) 분명히 그들은 내 이야기를 하고 있을거야
 — Наверное, они говорят обо мне.

~에서 전 из [iz]

1) 나는 방을 나왔다. — Я вышел из комнаты.
2) 우리는 서울에서 부산까지 기차를 타고 갔다.
 — Мы ехали из Сеула до Бусана поездом.
3) 나는 이 학생들 중에 한 사람을 잘 안다. — Я хорошо знаю одного из этих студентов.
4) 나는 신문을 통해 그 일을 알았다. — Я узнал об этом из газет.
5) 꽃병은 유리로 만들어진다. — Ваза сделана из стекла.
6) 그녀는 아들을 사랑하는 마음에서 이 일을 했다. — Она сделала это из любви к сыну.

에스컬레이터 남 эскалатор [eskalátər]

1) 지하철 역에는 많은 수의 에스컬레이터가 작동되고 있다. — На станциях метро работает много эскалаторов.

~에 있다 불완 заключаться [zəkl'utʃ'áttsə]

1) 문제는 우리가 그들을 위해 무엇을 할 수 있는지에 있다. — Вопрос заключается в том,

что мы мо́жем сде́лать для них.
2) 편지는 다음과 같은 말로 끝맺었다. — Письмо́ заключа́лось сле́дующими слова́ми.
3) 문제의 핵심은 여기에 있다. — В э́том заключа́ется вся су́щность де́ла.

엔진 　 |남| дви́гатель [d'v'ígət'ıl']

1) 150마력 엔진　дви́гатель мо́щностью в 150 лошади́ных сил.
2) 엔진이 자동차를 움직인다. — Дви́гатели приво́дят маши́ны в де́йствие.

여겨지다 　 |불완| счита́ться [ʃʃitáttsə]

1) 그는 훌륭한 의사라고 생각된다.
— Он счита́ется хоро́шим врачо́м.
2) 그의 의견을 무시해서는 안된다.
— Нельзя́ не счита́ться с его́ мне́нием.

여권 　 паспо́рт [paspórt]

여기로 　 |부| сюда́ [s'udá]

1) 당신은 이곳에 왜 왔습니까? — Заче́м вы пришли́ сюда́?
|2| 여기저기　туда́ и сюда́

여기서부터 　 |부| отсю́да [ats'údə]

1) 여기서 역까지는 몇 km입니까? — Ско́лько киломе́тров отсю́да до ста́нции?
2) 여기서는 도시 전체가 잘 보인다. — Отсю́да хорошо́ ви́дно весь го́род.

여기에 　 |부| тут [tut]

	1) 곧 **тут** же.
	2) 거기서 나를 기다리세요. — Подожди́те меня́ тут.
여기에	閅 **здесь** [z'd'es']
	1) 여기에 내 짐을 놓아두어도 괜찮겠습니까? — Мо́жно оста́вить здесь свои́ ве́щи?
	2) 여기 누가 있습니까? — Есть здесь кто́-нибудь?
여단	여 **брига́да** [br'igádə]
	1) 러시아군에서 여단은 뽀뜨르 1세 때에 처음으로 생겼다. — Брига́да в ру́сской а́рмии появи́лась при Петре́ пе́рвом.
	2) 그 사람과 나는 제1작업반에서 일하고 있다. — Мы с ним рабо́таем в пе́рвой брига́де.
여당	**пра́вящая па́ртия**
여덟	㊿ **во́семь** [vós'ım']
	1) 이틀에 한번씩 그는 저녁 8시까지 일한다. — Ка́ждые два дня он рабо́тает до восьми́ часо́в ве́чера.
여덟번째	㊿ **восьмо́й** [vas'mój]
	1) 매일 아침 나는 7시 반에 집을 나선다. — Ка́ждое у́тро я выхожу́ из до́ма в полови́не восьмо́го.
여름	중 **ле́то** [l'éto]
	1) 우리는 남부에서 여름을 보냈다. — Мы провели́ ле́то на ю́ге.

	2) 여름에 우리는 시골로 갔다.	
	— Ле́том мы е́здили в дере́вню.	

여름의   형 ле́тный [l'étn'ij]

1) 여름의 무더위   ле́тняя жара́
2) 학생들의 여름방학이 시작되었다.
— Начали́сь ле́тние кани́кулы шко́льников.

여섯번째   주 шесто́й [ʃistój]

1) 6월은 여섯번째 달이다. — Ию́нь — шесто́й ме́сяц го́да.

여유가 없다   술[무인칭] не́когда [n'ékəgdə]

1) 나는 공부를 하고 있어서 산책할 틈이 없다.
— Я занима́юсь, мне не́когда гуля́ть.
2) 나는 오늘 아주 바쁘다. — Мне сего́дня о́чень не́когда.
3) 그는 전화할 짬도 없었다. — Ему́ не́когда бы́ло да́же позвони́ть.

여유가 있다   완 успе́ть [us'p'ét'] 《 불완 успева́ть 》

1) 당신은 저녁까지 기사를 다 쓸 수 있습니까?
— Вы успе́ете написа́ть статью́ к ве́черу?
2) 우리는 기차를 탈 수 있다. — Мы успе́ем на по́езд.
3) 나는 이 일을 할 시간이 없다. — Я не успева́ю де́лать э́ту рабо́ту.

여자   예[활] же́нщина [ʒén'ʃʃ'inə]

1) 여의사 же́нщина — врач,   유부녀 заму́жняя же́нщина.

여행	
	2) 그 젊은 여자는 누구입니까? — Кто э́та молода́я же́нщина?
여행	중 путеше́ствие [putiʃ'ésvijə] 1) 여름에 그들은 강을 따라 배를 타고 여행을 했다. — Ле́том они́ соверши́ли путеше́ствие по реке́ на ло́дках.
역¹	여 ста́нция [stantsijə] 1) 전화국 телефо́нная ста́нция, 발전소 электри́ческая ста́нция 2) 기차가 역에 들어왔다. — По́езд подошёл к ста́нции. 3) 이 지방에 새로운 발전소가 건설되었다. — В э́том краю́ постро́или но́вую электри́ческую ста́нцию.
역²	남 вокза́л [vagzál] 1) 미안합니다만 역으로 가는 길을 가르쳐 주시 겠습니까? — Скажи́те, пожа́луйста, как пройти́ к во́кзалу? 2) 우리는 열차가 도착하기 30분전에 역에 당도 했다. — Мы прие́хали на вокза́л за полчаса́ до прибы́тия по́езда.
역사	여 исто́рия [istór'ijə] 1) 오늘 역사강의는 아주 재미있게 진행되었다. — Уро́к исто́рии прошёл сего́дня о́чень интере́сно 2) 사랑에 대한 모든 이야기는 서로 비슷하다. — Все исто́рии о любви́ похо́жи друг на дру́га. 3) 이 사건은 과거의 일이 되고 말았다.

— Собы́тие э́то вошло́ в исто́рию.

역사적인 | 형 истори́ческий [istar'ítʃ'ısk'ij]

1) 역사적 태도 истори́ческий подхо́д, 역사박물관 истори́ческий музе́й.
2) 그의 역사소설 중에서 나는 단 한권만을 좋아한다. — Из его́ истори́ческих рома́нов мне оди́н то́лько нра́вятся.
3) 우리는 역사적인 시대에 살고 있다.
— Мы живём в истори́ческое вре́мя.

역시 | 부¹ 접² та́кже [tágʒə]

1) 이 전화도 고장이다. — Э́тот телефо́н та́кже не рабо́тает.
2) 그리고 내 친구들 역시 운동을 매우 좋아한다.
— Я, а та́кже мои́ друзья́ о́чень лю́бим спорт.
3) 우리도 가겠다. — Мы та́кже пойдём.

역시 | 부 то́же [tóʒə]

1) 잠시만요, 나도 갈께요 — Подожди́те, я то́же иду́.
2) 아이는 마당에도 집 근처 길거리에도 없었다.
— Во дворе́ ребя́т не́ было, на у́лице о́коло до́ма то́же.

역할 | 예 роль [ról']

1) 지도적 역할 веду́щая роль, 역사에서 개인의 역할 роль ли́чности в исто́рии.
2) 그는 영화에서 주역을 맡았다. — Он игра́ет в фи́льме гла́вную роль.
3) 당신이 통역의 임무를 맡아야 합니다. — Вам придётся взять на себя́ роль перево́дчика.

역행	обра́тный ход
연구	중 иссле́дование [is's'l'édəvənijə] 1) 환자 진찰 иссле́дование больно́го, 우주탐사 иссле́дование косми́ческого простра́нства. 2) 그는 문학연구를 하고 있다. — Он занима́ется иссле́дованием литерату́ры.
연구소	нау́чно-иссле́довательский институ́т
연기	남 дым [dím] 1) 아니 땐 굴뚝에 연기가 날까 — Нет ды́ма без огня́ 2) 방에 연기가 가득 찼다. — Ко́мната была́ полна́ ды́му.
연대	남 полк [pólk] 1) 근위연대 гварде́йский полк, 이고리 원정기 Сло́во о полку́ И́гореве. 2) 그들은 같은 부대에 있었다. — Они́ бы́ли в одно́м полку́. 3) 우리 패거리가 많아졌다. — На́шего полку́ при́было.
연맹	남 сою́з [sajús] 1) 군사동맹 вое́нный сою́з, 작가동맹 сою́з писа́телей, 노조 профессиона́льный сою́з 2) 양국은 군사동맹을 체결했다. — О́бе стра́ны заключи́ли вое́нный сою́з.
연상의	형 ста́рший [stárʃij] 〔비〕 ста́рше

	1) 맏아들 ста́рший сын
	2) 형은 공장에 근무한다. — Ста́рший брат рабо́тает на заво́де.
	3) 그는 상급기사로 일하고 있다. — Он рабо́тает ста́ршим инжене́ром.
연설	예 речь [r'étʃ']
	1) 구어 у́стная речь, 축사 приве́тственная речь
	2) 말은 인간의 능력 중에서도 가장 중요한 것이다. — Речь — са́мая гла́вная из челове́ческих спосо́бностей.
	3) 새로 나온 책이 화제가 되어 있다. — Речь идёт о но́вой кни́ге.
	4) 그는 대회에서 연설을 했다. — Он вы́стпил с ре́чью на съе́зде.
연습	중 упражне́ние [uprəʒ'nén'ijə]
	1) 잡지에는 기억력 향상을 위한 연습에 관한 논문이 실려 있다. — В журна́ле есть статья́ об упражне́ниях для разви́тия па́мяти.
연장	중 протяже́ние [prət'aʒ'enijə]
연전연승	побе́да за побе́дой
연주회	남 конце́рт [kantsért]
	1) 독주회 со́льный конце́рт, 바이얼린 협주곡 конце́рт для скри́пки.
	2) 어제 우리는 연주회에 갔다. — Вчера́ мы бы́ли на конце́рте.
연필	남 каранда́ш [kərandáʃ]

	1) 색연필 цветные карандаши́
	2) 나는 연필로 쓴다. — Я пишу́ карандашо́м.
연합	[형] соединённый [səjid'in'ónnij]
	1) 미합중국 Соединённые Шта́ты Аме́рики, 연합함대 соединённый флот.
	2) 그들은 힘을 합해 계획을 수행하고 있다. — Они́ соединёнными уси́лиями выполня́ют план.
연회장	банке́тный зал
열¹	[중]¹ [술]² [부]³ тепло́ [t'ıpló]
	1) 식물은 온도가 필수적이다. — Для расте́ний необходи́мо тепло́.
	2) 방안은 따뜻하다. — В ко́мнате бы́ло тепло́.
	3) 우리를 따뜻하게 반겼다. — Нас принима́ли тепло́.
	4) 나는 따뜻하다. — Мне тепло́.
열²	[남] ряд [r'at]
	1) 허다한 це́лый ряд, 선두에서 в пе́рвых ряда́х.
	2) 그들은 2열로 걸어갔다. — Они́ шли двумя́ ряда́ми.
	3) 몇가지 질문이 있습니다. — У меня́ к вам ряд вопро́сов.
열다	[불완] открыва́ть [atkrivát'] (([완] откры́ть))
	1) 창문을 열지 마세요, 춥습니다. — Не открыва́йте окна́, мне хо́лодно.
	2) 우리 도시에 새로운 대학이 설립되었다. — У

нас в го́роде откры́ли но́вый институ́т.
3) 누가 미대륙을 발견했는지 아십니까? — Вы зна́ете, кто откры́л Аме́рику?

열대지방	тропи́ческий по́яс
열리다	불완 открыва́ться [atkriváttsə]

1) 식당은 7시에 문을 연다. — Столо́вая открыва́ется в семь часо́в.
2) 사업에 눈을 떴다. — У меня́ откры́лись глаза́ о би́знесе.

열린   형 откры́тый [atkrítij]

1) 공개투표   откры́тое голосова́ние.
2) 나는 문을 열어 놓았다. — Я оста́вил дверь откры́той.
3) 공개회의가 시작되었다.
— Начало́сь откры́тое собра́ние.

열망   중 стремле́ние [str'ıml'én'ijə]

1) 행복의 갈망   стремле́ние к сча́стью
2) 기자가 되는 것이 나의 꿈이다. — Моё стремле́ние — быть журнали́стом.
3) 나는 성공과 명예를 쫓는 그의 집념을 좋아하지 않는다. — Мне не нра́вится его́ стремле́ние к успе́ху, к сла́ве.

열쇠   남 ключ [kl'utʃ']

1) 문제해결의 열쇠   ключ к реше́нию пробле́мы
2) 그는 문 열쇠를 잃었다. — Он потеря́л ключ от две́ри.

	3) 생활이 활기에 넘친다. — Жизнь бьёт ключо́м. 4) 땅속에 샘물이 솟아 오른다. — Из-под земли́ бьёт ключ.
염가의	형 дешёвый [dʹɪʃóvij] 〔비〕 деше́вле 1) 염가로 по дешёвой цене́ 2) 가을에 사과값은 싸다. — Осенью я́блоки быва́ют дешёвыми.
엽서	예 откры́тка [atkrítkə] 1) 나는 형에게서 모스크바 전경이 담긴 그림엽서를 받았다. — Я получи́л от бра́та откры́тки с ви́дами Москвы́.
영국	예 А́нглия [ánglija] 1) 영국인 англича́нин, 영국의 англи́йский 2) 그는 영어공부를 하고 있다. — Он изуча́ет англи́йский язы́к. 3 대영제국 Великобрита́ния.
영광	예 сла́ва [slávə] 1) 호평 до́брая сла́ва, 악평 дурна́я сла́ва. 2) 이 학자는 세계적 명성을 얻고 있다. — Этот учёный по́льзуется ми́ровой сла́вой. 3) 영웅들에게 영원한 영광을! — Ве́чная сла́ва геро́ям!
영리한	형 у́мный [úmnij] 1) 똑똑한 사람 у́мная голова́ 2) 그는 아주 영리한 사람이다. — Он о́чень у́мный челове́к.

영사	ко́нсул

1) 총영사 генера́льный ко́нсул
2 영사관 ко́нсульство

영주권	пра́во постоя́нного прожива́ния
영웅주의	герои́зм [giraízm]
영원한	형 ве́чный [v'étʃnij]

1) 영구적 평화 ве́чный мир, 만년필 ве́чное перо́
2) 이곳에서는 인간과 병마와의 끊임없는 싸움이 계속되고 있다. — Здесь идёт ве́чная борьба́ люде́й с боле́знями.

영웅	남[활] геро́й [g'ırój]

1) 우리 시대의 영웅 геро́й на́шего вре́мени, 사회주의 노동영웅 Геро́й социалисти́ческого труда́.
2) 모든 사람들이 전쟁영웅들을 환영하러 나갔다. — Все вы́шли встреча́ть геро́ев войны́.
3) 이 소설의 주인공이 누구냐 — Кто гла́вный геро́й э́того рома́на ?

영토	여 террито́рия [t'ır'ıtór'ijə]

1) 소련은 영토로 보면 세계최대의 국가였다. — Сове́тский сою́з был са́мое большо́е по террито́рии госуда́рство в ми́ре.

3 영토 владе́ние, 영해 территориа́льные во́ды.

영향	중 влия́ние [vl'iján'ijə]

	1) 좋은 영향　влаготво́рное влия́ние
	2) 자식에 대한 아버지의 영향은 대단한 것이다. — Влия́ние отца́ на сы́на велико́.
영향력	중 влия́ние [vlijánijə]
	1) 햇빛은 식물의 성장에 영향을 준다. — Со́лнечный свет ока́зывает влия́ние на рост расте́нии.
영혼	여 душа́ [duʃá]
	1) 마음속 깊이　в глубине́ души́, 비열한 인간　ни́зкая душа́, 겁쟁이　ро́бкая душа́, 진심으로　от всей души́.
	2) 나는 영적인 것을 믿지 않는다. — Я не ве́рю в ду́шу.
	3) 진심으로 당신의 행운을 기원합니다. — От души́ жела́ю вам сча́стья.
	4) 거리에 사람들이 없다. — На у́лице ни души́.
	5) 나는 어쩔줄 모르고 있다. — У меня́ душа́ не на ме́сте.
영화	남 фильм [f'il'm]
	1) 예술영화　худо́жественный фильм
	2) 이 영화는 도스토옙스키 소설을 영화화 하였다. — Фильм со́здан по рома́ну Ф. М. Достое́вского.
영화관	중 кино́ [k'inó]
	1) 오늘 영화관에 가자 — Дойдём сего́дня в кино́.
	2) 너는 영화와 연극 중에서 무엇을 더 좋아하

ни? — Что ты любишь больше, кино или театр?

| 영화관 | 명 **кинотеа́тр** [k'inɑt'ɪátr] |

1) 우리 동네 거리에는 영화관이 2개 있다. — На на́шей у́лице два кинотеа́тра.

| 옆구리 | 명 **бок** [bok] |

1) 나란히 бок о бок, 양쪽에 по бока́м.
2) 나는 옆구리가 아프다.
— У меня́ боли́т в боку́.
3) 자동차가 굴렀다. — Маши́на упа́ла на бок.

| 옆에¹ | 부 **ря́дом** [r'ádom] |

1) 나는 너와 함께 앉을래
— Я ся́ду ря́дом с тобо́й.
2) 나는 전에 대학 근처에서 살았다.
— Я жил ра́ньше ря́дом с институ́том.

| 옆에² | 부 **во́зле** [vóz'l'ɪ] |

1) 그는 우리와 가까이 살고 있다. — Он живёт во́зле нас.
2) 자동차가 집 근처에 섰다. — Маши́на остано́вилась во́зле до́ма.

| 옆으로 | 부¹ 전² **ми́мо** [m'íma] |

1) 아는 사람이 옆으로 지나갔다. — Ми́мо прошёл знако́мый.
2) 그는 내 곁을 지나갔다. — Он прошёл ми́мо меня́.

| 예 | 명 **приме́р** [pr'ɪm'ér] |

	1) 예를 들면 **на пример**, 교훈삼아 **для примéра**
	2) 그는 약간의 예를 들어 규칙을 설명했다. — Он объяснúл прáвило на нéскольких примéрах.
	3) 전례가 없는 일이다. — Этому не было примéра.
예를 들면	삽입 **напримéр** [nəprim'ér]
	1) 나는, 예를 들면, 이러한 꽃들을 좋아한다. — Я, напримéр, люблю́ э́ти цветы́.
예술	중 **искýсство** [iskústvə]
	1) 예술작품 **произведéние искýсства**
	2) 예술은 사회 의식형태의 하나이다. — Искýсство — однá из форм обще́ственного сознáния.
	3) 그는 기타연주 솜씨를 보여 주었다. — Он показáл своё искýсство в игрé на гитáре.
예술의	형 **худо́жественный** [xudóʒəs't'v'ınnij]
	1) 미술전람회 **худóжественная вы́ставка**
	2) 어제 우리는 극영화를 보았다. — Мы вчерá смотрéли худóжественный фильм.
	3) 그의 단편은 신선하고 예술적이다. — Его́ расскáзы бы́ли свéжи и худóжественны.
예의바른	형 **вéжливый** [véʒlivij]
	1) 사장 비서는 항시 방문객을 예의바르게 맞이한다. — Секретáрь дирéктора всегдá вéжлива с посетúтелями.
	2) 그는 예의바르게 인사를 하고 모두를 방으로

청했다. — Он вéжливо поздорóвался и приглаcи́л всех войти́ в кóмнату.

예전의   [형] **бы́вший** [bíffij]

1) 어제 나는 우연히 옛 상관을 만났다. — Вчера́ я случа́йно встрéтил своегó бы́вшего нача́льника.

옛날에   [부] **давнó** [davnó]

1) 오래간만 입니다. — Давнó не ви́делись !
2) 해는 오래전에 졌다. — Сóлнце ужé данó сéло.
3) 우리는 오래전부터 이 도시에서 살고 있다. — Мы давнó живём в э́том гóроде.

옛날의   [형] **стари́нный** [star'ínnij]

1) 골동품 стари́нные вéщи, 옛친구들 стари́нные друзья́.
2) 도심지에 옛 건물이 있다. — В цéнтре гóрода нахóдится стари́нное зда́ние.
[3] 옛적에 в старину́

5   [주] **пять** [p'át']

1) 그가 죽은지 벌써 5년이 흘렀다. — Прошлó ужé пять лет со дня егó смéрти.

5개년계획   [예] **пятилéтка** [p'ıt'ıl'étkə]

1) 우리는 5개년계획을 4년만에 완수했다. — Мы вы́полнили пятилéтку в четы́ре гóда.

오늘   [부] **сегóдня** [s'ıvód'n'ə]

오다

1) 오늘 아침 나는 편지를 받았다. — Сегодня утром я получил письмо.
2 오늘의 일 сегодняшняя работа.

오다　　　완 прийти [pr'ijt'] ((불완 приходить))

1) 나는 어제 늦게 귀가했다. — Вчера я пришёл домой поздно.
2) 봄이 왔다. — Пришла весна.
3) 우리는 합의에 도달했다. — Мы пришли к соглашению.
4) 보통 나는 6시에 귀가한다. — Обычно я прихожу домой в шесть часов.
5) 당신이 안계실 때 이반이 왔었다. — Без вас приходил Иван.

오랜　　　형 долгий [dólg'ij]

1) 싫증나는 일 долгая песня, 긴 겨울 долгая зима.
2) 그는 오랫동안 아팠다. — Он долгое время болел.
3) 그녀는 아주 오랫동안 전화를 했다. — Она очень долго разговоривала по телефону.

오르기　　남 подъём [padjóm]

1) 그들은 등산을 해서 피로했다. — Они устали при подъёме в гору.
2) 모임은 성황리에 마쳤다. — Собрание прошло с подъёмом.
3) 소비에트가 집권한 동안 국민의 문화수준이 크게 향상되었다. — За годы Советской власти произошёл большой подъём культурного уровня народа.

오르다   불완 подниматься [pədn'imáttsə] 《 완 подня́ться 》

1) 나는 계단을 오르는 것이 힘겹다. — Мне тяжело́ поднима́ться по ле́стнице.
2) 바람이 인다. — Ве́тер поднима́ется.
3) 식료품 가격이 폭등하고 있다. — Це́ны на проду́кы ре́зко поднима́ются.
4) 우리는 엘리베이터를 타고 10층으로 올라 갔다. — Мы подня́лись на ли́фте на деся́тый э́таж.
5) 그는 의자에서 일어섰다. — Он подня́лся со сту́ла.
6) 그는 열이 높아졌다. — У него́ подняла́сь температу́ра.

오른쪽에¹   부 спра́ва [správə]

1) 우익으로 부터의 비판 кри́тика спра́ва.
2) 내 책상은 창문 오른쪽에 있다. — Мой стол стои́т спра́ва от окна́.

오른쪽에²   부 напра́во [právə]

1) 내 오른쪽에 на пра́во от меня́, 되는 대로 напра́во и нале́во
2) 그녀는 오른쪽을 쳐다 보았다. — Она́ посмотре́ла напра́во.

오른쪽의   형 пра́вый [právij]

1) 우측 пра́вая сторона́, 우익정당 пра́вая па́ртия, 심복 пра́вая рука́.
2) 이 건물은 네바강 우측 연안에 있다. — Э́то зда́ние стои́т на пра́вом берегу́ Невы́.
3) 우리는 정의를 위해 싸우고 있다. — Мы

	бо́ремся за пра́вое де́ло. 4) 이 논쟁에서 그가 옳다. — Он прав в э́том спо́ре. 5) 당신이 전적으로 옳습니다. — Вы соверше́нно правы.
오목렌즈	во́гнутая ли́нза
500	주 пятьсо́т [p'ɪtsót] 1) 그곳에는 500명 이상의 사람이 모였다. — Там собрало́сь бо́лее пятисо́т челове́к.
50	주 пятьдеся́т [p'ɪd'd'ɪs'át] 1) 그는 50살이 채 안되었다. — Ему́ под пятьдеся́т.
오염	загрязне́ние [zəgr'azn'énijə] 1) 오염지역 загражённый райо́н
5월	남 май [mái] 1) 노동절 Пе́рвое ма́я 2) 5월말에 나는 모스크바에 갈 것이다. — В конце́ ма́я я бу́ду в Москве́.
오이	남 огуре́ц [agur'éts] 1) 그는 오이지를 아주 좋아한다. — Он о́чень лю́бит солёные огурцы́.
오직¹	조 лишь [l'íʃ] 1) 그는 오로지 당신만을 믿고 있다. — Он ве́рит лишь вам.

2) 그는 단지 사장 비서일 뿐이다. — Он лишь секретарь директора.
3) 집에 도착하자 자동차가 고장났다. — Лишь доехал до дома, машина сломалась.

오직²   튀 только [tól'kə]

1) 이제서야 только сейчас, 방금 только что
2) 나는 오로지 이것만 생각한다. — Я только об э́том и ду́маю.
3) 이제야 알겠다. — То́лько тепе́рь я по́нял.
4) 그는 학교에 와서야 이것을 생각해 냈다. — Он вспомнил об этом только тогда, когда пришёл в школу.
5) 이것은 시작에 불과하다. — Это только первые шаги.

오징어   каракатица [kərəkátitsa]

오토바이   мотоцикл [mətatsíkl]

오케스트라   남 оркестр [ark'éstr]

1) 학생들이 관현악단에서 연주를 한다. — В оркестре играют школьники.

오페라   예 опера [óp'ırə]

1) 나는 오페라를 즐긴다. — Я люблю слушать оперу

온갖   형 любой [l'ubój]

1) 낮이든 밤이든 언제나 в любой час дня и ночи, 모든 사람 любой человек

온갖		

2) 그는 언제든지 당신을 도와줄 것입니다.
— Он поможет вам в любое время.

온갖   대 всякий [fs'ák'ij]

1) 아무런 이익없이 без всякой пользы, 어쨌든 во всяком случае, 만약의 경우 на всякий случай.
2) 벼라별 사람들이 그것을 다 알고 있다.
— Всякий человек знает это.
3) 이곳에는 온갖 사람들이 다 들른다. — Здесь бывают всякие люди.
4) 그녀는 그의 말을 건성으로 듣고 있다.
— Она слушает его без всякого интереса.
5) 이것은 누구라도 할 수 있는 일이다.
— Всякий может это сделать.

온도   여 температура [t'ımp'ıratúrə]

1) 오늘은 기온이 높다. — Сегодня высокая температура.
2) 열이 있나요? — У вас есть температура?
3) 그는 체온이 높아졌다. — У него повысилась температура.

온천   горячие источники

옳게   뮈¹ 술² правильно [práv'il'nə]

1) 당신은 옳바르게 행동했습니다. — Вы поступили правильно.
2) 내 시계는 꼭 맞는다. — Мои часы идут правильно.

옳다   술¹ 뮈² верно [v'ernə]

1) 이것이 자작나무입니까? — Э́то берёза?
  그렇습니다. — Да, ве́рно.
2) 학생은 옳게 문제를 풀었다. — Ученик верно реши́л зада́чу.
3) 정말 옳다! — Э́то верно.

올림픽 [여] олимпиа́да [əlimpiáda]

옳은 [형] пра́вильный [práv'il'nij]

1) 정확한 발음 пра́вильное произноше́ние.
2) 그는 질문에 옳게 답했다. — Он дал прави́лный отве́йт на вопро́с.

~와 [접]¹ [조]² и [i]

1) 방은 넓고 밝았다. — Ко́мната была́ больша́я и све́тлая.
2) 이곳에 그 사람이 살았어요 — Здесь он и жил.
3) 이것은 아이들도 알 수 있는 일이다. — Э́то и де́тям поня́тно.
4) 나도야 간다. — И я пойду́.
5) 이것은 서글프기도 하고 또다른 한편으로는 우습기도 하다. — Э́то и гру́стно, и сме́шно.
6) 나는 이것에 대해 생각도 안해봤다. — Я и неду́мал об э́том.

완전히¹ [부] во́все [vófs'ɪ]

1) 나는 결코 여기에 대해 이야기한 적이 없다.
  — Я во́все не э́то сказа́л.
2) 그런 일은 전혀 생각해보지도 않았다.
  — Я во́все не ду́мал об э́том.

완전히² [부] по́лностью [pólnəs't'ju]

	1) 그들은 예정대로 작업을 완전히 마무리 했다. — Они́ по́лностью вы́полнили прога́мму. 2) 나는 전적으로 동감합니다. — Я по́лностью с ва́ми согла́сен.
완전히³	🄫 соверше́нно [səv'ɪrʃénnə] 1) 완전한 진실 соверше́нная пра́вда. 2) 전적으로 옳다. — Соверше́нно ве́рно. 3) 나는 더없이 건강하다. — Я соверше́нно здоро́в.
왜	🄫 почему́ [pətʃ'ɪmú] 1) 왜 너는 어제 우리 집에 오지 않았니? — Почему́ ты не зашёл ко мне вчера́? 2) 왠일인지 그는 오지 않았다. — Почему́-то он не пришёл.
왜냐하면	🄫 и́бо [íbə] 1) 잠을 청할 수가 없었다. 왜냐하면 마음이 괴로 웠기 때문이다. — Спать не хоте́лось, и́бо на душе́ бы́ло тяжело́.
외교관계	дипломати́ческие отноше́ния 1) 외교관 диплома́т
외국의	🄫 иностра́нный [inastránnij] 1) 외국어 иностра́нный язы́к, 외무성 министе́рство иностра́нных дел. 2) 탁자에는 외국상표의 맥주 3병이 있었다. — На столе́ стоя́ли три буты́лки с вино́м иностра́нных ма́рок.

| 외모 | [여] фигу́ра [fˈɪgúrə] |

1) 그녀는 용모가 빼어난다. — У неё хоро́шая фигу́ра.

| 외부의 | [형] вне́шний [vnˈeʃnˈij] |

1) 외모 вне́шний вид, 대외정책 вне́шняя поли́тика.
2) 외모만으로 판단하기는 어렵다.
  — По одному́ вне́шнему ви́ду суди́ть тру́дно.

| 외침 | [남] крик [krˈik] |

1) 구해달라고 외치는 소리 кри́ки о по́мощи, 최신 유행 после́дный крик мо́ды
2) 나는 이상한 외침소리를 들었다. — Я слы́шал стра́нный крик.

| 외투¹ | [중] пальто́ [palˈtó] |

1) 춘추용 외투 демисело́нное пальто́.
2) 당신 외투 얼마 주셨나요? — Ско́лько сто́ило ва́ше пальто́?

| 외투² | [여] шине́ль [ʃinˈélˈ] |

1) 나는 외투를 입은 경찰을 만났다.
  — Я встре́тил милиционе́ра в шине́ли.

| 왼쪽에 | [부] сле́ва [sˈlˈévə] |

1) 왼쪽에서 바른쪽으로 сле́ва напра́во.
2) 동생은 내 왼켠에 앉아 있었다. — Брат сиде́л сле́ва от меня́.

| 왼쪽으로 | 부 нале́во [nal'évə] |

1) 입구 좌측에 нале́во от вхо́да.
2) 우리 학교 왼쪽에는 공원이 있다. — Нале́во от на́шей шко́лы нахо́дится парк.

| 왼쪽의 | 형 ле́вый [l'évij] |

1) 왼팔 ле́вая рука́, 좌측 ле́вая сторона́.
2) 가위는 서랍 왼쪽 구석에 있다. — Но́жницы лежа́т в ле́вом углу́ я́щика.

| 요구 | 중 тре́бование [tr'ébəvən'ijə] |

1) 절실한 요구 настоя́тельное тре́бование, 사회의 문화적 수요 культу́рные тре́бования обще́ства.
2) 이 일은 시대의 요청에 부합하지 않는다. — Э́то не отвеча́ет тре́бованиям вре́мени.

| 요구하다 | 불완 тре́бовать [trébəvət'] 《 완 потре́бовать 》 |

1) 그들은 우리에게서 물질적 원조를 요청하고 있다. — Они́ тре́бует от нас материа́льной подде́ржки.
2) 그녀는 내가 그녀와 함께 있어 달라고 조르기 시작했다. — Она́ ста́ла тре́бовать, что́бы я оста́лся с ней.
3) 이 일은 각별한 주의를 요한다. — Э́та рабо́та тре́бует большо́го внима́ния.

| 요리 | 중 блю́до [bl'udo] |

1) 그녀는 신선한 야채와 함께 요리를 내왔다. — Она́ принесла́ блю́до со све́жими овоща́ми
2) 요리사 по́вар

요새 [여] кре́пость [kr'épəs't']

1) 40도의 보드카 во́дка с кре́постью в 40, 뻬드로 빠블롭스크 요새 Петропа́вловская кре́пость
2) 요새가 적군에 점령당했다. — Кре́пость была́ занята́ враго́м.

요소 [남] элеме́нт [el'ım'ént]

1) 사회의 진보적 요소 прогреси́вные элеме́нты о́бщества.
2) 모든 노래는 가사와 곡이라는 2가지 요소로 이루어져 있다. — Вся́кая пе́сня состои́т из двух элеме́нтов — из слов и му́зыки.

요청하다 [불완] проси́ть [pras'it'] 《 [완] попроси́ть 》

1) 그는 나의 도움을 청했다. — Он проси́л меня́ о по́мощи.
2) 당신이 내일 오셨으면 합니다. — Вас про́сят прийти́ за́втра.

욕심 [여] жа́дность [ʒátnəs't']

용감한 [형] сме́лый [s'm'élij]

1) 용감한 청년 сме́лый па́рень, 대담한 생각 сме́лая мы́сль.
2) 봐요, 얼마나 용감한 소년이예요, 높은 곳에서도 조금도 무서워하지 않아요 — Посмотри́, како́й сме́лый ма́льчик — совсе́м не бои́тся высоты́.

용구 [남] прибо́р [pr'ibór]

1) 화장 세트 туале́тный прибо́р, 차세트 чай

ный прибо́р, 10인분 식사 обе́д на 10 приборов

2) 우리 실험실에 새로운 전기기구가 들어왔다. — На́ша лаборато́рия получи́ла но́вые электри́ческие прибо́ры.

용기있는 [형] му́жественный [muʒ'ɪsv'ennij]

1) 강인한 성격 му́жественный хара́ктер.
2) 그는 남자다운 외모를 갖추었다. — У него́ му́жественная нару́жность.
3 용기 му́жество.
4 용기백배해서 с больши́м подъёмом.

용돈   карма́нные де́ньги.

용서하다¹ [완] извини́ть [iz'v'in'it']

1) 오랫동안 소식을 드리지 못해 죄송합니다. — Извини́те меня́ за до́лгое молча́ние.
2) 걱정을 끼쳐드려 죄송합니다. — Прошу́ извини́ть меня́ за беспоко́йство.

용서하다² [완] прости́ть [pras't'it'] (([불완] проща́ть))

1) 죄송합니다. — Прости́те, пожа́луйста.
2) 용서 проще́ние

우거진 [형] густо́й [gustój]

1) 우거진 나무가지로 햇빛이 거의 들지 않는다. — Че́рез густы́е ве́тки дере́вьев лучи́ со́лнца почти́ не проника́ли.

우두머리 [남] [여] 〔활〕 глава́ [glavá]

1) 어머니가 가장이었다. — Главо́й семьи́ в до

ме была́ мать.
2) 나는 아직 이 장(章)까지 손대지 못했다.
— Я ещё не дошёл до э́той главы́.

우리 [대] 〔인칭〕 мы [mí]

1) 우리는 극장에 간다. — Мы пойдём в теа́тр.
2) 우리는 학교에서 공부한다. — Мы у́чимся в шко́ле.

우리의 [대] 〔소유〕 наш [naʃ]

1) 우리 도시는 매우 아름답다. — Наш го́род о́чень краси́в.
2) 이 일은 우리와는 관계없다. — Э́то не на́ше де́ло.

우연히 [부] случа́йно [slutʃ'ájnə]

1) 나는 우연히 계산상의 실수를 발견했다.
— Я случа́йно обнару́жил оши́бку в расчёте.
② 우연한 상봉 случа́йность встре́чи.
③ 뜻하지 않은 실수 случа́йная оши́бка, 돌발적인 현상 случа́йное явле́ние.

우유 [중] молоко́ [məlakó]

1) 아주 어렸을 때부터 с молоко́м ма́тери
2) 그는 우유 한잔을 다마셨다. — Он вы́пил стака́н молока́.

우익정당 пра́вая па́ртия

우정 [여] дру́жба [drúʒbə]

1) 그들은 아주 친한 사이다. — Они́ в большо́й

дру́жкбе.
2) 그들의 우정은 아주 어려서부터 시작되었다.
— Их дру́жба начала́сь ещё в де́тстве.
3) 우호국 дру́жественное госуда́рство, 우호조약 догово́р о дру́жбе.

우주의   형 косми́ческий [kas'm'ítʃ'ıskij]

1) 우주선 косми́ческий кора́бль, 우주비행 косми́ческий полёт.
2) 오늘 새로운 우주선이 발사되었다. — Сего́дня вы́пустили но́вый кора́бль.
[3] 우주비행사 космона́вт, 우주 ко́смос

우체국   여 по́чта [pótʃ'tə]

1) 군사우편 вое́нная по́чта, 항공우편 возду́шная по́чта, 속달우편 спе́шная по́чта
2) 나는 우체국에서 우표와 봉투를 사려고 합니다. — Я хочу́ купи́ть ма́рки и конве́рты на по́чте.
3) 나에게 온 우편물이 있습니까? — Есть ли для меня́ по́чта?
[4] 우체부 почтальо́н.

우표   여 ма́рка [márkə]

1) 최고급품 вы́сшей ма́рки
2) 형은 오래전부터 우표를 수집하고 있다.
— Брат уже́ давно́ собира́ет ма́рки.
3) 그는 신형차를 샀다. — Он купи́л маши́ну но́вой ма́рки.

운동¹   중 движе́ние [d'v'iʒén'ijə]

1) 교통법규 пра́вила у́личного движе́ния, 민

족해방운동 национа́льно — освободи́тельное движе́ние, 노동운동 рабо́чее движе́ние.
2) 분자의 운동속도는 물체의 온도에 좌우된다. — Ско́рость движе́ния моле́кул зави́сит от температу́ры те́ла.
3) 거리에는 많은 차들이 다닌다. — На у́лице большо́е движе́ние
4) 평화운동에 유명작가들이 참여하고 있다. — В движе́нии за мир уча́ствуют изве́стные писа́тели.

운동² [남] спорт [spórt]

1) 동계 스포츠 зи́мний спорт
2) 어떤 운동을 하십니까? — Каки́м ви́дом спо́рта вы занима́етесь?
[3] 운동선수 спортсме́н

운동의 [형] спорти́вный [spart'ívnij]

1) 운동장 спорти́вная площа́дка, 운동기구 спорти́вный инвента́рь.
2) 관심을 끄는 시합이 오늘 시작된다.
— Сего́дня начну́тся интере́сные спорти́вные соревнова́ния.

운명 [여] судьба́ [sud'bá]

1) 팔자소관 по во́ле судьбы́, 인류의 장래 судьба́ челове́чества, 운명의 장난 иро́ния судьбы́.
2) 나는 친구가 어떻게 되었는지 전혀 모른다. — Я ничего́ не зна́ю о судьбе́ дру́га.
3) 할머니는 힘들게 살아 오셨다. — У ба́бушки была́ тру́дная судьба́.

| 운반하다 | 356 |

운반하다¹ 불완 везти́ [v'ıs't'i]

1) 저 트럭이 도시로 우유를 운송하고 있다.
— Вот грузови́к везёт молоко́ в го́род.
2) 환자를 병원으로 옮겨야 한다. — Больно́го на́до везти́ в больни́цу.

운반하다² 불완 〔부정〕 вози́ть [vaz'ít']

1) 버스는 시내에서 승객을 모신다. — Авто́бусы во́зят пассажи́ров по го́роду.
② 운송 перево́зка.

운전기사 남 〔활〕 шофёр [ʃaf'ór]

1) 내 이웃은 택시 기사이다. — Мой сосе́д рабо́тает шофёром такси́.
② 운전자 води́тель

운하 남 кана́л [kanál]

1) 외교경로 дипломати́ческий кана́л.
2) 우리나라에서는 많은 운하가 건설되어 있다.
— В на́шей стране́ постро́ено мно́го кана́лов.
3) 운하의 물을 들에 대고 있다. — Вода́ из кана́ла идёт на поля́.

울다 불완 пла́кать [plákət']

1) 그녀가 어째서 울고 있니? — Почему́ она́ пла́чет?

움직이다 불완 дви́га́ться [d'v'ígəttsə]

1) 기선이 볼가강을 따라 상류로 천천히 움직이고 있다. — Паро́хо́д ме́дленно дви́жется

вверх по Во́лге.

2) 내 발이 움직여지지 않는다. — Но́ги у меня́ не двига́лись.

움켜쥐다   완 захвати́ть [zəxvat'ít']

1) 그는 권력을 장악했다. — Он захвати́л вла́сть в свои́ ру́ки.
2) 나는 책에 흠뻑 빠졌다. — Кни́га меня́ захвати́ла.

웃다¹   불완 смея́ться [s'm'ıjáttsə]

1) 우리는 눈물이 나도록 웃었다.
 — Мы смея́лись до слёз.
2) 모든 사람들이 돌아서서 그를 비웃는다.
 — Над ним все смею́тся за спино́й.
3) 마지막에 웃는 자가 진짜 웃는 자이다. — Хорошо́ смеётся тот, кто смеётся после́дним.

웃다²   완 засмея́ться [zəs'm'ıjáttsə]

1) 내가 그 이야기를 했더니 그는 크게 웃기 시작했다. — Он гро́мко засмея́лся, когда́ я ему́ э́то сказа́л.

웃음   남 смех [s'm'éx]

1) 커다란 웃음소리 гро́мкий смех, 폭소 взрыв сме́ха.
2) 우리는 옆방에서 나오는 즐거운 웃음소리를 들었다. — Мы услы́шали весёлый смех из сосе́дней ко́мнаты.
3) 나에게는 웃을 일이 아니다. — Мне не до сме́ха.

| 원 | 남 круг [krúk] |

1) 지배계층 правящие круги́, 정치권 полити́ческие круги́, 군부 вое́нные круги́, 문학계 литерату́рные круги́.
2) 아이들은 동그라미를 그렸다. — Де́ти обра́зовали круг.
3) 그것은 내 관심 밖이다. — Э́то не вхо́дит в круг мои́х интере́сов.

원가	себесто́имость [sibistójmost']
원고	ру́копись [rúkəpic']
원료	сырьё [sir'ó]
원산지	ме́сто происхожде́ния
원시림	де́вственный лес
원인	예 причи́на [pr'itʃ'ínə]

1) 아무런 근거도 없이 без вся́кой причи́ны
2) 그녀는 까닭없이 울고 있다.
 — Она́ пла́чет без причи́ны.
3) 화재의 원인을 규명하지 못했다.
 — Не удало́сь установи́ть причи́ну пожа́ра.

| 원자 | 남 а́том [átəm] |

1) 원자력은 평화적인 목적으로 이용되어야 한다. — А́томную эне́ргию ну́жно исполвзовать в ми́рных це́лях.
2) 원자는 분자를 형성한다. — А́томы образу́ет моле́кулы.
3) 원자력 발전소 а́томно-силова́я станц-

ия, 핵병기 а́томное ору́жие, 원자탄 а́томная бо́мба.

원점으로 | 부 | обра́тно [abrátnə]

1) 왕복차표 биле́т туда́ и обра́тно.
2) 갈 때는 빨리 갔지만 돌아올 때는 천천히 왔다. — Туда́ мы е́хали бы́стро, а обра́тно ме́дленно.
3) 귀로 обра́тный путь, 달의 뒷면 обра́тная сторона́ луны́.

원천 | 남 | исто́чник [istótʃ'n'ik]

1) 온천 горя́чий исто́чник, 뉴스의 출처 исто́чник новосте́й.
2) 그녀는 샘물을 마신다. — Она́ пьёт во́ду из исто́чника.
3) 책은 지식의 근원이다. — Кни́га — исто́чник зна́ний.

원칙 | 남 | при́нцип [pr'íntsip]

1) 상대성 원리 при́нцип относи́тельности, 만유인력의 법칙 при́нцип всеми́рного тяготе́ния, 원칙적으로 в при́нципе.
2) 이것은 나의 원칙에 어긋난다. — Э́то про́тив мои́х при́нципов.
3) 사회주의 원칙은 《각자는 능력에 따라 일하고 노동에 따라 분배받는다》이다 — При́нцип социали́зма : 《От ка́ждого — по спосо́бности, ка́ждому по труду́》

원하다 | 완 | захоте́ть [zəxat'ét']

1) 그는 자기가 원하면 올 것이다. — Он придёт,

원하다

если захо́чет.
2) 대지는 원하는 모든 것을 내 준다. — Земля́ даёт всё, чего́ захо́чешь.

원하다 　불완 хоте́ть [xat'ét']

1) 원하든 말든　хо́чешь не хо́чешь
2) 차를 하시겠어요, 아니면 커피? — Что вы хоти́те, чай и́ли ко́фе?
3) 그녀는 교사가 되려 한다. — Она́ хо́чет стать учи́тельницей
4) 나는 그녀가 되도록 빨리 일을 마쳤으면 한다. — Я хочу́, что́бы она́ ко́нчила рабо́ту как мо́жкно скоре́е.
5) 우리는 모든 것이 다 이루어지길 바란다. — Мы хоти́м, что́бы всё испо́лнилось.

월요일 　남 понеде́льник [pən'ɪd'él'n'ik]

1) 매주 월요일은 박물관이 휴관이다. — По понеде́льникам музе́й не рабо́тает.

웨이터 　남 официа́нт [af'itsiánt]

1) 우리는 웨이터에게 메뉴를 갖다 달라고 했다. — Мы попроси́ли у официа́нта меню́.
2) 그의 아내는 식당에서 여급으로 일한다. — Его́ жена́ рабо́тает офиа́нткой в рестора́не.

위대한 　형 вели́кий [v'ɪl'iij]

1) 위인 вели́кий челове́к, 민주주의의 위대한 승리 вели́кие побе́ды демократи́зма, 열강 вели́кие держа́вы, 제2차 세계대전 Вели́кая Оте́чественная Война́.

2) 우리는 이 위대한 목표를 위해 모든 것을 해냈다. — Мы сделали всё для этой великой цели.

3) 매우 기쁘게도 그는 집에 있었다. — К великой моей радости, он оказался дома.

4) 이 장화는 나에게 너무 크다. — Эти сапоги мне велики.

5 노소를 불문하고 **от мáла до велика**.

위로   早 **вверх** [v'v'erxú]

1) 그는 계단을 따라 올라갔다. — Он шёл вверх по лестнице.

2) 모든 것이 역전되었다. — Всё пошло вверх дном.

위성   명 **спутник** [spút'n'ik]

1) 지구 인공위성 **искуственный спутник Земли**.

2) 달은 지구의 위성이다. — Луна — спутник Земли.

3) 인공위성의 도움으로 인간은 우주공간을 연구하고 있다. — С помощью спутников человек изучает космическое пространство.

위스키   **виски** [víski]

위에¹   전 **на** [nə]

1) 책은 책상 위에 있다.
 — Книга лежит на столе.

2) 벽에 지도가 걸려있다.
 — На стене висит карта.

3) 여름에 그들은 바닷가에 다녀왔다. — Летом

~위에

они́ бы́ли на мо́ре.
4) 남쪽은 벌써 따뜻하지만 북쪽은 아직 쌀쌀하다. — На ю́ге уже́ тепло́, а на се́вере ещё хо́лодно.
5) 나는 큰 공장에 근무한다.
— Я рабо́таю на большо́м заво́де.
6) 우리는 그곳에 차를 타고 갈 것이다.
— Мы е́дем туда́ на маши́не.
7) 그녀는 책상위에 편지를 놓았다.
— Она́ положи́ла письмо́ на стол.
8) 창문이 남쪽으로 나 있다.
— О́кна выхо́дят на юг
9) 나는 까프까즈에 가려한다.
— Я собира́юсь пое́хать на Кавка́з.

10) 제 질문에 답해 주세요
— Отвеча́йте на мой вопро́с.

11) 나는 그보다 1살 위이다.
— Я на год ста́рше его́.

12) 우리는 한달 업무계획을 세웠다. — Мы соста́вили план рабо́ты на ме́сяц.

13) 우리들에게 커다란 책임이 부여되고 있다.
— На нас возлага́ется больша́я отве́тственность.

14) 그는 이곳에 배를 타고 왔다.
— Он прие́хал сюда́ на парохо́де.

~위에² 전 над [nad/nat]

1) 비행기가 도시상공을 날고 있다. — Самолёт лети́т над го́родом.
2) 지금 나는 논문작업을 하고 있다. — Сейча́с я рабо́таю над статьёй.

위에³   뷔 вверху́ [v'v'erxú]

1) 선반 위에 책이 놓여 있다. — Вверху́ на по́лке лежа́т кни́ги.

위원회   여 коми́ссия [kam'ís'ijə]

1) 선거위원회 избира́тельная коми́ссия
2) 그는 군비축소특위 위원이다. — Он член специа́льной коми́сии по разоруже́нию.

위원회   남 комите́т [kəm'it'et]

1) 예산위원회 бю́джетный комите́т, 국방위원회 госуда́рственный комите́т оборо́ны.
2) 옐찐은 소련공산당 중앙위원회를 해산했다. — Э́льцын распу́стил Центра́льный Комите́т КПСС.

위치   여 пози́ция [paz'ítsijə]

1) 중국에 대한 한국의 태도 пози́ция Коре́й по отноше́нию к Кита́ю..
2) 그는 평화를 지지한다. — Он стои́т на пози́ции ми́ра.
3) 이 문제에 대한 나의 입장은 변하지 않았다. — Моя́ пози́ция по э́тому вопро́су не измени́лась.

~(를) 위하여   전 ра́ди [rád'i]

1) 정의로운 사업을 위해 ра́ди справедли́вого де́ла,
2) 나를 위해 이 일을 해주시오 — Сде́лайте это ради меня.
3) 무엇 때문에 그곳에 가야 합니까? — Чего ра́ди я туда пойду́?

위한	전 для [dl']

1) 어째서 **для чего**, 형식상 **для вида**.
2) 이곳은 어린이를 동반한 승객용 좌석입니다.
— Это места для пассажиров с детьми.
3) 무엇 때문에 이일을 합니까? — Для чего вы это делаете?

위험	여 опасность [apásnəs't']

1) 생명의 위험을 무릅쓰고 **с опасностью для жизни**
2) 그는 이제서야 자신이 처해 있는 상황이 아주 위험하다는 것을 깨달았다. — Он только сейчас понял всю опасность своего положения.

위험한	형 опасный [apásnij]

1) 위험구역 **опасный район**, 심상치 않은 사태 발전 **опасное развитие ситуации**, 위험한 사상 **опасная идея**.
2) 이것은 전혀 위험한 병이 아니다. — Это совсем не опасная болезнь.
3) 길이 위험해서 자동차들이 서서히 다녔다.
— Машины ехали медленно : дорога была опасной.

위협	여 угроза [ugrózə]

1) 전쟁위험 **угроза войны**, 위험한 상황 **угрожающее положение**
2) 그의 목소리는 분명히 협박조로 들렸다.
— В его голосе звучала прямая угроза.
3) 여름은 너무 더워서 산불의 위험이 많았다.

— Ле́то бы́ло о́чень жа́рким, появи́лась угро́за лесны́х пожа́ров.

유감   중 сожале́ние [səsal'én'ijə]

1) 유감스럽게도   к сожале́нию
2) 나는 아무런 유감없이 그곳을 떠났다.
 — Я уе́хал отту́да без вся́кого сожале́ния.
3) 그는 동정심에서 그 일을 했다. — Он сде́лал э́то из сожале́ния.

유년시절   중 де́тство [d'etstvə]

1) 소꿉동무   друг де́тства, 어린시절 в де́тстве
2) 나는 그가 어렸을 때 부터 잘 안다. — Я зна́ю его́ с де́тства.

유람선   экскурсио́нный парохо́д

유리   중 стекло́ [s't'ıkló]

1) 확대경   увеличи́тельное стекло́
2) 문은 유리로 되어 있다. — Дверь сде́лана из стекла́
3) 유리병 стекля́нная ва́за, 무표정한 눈초리 стекля́нные глаза́.

유명한   형 знамени́тый [znəm'ınítij]

1) 파티에서 유명한 시인이 연설을 했다.
 — На ве́чере вы́ступил знамени́тый по́эт.

유물론   남 материали́зм [mət'irialízm]

1) 유물변증법   диалекти́ческая материали́зм

유상으로	с компенса́цией
유서	중 завеща́ние [zəv'ıʃ'ʃ'ánijə]
유엔	ООН
유연탄	битумино́зный у́голь
6월	남 ию́нь [ijún']

1) 6월에 학생들은 시험에 합격했다.
— В ию́не студе́нты сда́ли экза́мены.
2) 6월초는 건조하고 더웠다.
— Нача́ло ию́ня бы́ло сухи́м и жа́рким.

유익한 형 поле́зный [pal'éznij]

1) 이것은 그에게 유익했다. — Э́то оказа́лось для него́ поле́зным.
2) 바다공기는 건강에 좋다. — Морско́й во́здух поле́зен для здоро́вья.

유일한 형 еди́нственный [jɪd'ín's't'v'ınnij]

1) 독자 еди́нственный сын.
2) 그는 외아들이었다. — Он был еди́нственным ребёнком в семье.

유전	нефтено́сные поля́
유전공학	ге́нная инжене́рия
유조선	남 та́нкер [tánk'ir]
유지하다	완 сохрани́ть [səxran'ít']

1) 이것을 나에 대한 추억으로 간직하세요

— Сохрани́те э́то на па́мять обо мне.
2) 그는 죽을 때까지 비밀을 지켰다. — Он сохрани́л та́йну до сме́рти.
3) 창고에 사과가 잘 보존되어 있었다. — Я́блоки на скла́де хорошо́ сохрани́лись.

유치원	де́тский сад
유태인	남 евре́й [ivréj]
유행	여 мо́да [módə]

1) 요즈음은 그러한 모자가 유행이다.
— Тепе́рь така́я шля́па в мо́де.
2) 그는 툭하면 다투는 버릇이 생겼다.
— Он взял мо́ду ссо́риться.

6   주 шесть [ʃ'es't']

1) 나는 3시부터 6시까지 그곳에 있겠다.
— Я бу́ду там от трёх до шести́ часо́в.

600   주 шестьсо́т [ʃissót]

1) 모스크바와 뻬쩨르부르그의 거리는 600km이상 떨어져 있다. — Расстоя́ние ме́жду Москво́й и Петербу́ргом бо́льше шестисо́т киломе́тров.

60   주 шестьдеся́т [ʃəz'd'ıs'át]

1) 이 도시의 인구는 6만이다. — Населе́ние э́того го́рода составля́ет шестьдеся́т ты́сяч челове́к.

육체적인   형 физи́ческий [f'iz'ítʃ'ısk'ij]

	1) 물리실험실 физический кабинéт, 육체노동 физи́ческий труд, 체육 физи́ческая культýра. 2) 그들은 물리실험을 한다. — Они произвóдят физи́ческие óпыты. 3) 그녀는 체육대학에 근무한다. — Онá рабóтает в институ́те физи́ческой культýры.
윤리학	э́тика
은메달	серéбряная медáль
은반지	серéбряное кольцó
은하수	Млéчный Путь
은행	남 банк [bánk] 1) 외환은행 валю́тный банк 2) 나는 은행에 가야 한다. — Мне надо пойти́ в банк.
음료	남 напитóк [nəpitók]
음료수	питьевáя водá
음속	скóрость звýка
음악	예 мýзыка [múzikə] 1) 민족음악 национáльная мýзыка, 기악과 성악 мýзыка и пéние 2) 나는 라디오로 음악을 듣고 있다. — Я слу́шаю мýзыку по рáдио. 3) 젊은이는 최신의 노래를 좋아한다.

— Моложёдь лю́бит совреме́нную му́зыку.

[4] 음악성 музыка́льность.

의악적   [형] музыка́льный [muzikáal'nij]

1) 뮤지컬 музыкальна́я дра́ма, 반주 музыка́льное сопровоже́ние.
2) 그 여자는 음악학교에 입학했다. — Она́ поступи́ла в музыка́льную шко́лу.
3) 그는 음악적 재능이 대단하다. — Он о́чень музыка́лен.

의견   [중] мне́ние [mn'én'ijə]

1) 사회여론 обще́ственное мне́ние
2) 나의 의견으로는 그가 옳지 않다.
— По моему́ мне́нию, он не прав.
3) 나는 당신의 친구를 좋게 생각한다.
— Я хоро́шего мне́ния о ва́шем дру́ге.

의논   [중] обсужде́ние [əbsuz'enijə]

1) 젊은 전문가의 학술논문에 대한 토론이 흥미롭게 진행되었다. — Обсужде́ние нау́чной статьи́ молодо́го специали́ста прошло́ интере́сно

의료기구   медици́нские инструме́нты

의무   [남] долг [dólk]

1) 나는 이것을 나의 의무라고 생각한다.
— Я счита́ю э́то свои́м до́лгом.
2) 그는 거액의 부채가 있다.
— У него́ бы́ли больши́е долги́.

의미   [중] значе́ние [znatʃ'én'ijə]

의복

1) 이 단어의 의미를 나는 명백히 이해하고 있다.
— Значе́ние э́того сло́ва мне я́сно.
2) 스포츠는 건강에 커다란 의미를 가진다.
— Спорт име́ет огро́мное значе́ние для здоро́вья.

~의미이다   불완 разуме́ться [rəzum'éttsə]

1) 이 말은 무슨 뜻입니까? — Что разуме́ется под э́тим сло́вом?
2) 말할 필요도 없이 우리들은 우리 조국을 사랑한다. — Мы, разуме́ется, лю́бим свою́ ро́дину.

③ 현명한 행동   разу́мную посту́пок.

의미하다¹   불완 означа́ть [aznatʃ'át']

1) 이 글자들은 무엇을 뜻하나요?
— Что означа́ют э́ти бу́квы?
2) 이 표시는 이곳이 주차엄금 지역이라는 뜻이다. — Э́тот знак означа́ет, что здесь нельзя́ оставля́ть маши́ну.

의미하다²   불완 зна́чить [znátʃ'it']

1) 그러니까 당신은 아무것도 보지 못했단 말이지요? — Зна́чит вы ничего́ не ви́дели?
2) 이것은 무슨 의미입니까? — Что э́то зна́чит?
3) 그것은 네가 옳다는 뜻이다. — Э́то зна́чит, что ты прав.

의복¹   여 оде́жда [ad'éʒdə]

1) 기성복   гото́вая оде́жда
2) 작업복은 간편해야 한다. — Рабо́чая оде́жда должна́ быть лёгкой.

의복²	남 костю́м [kast'um]
	1) 이브닝 드레스 вече́рный костю́м, 정장 пара́дный костю́м.
	2) 그는 새 양복을 입고 왔다. — Он пришёл в но́вом костю́ме.
의사	남 (활) врач [vrátʃ']
	1) 소아과 의사 де́тский врач, 군의관 вое́нный врач, 주치의 ле́чащий врач
	2) 그녀의 어머니는 소아과 병원 의사이다. — Её мать рабо́тает врачо́м в де́тской поликли́нике.
의식	중 созна́ние [saznán'ijə]
	1) 그녀는 의식을 잃었다. — Она́ потеря́ла созна́ние.
의심	중 сомне́ние [samn'én'ijə]
	1) 의심의 여지없이 без сомне́ния
	2) 여기에는 의심의 여지가 없다. — В э́том нет сомне́ния.
	3) 그가 재능이 있다는 사실은 의문의 여지도 없다. — Нет сомне́ния, что он тала́нтлив.
	4) 이 일은 의심할 바도 없다. — В э́том не мо́жет быть никако́го сомне́ния.
의안	законопрое́кт
의약품	медикаме́нты
의원	член парла́мент
의자	남 стул [stúl]

의장	372

1) 그는 의자에 앉았다. — Он сиде́л на сту́ле.
2) 책상주위에 예쁜 의자들이 있다. — Вокру́г стола́ стоя́ли краси́вые сту́лья.

의장   [남] [활] председа́тель [pr'its'ıdát'ıl']

1) 회의의장 председа́тель собрании(заседа́ния), 재판장 председа́тель суда́.
2) 아버지는 콜호즈 의장이었다. — Оте́ц был председа́телем колхо́за.
3) 회의에서 공장 노조위원장이 연설을 했다. — На совеща́нии вы́ступил председа́тель профсою́зного комите́та заво́да.

의존하다   [불완] зави́сеть [zav'ís'ıt']

1) 모든 것이 당신에게 달렸습니다.
 — Всё зави́сит от вас.
2) 사업의 성공은 우리에게 달렸습니다.
 — Успе́х де́ла зави́сит от нас.
3) 이 일은 그가 어떻게 하는 가에 달려있다.
 — Э́то от того́ зави́сит, как он э́то сде́лает.

의지   [여] во́ля [vól'ə]

1) 자신의 뜻대로 по свое́й во́ле, 자기 뜻과는 달리 про́тив во́ли.
2) 그녀는 자신의 뜻과는 상관없이 이 일을 했다.
 — Она́ сде́лала э́то про́тив свое́й во́ли.
3) 소녀는 새를 자유롭게 풀어 주었다.
 — Де́вочка вы́пустила пти́цу на во́лю
4) 이것은 당신 뜻에 달렸다.
 — Э́то в ва́шей во́ле.

의학   медици́на [m'iditsínə]

이 　　　[대] э́тот [étət]

1) 나는 이 단편을 아는데 아주 재미있어 — Я зна́ю э́тот расска́з, он о́чень интере́сный.
2) 그날 우리는 모두 그의 집에 모였다.
 — В э́тот день мы все собрали́сь у него́.
3) 이 아이는 10살이고 저 아이는 12살이다.
 — Э́той де́вочке де́сять лет, а той — двена́дцать.
4) 그는 바로 이 순간에 떠났다. — В э́тот са́мый моме́нт он ушёл.

이　　　[대] (지시) сей [s'éj]

1) 이 때까지 до сего́ вре́мени, 지금까지 до сих пор, 즉시 сию́ мину́ту.
2) 아직까지 나는 답장을 받지 못했다.
 — До сих пор я не получи́л отве́та.

이것　　[대]¹ [조]² э́то [étə]

1) 그건 오래전 일이다. — Э́то бы́ло давно́.
2) 나는 이것을 믿지 않는다.
 — Я э́тому не ве́рю.
3) 이 사람은 누구입니까? — Кто э́то?
4) 노력, 그것은 재능이다.
 — Труд — э́то тала́нт.
5) 바로 당신을 내가 어제 공원에서 만났단 말이오? — Э́то вас я встре́тил вчера́ в па́рке?
6) 이것이 그가 당신이 한 짓을 염두에 둔거요?
 — Э́то он ваш потсу́пок име́ет в виду́?
7) 도대체 그 사람은 무슨 일을 그렇게 하는거야? — Что э́то он всё де́лает?

이기다　　[완] выи́грывать [viigr'lvət']

이기주의	1) 친구는 장기를 두면 항상 나를 꺾는다. — Друг всегда́ вы́игрывает у меня́ в ша́хматы.
이기주의	эгои́зм
~이다	완 оказа́ться [akázattsə] ((불완 ока́зываться)) 1) 그는 훌륭한 선수였다. — Он оказа́лся хоро́шим спортсме́ном. 2) 나와 그 사람은 학교에서 같이 공부한 사이이다. — Оказа́лось, что мы с ним вме́сте учи́лись в шко́ле. 3) 호텔에 빈 방이 없었다. — В гости́нице не оказа́лось свобо́дных номеро́в. 4) 그는 경험이 풍부한 사람이었다. — Он оказа́лся о́пытным челове́ком. 5) 알고 보니 우리는 대학동기였다. — Ока́зывается, что в одно́ вре́мя учи́лись в институ́те.
이동식	형 передвижно́й [p'ir'idviznój] ① 늦가을에는 강에서 기선운항이 금지된다. — Передвиже́ние парахо́дов по реке́ прекраща́ется по́здней о́сенью.
이력서	여 автогра́фия [əftagráfija]
이용하다	불완 по́льзоваться [pól'zəvattsə] 1) 그는 아직도 사전을 찾을 줄 몰랐다. — Он ещё не уме́ет по́льзоваться словарём. 2) 그의 소설은 대성공이다. — Его́ рома́н

пользуется большим успехом.
3) 그는 당내에서 상당한 세력을 거느리고 있다. — Он пользуется большим влиянием в своей партии.

이론   여 теория [t'iór'ijə]

1) 인식론 теория познания, 상대성 원리 теория относительности.
2) 이론은 실제에 강한 영향을 미친다. — Теория имеет очень сильное влияние на практику.
3) 내 이웃은 음악이론 전문가이다. — Мой сосед — специалист по теории музыки.

이루다   완 불완 образовать [abrəzavát']

1) 도로가 원형으로 되어 있다. — Дорога образует круг.
2) 이 문제 때문에 위원회가 구성되었다. — Для этого повода образовали комиссию.
3) 대학에 외국어 야간과정이 생겼다. — В институте образовали вечерние курсы иностранных языков.

이름   중 имя [ím'ə]

1) 이름이 알려진 사람 человек с именем, 명성 доброе имя, 명사 имя существительное, 형용사 имя прилагательное.
2) 당신의 이름이 무엇입니까?
   — Как ваше имя?
3) 톨스토이의 이름은 전세계가 잘 안다. — Имя Толстого хорошо знают во всём мире.
4) 그는 세계적인 명성을 가진 학자이다. — Он учёный с мировым именем.

| 이마 | 남 лоб [lóp] |

1) 넓은 이마 высóкий лоб
2) 머리카락이 이마로 내려와 있다. — Вóлосы упáли на лоб.

| 이빨 | 남 зуб [zúp] |

1) 어금니 корéнные зýбы, 칫솔 зубнáя шётка, 치약 зубнáя пáста
2) 눈에는 눈, 이에는 이 — Óко за óко, зуб за зуб.
3) 나는 이가 아프다. — У меня́ боли́т зуб.
4) 나는 오른쪽 세번째 윗니가 아프다. — У меня́ боли́т трéтий вéрхний зуб спрáва.

| 200 | 수 двéсти [d'v'ést'i] |

1) 우리는 역에서 200m 떨어진 곳에 있었다. — Мы находи́лись в двухстáх мéтрах от стáнции.

| 이번의 | 형¹ 복² дáнный [dánnij] |

1) 이 경우에 в дáнном слýчае.
2) 지금 그는 아무도 만나지 않는다. — В дáнном момéнт он никогó не принимáет.
3) 그는 많은 자료를 토대로 결론을 얻어냈다. — Он сдéлал вы́вод на основáнии мнóгих дáнных.

| 이상적 | 형 идеáльный [id'iálinij] |

| 이별 | расставáние [rəstavánijə] |

| 이성적 | 형 разýмный [rəzúmnij] |

| 이상하게 | 甲¹ 술² **стра́нно** [stránnə] |

1) 이것은 이상하게 들린다.
— Э́то звучи́т стра́нно.
2) 당신이 여기에 대해 전에 생각해보지 않았다는 것은 이상합니다. — Стра́нно, что вы об э́том ра́ньше не поду́мали.
3) 그는 이상한 행동을 한다. — Он ведёт себя́ стра́нно.
4) 젊은이는 이상한 모습을 하고 있다. — Па́рень име́л стра́нный вид.
5 괴짜 челове́к со стра́нностями.

| 이슬 | 여 **роса́** [rasá] |

| 20 | 주 **два́дцать** [dváttsət'] |

1) 이 상점은 14시부터 20시까지 영업을 한다.
— Э́тот магази́н рабо́тает с четы́рнадцати до двадцати́.

| 이야기 | 남 **расска́з** [raskás] |

1) 목격자의 증언 расска́з очеви́дца
2) 학생들은 극동 시베리아 지역의 숲속에 사는 동물의 생태에 관한 이야기를 주의깊게 듣고 있다. — Ученики́ внима́тельно слу́шают расска́з о жи́зни лесны́х живо́тных в Сиби́ри на Да́льнем Восто́ке.
3) 나는 체홉의 단편을 좋아한다. — Я люблю́ расска́зы Че́хова.

| 이야기를 시작하다 | 완 **заговори́ть** [zəgəvar'ít'] |

1) 전투가 시작되었다. — Пу́шки заговори́ли.
2) 그들은 오래 침묵을 지키다가 이리나가 말을

(잠시) 이야기하다	시작했다. — Они́ до́лго молча́ли, а пото́м заговори́ла Ири́на. 3) 이야기하는 것은 좋지만 쓸데없는 말은 하지 마라 — Говори́, да не загово́ривайся.
(잠시) 이야기하다¹	완 поговори́ть [pəgəvar'it'] 1) 이 문제에 대해 당신과 이야기를 잠시 나누었으면 합니다. — Об э́том мне на́до поговори́ть с ва́ми.
이야기하다²	불완 разгова́ривать [rəzgavárivət'] 1) 당신은 그 사람하고 무슨 이야기를 그렇게 오래 했습니까? — О чём вы с ним так до́лго разгова́ривали?
이야기하다³	완 рассказа́ть [rəskazát'] ((불완 расска́зывать)) 1) 그는 우리에게 자기 신상에 대해 이야기했다. — Он рассказа́л нам свою́ исто́рию. 2) 그녀는 그에게 모든 것을 털어 놓았다. — Она́ рассказа́ла ему́ обо всём. 3) 아무에게도 이것을 말하지 마세요 — Никому́ об э́том не расска́зывайте.
이용	중 испо́льзование [ispól'zəvən'ijə] 1) 스칸디나비아 제국은 원자력을 평화적인 목적에 이용하고 있다. — Скандина́вские стра́ны выступа́ют за испо́льзование а́томной эне́ргии в ми́рных це́лях.
이용하다	불완 испо́льзовать [ispól'zəvət'] 1) 그는 자신의 지위를 사적인 목적에 이용한다.

— Он испо́льзует своё положе́ние в ли́чных це́лях.

2) 당신은 책을 쓰는데 이 자료를 이용하실 수가 있을 겁니다. — Вы мо́жете испо́льзовать э́тот материа́л для ва́шей кни́ги.

3) 그는 항상 남의 노력을 이용한다. — Он постоя́нно испо́льзует чужо́й труд.

이웃 [남] (활) сосе́д [sas'ét]

1) 그는 아파트 이웃에 살았다. — Он был мои́м сосе́дом по кварти́ре.

2) 그는 이웃집에 산다. Он живёт в сосе́днем до́ме

[3] 인접국 сосе́дная страна́

2월 [남] февра́ль [f'ıvrál']

1) 그녀는 2월까지는 돌아와야 한다. — К феврал́ю она́ должна́ верну́ться.

2) 겨울방학은 2월 7일까지 계속된다. — Зи́мние студе́нческие кани́кулы продолжа́ются до седьмо́го февраля́.

이익¹ [여] по́льза [pól'zə]

1) 이것은 그에게 쓸모가 있을 것이다. — Э́то принесёт ему́ по́льзу.

2) 그는 여기에서 아무런 득도 얻지 못할 것이다. — Ему́ от э́того по́льзы не бу́дет.

3) 운다고 무슨 소용이 있나? — Что по́льзы в слеза́х

이익² [여] вы́года [v'ígədə]

이전의 [형] пре́жний [pr'éʒn'ij]

	1) 전처럼 по прежнему
	2) 옛날에 우리는 자주 만났었다. — В пре́жние времена́ мы встреча́лись ча́ще.
이주민	переселе́нцы
이중성	дво́йственность
이중주	инструмента́льный дуэ́т
이중창	вока́льный дуэ́т
(상호)이해	взаимопонима́ние
이해하다	불완 понима́ть [pən'imát'] 《 완 поня́ть 》
	1) 당신 말씀을 잘 알겠습니다. — Я вас хорошо́ понима́ю.
	2) 당신은 러시아어를 할 줄 압니까? — Вы понима́ете по-ру́сски?
	3) 그는 예술을 알며 사랑하게 되었다. — Он стал понима́ть и люби́ть иску́сство.
	4) 내가 말한 것을 이해하시겠습니까? — Вы по́няли меня́?
	5) 미안합니다만 당신 말씀을 이해하지 못했습니다. — Извини́те, я не поняла́, что вы сказа́ли.
	6) 상호이해 взаи́мное понима́ние, 역사에 대한 맑스주의적 견해 Маркси́сткое понима́ние исто́рии.
이해할 수 없는	형 непоня́тный [n'ıpan'átnij]
	1) 그들은 알아들을 수 없는 어떤 말로 이야기를 했다. — Они́ говори́ли на како́м-то

непоня́тном языке́.

| 이행 | 남 перехо́д [p'ir'ixót] |

| 익숙해지다 | 완 привы́кнуть [pr'ivíknut']
((불완 привыка́ть)) |

1) 나는 일찍 일어나는 것이 습관이 되어 있다.
— Я привы́к ра́но встава́ть.
2) 그는 기숙사 생활에 적응하기 어려웠다.
— Ему́ бы́ло тру́дно привы́кнуть к жи́зни в общежи́тии.

| ~인가 | 조 ли [l'i] |

1) 당신 아이들은 건강하지요? — Здоро́вы ли ва́ши де́ти?
2) 그들이 성냥을 가졌는지 물어 보세요
— Спроси́те, нет ли у них спи́чек.

| 인간개조 | преобра́зование челове́ка |

| 인간적인 | 형 челове́ческий [tʃ'ılav'étʃ'ısk'ij] |

1) 인권 челове́ческие права́, 인명피해 челове́ческие же́ртвы, 인간적인 대우 челове́ческое обраще́ние
2) 그는 모든 사람에게 인간적으로 따뜻하게 대한다. — У него́ тёплое, челове́ческое отноше́ние ко всем.

| 인공위성 | иску́сственнй спу́тник |

| 인구 | 중 населе́ние [nəsilénijə] |

| 인도주의 | 남 гумани́зм [gumanízm] |

인류   중 челове́чество [tʃˈɪlavˈétʃˈɪstvə]

1) 나는 인류사를 배우고 있다. — Я изуча́ю исто́рию челове́чества.
2) 이것이 인류가 이룰 수 있었던 모든 것이다. — Э́то всё что могло́ сде́лать челове́чество.

3 인류학 антрополо́гия

인민민주주의 наро́дная демокра́тия

인사   중 приве́тствие [privétsvijə]

인삼   남 женьше́нь [ʒˈinʃˈén]

인삼주   женьше́невая насто́йка

인상   중 впечатле́ние [fpˈɪtʃˈɪtlˈénijə]

1) 이것은 나에게 깊은 인상을 남겨 주었다. — Э́то произвело́ на меня́ глу́бокое впечатле́ние.
2) 나는 이 영화에 깊은 인상을 받았다. — У него́ оста́лось прекра́сное впечатление от этого фи́льма.

인생관   взгля́ды на жизнь

인쇄   여 печа́ть [pˈɪtʃˈatʲ]

1) 정기간행물 периоди́ческая печа́ть, 지방신문 райо́нная печать
2) 그의 책은 인쇄중이다. — Его́ кни́га нахо́дится в печа́ти.
3) 내 인감은 비서가 가지고 있다. — Моя́ печа́ть нахо́дится у секретаря́.

④ 인쇄소	типогра́фия
인식론	тео́рия позна́ния
인조가죽	иску́сственная ко́жа
인조대리석	иску́сственный мра́мор
인형	여 ку́кла [kúkla]
일	중 де́ло [d'élə]

1) 외무성 министе́рство иностра́нных дел, 실제로 в са́мом де́ле, 용무로 по де́лу, 맨 먼저 пе́рвым де́лом.
2) 일이 잘됩니까? — Как иду́т ва́ши дела́?
3) 그녀는 볼일이 있어서 이곳에 왔다. — Она́ пришла́ сюда́ по дела́м.
4) 이것은 별개의 문제이다. — Э́то совсе́м друго́е де́ло.
5) 부용자 출입금지 — Без де́ла не входи́ть
6) 무슨 일이냐? — В чём де́ло?

일　　여 рабо́та [rabótə]

1) 육체노동 физи́ческая рабо́та, 정신노동 у́мственная рабо́та, 지하공작 подпо́льная рабо́та.
2) 그는 어떤 일이라도 할 용의가 있다. — Он был гото́в взять любу́ю рабо́ту.
3) 당신은 몇시에 출근하십니까? — В кото́ром часу́ вы идёте на рабо́ту?
4) 이것은 유명한 예술가의 작품이다. — Э́то рабо́та изве́стного худо́жника.

| 일 | 중 заня́тие [zan'át'ijə] |

1) 실습 практи́ческие заня́тия.
2) 당신은 영화 베를린 점령을 보셨습니까? — Вы смотре́ли фильм 《Заня́тие Берли́на》?
3) 이것은 그가 하는 기본적인 일이다. — Это его́ основно́е заня́тие.
4) 오늘은 수업이 없다. — Сего́дня в шко́ле нет заня́тий.
5) 당신은 어떤 일을 하십니까? — Како́го ро́да у вас заня́тие?

| 7 | 수 семь [s'em] |

1) 한국에서 아이들은 7세부터 학교에 들어간다. — В Коре́е дете́й принима́ют в шко́лу с семи́ лет.

| 일곱번째 | 수 седьмо́й [s'ɪd'mój] |

1) 이레 седьмо́е число́, 6시30분 полови́на седьмо́го
2) 이 일은 3월 7일에 일어났다. — Э́то случи́лось седьмо́го ма́рта.

| 일꾼 | 남 (활) рабо́тник [rabót'n'ik] |

1) 대사관직원 рабо́тник посо́льства, 책임자 отве́тственный рабо́тник.
2) 그는 훌륭한 과학자이다. — Он хоро́ший нау́чный рабо́тник.

| 일기 | 남 дне́вник [dn'évnik] |

| 읽다¹ | 불완 чита́ть [tʃ'itát'] |

1) 당신은 이 책을 읽었습니까? — Вы чита́ли

э́ту кни́гу ?
2) 그는 책을 많이 읽는다. — Он мно́го чита́ет.
3) 그녀는 러시아어를 잘 읽는다. — Она́ хорошо́ чита́ет по — ру́сски.
4) 나는 대학에서 문학강의를 하고 있다.
— Я чита́ю ле́кции по литерату́ре в университе́те.

읽다²   완 прочита́ть [prətʃ'itát'] ((불완 чита́ть))

1) 그녀는 아직 그의 소설을 다 읽지 못했다.
— Она́ ещё не прочита́ла его рома́н.
2) 나는 어제 밤새 책을 읽었다. — Вчера́ я всю ночь прочита́л.

잃다¹   불완 теря́ть [t'ɪr'át'] ((완 потеря́ть))

1) 그는 모자를 자주 잃어 버린다. — Он ча́сто теря́ет шля́пу.
2) 단 1분이라도 헛되이 보내서는 안된다.
— Нельзя́ теря́ть ни мину́ты.

잃다²   완 потеря́ть [pət'ɪr'at']

1) 나는 내 방 열쇠를 잃어 버렸다. — Я потеря́л ключ от свое́й ко́мнаты.
2) 우리는 이 일에 많은 시간과 정력을 허비했다.
— Мы на э́том де́ле потеря́ли мно́го вре́мени и эне́ргии.

일당백   оди́н на сто

일반적   형 о́бщий [ópʃʃ'ij]

1) 총회 о́бщее собра́ние, 공동시장 о́бщий ры́нок, 총액 о́бщая су́мма.

	2) 이것은 우리의 공동과제이다. — Это на́ше о́бщее де́ло.
	3) 공장 근로자 총수는 1,000명이 넘는다. — О́бщее коли́чество рабо́чих на заво́де составля́ет бо́лее ты́сячи.
	4) 이 영화를 보신 전체적 느낌은 어떻습니까? — Како́е у вас о́бщее впечатле́ние от э́того фи́льма ?
일반적으로	〔부〕 вообще́ [vaapʃʼʃʼé]
	1) 대체로 그는 그런 사람이야 — Он вообще́ тако́й.
	2) 일반적으로 그것은 옳다. — Вообще́ э́то ве́рно.
	3) 나는 결코 그녀를 만나지 않았다. — Я вообще́ её не ви́дел.
일본	Япо́ния
일심동체	одно́ це́лое
일어나다¹	〔완〕 встать [fstátʼ] 《 〔불완〕 встава́ть 》
	1) 모두 의자에서 일어났다. — Все вста́ли со сту́льев.
	2) 오늘 그녀는 일찍 일어났다. — Сего́дня она́ вста́ла ра́но.
	3) 나에게 중대한 문제가 생겼다. — Передо мной встал ва́жный вопро́с.
	4) 일어서지 마십시오, 저는 자리가 있습니다. — Не встава́йте, у меня́ есть ме́сто.
	5) 매일 나는 아침 7시에 일어난다. — Ка́ждый день я встаю́ в семь часо́в утра́.

일어나다² 　[완] произойти́ [prəizajt'í]
　　《 [불완] происходи́ть 》

1) 어제 나에게 이상한 일이 일어났다. — Со мной вчера́ произошёл стра́нный слу́чай.
2) 거기에서 무슨 일이 일어나고 있습니까? — Что там происхо́дит ?
3) 이곳에서 협의가 이루어지고 있다. — Здесь происхо́дит совеща́ние.
4) 그는 명문가 출신이다. — Он происхо́дит от знамени́того ро́да.

일요일　　[중] воскресе́нье [vəskr'ıs'én'jə]

1) 부활절 све́тлое воскресе́нье, 일요일마다 по воскресе́ньям.
2) 일요일에는 날씨가 좋을 것이다. — В воскресе́нье бу́дет хоро́шая пого́да.

일원화　　[여] унифика́ция [unifikátsija]

1월　　　[남] янва́рь [jinvár']

1) 그는 1월초에 이곳에 왔다. — Он прие́хал сюда́ в нача́ле января́.
2) 1월에 학생들은 시험을 치른다. — В январе́ студе́нты сдаю́т экза́мены.

일정한　　[형] определённый [apr'ıd'ıl'ónnij]

1) 일정한 시간에 в определённое вре́мя, 일정한 조건하에서 при определённых усло́виях.
2) 당신의 질문에 대한 아주 명확한 대답이 나왔었다. — На ваш вопро́с был дан вполне́ оп-

ределённый ответ
3) 모든 사람들에게 지정된 좌석이 있다.
— У каждого было своё определённое место.

일찍 |뷔|¹ |출|² рáно [ránə] 〔비〕 ránвье // ránее

1) 오늘 우리는 일찍 일어났다. — Сегодня мы встали рано.
2) 점심을 먹기에는 아직 이르다. — Ещё рано обедать.

일하다¹ |불완| работать [rabótətʼ]

1) 그는 일을 잘한다. — Он хорошо работает.
2) 그녀는 도서관에서 근무하고 있다. — Она работает в библиотеке.
3) 전화가 불통이다. — Телефон не работает.
4) 상점은 9시부터 5시까지 영업한다. — Магазин работает с девяти до пяти.
5) 기구는 정상적으로 움직인다. — Аппаратура работает нормально.

일하다² |불완| трудиться [trudʼíttsə]

1) 일하지 않는 자는 먹지도 마라 — Кто не трудится, тот не ест.
2) 그는 전생애를 국민복지에 바쳤다. — Он всю жизнь трудился на благо народа.
3) 그녀는 사흘간 과제에 매달렸다. — Она три дня трудилась над задачей.
4) 그는 헛수고를 한다. — Он напрасно трудится.

임명 |중| назначение [nəznatʃʼénʼijə]

1) 의사의 지시에 따라 по назначе́нию врача́
2) 그는 북극지방으로 발령을 받았다. — Он получи́л назначе́ние на край север.
3) 이 악기는 제대로 소리가 나지 않는다. — Э́тот инструме́нт не отвеча́ет своему́ назначе́нию.

임무 [여] зада́ча [zadátʃa]

1) 급선무 сро́чная зада́ча, 기본과업 осно́вная зада́ча, 당면과업 очере́дные зада́чи.
2) 이것은 우리 임무가 아니다. — Э́то не вхо́дит в наш зада́чу.
3) 그녀는 물리문제를 혼자 풀었다. — Она́ сама́ реши́ла зада́чу по фи́зике.

임시의 [형] вре́менный [vréminnij]

1) 임시정부 вре́менное прави́телытво
2) 6월에는 일기가 일시적으로 나빠지기도 한다. — В ию́не возмо́жно вре́менное ухудше́ние пого́ды.

입 [남] рот [rót]

1) 그 여자의 입은 아이 같아서 작고 예쁘다. — Рот у неё де́тский — ма́ленький и краси́вый.
2) 입안이 말랐다. — В рту было су́хо.

입맞추다 [불완] целова́ть [tsəlavát']

1) 그녀는 항상 그렇듯이 아이들이 잠자리에 들기 전에 뽀뽀해주었다. — Она́ как всегда́ целова́ла дете́й пе́ред сном.

| 입술 | 예 губа́ [gubá] |

1) 윗입술 ве́рхняя губа́, 아랫입술 ни́жняя губа́
2) 소녀의 입술이 떨리고 있었다. — Гу́бы у де́вочки дрожа́ли.
3) 아이의 입술은 두텁고 발그스레하다.
— У ребёнка то́лстые кра́сные гу́бы.

| 있다¹ | 불완 быть [bít'] |

1) 어제 저녁까지만 해도 나는 모스크바에 있었는데, 오늘은 여기에 있다. — Вчера́ ве́чером я ещё был в Москве́, а сего́дня здесь.
2) 내일 그녀와 나는 극장에 갈 것이다.
— За́втра мы с ней бу́дем в теа́тре.
3) 아버지는 노동자였지만 아들은 기사가 될 것이다. — Оте́ц был рабо́чим, а сын бу́дет инжене́ром.
4) 내일은 휴일이기 때문에 우리는 일을 하지 않을 것이다. — За́втра пра́здник и мы не бу́дем рабо́тать.

| 있다² | 불완 быва́ть [bivát'] |

1) 이것은 흔히 있는 일이다. — Э́то ча́сто быва́ет.
2) 나는 극장에 거의 가지 않는다. — Я ре́дко быва́ю в теа́тр.
3) 모스크바의 여름은 제법 더운 편이다. — Ле́то в Москве́ быва́ет дово́льно жа́ркое.
4) 그는 자주 나를 찾아온다. — Он ча́сто быва́ет у меня́.

| ~있다³ | 불완 находи́ться [nəxad'íttsə] |

1) 그는 지금 동경에 있다. — Он сейча́с нахо́дится в Токио.
2) 환자는 중상이었다. — Больно́й находи́лся в тяжёлом состоя́нии.
3) 당신은 연필이 없습니까? — Не найдёте ли у вас карандаша́?

있다⁴ 　есть [jés't]

1) 시간 있어요?, 예, 있어요. — Вре́мя есть? Есть.
2) 나는 형과 누이가 있다. — У меня́ есть брат и сестра́.
3) 진리란 무엇인가? — Что есть и́стина?
4) 나는 좋은 물건들을 가지고 있다. — У меня́ есть хоро́шие ве́щи.

있다⁵ 　име́ться [im'éttsə]

1) 가지고 있는 정보에 의하면 по име́ющимся све́дениям
2) 일은 무언가 잘못됐다. — В э́той рабо́те име́ются недоста́тки.

잉여의 　ли́шный [l'iʃn'ij]

1) 쓸데없는 이야기 ли́шный разгово́р, 잉여인간 ли́шний челове́к.
2) 남는 표가 없습니까? — Нет ли у вас ли́шнего биле́та?
3) 쓸데없는 말을 하지 마시오! — Не говори́те ли́шнего!
4) 이것은 전혀 쓸데없는 일이다. — Э́то совсе́м ли́шнее.

잊다	완 забы́ть [zabít] ((불완 забыва́ть))

1) 우리는 그 사실을 완전히 잊어 버렸다. — Мы соверше́нно забы́ли об э́том.
2) 나를 잊지 마세요 — Не забыва́йте меня́.

잎	남 лист [l'ist]

1) 땅이 낙엽으로 덮혔다. — Земля́ была́ покры́та ли́стьями.
2) 나에게 백지 1장을 주세요 — Да́йте мне чи́стый лист бума́ги.

자	조 вот [vót]

1) 자, 이것이 전부다. — Вот и всё.
2) 저기 그가 뛰어온다. — Вот он бежи́т.
3) 그래 내가 네게 말해 주겠다. — Вот что я тебе́ скажу́.

자국	남 след [s'l'ét]

1) 전쟁의 상흔 следы́ войны́, 유적 следы́ старины́
2) 도로에 차가 지나간 자국이 보인다. — На доро́ге видны́ следы́ маши́ны.
3) 그는 자취도 없이 사라져 버렸다. — Его́ и следы́ просты́л.

자금	де́нежный фонд

자급자족	самообеспе́чение

자기자신 　대〔재귀〕 себя [s'ıb'á]

1) 그녀는 거울을 본다. — Она видит себя в зеркале.
2) 그는 자기 코우트를 샀다. — Он купил себе пальто.
3) 이 돈을 가지시오 — Возьмите эти деньги с собой.
4) 그는 집에 있다. — Он у себя.
5) 그는 미남이다. — Он очень хорош собой.

자다 　불완 спать [spát']

1) 저는 자고 싶어요 — Мне хочется спать.
2) 아이가 자고 있다. — Ребёнок спит.
3) 그는 세상 모르고 잔다. — Он спит как убитый.
4) 나는 잠이 오지 않는다. — Мне не спится.
5) 새벽녘에는 잠이 잘온다. — Под утро хорошо спится.

자동차 　여 машина [maʃinə]

1) 세탁기 стиральная машина, 타자기 пишущая машина
2) 트랙터 컴바인은 농기구이다. — Трактор, комбайн — сельскохозяйственные машины.
3) 운전기사가 차에서 내렸다. — Шофёр вышел из машины.

자동차 　남 автомобиль [aftəmab'il']

1) 차고　гараж автопарк
2) 그는 자동차를 타고 간다. — Он едет на автомобиле.
3) 국가의 자동차 생산이 성장하고 있다. — В

стране́ растёт произво́дство автомоби́лей.

자동판매기   남 **автома́т** [aftamát]

1) 자동판매기에서 담배를 사다 드리겠습니다.
— Я доста́ну вам сигаре́ты в автома́те.
2) 저기에 자동소총을 든 군인이 서있다. — Там стои́т солда́т с автома́том в рука́х.

자라다¹   불완 **расти́** [ras't'i]

1) 우리는 이 도시에서 자라났다. — Мы росли́ в э́том го́роде.
2) 소나무는 천천히 자란다. — Сосна́ растёт ме́дленно.
3) 아이들은 눈에 띄게 자란다. — Де́ти расту́т на глаза́х.
4) 우리 경제는 성장하고 있다. — Растёт на́ше наро́дное хозя́йство.

자라다²   완 **вы́расти** [vírəs't'i] 《 불완 расти́ 》

1) 일년사이에 많이도 컸구나 — Как ты вы́рос за э́тот год !
2) 그는 시골에서 자랐다. — Он вы́рос в дере́вне.
3) 그는 대학자로 성장했다. — Он вы́рос в кру́пного учёного.

자랑하다   불완 **горди́ться** [gardíttsə]

1) 이것은 자랑할 만한 일이다. — Э́тим мо́жно горди́ться.

자루   남 **мешо́к** [m'ɪʃók]

1) 배낭 вещево́й мешо́к, 생용 가방 учениче-

ский мешо́к.
2) 저쪽에 감자 자루가 있다. — Там лежи́т мешо́к с карто́фелем.

자립경제   самостоя́тельная национа́льная эконо́мика

자본   [명] капита́л [kəpitá]

1) 금융자본 фина́нсовый капита́л, 유휴자본 мёртвый капита́л
2) 이 사업은 막대한 자본을 필요로 한다. — Э́то де́ло тре́бует большо́го капита́ла.

자본가   [명]〔활〕 капитали́ст [kəp'ital'íst]

1) 자본주의국가에서 권력은 자본가들이 쥐고 있다. — В капиталисти́ческих стра́нах у вла́сти стоя́т капитали́сты.
2) 자본주의 국가의 노동자들은 스스로의 권리를 위해 싸운다. — Трудя́щиеся капиталисти́ческих стран бо́рются за свои́ права́.

자본주의   [명] капитали́зм [kəp'ital'ízm]

1) 자본주의 제도하에서 при капитали́зме.
2) 자본주의하에서는 생산수단이 사유재산이다. — При капитали́зме сре́дство произво́дства явля́ется ча́стной со́бственностью.

자본축적   накопле́ние капита́л

자살   самоуби́ство [səməubístvə]

자신의   [대]〔소유〕 свой [svój]

1) 나는 내 책을 잊었다. — Я забы́л свой кни́гу.
2) 그녀는 자기 물건들을 받았다. — Она́ пол-

자신의	

учи́ла свои́ ве́щи.
3) 그는 독특한 취미를 가지고 있다. — У него́ свой вкус.

자신의 　형 со́бственный [sópsʹtʹvʹınnij]

1) 자기집 со́бственный дом, 자신의 뜻에 따라 по со́бственному жела́нию.
2) 그는 자신의 차를 갖고 싶어 했다. — Ему́ хоте́лось име́ть со́бственный автомоби́ль.

자연 　예 приро́да [prʹiródə]

1) 자연의 법칙 зако́н приро́ды, 자연의 품속에서 на ло́не приро́ды
2) 인간은 자연과 싸우면서 스스로의 삶을 일구어 간다. — Челове́к стро́ит свою́ жизнь в борьбе́ с приро́дой.
3) 그는 천성적으로 착한 사람이다. — Он по приро́де до́брый.
4) 자연계 приро́да, 자연보호구역 есте́ственный запове́дник, 자연주의 натурали́зм

자유 　예 свобо́да [svabódə]

1) 집회의 자유 свобо́да собра́нии, 신앙의 자유 свобо́да со́вести
2) 우리는 언론의 자유를 위해 싸우고 있다. — Мы бо́ремся за свобо́ду сло́бва.
3) 아버지는 아들에게 완전한 자유를 주었다. — Оте́ц дал сы́ну по́лную свобо́ду.

자유로운 　형 свобо́дный [svabódnij]

1) 여분의 돈 свобо́дные де́ньги, 한가한 때 свобо́дное вре́мя, 텅빈 버스 свобо́дный

автобус, 자유경쟁 свободная конкуренция, 자유선거 свободные выборы
2) 너희들은 이제 자유인이다.
— Вы уже свободные люди.
3) 버스안에서 나는 빈자리에 앉았다.
— В автобусе я занял свободное место.
4) 오늘 저녁에 시간 있으신가요?
— Вы свободны сегодня вечером?
5) 차안에는 사람이 적었다.
— В вагоне было свободно.

자작나무   예 берёза [b'ır'ózə]

1) 집 앞에 자작나무가 있다. — У дома растёт берёза.

자주   부 часто [tʃ'ástə] 〔비〕 чаще

1) 우리는 자주 극장에 간다. — Мы часто ходим в театр.
2) 꽃들은 빽빽하게 심어졌다. — Цветы часто посажены.

작가¹   남〔활〕 писатель [p'ısát'ıl']

1) 추꼽스키는 유명한 아동문학가이다. — К. И. Чуковский — известный детский писатель.
2) 학생들은 19세기 프랑스 작가들의 작품에 관한 강의를 듣고 있다. — Студенты слушают лекции о творчестве французских писателей девятнадцатого века.
③ 작가적 재능 писательский талант

작가²   남〔활〕 автор [áftər]

1) 작가의 말 авторская речь

작곡가	

2) 이 장편소설의 저자는 유명한 러시아 작가이다. — Áвтор э́того рома́на — изве́стный ру́сский писа́тель.

작곡가   명 компози́тор [kəmpazítər]

작은¹   형 ма́ленький [mál'ınk'ij] 〔비〕 ме́ньше

1) 약간 불쾌한 일 ма́ленькая неприя́тность
2) 그녀의 아이들은 아직 어리다. — Её де́ти ещё ма́ленькие.
3) 그 차이는 아주 작다. — Ра́зница ме́жду ни́ми о́чень мала́.
4) 그는 그러한 일을 하기에는 아직 어리다. — Для тако́й рабо́ты он ещё мал.

작은²   형 ма́лый [málij] 〔비〕 ме́ньше

1) 하늘에는 크고 작은 별들이 많이 떠있다. — На не́бе мно́го ма́лых и больши́х звёзд.
2) 외투가 나에게 작다. — Пальто́ мне ма́ло.
3) 나는 그를 조금밖에 잘 모른다. — Я его́ ма́ло зна́ю.

작은³   형 ме́лкий [m'élk'ij] 〔비〕 ме́льче

1) 분탄 мелк й у́голь, 잔돈 ме́лкие де́ньги.
2) 저녁 무렵 가랑비가 내렸다. — К ве́черу пошёл ме́лкий дождь.
3) 이 강은 수영하기에 너무 얕다. — Река́ сли́шком мелка́ для пла́вания.

작은⁴   형 небольшо́й [n'ıbal'ʃói]

1) 잠시간의 휴식 небольшо́й переры́в
2) 그는 키가 크지 않다. — Он не большо́го ро-

ста.

3) 그는 나이가 20 남짓 하였다. — Ему было лет двадцать с небольшим.

작품¹   중 произведе́ние [prəiz'v'ıd'én'ijə]

1) 선집   и́збранные произведе́ния
2) 이곳에서 그는 자신의 대표작들을 집필했다. — Здесь он написа́л свои́ гла́вные произведе́ния.
3) 자신의 마지막 작품에 작곡가는 많은 시간을 들였다. — Над свои́м после́дним произведе́нием компози́тор рабо́тал мно́го лет.

작품²   중 тво́рчество [tvórtʃ'ıstvə]

1) 예술작품   худо́жественное тво́рчество
2) 그는 시인의 창작비밀을 연구하고 있다. — Он изуча́ет та́йну тво́рчества поэ́та.
3) 재능있는 작가들의 작품에는 항상 그가 사는 시대가 반영되어 있다. — В тво́рчестве тала́нтливого писа́теля всегда́ получа́ет отраже́ние вре́мя, в кото́рое он живёт.

잔   남 стака́н [stakán]

1) 차 한잔   стака́н ча́ю
2) 그는 물 한잔을 들이켰다. — Он вы́пил стака́н воды́.

짠   형 солёный [sal'ónij]

1) 나는 소금에 절인 오이를 좋아한다. — Я люблю́ солёные огурцы́.
2) 수프가 너무 짜다. — Суп сли́шком солёный.

잘못된   형 винова́тый [v'inavátij]

짧은

1) 이것은 그가 잘못했다. — Он в э́том винова́т.
2) 그녀는 미안한듯이 앉아 있었다.
— Она́ сиде́ла с винова́тым ви́дом.
3) 당신한테 잘못을 저질렀습니다. — Я пе́ред ва́ми виноват.

짧은　[형] коро́ткий [karotkij] [비] коро́че

1) 단기간 коро́ткий срок, 근거리 коро́ткое расстоя́ние, 친밀한 관계 коро́ткие свя́зи.
2) 겨울에는 해가 짧아 졌다. — Зимо́й дни ста́ли коро́ткими.
3) 그녀의 치마는 너무 짧다. — Ю́бка ей коротка́.

잠　[남] сон [són]

1) 잠결에 сквозь сон, 생각에 잠겨 как во сне
2) 그는 깊은 잠에 빠졌다. — Он спит кре́пким сном
3) 오늘 멋진 꿈을 꾸었지! — Како́й хоро́ший сон видела я сего́дня!

잠수함　подво́дная ло́дка

잠자코　[부] мо́лча [móltʃ'a]

1) 그는 말없이 방에서 나왔다.
— Он мо́лча вы́шел из ко́мнаты.
2) 그의 말이 끝나자 침묵이 흘렀다. — По́сле его́ слов наступи́ло по́лное молча́ние.

잠재력　[여] поте́нция [pate'éntsija]

잡다¹   완 взять [vz'át'] ((불완 брать))

1) 그녀는 책상에서 책을 집었다. — Она́ взя́ла кни́гу со стола́.
2) 이것으로 할께요, 얼마이지요? — Я возьму́ это, а ско́лько сто́йт ?
3) 교과서를 가지고 왔니 ? — Ты взял с собо́й уче́бник ?
4) 벌써 일할 시간이다. — Уже́ пора́ взя́ться за рабо́ту.

잡다²   불완 брать [brát'] ((완 взять))

1) 우리는 도서관에서 책을 빌립니다. — Мы берём кни́ги в библиоте́ке.
2) 보셔요, 아이들이 나무로 다가가서 사과나무를 따고 있어요 — Смотри́те, ма́льчики подхо́дят к де́реву и беру́т я́блоки.
3) 그들은 항상 공원으로 개를 데리고 다녔다. — Они́ всегда́ бра́ли свою́ соба́ку в парк.

잡다³   불완 держа́ться [d'ırʒáttsə]

1) 나를 꼭 잡아라 — Держи́сь кре́пко за мной.
2) 한국은 우측통행이고 일본은 좌측통행이다. — В Коре́е де́ржатся пра́вой стороны́, а в Япо́нии ле́вой.
3) 그림이 못에 걸려 있다. — Карти́на де́ржится на гвоздя́х.
4) 그는 식사태도가 나쁘다. — Он пло́хо де́ржится за столо́м.

잡다⁴   불완 хвата́ть [xvatát'] ((완 схвати́ть))

1) 그들은 닥치는대로 아무거나 붙든다. — Они́

잡다 | хватáют что попáло.
2) 그는 항상 시간이 없다. — Емý всегдá не хвáтает врéмени.

잡다⁵ | 완 схвати́ть [sxvat'it']
1) 그가 내 손을 잡았다. — Он схвати́л меня́ зá руку.
2) 나는 감기에 걸렸다. — Я схвати́л грипп.
3) 개가 고기조각을 물고 도망쳤다. — Собáка схвати́ла кусóк мя́са и убежáла.

잡다⁶ | 불완 лови́ть [lav'it']
1) 오늘 그는 하루종일 고기를 잡았다. — Сегóдня он цéлый день лови́л рыбу
2) 고양이는 쥐를 잡는다. — Кóшка лóвит мышéй.

잡지 | 남 журнáл [ʒurnál]
1) 주간지 еженедéльный журнáл, 월간지 ежемéсячный журнáл.
2) 신시대지 신간이 나왔다. — Вы́шел нóвый нóмер журнáла 《Нóвое Врéмя》

잡화상점 | галантерéя

장 | 남 шкаф [ʃkáf]
1) 옷장 платянóй шкаф
2) 이 장에는 서랍이 2개 있다. — В э́том шкафý есть два я́щика.

장갑 | 복 перчáтки [p'ırtʃ'átk'i]
1) 그는 장갑을 벗어서 외투 주머니에 넣었다.

— Он снял перчатки и положил их в карман пальто

장관 　 [남] [활] **министр** [m'in'ístr]

1) 차관 **заместитель министра**, 내각 **кабинет министров**.
2) 이 문제는 노동부장관 소관이다. — С этим вопросом вам следует обратиться к министру труда.

장교 　 [남] [활] **офицер** [af'itsér]

1) 연락장교 **офицер связи**.
2) 내 형은 육군장교이다. — Мой брат в армии, он офицер.

장군 　 [남] [활] **генерал** [g'ın'ıral]

1) 그의 아버지는 장군이다. — У него отец генерал.

장미 　 [여] **роза** [rózə]

1) 들장미 **дикая роза**.
2) 나는 흰 장미 보다 붉은 장미가 좋다. — Мне нравится красная роза больше, чем белая.

장점 　 [복] **достоинства** [dastóinstvə]

장소 　 [중] **место** [m'estə]

1) 출생지 **место рождения**, 가장 재미있는 구절 **самое интересное место**
2) 이곳은 휴식하기에 좋은 지역이다. — Это хорошее место для отдыха.
3) 만원사례 — Все места заняты.

	4) 그는 좋은 일자리를 얻었다. — Он получи́л хоро́шее ме́сто.
장애물경주	бег с препя́тствиями.
장편소설	남 рома́н [ramán] 1) 나는 톨스토이의 장편 전쟁과 평화를 러시아어로 읽었다. — Я прочита́л рома́н Толсто́го 《Война́ и Мир》 на ру́сском языке́.
장학금	여 стипе́ндия [stipéndija]
장화	복 сапоги́ [sapag'í] 1) 긴 장화 высо́кие сапоги́ 2) 그는 검은 부츠를 신고 다닌다. — Он хо́дит в чёрных сапога́х
재교육	여 переподгото́вка [p'ir'ipəgatótkə]
재능	남 тала́нт [talánt] 1) 그는 대단한 재능을 가졌다. — У него́ большо́й тала́нт. 2) 그는 그림에 재능이 있다. — У него́ тала́нт к рисова́нию. 3 타고난 재주 врождённая тала́нтливость, 재능 있는 배우 тала́нтливый атри́ст.
재떨이	여 пе́пельница [p'ép'ıl'n'itsə] 1) 그는 눈으로 재떨이를 찾았다. — Он иска́л глаза́ми пе́пельницу. 2 재 пе́пел
재료	남 материа́л [mət'ır'jál]

	1) 현재 나는 새로운 책을 쓰기 위해 자료를 수집하고 있다. — Сейча́с я собира́ю материа́л для но́вой кни́ги. 2) 그녀는 외투용 복지를 샀다. — Она́ куии́ла материал на пальто.
재무장	перевооруже́ние
재미있게	뷔¹ 㐄² интере́сно [in't'ır'ésnə] 1) 우리는 재미있게 시간을 보냈다. — Мы интере́сно провели́ вре́мя. 2) 파티는 아주 재미 있었다. — На ве́чере бы́ло о́чень интере́сно.
재미있는	형 интере́сный [in't'ır'ésnij] 1) 매력있는 여인 интере́сная же́нщина, 임신 중 в интере́сном положе́нии 2) 단편은 상당히 재미가 있었다. — Расска́з был о́чень интере́сен.
재산¹	중 бога́тство [bagátstvə] 1) 무한한 자원 неисчисли́мые бога́тство, 화려한 장식 бога́тство украшении 2) 그는 막대한 재산을 끌어 모으고 있다. — Он и́щет огро́много бога́тства. 3) 해양자원이 널리 이용되어야 한다. — Бога́тство океа́на ну́жно широко́ испо́льзовать. 4) 이 가수는 성량이 풍부하다. — У этого певца́ богатый голос.
재산²	여 со́бственность [sópst'v'ınnəs't'] 1) 국유재산 госуда́рственная со́бственность, 사유재산 ча́стная со́бственность, 개인재

	산 ли́чная со́бственность 2) 토지가 국민의 것이 되었다. — Земля́ ста́ла со́бственностью наро́да ③ 지주 земельный собственник
재생산	воспроизво́дство [vəspraizvótsvə]
재판	ⓝ суд [sút] 1) 역사의 심판 суд исто́рии, 재판정 зал суда́ 2) 그는 법정에 호출됐다. — Его́ вы́звали в суд. 3) 그 사람의 재판은 언제 열립니까? — Когда́ состои́тся суд по его́ де́лу? ④ 심문 суде́бные сле́дствие, 판결 суде́бный пригово́р
재판하다	불완 суди́ть [sudít'] 1) 그는 군사재판을 받았다. — Его́ суди́ли вое́нным судо́м. 2) 그의 문학적 재능에 대해 판단하는 것은 아직 쉽지 않다. — Пока́ ещё тру́дно суди́ть о его́ литерату́рном тала́нте.
저금	복 сбереже́ния [sb'ir'iʒénija]
젓가락	복 па́лочки [pálotʃki]
저녁	ⓝ ве́чер [v'etʃ'ır] 1) 음악의 밤 музыка́льный ве́чер, 매일 저녁 по вечера́м, 저녁에 ве́чером 2) 그녀는 아침부터 저녁까지 일한다. — Она́ рабо́тает с утра́ до ве́чера. 3) 오늘 우리는 문학의 밤 행사가 있다. — У нас

сегодня литературный вечер.
4) 그는 야간학교에 다니고 있다. — Он ходит в вечернюю школу.
5) 당신은 오늘 저녁에 무엇을 하실 겁니까? — Что вы делаете сегодня вечером?

저녁식사   남 ужин [úʒin]

1) 오늘 저녁은 무엇이오? — Что сегодня на ужин?
2) 내 어머니는 손님을 위해 만찬을 마련했다. — Моя мать дала ужин в честь гости.
3) 오늘은 보통 7시에 저녁식사를 한다. — Обычно мы ужинаем в семь часов.

저명한   형 знаменитый [znəm'ın'ítij]

1) 그는 저명한 시인이다.
— Он знаменитый поэт.

저울   복 весы́ [v'ısí]

1) 정밀저울 точные весы́, 손저울 ручные весы́
2) 저울이 100g을 가리킨다. — Весы́ показывают сто граммов.

저작권   авторское право

저축   남 запас [zəpás]

1) 예비식량 продовольственные запасы, 금보유량 золотой запас
2) 우리는 아직 100루블을 예금하고 있다. — У нас ещё сто рублей в запасе.

적   남 [활] враг [vrák]

	1) 불구대천의 원수 смерте́льный враг, 인민의 적 враг наро́да.
2) 그는 적이 많은 사람이다. — У него́ мно́го враго́в.
3) 그들은 적군을 향해 돌진했다. — Они́ бро́сились на врага́.
적	남 проти́вник [prat'ín'ik]
1) 우리 팀이 상대 팀을 꺾었다. — На́ша кома́нда победи́ла проти́вника.
적극적	형 акти́вный [akt'ívnij]
1) 적극적 방어전 акти́вная оборо́на, 적극적으로 акти́вно
2) 그는 이번 사업에 적극적으로 참여하였다. — Он принима́л акти́вное уча́стие в э́том деле.
3 적극성 акти́вность
적대국가	врожде́бные госуда́рства
적도	экваториа́льная зо́на
적십자	Кра́сный Крест
적십자사	О́бщество кра́сного креста́
적용	중 примене́ние [pr'im'ın'én'ijə]
1) 새로운 생산방식의 적용 применéмие но́вых ме́тодов произво́дства
2) 우리는 이 방법을 사용치 않기로 결정했다. — Мы реши́ли отказа́ться от примене́ния э́того сре́дства.

적지 않게	[튀]¹ [대]² **немало** [nʼɪmálə]

1) 그는 제법 책을 많이 읽었다. — Он немало читал.
2) 여러 민족의 역사에서 꽤 많은 혁명을 볼 수가 있다. — История народов знает немало революции.
3) 그에게는 시끄러운 일이 적지 않다. — У него немало неприятностей.

전공과목	специальный предмет
전기	[예] **биография** [biagráfijə]

1) 그는 평범한 삶을 살았다. — У него была самая обыкновенная биография.

전기의	[형] **электрический** [elʼɪktrʼítʃʼɪskʼij]

1) 대부분의 공장들은 전력을 사용하고 있다. — На большинстве фабрик и заводов используют электрическую энергию.

전권대사	полномочный посол
전달	[예] **передача** [pʼɪrʼɪdátʃʼə]

1) 언어는 사상전달의 수단으로써 인류에 기여한다. — Язык служит человеку орудием передачи мыслей.
2) 나는 음악방송을 듣고 싶다. — Я хочу послушать музыкальную передачу.

전등	[예] **лампа** [lámpə]

1) 스탠드 **настольная лампа**.
2) 책상 위에 전등이 켜져 있다. — На столе

горит лампа.

전람회 | 예| выставка [v'ístafkə]

전략전술　стратегия и тактика

전략폭격기　стратегический бомбардировщик

전망　|복| перспективы [p'ırspiktíti]

전면전쟁　тотальная война

전문가　|답|〔활〕специалист [sp'ıtsial'íst]
1) 그는 심장병 전문가이다. — Он специалист по болезням сердца.

전문교육　специальное образование

전문학교　|중| училище [utʃ'il'iʃʃ'ə]
1) 의과대학　медицинское училище
2) 그녀는 음악학교에 다닌다. — Она учится в музыкальном училище.

전반부　первая половина
|1| 후반부　вторая половина

전반적　|형| всеобщий [fs'ıópʃʃ'ij]
1) 세계사　всеобщая история, 총파업　всеобщая забастовка, 병역의무　всеобщая воинская обязанность.
2) 금년에 총선거가 있었다. — В этом году были всеобщие выборы.
|3| 보편성　всеобщность.

전보	예 телегра́мма [t'iligrámma]
전부	대 весь [v'és']

1) 온종일 весь день, 매한가지 всё равно́.
2) 그것이 전부다. — Вот и всё.
3) 나는 오늘 하루종일 독서를 했다. — Сего́дня я весь день чита́л.
4) 이것은 편지의 전체가 아니다. — Э́то ещё не всё письмо́.
5) 소문이 온 나라에 퍼질 것이다. — Слух проидёт по всей стране́.
6) 그는 모든 문제를 해결했다. — Он реши́л все зада́чи.

전선	남 фронт [frónt]

1) 통일전선 еди́ный фронт, 두 방향에서 на два фро́нта.

전성기	пери́од расцве́та
전에는	부 пре́жде [pr'éʒd'ı]

1) 기한내에 пре́жде сро́ка, 무엇보다 먼저 пре́жде всего́
2) 전에 이곳은 정원이었지만 지금은 새로운 공장들이 들어섰다. — Пре́жде здесь бы́ли сады́, а тепе́рь появи́лись но́вые заво́ды.
3) 먼저 공부하고 다음에 공부하라 — Пре́жде учи́сь и пото́м игра́й.

전자망원경	электро́нный телеско́п
전자현미경	электро́нный микроско́п

전쟁 [예] война́ [vajná]

1) 사상전 идеологи́ческдя война́, 내전 гражда́нская война́, 세계대전 ми́ровая война́, 핵전쟁 а́томная война́.
2) 그의 부친은 전쟁에 나가서 돌아오지 못했다. — Его́ оте́ц не верну́лся с войны́.

전쟁의 [형] вое́нный [vajénnij]

1) 전시 вое́нное вре́мя, 전시공산주의 вое́нный коммуни́зм
2) 장군은 계엄령을 선포했다. — Генера́л объяви́л вое́нное положе́ние.
3) 내 남편은 군복무중이었다. — Мой муж был на вое́нной слу́жбе.
4) 우리에게 군인이 다가왔다. — К нам подошёл вое́нный.

전차 [남] танк [tánk]

1) 대전차 тяжёлый танк
2) 그들은 전차를 향해 사격을 했다. — Они́ стреля́ли по та́нку.

전체 [형] це́лый [tsélij]

1) 종일 це́лый день, 가득찬 접시 це́лая таре́лка, 일련의 문제 це́лый ряд вопро́сов
2) 나는 일주일 내내 아팠다. — Я был бо́лен це́лую неде́лю.
3) 거울이 떨어졌는데 멀쩡했다. — Зе́ркало упа́ло, но оста́лось це́ло.

전축 электропрои́грыватель

전통   예 традиция [trad'ítsijə]

1) 전통에 따라   по традиции
2) 이것은 우리의 관례가 되었다. — Это вошло в нашу традицию.

전투   예 битва [b'itvə]

1) 그는 모스크바 방어전에 참전했다. — Он участвовал в битве за Москву.
2 뽈따바 전투   Битва под Полтавой.

전투의   형 боевой [bəjivoj]

1) 전선   боевой фронт.
2) 우리 부대는 성공적으로 임무를 완수했다. — Наш полк успешно выполнил боевое задание.
3) 그는 혁신적인 논문을 썼다. — Он написал боевую статью.
4) 그는 대담한 청년이다. — Он боевой парень.
5) 그는 산업전사이다. — Он боец трудого фронта.
6) 그는 전사했다. — Он погиб бою

전하다   불완 передавать [p'ır'ıdavát']
((완 передать))

1) 그는 당신에게 전하라고 아무 것도 내게 주지 않았다. — Он ничего для вас не передавал мне.
2) 당신은 그의 말을 옳게 전하고 있습니까? — Вы правильно передаёте его слова?
3) 편지를 내 아들에게 전해 주십시오 — Прошу передать письмо моему сыну.
4) 그의 연주회는 TV로 방영되었다. — Его ко-

нцéрт пéредали по телевидéнию.

전혀   부 совсéм [safs'ém]

1) 아주 적다   совсéм мáло, 아주 새로운   совсéм нóвый
2) 나는 이 일에 대해 모두 잊었다. — Я совсéм забы́л об э́том.
3) 나는 결코 자랑스러워 하지 않는다. — Он совсéм не гóрдый.

전화   남 телефóн [t'ɪl'ɪfón]

1) 시외전화   междугорóдный телефóн
2) 전화왔습니다. — Вас к телефóну.
3) 그는 자기 책상에 앉아서 전화를 하고 있었다. — Он сидéл у себя́ за столóм и говори́л по телефóну.
4 전화국   телефóнная стáнция

전화하다   불완 звони́ть [zvan'ít']

1) 나는 그에게 몇번 전화를 걸었다. — Я звони́л емý нéсколько раз.
2) 현관에 누가 왔다. — Звоня́т нам в двéри.
3) 그는 문에 달린 벨을 눌렀다. — Он звони́л в звонóк у двéри.
4) 전화 벨이 울린다. — Телефóн звони́т.

절대로   부 абсолю́тно [apsal'utnə]

1) 절대진리   абсолю́тная и́стина
2) 그것은 절대로 불가능하다. — Это абсолю́тно невозмóжно.

점반   여 половúна [pəlav'ínə]

1) 대부분 бо́льшая полови́на, 산중턱까지 до полови́ны горы́, 중도에서 на полови́не доро́ги.
2) 여름의 반이 지나갔다. — Прошла́ полови́на ле́та.
3) 그는 5시 30분에 올 것이다. — Он вернётся домо́й в полови́не шесто́го.

절약 [예] эконо́мия [ekanóm'iʃə]

1) 절약제도 режи́м эконо́мии, 전기절약 эконо́мия электри́чества
2) 금속의 절약으로 20만 루블을 아낀다. — Эконо́мия мета́лла соста́вила две́сти ты́сяч рубле́й.

젊은 [형] молодо́й [məladój] [비] моло́же

1) 젊은 세대 молодо́е поколе́ние, 신도시 молодо́й го́род, 신부 молода́я, 신랑 молодо́й
2) 그녀는 자기 나이보다 훨씬 젊게 보인다. — Она́ вы́глядит о́чень молодо́й для свои́х лет.

젊은이¹ [예]〔집합〕 молодёжь [məlad'oʃ]

1) 어제 우리 집에 젊은이들이 모였다. — Вчера́ у нас собрала́сь молодёжь.

젊은이² [남]〔활〕 ю́ноша [júnəʃə]

1) 그가 젊었을 때 우리는 이웃에 살았다. — Когда́ он был ю́ношей, мы жи́ли ря́дом.

점 [예] то́чка [tótʃ'kə]

점령	

1) 출발점 исхо́дная то́чка
2) 점 A를 지나는 직선을 그으시오. — Проведи́те пряму́ю ли́нию че́рез то́чку A.

점령 [중] завоева́ние [zəvəjɪván'ijə]

1) 신기술의 성과는 새로운 성공을 약속하고 있다. — Завоева́ние но́вой те́хники обеща́ет но́вый успе́х.
2) 이 논문은 현대과학의 새로운 업적에 대해 논하고 있다. — В статье́ говори́тся о но́вых завоева́ниях совреме́нной нау́ки.

[3] 침략자 завоева́тель

점심 [남] обе́д [ab'ét]

1) 식사중에 за обе́дом, 점심초대 приглаше́ние на обед
2) 우리는 점심을 먹으면서 여기에 대해 이야기를 나눌 것이다. — Мы об этом поговори́м за обе́дом.
3) 점심휴식시간 обе́денный переры́в, 점심시간 обе́денное вре́мя

점심을 먹다 [불완] обе́дать [ab'édət']

1) 그녀는 레스토랑에서 식사하는 것을 즐긴다. — Она́ лю́бит обе́дать в рестора́не.

점차로 [부] постепе́нно [pəs't'p'énnə]

1) 나는 차차 러시아어를 이해하기 시작하고 있다. — Я постепе́нно начина́ю понима́ть ру́сский язы́к.
2) 점차 그들은 새로운 환경에 익숙해졌다. — Постепе́нно они́ привы́кли к но́вой обстано́вке.

접수¹ 　　중 получе́ние [pəlutʃ'én'ijə]

1) 그는 내 편지를 받고 다음 날 왔다. — Он прие́хал на друго́й день по получе́нии от меня́ письма́.
2) 아버지는 전보를 받은지 1시간 후에 떠났다. — Оте́ц вы́ехал че́рез час по́сле получе́ния телегра́ммы.

접수² 　　남 приём [pr'ijóm]

1) 면회시간 часы́ приёма, 환대 тёплый приём, 능숙한 수법 иску́сный приём
2) 대학입학 요강이 발표되었다. — Объяви́ли о приёме в университе́т.
3) 나는 그런 냉대를 생각지도 못했다. — Я не ждал тако́го холо́дного приёма.
4) 위대한 작가의 책을 읽고 작법을 연구해 보시오 — Чита́йте и изуча́йте приёмы вели́ких писа́телей.

접시 　　여 таре́лка [tar'élkə]

1) 그녀는 접시에 빵을 놓았다. — Она́ положи́ла хлеб на таре́лку.
2) 아이는 수프 한 그릇을 다 먹어 치웠다. — Ма́льчик съел по́лную таре́лку ка́ши.

정도 　　여 сте́пень [s't'e'ın']

1) 일정한 정도까지 до изве́стной сте́пени, 현저하게 в значи́тельной сте́пени, 박사학위 сте́пень до́ктора нау́к, 최고도로 в вы́сшей сте́пени.
2) 나는 극도로 피곤하다. — Я уста́л до после́дней сте́пени.
3) 그는 무슨 학위를 가지고 있나요? — Кака́я

정말

у него́ учёная сте́пень?

정말¹   조 ра́зве   [ráz'vı]

1) 참말 그이가 왔나요? — Ра́зве он прие́хал?
2) 정말 너는 저 사람들을 모르니? — Ра́зве ты их не зна́ешь?

정말²   조 неуже́ли   [n'ıuʒél'i]

1) 정말 그가 승락하였나요?
— Неуже́ли он согласи́лся?
2) 정말 그게 사실이냐?
— Неуже́ли э́то пра́вда?

정말로   조 уж   [úʃ]

1) 정말 나는 모른다. — Уж я не зна́ю.
2) 그 여자가 벌써 여기에 있네. — А она́ уж здесь.
3) 정말 할 일이 많다. — О́чень уж мно́го рабо́ты.
4) 그리 나쁘지 않다. — Не так уж пло́хо.

정부   중 прави́тельство   [prav'it'ıl'stvə]

1) 임시정부   вре́менное прави́тельство.
2) 한국정부는 평화조약의 초안을 공표했다.
— Коре́йское прави́тельство объяви́ло прое́кт ми́рного догово́ра.
3) 양국 정상회담이 열렸다. — Состоя́лась встре́ча глав прави́тельств обе́их стран.
   4 정부성명   прави́тельственная деклара́ция

정상   여 верши́на   [v'ırʃinə]

1) 최정상에   на са́мой верши́не

2) 산꼭대기는 만년설로 덮혀있다. — Верши́ны гор покры́ты ве́чным сне́гом.

정상화   예 нормализа́ция [nərməliʒátsija]

정숙   예 тишина́ [t'iʃiná]

1) 밤의 정적   ночна́я тишина́, 쥐 죽은듯한 고요   мёртвая тишина́
2) 주위가 쥐죽은 듯이 고요했다. — Мёртвая тишина́ стоя́ла вокру́г.

정신   남 дух [dúx]

1) 자유사상   во́льный дух,   시대정신   дух вре́мени, 의기소침   упа́док ду́ха
2) 건전한 신체에 건전한 정신이 깃든다.
   — В здоро́вом те́ле здоро́вый дух.
3) 낙심하지 마시오 — Не па́даите ду́хьм
4 향수   духи́

정신적인   형 духо́вный [duxóvnij]

1) 정신세계   духо́вный мир, 교회음악   духо́вная му́зыка.
2) 시간이 그를 정신적으로 바꿔 놓았다. — Вре́мя измени́ло его́ в духо́вном отноше́нии.
3) 나는 종교 관련서적 몇권을 가지고 있다. — У меня́ не́сколько книг духо́вного содержа́ния.

정원¹   남 сад [sát]

1) 과수원   фрукто́вый сад, 식물원   ботани́ческий сад, 벚꽃동산   вишнёвый сад, 유치원   де́тскшй сад.
2) 뜰에서 아이들이 놀고 있다. — В саду́ игра́ю-

정원

т де́ти.

정원²   남 штат [ʃtát]

1) 정원의 축소   сокраще́ние шта́тов
2) 그는 학부의 직원이다. — Он в шта́те факульте́та.
3) CWA는 미합중국이라는 뜻이다. — США означа́ет Соединённые Шта́ты Аме́рики.

정지하다   완 останови́ть [astənav'ít']
《 불완 остана́вливать 》

1) 우리는 역 부근에 차를 세웠다. — Мы останови́ли маши́ну о́коло вокза́ла.
2) 이미 오래전에 공사가 중단되었다. — Уже́ давно́ останови́ли строи́тельство.

정직한   형 че́стный [tʃ'ésnij]

1) 정직한 사람들   че́стные лю́ди, 성실한 태도 че́стное отноше́ние.
2) 그녀는 정직하게 살아간다. — Она́ ведёт че́стный о́браз жи́зни.
3) 생전에 그는 대쪽같은 사람이었다. — В жи́зни он был пря́мым и че́стным челове́ком.

정책   여 поли́тика [pal'ít'ikə]

1) 금융정책   фина́нсовая поли́тика, 막후정치 поли́тика за́дних двере́й, 문호개방 정책 поли́тика откры́тых двере́й, 대내외 정책 вну́тренняя и вне́шняя поли́тика
2) 우리나라는 평화정책을 추구한다. — На́ша страна́ прово́дит поли́тику ми́ра.
3) 이것이 우리의 정치적 요구이다. — Э́то на́ше полити́ческое тре́бование.

정치가	남 поли́тик [palítik]
정치권	полити́ческие круги́
정치범	полити́ческое преступле́ние
정하다	완 определи́ть [apr'ıd'ıl'it'] ((불완 определя́ть))

1) 의사는 아직 그의 병명을 단정짓지 않고 있다.
— Врач ещё не определи́л его́ боле́зни.
2) 당신은 사회라는 개념을 어떻게 정의하십니까? — Как вы определя́ете поня́тие 《о́бщество》

정확한	형 то́чный [tótʃ'nij]

1) 정확한 시간 то́чное вре́мя, 정밀저울 то́чные весы́, 정확한 번역 то́чный перево́д.
2) 누가 정확한 시간을 가르쳐주세요 — Кто мне мо́жет сказа́ть то́чное вре́мя?
3) 그는 마치 나를 오랜 친구 처럼 따뜻하게 맞이했다. — Он меня́ тепло́ встре́тил, то́чно я был его́ ста́рым дру́гом.

정확한	형 ве́рный [v'érnij]

1) 충실한 친구 ве́рный друг, 옳바른 결정 ве́рное реше́ние
2) 시계는 정확한 시간을 가리키고 있다.
— Часы́ пока́зывают ве́рное вре́мя.
3) 그는 반드시 약속을 지키는 사람이다.
— Он ве́рный своему́ сло́ву.

정확히	부 집² то́чно [tótʃ'nə]

1) 꼭같은 то́чно тако́й же, 더 정확히 말하면 точне́е говоря́

제국주의

2) 시계가 정확하다. — Часы́ иду́т то́чно.
3) 그는 외국사람처럼 보인다. — Он то́чно иностра́нец.

제국주의 [명] империали́зм [imp'ırial'ízm]

1) 자본주의에서 제국주의에로의 이행은 전세기 말에 이루어졌다. — Перехо́д капитали́зма к империали́зму произошёл в конце́ про́шлого ве́ка.

제국주의적인 [형] империалисти́ческий [imp'ır'ialis't'itʃ'ısk'ij]

1) 그들은 제국주의 전쟁에 반대해서 싸웠다. — Они́ боро́лись про́тив империалисти́ческой войны́.

제도 [명] строй [strój]

1) 사회경제제도 социа́льно-экономи́ческий строй, 문법구조 граммати́ческий строй.
2) 그들은 새로운 국가제도를 만들었다. — У них со́здан но́вый строй госуда́рства.
3) 병사들은 대열을 맞추어 갔다. — Солда́ты шли стро́ем.

제도 [명] режи́м [r'ıʒím]

1) 일과 режи́м дня, 식사법 режи́м пита́ния, 기업의 안전수칙 режи́м безопа́сности на произво́дстве
2) 우리들은 올바른 식생활을 하고 있다. — Мы де́ржимся пра́вильного режи́ма пита́ния.

제발 [조] пожа́луйста [pasálistə]

	1) 책을 가지고 오시겠습니까? — Принесите, пожалуйста, книгу? 2) 담배를 피워도 좋습니까? 그럼요 — Мо́жно кури́ть? Пожа́луйста. 3) 도와주셔서 감사합니다. 천만의 말씀입니다. — Спаси́бо за по́мощь. Пожалуйста.
제방	예 плоти́на [plat'ínə] 1) 그들은 강에 댐을 건설하였다. — Они́ постро́или на реке́ плоти́ну.
제3세계	《тре́тий мир》
제안	중 предложе́ние [pr'ıdlaʒén'ijə] 1) 수요공급 спрос и предложе́ние. 2) 이 제안에 찬성하시는 분이 계십니까? 손을 들어 주십시오 — Кто за э́то предложе́ние? Прошу́ подня́ть ру́ки. 3) 제안은 반대없이 통과되었다. — Предложе́ние при́нято без возраже́нии.
제약	중 ограниче́ние [əgrənitʃ'énijə]
제외	중 исключе́ние [iskl'utʃ'énijə]
제외하고	전 кро́ме [króm'ı] 1) 방안에는 책상 이외에 아무것도 없었다. — В ко́мнате, кро́ме стола́, ничего́ не́ было. 2) 도서관에는 책 이외에도 잡지와 신문이 많이 있다. — Кро́ме книг, в библиоте́ке мно́го журна́лов и газе́т. 3) 나 말고도 두 사람이 더 있었다. — Кро́ме меня́ бы́ло ещё дво́е.

제의하다

предлага́ть [pr'ıdlagát'] 《 предложи́ть 》

1) 그는 나에게 도와 달라고 한다. — Он предлага́ет мне по́мощь.
2) 우리 영화보러 갑시다. — Я предлага́ю пойти́ в кино́.
3) 여주인이 손님에게 차를 권하고 있다. — Хозя́йка предлага́ет чай гостя́м.
4) 나는 그에게 내일 10시에 만나자고 했다. — Я предложи́л ему́ встре́титься за́втра в де́сять часо́в.
5) 그는 여자에게 커피를 권했다. — Он предложи́л ей ко́фе.

제지공업   бума́жная промы́шленность

제철소   металлурги́ческий заво́д

제출하다   предста́вить [pr'ıtstáv'ıt'] 《 представля́ть 》

1) 편지를 수령하려면 서류를 제시해야 한다. — Для получе́ния пи́сем на́до предста́вить докуме́нты.
2) 저를 이 아가씨에게 소개시켜 주십시오 — Предста́вьте меня́ э́той де́вушке.
3) 이 일은 나에게 대단한 흥미를 주고 있다. — Рабо́та представля́ет для меня́ большо́й интере́с.
4) 그곳에 사람들이 모여 들어 서로 인사를 주고 받았다. — Там собрали́сь лю́ди и ста́ли представля́ть друг дру́га.
5) 이것은 보기 드문 현상이다. — Э́то представля́ет собо́й ре́дкое явле́ние.

제품   проду́кция [pradúktsijə]

1) 작품 писательская продукция, 한국산 корейской продукции
2) 당신 공장은 어떤 제품을 생산합니까?
— Какую продукцию произвóдит ваш завóд?
3) 공장은 질 좋은 제품을 생산하고 있다.
— Фáбрика выпускáет продукцию высóкого кáчества.

제품   중 изделие [iz'd'él'ijə]

1) 기성품 готóвые изделия
2) 이 도시는 질 좋은 철제품으로 유명하다.
— Этот гóрод извéстен хорóшими желéзными издéлями.
3) (작은) 공장에서는 금은제품을 만들고 수리하여 준다. — В мастерскóй изготовляют и ремонтируют издéлия из зóлота и серебрá.

조각   남 кусóк [kusók]

1) 나는 차에 설탕 한 덩어리를 넣었다.
— Я положил кусóк сáхару в чай.
2) 목이 메어 넘어가지 않는다. — Кусóк в гóрло не идёт.

조각가   남 скýльптор [skúl'ptor]

조건   중 услóвие [uslóv'ijə]

1) 필수조건 непремéнное услóвие, 유리한 조건 благоприятные услóвия, 자연조건 прирóдные услóвия.
2) 이것은 성공의 중요한 조건이다.
— Это глáвное услóвие успéха.

	3) 그들은 전쟁의 와중에 어려운 상황에서 자라났다. — Они росли́ в тру́дных усло́виях вое́нного вре́мени.
조건부로	на определённых усло́виях
조국	예 ро́дина [ród'inə] 1) 광복 возрожде́ние ро́дины, 애국심 любо́вь к ро́дине, 향수 тоска́ по ро́дине 2) 이 도시는 나의 고향이다. — Э́тот го́род — моя́ ро́дина
조금¹	뷔¹ 대²〔수량〕немно́го [n'imnóvo] 1) 조금 더 많이 немно́го бо́льше, 조금 더 적게 немно́го ме́ньше 2) 우리는 러시아어를 조금 합니다. — Мы немно́го говори́м по-ру́сски. 3) 우리는 시간이 조금 더 있었다. — У нас оста́лось немно́го вре́мени.
조금²	뷔¹ 대² ма́ло [málə]〔비〕ме́ньше, ме́нее. 1) 그는 말이 적은 대신에 많은 일을 한다. — Он ма́ло говори́т, но мно́го де́лает. 2) 거리에는 사람이 적었다. — На у́лице бы́ло ма́ло наро́ду. 3) 온갖 일이 다 일어날 수가 있다. — Ма́ло ли что мо́жет случи́ться.
조사하다	불완 рассма́тривать [rassmátr'ivət'] 1) 법정은 사건을 심리중이다. — Суд рассма́тривает де́ло. 2) 그는 이 일을 의무로 여기고 있다. — Он рас-

сма́тривает э́то как долг.

조선소　　судове́рфь [sudavérf']

조약비준　　ратифика́ция догово́ра

조약체결　　заключе́ние догово́ра

조언　　[명] сове́т [sav'ét]

　　1) 의사의 충고에 따라　по сове́ту врача́

조용한¹　　[형] ти́хий [t'íx'ij] 〔비〕 ти́ше

　　1) 평온한 생활　ти́хая жи́знь, 온순한 성질 ти́хий нрав, 느린 속도로　ти́хим хо́дом.
　　2) 그는 조용한 목소리로 말했다. — Он говори́л ти́хим го́лосом.

조용한²　　[형] споко́йный [spakójnij]

　　1) 고요한 바다　споко́йное мо́ре, 순한 말 споко́йная ло́шадь.
　　2) 안녕히 주무십시오 — Споко́йной но́чи !
　　3) 그 사람에 대해서 나는 걱정을 안한다. — За него́ я споко́ен.
　　4) 바다는 오늘 고요하다. — Мо́ре сего́дня споко́йное.
　　⑤ 사회안정의 저해　наруше́ние обще́ственного споко́йствия

조용히　　[부] ти́хо [t'íxə] 〔비〕 ти́ше

　　1) 그는 조용히 웃었다. — Он смея́лся ти́хо.
　　2) 그는 마음이 차분해졌다. — На душе́ у него́ ста́ло ти́хо.

조용히 하다 (잠시)	완 помолча́ть [pəmaltʃ'át'] 1) 좀 조용히 해, 누가 온다! — Помолчи́, кто-то идёт.
조직	여 организа́ция [argən'izátsijə] 1) UN Организа́ция Объединённых Наций〈ООН〉 2) 그는 노조 지도자이다. — Он руководи́тель организа́ции рабо́чих.
조직하다	완//불완 организова́ть [argən'izavát'] 1) 그들은 러시아어 연구서클을 조직했다. — Они́ организова́ли кружо́к по изуче́нию ру́сского языка́. 2) 우리는 자주 대민친선의 밤을 개최한다. — Мы ча́сто организу́ем ве́чер дру́жбы наро́дов.
조합	коопера́ция [kəəpirátsiia]
쪽	여 сторона́ [stəraná] 1) 사방에서 со всех сторо́н, 고국 родна́я сторона́, 약점 сла́бая сторона́, 강점 си́льная сторона́, 나로서는 с мое́й стороны́, 한편으로는 с друго́й стороны́. 2) 그들은 뿔뿔이 흩어졌다. — Они́ пошли́ в ра́зные сто́роны. 3) 길 양편으로 고층건물이 늘어서 있다. — По обе́им сторона́м у́лицы стоя́т высо́кие зда́ния. 4) 그이는 어디로 갔습니까? — В каку́ю сто́рону он пошёл?

~쪽으로	튀 навстре́чу [nafsr'étʃ'u]	

1) 우리 쪽으로 자동차가 왔다. — Навстре́чу нам шла маши́на.
2) 맞바람이 불어 온다.
— Ве́тер ду́ет навстре́чу.

존경 　 중 уваже́ние [uvaʒén'ijə]

1) 경의를 표하며 с уваже́нием, 존경을 받을 만한 досто́йый уваже́ния
2) 그는 동료들로 부터 존경을 받고 있다.
— Он по́льзуется уваже́нием това́рищей.
3) 존경하는 서기장 동지! — Уважа́емый Генера́льный Секрета́рь!

존재 　 중 существова́ние [suʃʃ'istvaván'ijə]

1) 생존수단 сре́дства существова́ния, 생존경쟁 борьба́ за существова́ние.
2) 아버지는 내 존재를 완전히 잊고 계셨다.
— Оте́ц совсе́м забы́л о моём существова́нии.

존재하다 　 불완 существова́ть [suʃʃ'istvavát']

1) 문학을 싫어하는 사람들이 있다. — Существу́ют лю́ди, кото́рые не лю́бят литерату́ру.
2) 그녀는 자기 힘으로 살아 나가기로 결심했다.
— Она́ реши́ла существова́ть свои́м трудо́м.
3) 그가 옳지 않다는 의견이 있다. — Существу́ет мне́ние, что он не прав.

졸업 　 중 оконча́ние [əkantʃánijə]

1) 졸업논문 дипло́мная рабо́та, 졸업시험

	выпускны́е эка́мены, 졸업장 дипло́м. 2) 대학을 졸업하고 그는 고향으로 돌아가서 취직을 했다. — По оконча́нии институ́та он пое́хал рабо́тать в родно́й го́род.
좁은¹	형 у́зкий [úsk'ij] 〔비〕 уже 1) 제한된 범위의 사람들 у́зкий круг люде́й, 약점 у́зкое ме́сто 2) 우리는 좁은 길을 따라 걸었다. — Мы шли по у́зкой у́лице. 3) 집은 작고 좁은 골목길에 있었다. — Дом стоя́л в небольшо́м у́зком переу́лке.
좁은²	형 те́сный [t'ésnij] 1) 비좁은 방 те́сная ко́мната, 긴밀한 협조 те́сное сотру́дничество. 2) 방이 너무 좁다. — Ко́мната сли́шком тесна́. 3) 버스는 만원이었다. — В авто́бусе бы́ло те́сно. 4 ~와 긴밀히 연관된 те́сно свя́занный с~
종교	여 рели́гия [rilígija] 1 종교개혁 реформа́ция 2 신앙심이 깊은 여인 религио́зная же́нщина
종사하다	불완 занима́ться [zən'imáttsə] 1) 나는 운동을 하고 있다. — Я занима́юсь спо́ртом. 2) 방과후 그녀는 항상 도서관에서 공부한다. — По́сле заня́тий она́ всегда́ занима́ется в библиоте́ке.

3) 그녀는 한국어를 배우고 있다. — Она занимается корейским языком.

종이   예 бума́га [bumágə]

1) 나는 하얀 종이가 필요하다. — Мне нужна́ бе́лая бума́га.
2) 내 가방에 중요한 서류가 들어있다. — В моём портфе́ле ва́жные бума́ги.
3) 서류가방 **портфе́ль с бума́гами**, 지폐 **бума́жные де́ньги**

종전처럼   부 по – пре́жнему [papr'éʒn'ɪmu]

1) 아버지는 여전히 일을 많이 하신다. — Оте́ц по-пре́жнему мно́го рабо́тает.

종종   부 неpе́дко [n'ɪr'étkə]

1) 그들은 종종 오래동안 이야기를 나누곤 했다. — Они́ неpе́дко вели́ до́лгие бесе́ды.
2) 이런 일은 종종 일어난다. — Э́то случа́ется неpе́дко.

종합계획   ко́мплексный план

종합병원   예 поликли́ника [pəl'ikl'ín'ikə]

1) 종합병원 의사를 불러 주세요 — Вы́зовите врача́ из поликли́ники.
2) 지방 종합병원은 여러 전문의들을 고용하고 있다. — В родно́й поликли́нике принима́ют врачи́ ра́зных специа́льностей.

좋게   부¹ 술² хорошо́ [xəraʃó] 〔비〕 лу́чше

1) 나는 기분이 좋다. — Я чу́вствую себя́ хо-

좋다		рошо́.

2) 그는 행실이 좋다. — Он ведёт себя́ хорошо́.
3) 나는 그리 잘 이해 못하겠다. — Я не о́чень хорошо́ по́нял.
4) 오늘 바깥은 상쾌했다. — Сего́дня на у́лице хорошо́.

좋다　　　　조 **ла́дно** [ládnə]

1) 좋습니다. 내일 가겠습니다. — Ла́дно, я приду́ за́втра.
2) 일이 잘되고 있다. — Де́ло идёт ла́дно.

좋아하는　　형 **люби́мый** [l'ubímij]

1) 내가 즐기는 음식　моё люби́мое брю́до
2) 이것은 내가 좋아하는 단편이다. — Э́то мой люби́мый расска́з.

좋은　　　　형 **хоро́ший** [xarófij] 〔비〕 лу́чшии

1) 내 사랑　мой хоро́шии//моя́ хоро́шая
2) 안녕히 가세요! — Всего́ хоро́шего!
3) 그 여자는 미인이다. — Она́ хороша́ собо́й.
4) 좋은 충고에 감사드립니다. — Спаси́бо за хоро́ший отве́т.

주　　　　　여 **неде́ля** [n'ɪd'él'ə]

1) 러시아 영화주간　неде́ля ру́сских фи́льмов
2) 내주에 오세요 — Приходи́те на бу́дущей неде́ле
3 1주일간의 휴가　неде́льный о́тпуск, 주간신문　еженеде́льная газе́та.

주관적관념론 субъекти́вный идеали́зм

	① 주관 субъéкт
주권국가	суверéнное госудáрство
주다¹	[불완] давáть [davat'] (([완] дать))

1) 매달 아버지는 내게 돈을 주신다.
   — Кáждый мéсяц отéц даёт мне дéньги.
2) 그가 그런 짓을 못하게 하십시오
   — Не давáйте ему так поступáть.
3) 그는 수학을 쉽게 익힌다.
   — Ему́ легко́ даётся математи́ка.
4) 나는 이것을 간신히 배우고 있다.
   — Э́то мне нелегко́ даётся.

주다²	[완] дать [dát']

1) 소시지 500g 주십시오 — Дáйте мне, пожáлуйста, пятьсóт грамм колбасы́.
2) 그는 발언할 기회를 얻지 못했다. — Ему́ не дáли говори́ть.

주도권	[여] инициати́ва [initsiatívə]
주도적 역할	веду́щая роль
주된	[형] глáвный

1) 주인공 глáвный герóй, 수석대표 глáвный делегáт
2) 이것이 우리 실험의 주목적이다. — Э́то глáвная цель нáшего испытáния.

주먹	[남] кулáк [kulák]

1) 사회계급으로서의 부농 кулáк как класс
2) 그는 주먹으로 나를 쳤다. — Он удáрил меня́

кулаком.

주문하다 완 заказа́ть [zəkazát']

1) 애피타이저로 무엇을 주문하셨습니까?
— Что вы заказа́ли на перво́е ?
2) 그는 출입금지이다. — Путь был ему́ зака́зан.
3 주문제도 систе́ма зака́зов

주민¹ 중 населе́ние [nə'sı'én'ijə]

1) 원주민들과 우리들은 가깝게 지낸다. — Ме́стное населе́ние отно́сится к нам хорошо́.

주민² 남 (활) жи́тель [ʒít'ıl']

1) 원주민 коренно́й жи́тель, 농촌주민 дереве́нский жи́тель.
2) 이 도시의 인구는 얼마나 됩니까? — Ско́лько жи́телей в э́том го́роде ?

주사기 шприц [ʃ'prits]

1) 주사바늘 игла́ шпри́ца

주소 남 а́дрес [ádr'ıs]

1) 주소불명 а́дрес неизве́стен
2) 당신의 주소를 가르쳐 주십시오. — Скажи́те ваш а́дрес.

주시하다 불완 следи́ть [s'l'ıd'ít']

1) 그는 오래동안 비행기를 바라 보았다. — Он до́лго следи́л глаза́ми за самолётом.
2) 나는 미행당하고 있다. — За мной следя́т.

주식회사	акционе́рное о́бще́ство
	1) 주식시세 курс а́кции
주위에	튀 вокру́г [vakrúk]
	1) 세계일주여행 путеше́ствие вокру́г све́та
	2) 주위에는 아무도 없다. — Вокру́г нет ни одного́ челове́ка.
	3) 학생들이 선생님 주위에 몰려 들었다. — Ученики́ собрали́сь вокру́г учи́теля.
주의	중 внима́ние [vn'imánijə]
	1) 그는 강의를 열심히 듣고 있다. — Он слу́шает ле́кцию с больши́м внима́нием.
	2) (경청해 주셔서)감사합니다. — Спаси́бо за ва́ше внима́ние.
주의깊게	튀 внима́тельно [vn'imát'ılinə]
	1 신중한 학생 внима́тельный учени́к
	2) 주의깊에 경청해주시기 바랍니다. — Слу́шайте внима́тельно.
주인	남〔활〕 хозя́ин [xaz'áin] 예〔활〕 хозя́йка
	1) 이 개는 분명 주인한테서 도망나왔을 거야 — Э́та соба́ка, наве́рное, убежа́ла от своего́ хозя́ина.
	2) 그는 훌륭한 경영주이다. — Он хоро́ший хозя́ин.
	3) 와! 여기가 내 세상이다. — Тут я хозя́ин
	4) 엄마는 훌륭한 안주인이었다. — Мать была́ хоро́шей хозя́йкой.
주제	예 те́ма [t'émə]

1) 그는 새로운 테마에 몰두하고 있다. — Он рабо́тает над но́вой те́мой.
2) 클럽에서는 《평화투쟁과 국제협력》이라는 주제의 강연이 열렸다. — В клу́бе состоя́лась ле́кция на те́му 《Борьба́ за мир и междунаро́дное сотру́дничество》
3) 주최국 госуда́рство—инициа́тор

죽다¹ 〖완〗 умере́ть [um'ır'ét] ((〖불완〗 умира́ть))

1) 내 아버지는 조국의 자유를 위해 목숨을 바쳤다. — Мой оте́ц у́мер за свобо́ду ро́дины.
2) 이런 세상에! 엄마가 죽어가고 있다는 사실을 아들이 모르다니. — Кака́я беда́! Сын не зна́ет, что его́ мать умира́ет.

죽다² 〖완〗 поги́бнуть [pag'ıbnut']

1) 그의 아버지는 전사했다. — Его́ оте́ц поги́б на войне́.
2) 화재로 인해 아주 값진 책들이 다 타버렸다. — При пожа́ре поги́бли о́чень це́нные кни́ги.

죽은 〖형〗¹ 〖남〗²〔활〕 мёртвый [m'órtvij]

1) 정막 мёртвая тишина́, 죽은 혼 мёртвые ду́ши
2) 그는 이미 죽었다. — Он уже́ мёртв.
3) 시체가 마루에 있다. — Мёртвый лежа́л на полу́.

죽음 〖여〗 смерть [s'm'ért']

1) 죽을 때까지 до са́мой сме́рти, 극도로 до сме́рти

2) 그는 영웅적인 죽음을 했다. — Он поги́б сме́ртью геро́я.

3) 그는 이 일이 죽도록 싫어졌다. — Ему́ до сме́рти надое́ла э́та рабо́та.

[4] 치명상 смерте́льная ра́на, 치명타 смерте́льный уда́р, 결전 смерте́льная борьба́, 불구대천의 원수 смерте́льный враг

죽이다 [완] уби́ть [ub'it'] (([불완] убива́ть))

1) 아버지는 전사하셨다. — Оте́ц был уби́т на фро́нте.

2) 나는 그녀가 이번 타격으로 인해 절망할까봐 걱정된다. — Я бою́сь, что э́тот уда́р убьёт её.

3) 당신이 거절해서 나는 실망했다. — Вы меня́ уби́ли свои́м отка́зом.

4) 그는 공부를 하지 않고 거리에서 시간을 허비했다. — Он не занима́лся, и уби́л вре́мя на у́лице.

준결승　полуфина́л

준비　[예] подгото́вка [pədgatófka]

1) 군사훈련　вое́нная подгото́вка, 간부양성 подгото́вка ка́дров

2) 그들은 시험준비를 하고 있다. — Они́ веду́т подгото́вку к экза́менам.

3) 그는 충분한 예비지식을 가지고 있다. — У него́ прекра́сная подгото́вка.

[4] 준비기간　подготови́тельный пери́од

준비된　[형] гото́вый [gatóvij]

준비하다

1) 완제품 гото́вые изде́лия, 기성복 гото́вое пла́тье, 명령만 내리십시오 всегда́ гото́в!
2) 나는 시험준비를 다했다. — Я гото́в к экза́мену.
3) 나는 당신을 위해서라면 무엇이든 할 수 있소 — Для вас я гото́в на всё.
4) 어제 그녀는 기성복 가게에서 파란 원피스를 샀다. — Вчера́ она́ была́ в магази́не гото́вого пла́тья и купи́ла себе́ си́нее платье.

준비하다   불완 гото́вить [gatóv'it']

1) 그는 지금 발표자료를 준비중이다. — Сейча́с он гото́вит материа́лы к докла́ду.
2) 이 대학에서는 기사를 양성하고 있다. — В э́том институ́те гото́вят инжене́ров.
3) 엄마는 부엌에서 점심을 만들고 있다. — Мать гото́вит обе́д на ку́хне.
4) 학생들이 시험공부를 하고 있다. — Студе́нты гото́вятся к экза́мену.

줄   여 строка́ [straká]

1) 줄을 바꾸어 с новой строки́
2) 그는 기껏해서 몇 줄을 썼을 뿐이다. — Он написа́л всего́ не́сколько строк.

(소설) 줄거리|сюже́т расска́за

줄기   남 сте́бель [s't'éb'ıl']

1) 식물은 줄기와 잎으로 이루어져 있다. — Расте́ние состои́т из сте́бля и ли́стьев.

중간의   형 сре́дний [sr'éd'n'ij]

	1) 9월 중순에 в сре́дних чи́слах сентября́, 중키의 사람 челове́к сре́днего ро́ста, 평균 속도 сре́дняя ско́рость, 평범한 배우들 сре́дние спосо́бности, 중세기 сре́дние века́, 중등교육 сре́днее образова́ние 2) 가운데 서랍속을 보세요 — Смотри́те в сре́днем я́щике. 3) 저기에 중년부인이 서있다. — Там стои́т же́нщина сре́днего во́зраста. ④ 중간 середи́на
중고품	поде́ржанная вещь
중계무역	реэ́кспорт
중계방송	трансля́ция
중동	Сре́дний Восто́к
중립지대	нейтра́льная зо́на
중립국	нейтра́льное госуда́рство
중소기업	сре́дние и ме́лкие преприя́тия
중세기	сре́дние века́
중심	명 центр [tséntr] 1) 모스크바 중심지 центр Москвы́ 2) 그는 시내에 살고 있다. — Он живёт в це́нтре го́рода. 3) 트롤레이버스는 도심지를 운행한다. — Тролле́йбус идёт в центр го́рода.

중심의	[형] центра́льный [tsintrál'nij]

1) 센터 포드 центральный напада́ющий, 중심 사상 центра́льная иде́я, 중앙난방 центра́льное отопле́ние
2) 실례합니다만 중앙우체국은 어떻게 갑니까? — Скажи́те, пожа́луйста, как пройти́ на центра́льную по́чту?

중요한	[형] ва́жный [vá3nij]

1) 유력인사 ва́жная персо́на, ва́жное лицо́
2) 이것은 매우 중요한 문제이다. — Э́то о́чень ва́жный вопро́с.
3) 그는 아주 엄숙한 표정으로 걸어 다닌다. — Он хо́дит с ва́жным ви́дом.
4) 이것은 나에게는 매우 중요하다. — Э́то для меня́ о́чень ва́жно.
5) 그녀는 거만하게 행동한다. — Она́ ва́жно де́ржит себя́.
6) 중요성 ва́жность

중위	[남][활] лейтена́нт [l'ıjt'ınant]

1) 그는 해군 중위로 함대에서 근무했다. — Он служи́л лейтена́нтом во фло́те.

중지¹	[여] остано́вка [astanófka]

1) 종점 коне́чная остано́вка
2) 그녀는 쉬지 않고 이야기하고 있다. — Она́ говори́т без остано́вки.
3) 다음 정류장에서 내리십니까? — Вы выхо́дите на сле́дующей остано́вке?

중지²	[여] па́уза [páuzə]

1) 그는 띄엄띄엄 이야기했다. — Он говори́л с па́узами.

쥐고 있다 [불완] держа́ть [d'ırʒát']

1) 그녀는 아이의 손을 잡고 있다. — Она́ де́ржит ребёнка на рука́х.
2) 문을 열어 놓아라
— Держи́те дверь откры́той
3) 그녀는 고양이 3마리를 키운다.
— Она́ де́ржит трёх ко́шек.

즉시 [부] сра́зу [srázu]

1) 그는 즉시 모든 것을 깨달았다. — Он сра́зу всё по́нял.
2) 그는 즉시 알아차렸다. — Он сра́зу догада́лся
3) 모두가 동시에 말하지 마시오 — Не говори́те все сра́зу.

즉시 [부] неме́дленно [n'ım'édl'ınnə]

1) 속히 당신의 주소를 알려 주십시오 — Сообщи́те неме́дленно ваш а́дрес.

즐겁게 [부]¹ [술]² прия́тно [pr'ijátnə]

1) 그들은 친구집에서 즐거운 저녁을 보냈다.
— Они́ прия́тно провели́ ве́чер у друзе́й.
2) 당신과 알게 되어 기쁩니다.
— Прия́тно с вами познако́миться.
3) 향긋한 냄새 **прия́тный за́пах**, 반가운 소식 **прия́тная но́вость**

즐거운 [형] весёлый [v'ıso'ólij]

	1) 쾌활한 성격 весёлый хара́ктер, 재미있는 책 весёлая кни́га.
	2) 그는 매우 쾌활한 청년이다. — Он о́чень весё́лый па́рень.
	3) 어린이들은 재미있는 이야기를 좋아한다. — Де́тям нра́вятся весёлые расска́зы.
증가	중 увеличе́ние [uv'ıl'itʃ'én'ijə]
	1) 국민소득 증가 увеличе́ние национа́льного дохо́да, 임금인상 увеличе́ние зарпла́ты
	2) 종업원 수를 늘려야만 합니다. — Необходи́мо увеличе́ние числа́ рабо́тников.
즐겁다	술¹ 부² ве́село [v'és'ılə]
	1) 나는 아이들을 바라보는 것이 즐겁다. — Мне ве́село смотре́ть на э́тих дете́й.
	2) 그는 유쾌하게 웃었다. — Он ве́село смея́лся.
증기	남 пар [pár]
	1) 전속력으로 на всех пара́х
	2) 물은 증기로 바뀐다. — Вода́ мо́жет превраща́ться в пар
	3 증기기관차 парово́з
증명하다	완 доказа́ть [dəkazat']
	1) 그는 자신이 옳다는 것을 증명할 수가 없었다. — Он не мог доказа́ть, что он прав
지갑	бума́жник [bumáʒnik]
지구	여 земля́ [z'ıml'á]
	1) 지구는 태양의 주변을 돈다. — Земля́ дви́же-

тся вокруг со́лнца.

2) 그들은 땅바닥에 앉았다. — Они́ се́ли на зе́млю.

3) 농민들은 농지가 거의 없었다. — Земли́ ма́ло у крестья́н.

지구의 [형] **земно́й** [z'ımnój]

1) 지상낙원 **земно́й рай**, 현세의 행복 **зе́мные бла́га**

2) 지표면은 대기층으로 덮여 있다. — Земна́я пове́рхность покры́та сло́ем атмосфе́ры.

지금¹ [부] **тепе́рь** [t'ıp'ér]

1) 그는 대학을 마치고 현재 직장에 다닌다. — Он ко́нчил институ́т и тепе́рь рабо́тает.

[2] 현재 **в тепере́шнее вре́мя**

지금² [부] **сейча́с** [s'ıtʃ'ás]

1) 지금 우리는 방학이다. — Сейча́с у нас кани́кулы.

2) 바로 당신을 찾아 뵙겠습니다. — Я сейча́с приду́ к вам.

3) 그는 방금 여기 있었다. — Он сейча́с здесь был.

지금은 [부]¹ [접]² **пока́** [paká]

1) 우리는 아직 러시아로 말하기가 어렵다. — Нам пока́ тру́дно говори́ть по-ру́сски.

2) 그가 공부를 마칠 때까지는 도움이 필요하다. — Пока́ он у́чится, на́до ему́ помо́чь.

3) 그녀는 그가 올 때까지 기다렸다. — Она́ ждала́, пока́ он не пришёл.

지나(시간이) 젠 спустя́ [spus't'á]

1) 조금 후에 немно́го спустя́, 며칠후에 спустя́ не́сколько дней.
2) 2년이 흐른 후에 나는 고향으로 돌아왔다.
— Спустя́ два го́да я верну́лся в родно́й го́род.
3) 우리는 여러 해가 지난 후에 그와 만났다.
— Мы встре́тились с ним мно́го лет спустя́.

지나가다 완 пройти́ [prajt'i] ((불완 проходи́ть))

1) 미안합니다만 어떻게 역으로 가야 합니까?
— Скажи́те, пожа́луйста, как пройти́ на вокза́л?
2) 벌써 겨울이 지났다. — Уже́ прошла́ зима́.
3) 기차가 간이역을 통과했다. — По́езд прошёл ста́нцию.
4) 그들은 우수하게 물리학 과정을 마쳤다.
— Они́ успе́шно прошли́ курс фи́зики.
5) 지금 기차가 다리를 통과하고 있다. — Сейча́с по́езд прохо́дит по́ мосту.
6) 집회가 성공적으로 진행되고 있다. — Собра́ние прохо́дит успе́шно.
7) 당신은 화학과목을 마쳤습니까? — Вы проходи́ли хи́мию?
8) 두통이 없어졌다. — Головна́я боль прошла́.

지나치게 부 сли́шком [s'l'iʃkəm]

1) 이것은 너무 비싼 물건이다. — Э́то сли́шком дороги́е ве́щи.
2) 그는 이것을 너무 좋아한다. — Он сли́шком си́льно э́то лю́бит.

지남철	магнит
지대	예 полоса́ [pəlasá]

1) 흑토지대 чернозёмная полоса́, 신문의 마지막 페이지 после́дняя полоса́ газе́ты.
2) 그녀는 흰 바탕에 검은 줄이 나있는 옷을 입고 있다. — На ней бе́лое пла́тье с чёрными поло́сами
3) 비행기가 안개지역으로 들어갔다. — Самолёт попа́л в полосу́ тума́на.

지도¹   예 ка́рта [kártə]

1) 나는 지도에서 이 도시를 찾았다. — Я иска́л э́тот го́род на ка́рте.
2) 그는 카드 놀이를 좋아 한다. — Он лю́бит игра́ть в ка́рты.

지도²   중 руково́дство [rukavótstvə]

1) 공산당 지도하에 под руково́дством коммунисти́ческой па́ртии, 집단지도 коллегиа́льное руково́дство.
2) 그는 그룹의 지도를 맡았다. — Он взял на себя́ руково́дство гру́ппой.
3) 작년에 새로운 화학 지침서가 나왔다. — В про́шлом году́ вы́шло но́вое руково́дство по хи́мии.

지도자   남〔활〕 руководи́тель [rukəvad'ít'ıl']

1) 당신 그룹의 지도자는 누구입니까? — Кто руководи́тель ва́шей гру́ппы?
2) 대표단 단장은 저명한 학자이다. — Руководи́телем делега́ции был изве́стный учёный.

| 지리학 | 446 |

| 지리학 | география |

지방   예 о́бласть [óbləst']

1) 고산지대 высокого́рная о́бласть, 교육분야 о́бласть просвеще́ния.
2) 일주일 후에 우리는 산악지방에 도착했다. — Че́рез неде́лю мы прие́хали в го́рную о́бласть.
3) 그는 모스크바주 뿌쉬키노시에서 태어났다. — Он роди́лся в го́роде Пу́шкино Моско́вской о́бласти.
4) 나는 화학분야에서 일하고 있다. — Я рабо́таю в о́бласти хи́мии.

지방의   형 ме́стный [m'ésnij]

1) 지방풍속 ме́стный обы́чай, 지역주민 ме́стные жи́тели
2) 지금 현지시각 2시이다. — Сейча́с два часа́ по ме́стному вре́мени.
3 지방주의 местони́чество

지불하다   불완 плати́ть [plat'ít']

1) 방세는 선불입니다. — За ко́мнату на́до плати́ть вперёд.
2) 그는 극장표값 4루블을 치렀다. — Он заплати́л за биле́ты в теа́тр четы́ре рубля́.

지붕   예 кры́ша [kríʃə]

1) 새가 지붕 위에 앉아있다. — Пти́ца сиди́т на кры́ше.
2) 차창에서 우리는 울긋불긋한 지붕의 집을 보았다. — Из окна́ваго́на мы ви́дели дома́ с

зелёными и кра́сными кры́шами.

지식　　　중 зна́ние [znán'ijə]

1) 과학분야　о́бласть зна́ния, 능숙하게 со зна́нием де́ла.
2) 그는 문학에 조예가 깊다. — У него́ больши́е зна́ния о литерату́ре.
3 지식인　интелиге́нт

지역　　　남 райо́н [rajón]

1) 이것은 우리나라 대공업단지 중의 하나이다. — Э́то оди́н из кру́пных промы́шленных райо́нов на́шей страны́.
2) 나는 서울시 종로구에 살고 있다. — Я живу́ в райо́не Чонгро го́рода Сеу́ла.

지점　　　남 пункт [pńnkt]

1) 집합장소　сбо́рный пункт, 출발장소 исхо́дный пункт.
2) 나는 배를 타고 우리나라 최남단의 한 곳인 바쿠에 도착했다. — Я при́был на парохо́де в Баку́, оди́н из са́мых ю́жных пу́нктов на́шей страны́.
3) 조약은 10개 항목으로 이루어 졌다. — Догово́р состои́т из десяти́ пу́нктов.

지지　　　여 подде́ржка [pad'd'érʒʃkə]

1) 그는 모든 회원의 열렬한 지지를 받았다. — Он по́льзуется горя́чей подде́ржкой всех чле́нов о́бщества.
2) 그의 제안은 참석자 전원의 지지를 받았다. — Его́ предложе́ние встре́тило подде́ржку

всех прису́тствующих.

지켜보다   불완 наблюда́ть [nəbl'udá т']

1) 동물들의 생활을 관찰하는 것은 재미가 있다.
— Интере́сно наблюда́ть жизнь живо́тных
2) 누가 이곳을 담당(감독)하고 있습니까?
— Кто тут наблюда́ет за поря́дком ?
[3] 관찰 наблюде́ние, 우리가 관찰한 바에 의하면 по на́шим наблюде́ниям

지평선   남 горизо́нт [gər'izónt]

1) 수평선 위로 배가 모습을 드러냈다. — На горизо́нте показа́лся парахо́д.

지하도   (подзе́мный) перехо́д

지하철   중 метро́ [m'ıtró]

1) 지하철로 갑시다. — Пое́дем на метро́.
2) 지하철은 아침 6시부터 다닌다. — Метро́ начина́ет рабо́тать в шесть часо́в утра́.

지혜   남 ум [um]

1) 탁월한 지혜 блестя́щий ум, 예지 о́стрый ум
2) 그는 지혜가 많은 사람이다. — Он челове́к большо́го ума́.
3) 그는 속셈이 있다. — Он себе́ на уме́.

지휘관   남 команди́р [kəman'd'ír]

1) 그는 함장이었다. — Он был команди́ром корабля́.

지휘자	남 дирижёр [d'iriʒ'ór]	

지휘하다 　불완 командовать [kamándəvət']

1) 누가 이 부대를 지휘하고 있습니까? — Кто кома́ндует э́той ча́стью?
2) 젊은 장교가 구령을 외치고 있다. — Молодо́й офице́р кома́ндует.
③ 사령관 кома́ндующий, 최고사령부 гла́вное кома́ндование

직선　　　пряма́я ли́ния

직위　　　남 пост [póst]

1) 감시초소 наблюда́тельный пост, 책임있는 직위 отве́тственный пост
2) 병사들이 초소에서 보초를 서고 있다. — Солда́ты стоя́ли на посту́.
3) 그는 고위직에 올랐다. — Он за́нял высо́кий пост.

직장　　　남 цех [tséx]

1) 내 아버지는 직장의 장이다. — Мой отец — нача́льник це́ха.
2) 이 기사는 공장장이었다. — Э́тот инжене́р ра́ньше был масте́ром це́ха.

직섭선거　прямы́е вы́боры

직접적인　형 прямо́й [pr'ımój]

1) 직선을 그으세요 — Проведи́те пряму́ю ли́нию.
2) 그녀는 이 사건과 직접적인 관련이 있다.

	— Она́ име́ет прямо́е отноше́ние к э́тому де́лу. 3) 왜 솔직한 대답을 피하는가? — Почему́ ты ухо́дишь от прямо́го отве́та?
진리	예 и́стина [ís't'inə] 1) 절대적 진리 абсолю́тная и́стина, 객관적 진리 объекти́вная и́стина 2) 진실이 아무리 엄청나다 해도 그것을 말해 주세요 — Как бы ни была́ стра́шна и́стина, скажи́те её. ③ 진실한 친구 и́стинный друг, 진실로 и́стинно
진보	남 прогре́сс [pragr'és] 1) 우리 사회는 진보의 길을 가고 있다. — На́ше о́бщество идёт по пути́ прогре́сса. ② 누진세 прогресси́вный нало́г.
진심으로	от всего́ се́рдца
진주	남 же́мчуг [sémtʃuk]
진행	남 ход [xót] 1) 병의 경과 ход боле́зни, 교묘한 조치 ло́вкий ход, 지하도 подзе́мный ход 2) 집에서 직장까지 1시간 걸린다. — От до́ма до рабо́ты час хо́ду. 3) 나는 일이 그렇게 진행되리라 생각지 못했다. — Я не ожида́л тако́го хо́да де́ла.
질문하다	불완 спра́шивать [spráʃivət'] ((완 спроси́ть))

1) 그는 편지로 내 안부를 묻는다. — Он в своём письме спрашивает меня о здоровье.
2) 그녀는 가끔 조언을 구하곤 했다. — Она иногда спрашивала у меня совета.
3) 선생님은 내게 수업에 대해 물었다. — Учитель спросил меня об уроке.
4) 동생은 내게 책을 빌려달라고 했다. — Брат спросил у меня книгу.
5) 나를 찾아 온 사람 없었나요? — Меня никто не спрашивал?
6) 그 실수에 대해서는 그에게 책임을 추궁할 것이다. — С него за эту ошибку спросят.

진실 [예]¹ [줄]² правда [právdə]

1) 그는 항상 진실을 말한다. — Он всегда говорит правду.
2) 나는 정말 이것을 몰랐다. — Я, правда, этого не знал.
3) 비록 그가 아직 떠나지는 않았지만 떠날 준비는 하고 있다. — Правда он ещё не уехал, но собирается.

질서 [남] порядок [par'ádək]

1) 사회질서 общественный порядок, 차례로 по порядку.
2) 모든 일이 잘되고 있다. — Всё в порядке.
3) 그의 책상은 항상 깨끗이 정돈되어 있다. — На его столе всегда полный порядок.
4) 공장은 규율이 엄격하다. — На заводе строгии порядок.

짐승 [남]〔활〕 зверь [z'v'ér']

	1) 우리 숲에는 짐승들이 많다. — В наших лесах много зверей
	2) 그는 사람이 아니고 야수이다. — Он не человек, а дикий зверь.
집	냄 дом [dóм]
	1) 주택 жилой дом, 석조가옥 каменный дом
	2) 우리는 커다란 석조건물에 살고 있다. — Мы живём в большом каменном доме.
	3) 댁에서 편지가 왔습니다. — Вам письмо из дому.
	4) 저기에 문화관이 있다. — Там стоит дом культуры.
집단	냄 коллектив [kəl'ıkt'íf]
	1) 학교의 평판은 교사진에 달려 있다. — Успех школ зависит от коллектива учителей.
	② 집단안전보장체제 система коллективной безопасности, 집단화 коллективизация.
집안	냄 род [rót]
	1) 대대손손 из рода в род, 여성 женский род
	2) 그는 농민출신이다. — Он родом крестьянин.
	3) 그에 대한 그녀의 감정은 이상한 종류의 것이었다. — Её чувства к нему были странного рода
	4) 이것은 타고난 그의 운명이다. — Это ему на роду написано.
집에서	튀 дома [dóma]

	1) 저녁에 나는 집에 없을 것이다. — Ве́чером меня́ не бу́дет до́ма.
2) (당신 집처럼 생각하고) 편하게 지내세요 — Бу́дьте как у себя́ до́ма.
집으로	домо́й [damój]
1) 이제 집에 갈 시간이다. — Пора́ домо́й.
2) 형은 늦게 집에 돌아왔다. — Брат верну́лся домо́й по́здно.
짓다	불완 стро́ить [stróit] 《 완 постро́ить 》
1) 이곳에 커다란 집을 짓고 있다. — Здесь стро́ят большо́й дом.
2) 우리는 새로운 사회를 건설하고 있다. — Мы стро́им но́вое о́бщество.

ㅊ

차	남 чай [tʃ'áj]
1) 녹차 зелёный чай, 흑차 чёрный чай, 진한 차 кре́пкий чай
2) 차 한잔 안하실래요? — Не вы́пьете ли вы ча́шку ча́ю?
③ 찻집 ча́йная, 티 스푼 ча́йная ло́жка, 차 주전자 ча́йник
차갑게	뷔¹ 술² хо́лодно [xólədnə]
1) 이곳은 아주 춥다. — Здесь о́чень хо́лодно.
2) 그는 냉정하게 내게 말했다. — Он отве́тил мне хо́лодно.

차관	

3) 나는 춥다. — Мне хо́лодно.

차관 　　[남] креди́т [kr'idít]

차량 　　[남] ваго́н [vagón]

1) 화물차 грузово́й ваго́н, 객차 пассажи́рский ваго́н, 특실차 купе́йный ваго́н, 침대차 спа́льный ваго́н.
2) 우리 좌석은 3호차에 있다. — Места́ у нас бы́ли в тре́тьем ваго́не.

차례 　　[여] о́чередь [ótʃ'ɪr'ɪt']

1) 순서에 따라 по о́череди, 무엇보다 먼저 в пе́рвую о́чередь.
2) 이제 내 차례이다. — Тепе́рь о́чередь за мной.
3) 그는 극장표를 사려고 줄을 섰다. — Он стал в о́чередь за биле́тами в теа́тр.

차지하다 　　[완] заня́ть [zan'át'] (([불완] занима́ть))

1) 군대가 도시를 점령했다. — Войска́ за́няли го́род.
2) 나는 꼬박 한 시간을 걸려 문제를 풀었다. — Реше́ние зада́чи за́няло у меня́ це́лый час.
3) 옆집에 누가 사니? — Кто занима́ет сосе́днюю кварти́ру?
4) 집에서 직장까지 40분이 걸린다. — Доро́га от до́ма до рабо́ты занима́ет со́рок мину́т.

착륙 　　[여] поса́дка [pasátka]

착취 　　[여] эксплуата́ция [ekspluatátsijə]

1) 인간에 의한 인간의 착취 эксплуатáция человéка человéком
2) 그들은 새로운 공장의 가동에 들어갔다.
— Они́ сда́ли но́вый заво́д в эксплуата́цию.
③ 착취계급 эксплуата́торскии класс, 착취자 эксплуата́тор

착한 [형] до́брый [dóbrij]

1) 호인 до́брый челове́к, 수고하세요 всего́ до́брого
2) 그녀는 총명하고 선량한 눈을 가졌다.
— У неё у́мные и до́брые глаза́.
3) 그는 내게 좋은 소식을 가지고 왔다. — Он принёс мне до́брую весть.

찬성하다 [완] согласи́ться [səglas'ittsə]

1) 그들은 우리 제안에 즉각 찬성했다. — Они́ сра́зу согласи́лись на на́ше предложе́ние.
2) 결코 당신의 의견에 동의할 수가 없습니다.
— Ника́к не могу́ согласи́ться с ва́ми.
3) 나는 당신과 전적으로 의견을 같이 한다.
— Я с ва́ми вполне́ согла́сен.
④ 만장일치로 с о́бщего согла́сия.
⑤ 찬성과 반대 《за》 и 《про́тив》

참가 [중] уча́стие [utʃ'ás't'ijə]

1) 참전 уча́стие в войне́
2) 학교 전체가 경기에 적극 참여했다. — Вся шко́ла принима́ла акти́вное уча́стие в спорти́вных соревнова́ниях.
3) 그는 내전에 참가했다. — Он уча́стник гражда́нской войны́.

참고	예 спра́вка [spráfka]
	1 참고서 спра́вочник
참여하다	불완 уча́ствовать [utʃ'ástvəvət']
	1) 외국손님들이 학생집회에 참가했다. — Иностра́нные го́сти уча́ствовали в собра́нии студе́нтов.
	2) 이 젊은이들은 처음으로 선거에 참여한다. — Э́ти молоды́е лю́ди впервы́е уча́ствуют в вы́борах.
참패	жесто́кое пораже́ние
찻잔	예 ча́шка [tʃ'áʃkə]
	1) 우리는 커피 한잔 마시러 당신에게 왔습니다. — Мы пришли́ к вам на ча́шку ко́фе.
창녀	проститу́тка
창백한	형 бле́дный [blétnij]
	1) 근심으로 그의 얼굴은 창백해졌다. — От волне́ния лицо́ его́ ста́ло бле́дным.
창조적인	형 тво́рческий [tvórtʃ'ısk'ij]
	1) 창조적인 노력 тво́рческий труд, 창조력 тво́рческая си́ла
	2) 노작가는 아직도 창작활동을 계속하고 있다. — Ста́рый писа́тель ещё продолжа́ет тво́рческую де́ятельность.
창조하다	불완 создава́ть [səzdavát'] ((완 созда́ть))
	1) 화가는 평생을 통해 훌륭한 작품을 만들어 내

기 위해 온갖 노력을 다했다. — Худо́жник при жи́зни стреми́лся создава́ть ряд блестя́щих произведе́нии.

2) 노동이 인간을 창조한다. — Труд создал челове́ка.

3) 모든 조건이 갖추어 졌다. — Со́зданы все усло́вия.

4) 전쟁은 새로운 사태를 낳았다 — Война́ созда́ла но́вую обстано́вку.

찾다 완 найти́сь [najt'ís']

1) 잃어버린 책을 찾았다. — Поте́рянная кни́га нашла́сь.

2) 그는 어떠한 상황에서도 벗어날 것이다. — Он найдётся при вся́ких обстоя́тельствах.

3) 나는 무어라고 대답해야 할지 모르겠다. — Я не нашёлся, что отве́тить.

4) 나는 곤경에 빠져 있다. — Я нахожу́сь в затрудни́тельном положе́нии.

찾아내다 완 найти́ [najt'í] ((완 находи́ть))

1) 우리는 새로운 작업방식을 찾아냈다. — Мы нашли́ но́вый ме́тод рабо́ты.

2) 나는 이 단어를 사전에서 찾을 수가 없었다. — Я не нашёл э́того сло́ва в словаре́.

3) 그는 유죄로 인정되었다. — Он был на́йден вино́вным.

채무국 госуда́рство — должни́к

책 예 кни́га [kn'ígə]

1) 안내서 спра́вочная кни́га.

| 책상 | | 458 |

2) 이 책은 아주 재미있다. — Это о́чень интере́сная кни́га.
3 책가방 портфе́ль

책상 남 стол [stól]

1) 식사 때 за столо́м, 안내소 спра́вочный стол, 원탁회의 за кру́глым столо́м.
2) 개가 책상 밑에 엎드려 있다. — Соба́ка лежа́ла под столо́м.

책임 여 отве́тственность [atv'étst'v'innəs't']

1) 자신이 책임지고 на свою́ отве́тственность, 임무의 중대성 отве́тственность зада́чи
2) 나는 이 일에 전적인 책임을 지고 있다. — Я несу́ по́лную отве́тственность за э́ти дела́.
3 중요한 시기 отве́тственный моме́нт.

책임자[1] 남 (활) нача́льник [natʃ'al'n'ik]

1) 역장 нача́льник ста́нции, 부장 нача́льник отде́ла.
2) 우리는 상사의 감독하에 일을 하고 있다. — Мы рабо́таем под руково́дством нача́ликика.
3 지도부 нача́льство.

책임자[2] 남 (활) дире́ктор [d'ire'ktər]

1) 사장 генера́льный дире́ктор.
2) 교장 선생님은 오늘 안계실 것이다. — Дире́ктора шко́лы сего́дня не бу́дет.
3) 회의가 사장실에서 열리고 있다. — Совеща́ние состои́тся в кабине́те дире́ктора.

챔피언 남 (활) чемпио́н [tʃ'ımp'ió́n]

	1) 세계 테니스 1인자 чемпио́н ми́ра по те́ннису.
	2) 그는 100m 달리기 세계 챔피언이다. — Он чемпио́н ми́ра по бе́гу на сто ме́тров.
처녀림	де́вственный лес
처음	впервы́е
처음에는	튀 внача́ле [vnətʃál'e]
	1) 연주회 처음에는 지루한듯 했다. — Внача́ле конце́рт показа́лся нам ску́чным.
1,000	예 ты́сяча [tís'ətʃ'ə]
	1) 천 루블 ты́сяча рубле́й, 오천 пять ты́сяч
	2) 공장에는 2,000명이 일한다. — На заво́де рабо́тают две ты́сячи челове́к.
천문학	астроно́мия
천장	남 потоло́к [pətalók]
	1) 그는 천장이 낮은 방에서 살고 있다. — Он живёт в ко́мнате с ни́зким потолко́м.
천재	남 ге́ний [génij]
천주교	католици́зм
	[1] 천주교도 като́лик
천연가스	приро́дный газ
천연자원	приро́дные ресу́рсы
천천히	튀 ме́дленно [m'édl'ınnə]

	1) 시간이 천천히 간다. — Время идёт ме́дленно.
	2) 일이 잘 진척되지 않는다. — Рабо́та идёт медленно.
철	중 желе́зо [ʒil'ézə]
	1) 이것은 철제품이다. — Э́то сде́лано из желе́за.
철수	эвакуа́ция
철새	перелётные пти́цы
철기시대	желе́зный век
철도	желе́зная доро́га
철의	형 желе́зный [ʒil'éznij]
	1) 제철소 желе́знй заво́д, 철도 желе́зная доро́га
	2) 방안에 철제침대가 있다. — В ко́мнате стои́т желе́зная кровать.
	3) 그는 강한 의지력을 지녔다. — У него́ желе́зная во́ля.
철학	여 филосо́фия [f'ilasóf'ijə]
	1) 그는 철학사 교재를 저술했다. — Он написа́л уче́бник по исто́рии филосо́фии.
	2 철학논문 филосо́фский тракта́т, 철학자 Филосо́в.
첫번째의	주 [도서] пе́рвый [p'érvij]

1) 9월초에 в первых чи́слах сентября́, 상반기 пе́рвое полуго́дие, 처음으로 в пе́рвый раз
2) 신문 1면에 그의 기사가 실렸다. — На пе́рвой страни́це газе́ты была́ опублико́вана его́ статья́.

첫째로 　[삽입] во-пе́рвых [vap'ervix]

1) 첫째로 그는 젊고 그리고 둘째로 힘이 세다. — Во-пе́рвых, он мо́лод, и во-вторы́х, силён.

청개구리 　зелёная лягу́шка

청년 　[남][활] па́рень [pár'ın']

1) 그는 좋은 청년이다. — Он хоро́ший па́рень
2) 나는 20살 가량의 청년을 만났다. — Я встре́тился с па́рнем лет двадцати́.
3) 청년 молодёжь

청년시절 　[여] ю́ность [júnəs't']

1) 청년시절 в дни ю́ности
2) 청년시절에 그는 시를 썼다. — В ю́ности он писа́л стихи́.

청동기시대 　бро́нзовый век

청소 　[여] убо́рка [ubórka]

청하다 　[완] попроси́ть [pəpras'it'] (([불완] проси́ть))

1) 그녀는 나에게 도움을 청했다. — Она́ попроси́ла меня́ о по́мощи.

	2) 나는 그에게 자신에 관한 이야기를 해달라고 말했다. — Я попроси́л его́ рассказа́ть о себе́.
체계	[여] систе́ма [sʲɪsʲtʲémə]

1) 철학체계 филосо́фская систе́ма, 선거제도 избира́тельная систе́ма, 태양계 Со́лнечная систе́ма.
2) 그들은 일정한 체계에 따라 일하고 있다.
— Они́ рабо́тают по определённой систе́ме.
3) 세계 사회주의체제는 사회주의가 몇개 나라에서 집권을 한 2차대전 이후에 출현했다.
— Мирова́я систе́ма социали́зма возни́кла по́сле второ́й мирово́й, когда́ социали́зм победи́л в не́скольких стра́нах.

초　　　[여] секу́нда [sʲɪkundə]

1) 곧　сию́ секу́нду
2) 잠깐만 기다려 주세요　Одну́ секу́нду.
3) 빛의속도는 초속 30만 km이다. — Ско́рость све́та составля́ет три́ста ты́сяч киломе́тров в секу́нду.

초고속 비행기　сверхскоростно́й самолёт

초로의　[형] пожило́й [pəʐɪlój]

1) 방으로 안경을 낀 초로의 남자가 들어왔다.
— В ко́мнату вошёл пожило́й челове́к в очка́х.
2) 이웃 아줌마는 50세가 넘었지만 그렇게 나이 들어 보이지는 않는다. — Сосе́дке бо́льше пяти́десяти лет, но она́ не вы́глядит пожило́й.

초상화	〔남〕 портре́т [partr'ét]
	1) 벽에 초상화 2개가 걸려 있다. — На стене́ вися́т два портре́та.
초인종	〔남〕 звоно́к [zvanók]
	1) 웬일인지 벨이 울리지 않았다. — Звоно́к почему́-то не рабо́тает.
	2) 나는 벨소리를 듣지 못했다. — Я не слы́шал звонка́.
초청장	официа́льное приглаше́ние
촌락	〔중〕 село́ [s'ıló]
	1) 우리 마을에 얼마전에 훌륭한 클럽이 세워졌다. — В на́шем селе́ неда́вно постро́или прекра́сный клуб.
	2) 마을에 새 학교가 들어섰다. — В селе́ постро́или но́вую шко́лу.
총계	〔남〕 ито́г [itók]
	1) 모두 얼마입니까? — Ско́лько у вас получа́ется в ито́ге?
	2) 결국에 가서 그는 모든 것을 잃었다. — В коне́чном ито́ге он потеря́л всё.
총영사관	Генера́льное ко́нсульство
최고의	〔형〕 вы́сший [víʃʃij]
	1) 고등교육 вы́сшее образова́ние, 극형 вы́сшая ме́ра наказа́нии, 대단히 вы́сшей сте́пени
	2) 우리 공장은 최고 품질을 생산하고 있다.

최종적으로 | | 464

Наш завод выпускает изделия высшего качества.

3) 그는 고도의 음악교육을 받았다. — У него высшее музыкальное образование.

최종적으로   окончательно [akan'tʃ'at'ıl'nə]

    1) 그것은 최종적으로 결정되었다. — Это решено окончательно.

    2 최종결론 окончательный вывод, 결정적인 답변 окончательный ответ.

최초로   튀 впервые [fp'ırvijə]

    1) 난생 처음으로 впервые в жизни
    2) 그는 모스크바가 초행이다. — Он впервые в Москве.
    3) 그때 나는 그를 처음으로 보았다. — Тогда я впервые увидел его.
    4 최초에 в самом начале

최후의   형 последний [pas'l'édnij]

    1) 마지막 피 한방울까지 до последней капли крови, 최근에 за последнее время
    2) 전쟁이 시작되었을 때 그는 대학 졸업반이다. — Когда началась война, он учился на последнем курсе института.
    3) 그는 마지막까지 그것에 대해 알지 못했다. — Она не знала об этом до последнего времени.

추가예산   дополнительные бюджеты

추리소설   детективная повесть

추억	중 воспоминáние [vəspaminánijə]

1) 산으로의 여행은 아주 상쾌한 추억으로 남았다. — О поéздке в гóры остáлось óчень приятное воспоминáние.

추운	형 холóдный [xalódnij]

1) 찬바람 холóдный вéтер, 냉전 холóдная войнá
2) 밤은 춥다. — Нóчи станóвятся холоднéе.
3 추위 хóлод

추천	여 рекомендáция [r'ikam'indátsija]

축구	남 футбóл [fudból]

1) 그들은 축구를 한다. — Они́ игрáют в футбóл.
2 축구공 футбóльный мяч

축소	중 сокращéние [səkraʃʃ'énijə]

1) 새로운 방식은 제품생산 시간을 2배 단축시켰다. — Нóвый мéтод сокращáет врéмя произвóдства продýкции в два рáза.

축제	남 фестивáль [f'ist'ivál']

1 영화제 кинофестивáль

축하	중 поздравлéние [pəzravl'énijə]

1) 성공을 축하드립니다.
— Позравля́ю вас с успéхами.

출구	남 вы́ход [víxət]

	1) 비상구 запа́сный вы́ход, 탈당 вы́ход из па́ртии
	2) 이것이 내가 완쾌된 후의 첫 외출이다. — Э́то был мой пе́рвый вы́ход по́сле боле́зни.
	3) 극장 출구에서 당신을 기다리겠습니다. — Я бу́ду ждать вас у вы́хода из теа́тра.
	4) 이것이 유일한 해결책이다. — Э́то еди́нственный вы́ход.
출발점	пункт отправле́ния ① 기차는 아침에 출발한다. — Пое́зд отпра́вится у́тром.
출생지	ме́сто рожде́ния
출세주의	карьери́зм
출판사	중 изда́тельство [isdát'il'stvə]
출입구	вход и вы́ход
출현	возникнове́ние [vəzniknavédijə] 1) 생물체의 출현과 관련된 몇개의 이론이 있다. — Существу́ет не́сколько тео́рии возникнове́ния жи́зни на земле́
춤	명 та́нец [tán'ıts] 1) 무용학교 шко́ла та́нцев, 무도회 ве́чер та́нцев 2) 그는 무용교사이다. — Он учи́тель та́нцев
충고	답 сове́т [sav'ét] 1) 내각 сове́т мини́стров, UN 안보리 Со-

вет Безопасности ООН

2) 누이의 충고에 따라 그는 이 책을 읽었다. — По совету сестры́ он прочита́л э́ту кни́гу.

3) 경제고문 экономи́ческий сове́тник

충돌   명 конфли́кт [kanflikt]

충분히¹   부 вполне́ [fpaln'é]

1) 대단히 만족스럽다. — Вполне́ дово́лен.
2) 일은 완전히 성공이었다. — Рабо́та вполне́ удала́сь.
3) 시간은 아주 넉넉하다. — Вре́мени у нас вполне́ доста́точно.

충분히²   부¹ 술² доста́точно [dastátǝtj'nǝ]

1) 이일은 두사람이면 충분하다. — Для э́того доста́точно двух челове́к.
2) 그는 꽤 머리가 좋다. — Он доста́точно умён.
3) 우리는 자금이 풍부하다. — У нас доста́точно сре́дства.
4) 우리는 보드카 한병이면 된다. — Нам доста́точно одно́й буты́лки во́дки.

취미   명 вкус [fkús]

1) 그녀는 음악적 취향이 없다. — У неё плохо́й музыка́льный вкус.

취임사   речь при вступле́нии в до́лжности

취한   형¹ 명〔활〕 пья́ный [p'jánij]

1) 그는 취했다. — Он был пьян.

측근	2) 술취한 사람이 비틀거린다. — Пья́ный на нога́х не де́ржится.
측근	приближённый [pribliʒ'ónnjij]
층	님 эта́ж [etáʃ] 1) 20층건물 зда́ние в 20 этаже́й 2) 나는 그와 같은 층에서 살고 있다. — Мы с ним живём на одно́м этаже́. 3) 친구는 같은 동 바로 밑에 층에 산다. — Друг живёт в э́том же до́ме, то́лько ни́же этажо́м. 4) 우리 회사는 건물 2층을 다 쓴다. — На́ша фи́рма занима́ет весь второ́й этаж зда́ния.
층	님 слой [slój] 1) 사회계층 разли́чные слои́ обще́ства 2) 먼지가 얇게 쌓여 있다. — Пыль лежи́т то́нким сло́ем.
치과의사	зубно́й врач
치료	중 лече́ние [litʃ'énijə] 1) 그는 이빨을 치료해야 한다. — Ему́ на́до лечи́ть зу́бы.
치마	여 ю́бка [júpkə] 1) 그녀는 새 검정치마를 입고 출근했다. — На рабо́ту она́ пришла́ в но́вой чёрной ю́бке.
치즈	님 сыр [sír] 1) 나는 깜빡 잊고 치즈를 사지 않았다.

— Я забы́ла купи́ть сы́ру.

친구 | 명(활) друг [drúk]

1) 나는 그와 절친한 친구이다. — Мы с ним больши́е друзья́.
2) 그들은 서로 돕는다. — Они́ помога́ют друг дру́гу.
3) 우리는 서로 왕래한다. — Мы быва́ем друг у дру́га.
4) 그들은 서로 닮았다. — Они́ похо́жи друг на дру́га.
[5] 친교 дру́жественные отноше́ния.

친미파 проамерика́нская группиро́вка

친일분자 прояпо́нские элеме́нты

친숙한 | 형 знако́мый [znakómij]

1) 나는 그 사람을 모른다. — Я с ним не знако́м.
2) 나는 이곳에 아는 사람이 별로 없다.
— У меня́ здесь ма́ло знако́мых.
3) 나는 이 일을 전혀 알지 못한다
— Я совсе́м не знако́м с э́тим де́лом.
[4] 친분 знако́мство

친족의 | 형 родно́й [radnój]

1) 모국어 родно́й язы́к
2) 그녀는 나의 생모이다. — Она́ моя́ родна́я мать.
3) 이것이 뿌쉬킨의 생가이다. — Это родно́й дом Пу́шкина.

| 칠백 | 주 семьсо́т [s'ımsót]
1) 이 건물에는 700명을 수용하는 홀이 있다.
— В э́том зда́нии есть зал на семьсо́т челове́к.

칠십 | 주 се́мьдесят [s'ém'd'ıs'ət]
1) 현재 우리 차는 시속 70km로 달리고 있다.
— Сейча́с наш автомоби́ль идёт со ско́ростью се́мьдесят киломе́тров в час.

7월 | 남 ию́ль [ijúl']
1) 우리는 7월부터 9월까지 여름방학이다. — С ию́ля по сентя́брь у нас быва́ют ле́тние кани́кулы.

침대 | 여 посте́ль [past'él']
1) 환자는 반드시 침대에 누워 있어야 한다.
— Больно́му необходи́мо лежа́ть в посте́ли.
2) 간호원이 환자 침대에 앉았다. — Медсестра́ сиде́ла у посте́ли больно́го.

침대 | 여 крова́ть [kravat']
1) 2인용 침대 двуспа́льная крова́ть
2) 그는 침대에서 일어났다.
— Она́ вста́ла с крова́ти.

침략 | 여 агре́ссия [agr'és's'ijə]
1) 침략전쟁 захва́тническя война́, 침략자 агре́ссор//захва́тчик
2) 침략에 대항하여 싸워야만 한다.
— На́до боро́ться про́тив агре́ссии.

침묵　　　　중 молчание [maltʃánijə]

1) 오랫동안 연락드리지 못해 죄송합니다.
— Извините за долгое молчание.
2) 침묵은 동의의 표시이다. — Молчание — знак согласия.

침묵하다　　불완 молчать [naltʃ'at']

1) 너는 어째서 잠자코 있니? — Почему ты молчишь?
2) 잠자코 있지말고 무슨 말이든 하시오
— Не молчите, скажите что-нибудь.

(식량)카드　(продовольственная) карточка

칼　　　　남 нож [nóʃ]

1) 식칼 кухонный нож, 배신하다 нож в спину
2) 그녀는 탁자위에 나이프, 스푼과 포크를 놓았다. — Она положила на стол ножи, ложки и вилки.

커다란　　형 большой [bal'ʃój]

1) 상류사회 большой свет, 대륙 большая земля.
2) 우리는 커다란 새 집에 살고 있다. — Мы живём в большом новом доме.
3) 그는 커다란 기쁨을 느끼고 있다. — Он чувствует большую радость.

| 4 | 대규모로 на большу́ю но́гу, 크렘린 대궁전 Большо́й Кремлёвский Дворе́ц.

커다란 | 형 кру́пный [krúpnij]

1) 중대한 성과 кру́пный успе́х, 기간산업 кру́пная промы́шленность.
2) 그는 성큼성큼 걸어서 산을 내려왔다. — Он кру́пными шага́ми пошёл вниз по горе́.
3) 이 지방에는 몇개의 기간산업 회사가 있다 — В о́бласти не́сколько кру́пных промы́шленных предприя́тий.

커피 | 남 ко́фе [kóf'ə]

1) 블랙커피 чёрный ко́фе
2) 나는 아침에만 커피를 마신다. — Я пью ко́фе то́лько по утра́м.
| 3 | 커피 포트 кофе́йник.

코 | 남 нос [nós]

1) 면전에서 из - под са́мого но́са, 얼굴을 맞대고 нос к но́су
2) 그는 코피를 흘리고 있다. — У него́ кровь идёт из но́су.

콘크리트 | 남 бето́н [bitón]

콧수염 | 복 усы́ [usí]

1) 그는 콧수염을 기른다. — Он но́сит усы́.

크기 | 남 разме́р [razm'er]

1) 봉급액수 разме́р зарпла́ты, 양복치수

	размéр костюм
	2) 이 구획의 크기는 어느 정도입니까? — Какóго размéра этот учáсток?
크기	예 величинá [vʼılitʃʼiná]
	1) 미지수 неизвéстная величинá, 일등성 звездá пéрвой величины́
	2) 돌은 주먹만한 크기였다. — Камень был величинóй с кулáк
	3) A의 수치는 불변이다. — Величина A постоя́нная.
큰소리로	부 грóмко [grómkə]
	1) 호언장담 грóмкие словá
	2) 아래층에서 아내가 큰소리로 누군가와 말하고 있다. — Внизу́ женá говори́т грóмко с кем-то
클라이막스	кульминáция
클럽	남 клуб [klúb]
	1) 오늘 클럽에서 연주회가 열린다. — Сегóдня бу́дет концéрт в клу́бе.
키	남 рост [róst]
	1) 그의 아버지는 키가 아주 크다. — Егó отéц óчень высóкого рóста.
킬로그램	남 килогрáмм [kʼilagrám]
	1) 고기 2kg 주세요 — Дáйте мне, пожáлуйста, два килогрáмма мя́са.
킬로미터	남 километр [kʼilamʼétr]

1) 다음 정거장까지 4km밖에 남지 않았다. — До следующей ста́нции то́лько четы́ре киломе́тра.

타격   냄 уда́р [udár]
1) 일격에 одни́м уда́ром, 비운 уда́р судьбы́, 아군의 공격을 받고 под уда́рами на́ших войск
2) 그는 얼굴에 무시무시한 주먹을 맞고 쓰러졌다. — Он получи́л стра́шный уда́р кулако́м в лицо́ и упа́л.
3) 우리는 아직 바다에서 멀리 떨어져 있었지만 벌써 해변에 파도치는 소리가 들려왔다. — Мы бы́ли ещё далеко́ от мо́ря, но уже́ слы́шали уда́ры волн о бе́рег

타고 가다¹   불완 〔정〕 е́хать [jéxət'] ((부정 е́здить))
1) 그는 도시로 간다. — Он е́дет в го́род.
2) 저기 자동차가 달려간다. — Вот е́дет маши́на.
3) 의사는 환자에게 온천에 가도록 권했다. — До́ктор сове́тует больно́му е́хать на во́ды.

타고 가다²   완 пое́хать [pajéxət']
1) 그는 차를 타고 도시에 갔다. — Он пое́хал в го́род на маши́не.
2) 자동차가 처음에는 천천히 가다가 더 빨리 달리기 시작했다. — Маши́на снача́ла ме́дленно, а пото́м пое́хала быстре́е.

타고 다니다　[불완][부정] éздить [jéz'd'it] 《 [정] éхать 》
1) 우리는 도시 곳곳을 버스를 타고 다녔다. — Мы éздили по всему́ го́роду на авто́бусе.
2) 아버지는 지하철로 출퇴근하신다. — Оте́ц éздит на рабо́ту на метро́.
3) 여름에 그들은 미국에 갔다왔다. — Ле́том они́ éздили в США.

타다¹　[불완] горе́ть [gar'et']
1) 난로에 불이 아직 타고있니? — Пе́чка ещё гори́т ?
2) 저기 녹색등불이 켜있다. — Там гори́т зелёная ла́мпа.
3) 그녀의 눈은 기쁨으로 빛나고 있다. — У него́ глаза́ горя́т от ра́дости.
4) 나는 머리에 고열이 있다. — Голова́ у меня́ гори́т.

타다²　[불완] ката́ться [katáttsə]
1) 나는 스케이트 타기를 좋아한다. — Я люблю́ ката́ться на конька́х.

타악기　уда́рные музыка́льные инструме́нты

타자기　пи́шущая маши́нка

탁구　пинг — по́нг
1) 탁구공　мяч для насто́льного те́нниса

탁상공론　пусты́е разгово́ры

탄　[남] у́голь [úgəl']

	1) 석탄 ка́менный у́голь
	2) 이 지방은 탄이 풍부하다. — Э́тот край бога́т у́глем.
	3) 지역발전소는 탄을 땐다. — Райо́нная электроста́нция рабо́тает на угле́.
	④ 탄전 у́гольный бассе́йн, 석탄산업 у́гольная промы́шленность.
탄환	명 снаря́д [snar'át]
	1) 체조기구 гимнасти́ческий снаря́д
	2) 탄환이 과녁에 명중했다. — Снаря́д попа́л в цель.
탐험가	изыска́тель [iziskátel']
	① 탐험대 экспеди́ция
태양	중 со́лнце [sóntsə]
	1) 새벽에 до со́лнца
	2) 해는 벌써 졌다. — Со́лнце уже́ се́ло.
	3) 그들은 양지 바른 곳에 앉아 이야기를 나누고 있다. — Они́ сидя́т на со́лнце и разгова́ривают.
	4) 학자들이 태양을 관측하고 있다. — Учёные веду́т наблюде́ние за со́лнцем.
태양의	형 со́лнечный [sóln'ıtʃ'nij]
	1) 태양계 со́лнечная систе́ма, 양지쪽 со́лнечная сторона́
	2) 지구는 태양계의 한 혹성이다. — Земля́ плане́та со́лнечной систе́мы.
	3) 창은 양지쪽으로 나있다. — Окно́ выхо́дит на со́лнечную сто́рону.

태어나다	불완 родиться [rad'ittsə]	

1) 그는 1963년에 모스크바에서 태어났다. — Он роди́лся в ты́сяча девятьсо́т шестьдеся́т тре́тьем году́ в Москве́.
2) 여성에 대한 사랑으로 부터 지상의 모든 아름다움이 태어났다. — От любви́ к же́нщине роди́лось всё прекра́сное на земле́.
3) 그는 아들을 얻었다. — У него́ роди́лся сын.

택시   중 такси́ [taks'í]

1) 택시를 불러 주세요 — Вы́зовите мне, пожа́луйста, такси́
2) 역에서 우리는 택시를 타고 집에 왔다.
— С вокза́ла мы пое́хали домо́й на такси́.

턱   남 подборо́док [pədbaródək]

1) 그의 턱은 뾰족하다. — У него́ о́стрый подборо́док

턱수염   여 борода́ [bəpadá]

1) 우리 할아버지는 턱수염을 길게 기르신다.
— У моего́ де́душки дли́нная борода́.

턴널   남 тунне́ль [tunn'él']

텔레비젼 (수상기)   남 телеви́зор [t'ıl'ıv'ízər]

1) 컬러 TV   цветно́й телеви́зор
2) 그는 TV 스포츠 프로를 좋아한다 — Он лю́бит смотре́ть по телеви́зору спорти́вные програ́ммы.

텔레비젼   중 телеви́дение [t'ıl'ıv'íd'ın'ijə]

(학술)토론회	1) 내일 TV에서 오케스트라 연주가 방영될 것이다. — Завтра по телевидению будет передача выступления оркестра.
(학술)토론회	научная дискуссия
토요일	예 суббота [subótə] 1) 돌아오는 토요일에 в следующую субботу 2) 그는 토요일에 오겠다고 말했다. — Он сказал, что придёт в субботу.
토지개혁	земельная работа
톤	예 тонна [tónnə] 1) 아직 10t의 화물이 남아있다. — Ещё остаётся груз весом в десять тонн.
통역	남 переводчик [p'ir'ivóttʃik]
통제	남 контроль [kantról'] 1) 생산에 대한 통제 контроль над пройзводством 2) 아이들은 어른들의 보살핌을 받아야 한다. — Дети должны находиться под контролем взрослых. 3) 차내에서 표검사를 하고 있다. — В вагоне идёт контроль билетов.
통치계급	правящий класс
~(을) 통해서	전 сквозь [skvóz'] 1) 그는 무어라고 중얼거리고 있다. — Он говорит сквозь зубы.

통행금지	проход запрещён
	① 우측통행 правостороннее движение
	② 통행증 пропуск

투명한	혱 прозра́чный [prazrátʃ'nij]

1) 맑은 물 прозра́чная вода́, 노골적인 암시 прозрачный намёк, 투명유리 прозра́чное стекло́
2) 보세요, 물이 얼마나 깨끗한지! — Посмотри́, кака́я прозра́чная вода́!
3) 강에 언 얼음이 아주 맑아서 얼음을 통해 어두운 물이 보일 정도이다. — Лёд на реке́ тако́й прозра́чный, что сквозь него́ ви́дно тёмную во́ду.

투사	냄(활) боре́ц [bar'ets]

1) 그의 아버지는 공산주의 투사였다. — Его оте́ц был бо́рцом за коммуни́зм.
2) 오늘은 중량급 선수들이 싸운다. — Сего́дня встреча́ются борцы́ тяжёлого ве́са.

투쟁	여 борьба́ [bar'bá]

1) 계급투쟁 кла́ссовая борьба́, 생존경쟁 борьба́ за существова́ние
2) 그들은 반전투쟁을 하고 있다. — Они́ веду́т борьбу́ про́тив войны́.
3) 운동장에서 관심이 집중된 경기가 벌어지고 있다. — На по́ле идёт интере́сная борьба.

투표	중 голосова́ние [gəlɔsavánijə]

1) 부의장이 문제를 투표에 부쳤다. — Заседа́тель ста́вил вопро́с на голосова́ние.

트랙터	남 тра́ктор [tráktər] 1) 우리 공장에서는 트랙터를 생산하고 있다. — Наш заво́д произво́дит тра́кторы. 2) 들판에서 트랙터들이 일을 하고 있다. — На по́ле рабо́тают трактора́
트럭	남 грузови́к [gruzav'ík] 1) 화물자동차 грузова́я маши́на, 화물선 грузово́е су́дно. 2) 길을 따라 트럭이 달린다. — По доро́ге идёт грузови́к.
트렁크	남 чемода́н [tʃ'ımadán] 1) 그는 오른 손에 작은 트렁크를 들고 있다. — Он де́ржит ма́ленький чемода́н в пра́вой руке́.
특사	чрезвыча́йный посла́нник
특산물	ме́стная проду́кция
특별한	형 осо́бенный [asób'ınnij] 1) 특별한 일이 없다. — Ничего́ осо́бенного. 2) 나는 특별히 그곳에 가고 싶은 생각은 없다. — У меня́ нет осо́бенного жела́ния туда́ идти́. 3) 그는 문학, 특히 현대시인의 시에 매료되어 있다. — Он увлека́ется литерату́рой, осо́бенно стиха́ми совреме́нных поэ́тов.
특성	여 осо́бенность [asób'ınnəs't'] 1) 민족적 특성 национа́льные осо́бенности 2) 이 실험실 연구의 기본적 특성은 생산과 긴밀

한 관계가 있다는 것이다. — Основной осо́бенностью рабо́ты э́той лаборато́рии явля́ется те́сная связь с произво́дством.

3) 그는 동물, 특히 개를 좋아한다. — Он лю́бит живо́тных, в осо́бенности соба́к.

특성 　　[명] сво́йство [svójstvə]

1) 러시아 민족의 특성 сво́йства ру́сского наро́да

2) 그는 멋진 개성의 소유자이다. — Он облада́ет прекра́сными сво́йствами.

3) 자석은 철을 당기는 성질이 있다. — У магни́та есть сво́йство притя́гивать желе́зо.

4) 모든 사물은 많은 특성이 있고 그 특성속에 사물의 성질이 나타난다. — Ка́ждая вещь облада́ет мно́жеством сво́йств, в кото́рых проявля́ется её ка́чество.

특수한　　[형] специа́льный [sp'ıtsiál'nij]

1) 특강 специальный курс, 신문특간 специальный вы́пуск газе́ты, 특수학교 специальное учебное заведе́ние.

2) 우리 공장에 쁘라브다 특파원이왔다. — К нам на заво́д прие́хал специа́льный корреспонде́нт «Пра́вды».

3) 이 문제는 너무 전문적이다. — Э́тот вопро́с сли́шком специа́лен.

4) 그는 전문기사입니다. — Он инжене́р по специа́льности.

5) 나는 당신을 만나기 위해 일부러 왔습니다. — Я пришёл специа́льно для того́, что́бы уви́деть вас.

특허권　　пате́нтное пра́во.

| 특히 | 부 особенно [asób'ınnə] |

1) 그다지 не особенно
2) 이 문제는 특히 중요하다. — Этот вопрос особенно важный.
3) 이 문제는 내게 특히 중요하다. — Этот вопрос для меня особенно важен.

| 특히 | 부 исключи́тельно [iskl'utʃ'it'ıl'nə] |

1) 그는 대단히 건강했다. — Он был исключительно здоров.
2) 특권 исключительное право, 예외적인 경우 исключительный случай, 예외없이 без исключения

| 틀림없이 | 삽입 несомне́нно [n'ısamn'énnə] |

1) 이것은 틀림없이 그의 사진이다. — Это, несомненно, его фотография.

| 틀림없이 | 부 непреме́нно [n'ıpr'ım'énnə] |

1) 모스크바에서 틀림없이 그녀에게 무슨 일이 일어 났나 — С ней непременно что—нибудь в Москве случилось.
2 필수조건 непременное условие.

| 팀 | 여 кома́нда [kamánda] |

1) 대학배구팀은 시대항 경기에 나갔다. — Волейбольная команда института участвовала в городских соревнованиях.

ㅍ

파괴 [중] разруше́ние [rəzruʃʼénijə]
  [1] 적은 도시를 거의 완전히 파괴했다. — Враг почти́ по́лностью разру́шил го́род.
  [2] 파괴행위 диверсио́нный акт

파도 [예] волна́ [valná]
  1) 사람의 물결 наро́дная волна́
  2) 바다에는 거대한 파도가 치고 있었다.
    — На мо́ре бы́ли огро́мные во́лны.
  3) 바람소리와 강한 파도소리 때문에 잠을 설쳤다. — Шум ве́тра и си́льные уда́ры волн о бе́рег меша́ли засну́ть.

파란 [형] голубо́й [gəlubój]
  1) 귀족출신 голуба́я кровь
  2) 그녀는 푸른 하늘을 바라 보았다. — Она́ смотре́ла на голубо́е не́бо.
  3) 그녀는 파란색이 아주 돋보인다. — Ей о́чень идёт голубо́й цвет.

파리 [예]〔활〕 му́ха [múxə]
  1) 부엌에 파리가 많다. — В ку́хне мно́го мух.
  2) 파리목숨 ничто́жная жизнь

파산 банкро́тство [bankrótsə]

파업 забасто́вка [zəbastófkə]

파이프 [예] труба́ [trubá]

	1) 수도관 водопрово́дная труба́, 공장 굴뚝 фабри́чная труба́. 2) 근로자들이 가스 파이프를 설치하고 있다. — Рабо́чие прокла́дывают тру́бы газопрово́да. 3) 그는 나팔을 잘 분다. — Он хорошо́ игра́ет на трубе́.
판매원	남 продаве́ц [prədav'éts] 1) 신발 매장에는 경험있는 판매원들이 근무한다. — В отде́ле о́буви рабо́тают о́пытные продавцы́.
판사	남 судья́ [sud'já]
판유리	листово́е стекло́
팔다	불완 продава́ть [prədavát'] ((완 прода́ть)) 1) 거리에서 여인이 꽃을 팔고 있다. — На у́лице же́нщина продаёт цветы́. 2) 나는 차를 팔았다. — Я про́дал свою́ маши́ну.
팔백	수 восемьсо́т [vəs'ımsót] 1) 우리 학교 학생수는 약 800명이다. — У нас в шко́ле о́коло восьмисо́т ученико́в.
팔십	수 во́семьдесят [vós'ım'd'ıs'ət] 1) 그녀의 할머니는 매우 연로하신데 연세가 여든이다. — Её ба́бушка о́чень ста́рая, ей во́семьдесят лет.
팔월	남 а́вгуст [ávgust]

1) 전쟁이 8월에 끝났다. — Война́ ко́нчилась в а́вгусте.
2) 8월내내 찌는듯한 날이 계속됐다. — Весь август стоя́ли жа́ркие дни.

퍼센트 　[남] проце́нт ［pratsént］
1) 대부분 большо́й проце́нт, 완전히 на сто проце́нтов
2) 그들은 계획을 150% 달성했다. — Они́ вы́полнили план на сто пятьдеся́т проце́нтов.

펄프 　[여] целлюро́за ［ts'ill'uróza］

편지 　[중] письмо́ ［p'ıs'mó］
1) 그는 오랫동안 그녀에게서 편지를 받지 못했다. — Он давно́ не получа́л от неё пи́сем
2) 그녀는 편지를 우체통에 넣었다. — Она́ опусти́ла письмо́ в почто́вый я́щик.

편집 　[여] реда́кция ［r'ıdáktsijə］
1) 장편소설의 신판 но́вая реда́кция рома́на, 편집국 гла́вная реда́кция
2) 그녀는 잡지사 편집부에서 근무한다.
— Она́ рабо́тает в реда́кции журна́ла.
3) 사전은 저명교수의 감수로 간행되었다.
— Слова́рь вы́шел под реда́кцией изве́стого профе́ссора.
4) 주필 гла́вный реда́ктор.

평방의 　[형] квадра́тный ［kvadrátnij］
1) 2차방정식 квадра́тное уравне́ние, 평방미터 квадра́тный метр

	2) 우리 집의 새 탁자는 사각형 모양이다. — У нас но́вый стол квадра́тный. 3) 한국의 면적은 약 22만천 км²이다. — Пло́щадь Коре́й о́коло двухсо́т двена́дцати ты́сяч квадра́тных киломе́тров.
평화적인	형 ми́рный [m'írnij] 1) 평화공존 ми́рное сосуществова́ние, 강화조약 ми́рный догово́р, 평화통일 ми́рное объедине́ние 2) 그들은 평화적인 방법으로 문제를 해결했다. — Они́ реши́ли зада́чу ми́рным путём.
평행	여 паралле́ль [pərəll'el']
페이지	여 страни́ца [stran'ítsə] 1) 우리 신문지상에서 в страни́цах на́шей газе́ты 2) 이 책은 200쪽으로 되어있다. — В кни́ге две́сти страни́ц.
펜	중 перо́ [s'ıró] 1) 땅 위에 어떤 새의 깃털이 떨어져 있다. — На земле́ оста́лись пе́рья какой — то пти́цы. 2) 새 펜을 주세요 전번 것은 잃어 버렸어요 — Да́йте мне но́вое перо́, я потеря́л ста́рое.
포도	남 виногра́д [v'inagrát] 1) 집주변에 포도나무가 자라고 있다. — О́коло до́ма расчёт виногра́д.
포도주	중 вино́ [v'inó]

1) 그는 포도주를 마시고 흠뻑 취했다. — Винó удáрило ему в гóлову.

포병 [여] артиллéрия [art'il'ér'ijə]
1) 포공격 артиллерийское наступлéние
2) 그는 포병이다. — Он слýжит в артиллéрии.

포장도로 [중] шоссé [ʃossé]
1) 이 도로는 어디로 가는 길인가요?
— Кудá ведёт э́то шоссé?

포크 [여] ви́лка [v'ılkə]
1) 고기와 생선은 포크로 먹는다. — Мя́со и ры́бу едя́т ви́лкой.
2) 유치원에서 아이들은 식탁에서의 포크와 나이프 사용법을 배운다. — В дéтском садý детéй ýчат пóльзоваться за столóм ви́лкой и ножóм.

폭동 [중] восстáние [vasstán'ijə]
1) 민중봉기 нарóдное восстáние, 무장봉기 вооружённое восстáние.
2) 모두가 농민봉기를 기다렸다. — Все ждáли восстáния крестья́н.

폭력   наси́лие [nasíliə]

폭발 [남] взрыв [vzríf]
1) 폭소 взрыв смéха, 분노의 폭발 взрыв гнéва
2) 가스가 폭발했다. — Произошёл взрыв гáза

폭탄 [여] бóмба [bómbə]

| 표 | | 488 |

1) 원자폭탄 áтомная бо́мба, 수소폭탄 водоро́дная бо́мба
2) 폭탄이 바다에 떨어졌다. — Бо́мбы упа́ли в мо́ре.

표 |남| биле́т [b'il'ét]
1) 초대권 пригласи́тельное биле́т
2) 우리는 극장표 두장을 샀다. — Мы взя́ли два биле́та в теа́тр.
3) 기차표는 철도매표소에서 구입하거나 전화로 예약할 수 있다. — Биле́ты на по́езд мо́жно приобрести́ в железнодоро́жных ка́ссах или заказа́ть по телефо́ну.

표면 |여| пове́рхность [pav'érxnəs't']
1) 지표의 75%는 물이다. — Се́мьдесят пять проце́нтов земно́й пове́рхности занима́ет вода́.
2 얄팍한 지식 пове́рхностные зна́ния, 피상적 견해 пове́рхностный взгляд.

표시하다 |완| отме́тить [atm'ét'it'] ((|불완| отмеча́ть))
1) 나는 책의 필요한 곳에 표시를 했다.
— Я отме́тил ну́жное ме́сто в кни́ге.
2) 신문에 그의 업적이 크게 보도되었다.
— В газе́те отме́тили его́ достиже́ния.
3) 어제 우리 회사에서는 국제여성의 날 기념식을 가졌다. — Вчера́ у нас в це́хе отме́тили междунаро́дный день же́нщин.

표준가격 станда́ртная цена́
1) 표준화 стандартиза́ция

표현 |중| изображе́ние [izəbraʒén'ijə]

1) 나는 이 지방의 생활을 그리기 위해 자료를 수집했다. — Я собира́л материа́лы для изображе́ния жи́зни э́того кра́я.
2) 나는 톨스토이 그림이 있는 우표를 몇장 샀다. — Я купи́л не́сколько ма́рок с изображе́нием Толсто́го.

표현하다   완 вы́разить [vírəz'it'] ((불완 выража́ть))
1) 나는 아직 나의 생각을 러시아어로 정확하게 표현하는 것이 어렵다. — Мне ещё тру́дно то́чно вы́разить свою́ мы́сль по—ру́сски.
2) 그녀의 목소리로 보아 만족스러운듯 하다. — Её го́лос выража́ет удово́льствие.
3) 의심스러운 표정이었다. — На лице́ вы́разилось сомне́ние.
4) 여기에는 무엇이 표현되어 있습니까? — В чём э́то вы́разилось?

푸른   형 си́ний [s'inij]
1) 파란 눈   си́ние глаза́
2) 푸르고 맑은 하늘이 우리 위에 펼쳐졌다. — Над на́ми бы́ло си́нее, чи́стое не́бо.

풀   여 трава́ [travá]
1) 잡초 со́рная трава́, 목초 кормова́я трава́
2) 맛이 없다. — Как трава́!
3) 우리는 풀밭에 앉았다. — Мы сиде́ли на траве́.
4) 그는 길을 따라서 걷지 않고 풀밭으로 걸어갔다. — Он идёт не по доро́ге, а по траве́.

품질   중 ка́чество [kátʃ'ıstvə]
1) 품질 개선운동   борьба́ за ка́чество

	2) 이곳에서는 최고급 제품을 판매한다. — Здесь продаю́т проду́ктыы вы́сшего ка́чества.
품종	여 поро́да [paróda] 1) 순종 чистокро́вная поро́да 2) 정원에는 서로 다른 품종의 3그루 나무가 자랐다. — В саду́ росли́ три де́рева осо́бенной поро́ды.
풍자문학	сатири́ческая литерату́ра 1) 풍자소설 сатири́ческий рома́н
프랑스인	남 [활] францу́з [frantsús] 1) 나는 이 프랑스인을 알고 있다. — Я зна́ю э́того францу́за. 2) 엄마가 아이들에게 프랑스어를 가르친다. — Мать у́чит дете́й францу́зскому языку́
피	여 кровь [król·] 1) 그녀의 손가락에서 피가 나고 있다. — У неё идёт кровь из па́льца. 2) 그는 코피가 터졌다. — У него́ из но́са пошла́ кровь. 3) 그는 까자크 혈통이다. — Он каза́к по кро́ви. 4 혈압 кравя́ное давле́ние
피곤하다	완 уста́ть [ustát'] 1) 나는 오랜 여행으로 피곤하다. — Я уста́л с доро́ги.
피난민	복 бе́женцы [béʒentsi]
피눈물	го́рькие слёзы

피아노	남 рояль [rajál]	

1) 무대에 피아노가 놓여 있다. — На сце́не стои́т роя́ль.
2) 소녀는 피아노를 아주 잘친다. — Де́вушка прекра́сно игра́ет на роя́ле.

피우다	불완 кури́ть [kur'ít]	

1) 담배 피우십니까? 아니오, 피우지 않습니다. — Вы ку́рите? Нет, не курю́.
2) 이곳은 금연지역이다. — Здесь не ку́рят.

필수조건	необходи́мое усло́вие	

필시	삽입 наве́рное [nav'ernəja]	

1) 그는 아마 오지 않을 것이다. — Наве́рное, он сего́дня не придёт.
2) 당신은 필시 이 영화를 보았을 거예요 — Вы, наве́рное, уже́ ви́дели э́тот фильм.

필요성	여 необходи́мость [n'ıapxad'íməs't']	

1) 필요하다면 в слу́чае необходи́мости, 생필품 предме́ты пе́рвой необходи́мости.
2) 이것은 아무런 필요가 없다. — В э́том нет никако́й необходи́мости.

필요하다¹	술 на́до [nádə] 《 ~여 》	

1) 그는 당신과 상담할 필요가 있다. — Ему́ на́до поговори́ть с ва́ми.
2) 나는 종이와 연필이 필요하다. — Мне на́до бума́гу и каранда́ш.

필요하다²	불완 тре́боваться [tr'ébəvəttsə]	

1) 이 일에는 많은 시간이 필요하다. — На э́то

тре́буется мно́го вре́мени.
2) 자금이 많이 요구된다. — Тре́бутся мно́го де́нег.
3) 그는 새 교과서가 필요하다. — Ему́ тре́буется но́вый уче́бник.

필요한¹ [형] ну́жный [núʒnij]
1) 이것은 필요한 것 모두이다. — Э́то всё, что ну́жно.
2) 이것은 필요한 책이다. — Э́то ну́жная кни́га.
3) 나는 시계가 필요하다. — Мне нужны́ часы́.

필요한² [형] необходи́мый [n'ɪapxad'ímij]
1) 정당방위 необходи́мая оборо́на
2) 이 책은 내가 작업을 하는데 꼭 필요하다.
  — Э́та кни́га необходи́ма мне для рабо́ты.

ㅎ

~하게 되다¹ [불완] станови́ться [stənav'ittsə] 《[완] стать 》
1) 도시는 새롭고 거대화되어 갔다. — Го́род стано́вится но́вым и больши́м.
2) 낮이 짧아지고 있다. — Дни стано́вятся коро́че.
3) 줄 뒤에 서시오 — Станови́тесь в о́чередь.
4) 모두가 갑갑해졌다. — Всем ста́ло ску́чно.
5) 그는 의사가 되기를 원한다. — Он хо́чет стать врачо́м.
6) 벌써 따뜻해졌다. — Уже́ ста́ло тепло́
7) 나는 부끄러워졌다. — Мне ста́ло сты́дно.

~하게 되다² [완] **прийти́сь** [pr'ijtís'] (([불완] приходи́ться))
1) 그는 방대한 자료를 다 읽어야만 했다. — Ему́ пришло́сь прочита́ть большо́й материа́л.
2) 우리는 기차를 1시간 더 기다려야만 한다. — Нам придётся подожда́ть по́езда ещё час.
3) 설날은 토요일이었다. — Но́вый год пришёлся на суббо́ту.
4) 이미 시간이 없다. 우리는 택시를 잡아야만 한다. — Уже́ ма́ло вре́мени, нам прихо́дится брать такси́.
5) 경축일은 다음 금요일이다. — Пра́здник прихо́дится на сле́дующую пя́тницу.
6) 한사람에 5루블씩 주어졌다. — На ка́ждого пришло́сь по пять рубле́й.
7) 그는 나의 삼촌이다. — Он прихо́дится мне дя́дей.

~하게 하다 [조] **пусть** [pús't']
1) 내일 그가 오도록 하라 — Пусть он придёт за́втра.
2) 하고 싶은대로 하게 하라 — Пусть де́лает, что хо́чет.

~하고 싶다 [불완] **хоте́ться** [xat'éttsə]
1) 나는 아주 졸립다. — Мне о́чень хо́чется спать.
2) 그는 그녀와 함께 가기 싫었다. — Ему́ не хоте́лось пойти́ с ней.
3) 그를 만나면 좋겠는데 — Мне хоте́лось бы его́ повида́ть.

~하기 [접] **что́бы** [ʃtóbi]

위하여	1) 나는 그를 만나러 왔다. — Я прие́хал, что́бы уви́деть его́.
2) 나는 그들이 잊지 않도록 이 문제를 다시 한번 말했다. — Я сказа́л им об э́том ещё раз, что́бы они́ не забы́ли.
3) 나는 당신이 이 일을 이해해주었으면 합니다. — Я хочу́, что́бы вы э́то по́няли.
4) 의사는 내게 금연하라고 했다. — Врач сказа́л, что́бы я не кури́л.
하나	주¹ 대² **оди́н** [ad'ín]
1) 질문이 하나 있습니다. — У меня́ есть оди́н вопро́с.
2) 한 아가씨가 당신을 만나고 싶어 합니다. — Одна́ де́вушка хо́чет вас ви́деть.
3) 그들은 자기들만 돌아왔다. — Они́ верну́лись одни́.
4) 우리는 그와 한 집에서 살았다. — Мы жи́ли с ним в одно́м до́ме.
하나의	형 **еди́ный** [jɪd'inij]
1) 단일체제 **еди́ная систе́ма**, 동일한 목적 **еди́ная цель**, 단숨에 **еди́ным ду́хом**.
2) 그들은 통일전선을 결성했다. — Они́ со́здали еди́ный фронт.
3) 하늘엔 구름 한 점 없었다. — На не́бе не́ было ни еди́ного о́блака.
하늘	중 **не́бо** [n'ebə]
1) 하늘엔 달이 없었다. — На не́бе не́ было луны́.
2) 밤하늘에 별들이 반짝인다. — В ночно́м не́бе я́рко све́тят звёзды.

	③ 하늘빛 голубой цвет.
하다	**불완** де́лать [d'élət·] ((**완** сде́лать))
	1) 무엇을 할 것인가? — Что делать?
	2) 그들은 러시아어 학습에 성과를 거두고 있다. — Они́ де́лают успе́хи в изуче́нии ру́сского языка́.
	3) 와인은 포도로 만든다. — Вино́ де́лают из виногра́да.
~하다	**완** сде́лать [z'd'élət·] ((**불완** делать))
	1) 그녀는 오래 공부를 했지만 모두 끝마치지는 못했다. — Она́ до́лго де́лала уро́ки, но не сде́лала всё.
	2) 그는 자기 서재에 선반을 설치했다. — Он сделал в своём кабине́те по́лки.
~하려 하다	**불완** собира́ться [səb'iráttsə] ((**완** собраться))
	1) 매주 토요일 그 사람 집에서 서클 모임이 있다. — По суббо́там у него́ собира́ется кружо́к.
	2) 우리들은 노브고로드에 갈 생각입니다. — Мы собира́емся е́хать в Новго́род
	3) 그들이 차를 타려 했을 때 기차는 떠나 버렸다. — Пока́ они́ собира́лись, по́езд ушёл.
	4) 어째서 거리에 사람들이 모여 있습니까? — Заче́м там собрали́сь лю́ди?
	5) 낮에 우리는 길 떠날 준비를 하고 저녁에 떠났다. — Днём мы собрали́сь в доро́гу, а ве́чером пое́хали.
	6) 우리는 일요일마다 이곳에 모인다. — Мы собира́емся здесь ка́ждое воскресе́нье.

하루 | 복 сутки [sútk'ij]
1) 3일 내내 трое суток, 일주야 круглые сутки.
2) 이틀동안 환자는 아무것도 못먹었다. Двое суток больной ничего не ел.

하얀 | 형 белый [b'élij]
1) 백악관 Белый Дом
2) 그녀는 하얀 드레스를 입고 있다. — Она носит белое платье.
3) 나는 흰빵을 좋아한다. — Я хочу белых хлеб.

학교 | 여 школа [ʃkólə]
1) 국민학교 начальная школа, 중학교 средняя школа, 신학파 новая школа, 미술의 러시아파 русская школа живописи.
2) 내일 학교에 수업이 없다. — Завтра в школе не будет занятии.

학부 | 남 факультет [fəkul't'ét]
1) 법학부 юридический факультет.
2) 그는 외국어학부에 다닌다. — Он учится на факультете иностранных языков.
3) 여름에 대학 지리학부 학생들은 실습을 나간다. — Летом студенты географического факультета университета поедут на практику.

학생 | 남〔활〕 ученик [utʃ'ın'ík]
1) 공산주의 신봉자 верный ученик коммунизма
2) 학생들이 시험을 치렀다. — Ученики сдали экзамены.

3) 선생님은 자기 학생들의 성격을 잘 알고 있다.
— Учи́тельниц хорошо́ зна́ла хара́ктеры свои́х учени́ков.

학생　　[남][활] студе́нт [stud'ént]
　　　　[여][활] студсе́нтка [studéntka]
1) 학창시절　студе́нческие го́ды
2) 그는 물리학부 학생들에게 강의를 하고 있다.
— Он чита́ет ле́кции студе́нтам физи́ческого факульте́та.
3) 작년에 내 여동생은 학교에 들어갔다. — В про́шлом году́ моя́ сестра́ ста́ла студе́нкой

학생　　[남] шко́льник [ʃkól'n'ik]
1) 선생은 이 학생의 태도가 불량해서 방과후에 남게 했다. — Учи́тель оста́вил э́того шко́льника по́сле уро́ков, потому́ что он пло́хо вёл себя́.

학위　　учёная сте́пень
1) 박사학위　учёная сте́пень до́ктора

학자　　[남][활]¹ [형]² учёный [utʃ'ónij]
1) 학위　учёная степень, 뛰어난 학자　выдаю́щий учёный
2) 그녀는 배운 여성이다. — Она́ учёная же́нщина.
3) 이 그룹은 학문의 대상에 대해 다른 그룹에서는 예술, 문학, 정치에 관해 토론했다. — В э́той гру́ппе разгово́р шёл об учёных предме́тах, а в други́х — об иску́сстве, литерату́ре, поли́тике.
4) 그는 시인이자 위대한 학자이다. — Он не то́-

лько поэ́т, но и вели́кий учёный.

한국의
[형] коре́йский [kar'éjskij]
1) 한반도 коре́йский полуо́стров
2) 한국의 도자기는 세계적으로 유명하다.
— Коре́йский селадо́н сла́вится во всём ми́ре.
[3] 한국인들 коре́йцы.

한개반
[주][집] полтора́ [pəltará]
1) 일년 반 полтора́ го́да, 한세기 반 полтора́ ве́ка
2) 그는 1시간 반 전에 떠났다. — Он ушёл полтора́ часа́ тому́ наза́д.
3) 공장에는 15,000명의 근로자들이 일하고 있다.
— На заво́де рабо́тает полторы́ ты́сячи рабо́чих.
4) 백오십 полтора́ста.

한켤레
[여] па́ра [párə]
1) 장갑 한 켤레 па́ра перча́ток, 바지 한벌 па́ра брюк, 연인 한쌍 па́ра влюблённых.
2) 나는 검은 구두 2켤레가 있다. — У меня́ две па́ры чёрных ту́фель.

~할 것이 없다
[대][부] не́чего [n'étʃ'ıvə]
1) 나는 할 일이 없다. — Мне не́чего де́лать.
2) 우리는 할 말이 없다. — Нам не о чём говори́ть.
3) 어쩔 수 없다, 동의해야 한다. — Де́лать не́чего, придётся согласи́ться.
4) 걱정할 필요가 없다. — Не́чего беспоко́иться.

| 할머니 | 여 〔활〕 ба́бушка [bábuʃkə]
1) 그는 훌륭한 후원자가 있다. — Ба́бушка воро́жит ему́.
2) 나는 우리 할머니를 좋아한다. — Я люблю́ свою́ ба́бушку.

할 수 없다 | 술 〔무인칭〕 нельзя́ [n'ıl'z'á]
1) 이 문제는 풀 수 없다. — Э́ту зада́чу нельзя́ реши́ть.
2) 적신호시 횡단금지 — Нельзя́ переходи́ть у́лицу на кра́сный свет.
3) 그는 담배를 피워선 안된다. — Ему́ нельзя́ кури́ть.
4) 가지 않을 수 없다. — Нельзя́ не пойти́.

~할 수 있다¹ | 불완 мочь [mótʃ'] 《 완 мочь 》
1) 그는 100kg을 들어 올릴 수 있다. — Он мо́жет подня́ть сто килогра́ммов.
2) 나는 수영을 하지만 오늘은 할 수 없다. 열이 있다. — Я уме́ю пла́вать, но сего́дня не могу́. Есть температу́ра.
3) 그는 오늘이라도 올 수가 있다. — Он мо́жет прие́хать и сего́дня.
4) 할 수 있는 일은 다 하겠습니다. — Всё, что могу́, сде́лаю.

~할 수 있다² | 완 смочь [smótʃ'] 《 불완 мочь 》
1) 내일 우리 집에 와주시지 않겠습니까 ? — За́втра вы не смо́жете прие́хать к нам ?
2) 그는 부모를 만날 수가 없었다. — Он не смог встре́титься со роди́телями.

~할 수 있다³ | 완 суме́ть [sum'ét'] 《 불완 уме́ть 》
1) 너는 어떻게 모든 시험을 그렇게 잘봤니 ?

	— Как ты сумéл сдать все экзáмены на отлично?
	2) 그는 이 일을 할 수 있다. — Он сумéет э́то сдéлать.
할아버지	남 (활) **дед** [d'zét] дéдушка
	1) 산타할아버지 **дед мороз**
	2) 이것은 우리 할아버지 사진이다.
	— Э́то фотогрáфия моегó дéда.
	3) 연세 높으신 분이 세상 일을 잘아신다.
	— Дед мнóго знáет.
	4) 우리 할아버지는 시골에 계신다.
	— Мой дéдушка живёт в дерéвне.
~할 줄 안다	불완 **умéть** [um'ét']
	1) 그는 축구를 할 줄 알지만 집에 일이 있기 때문에 오늘은 할 수가 없다. — Он умéет игрáть в футбóл, но сегóдня не мóжет, потомý что у негó дéло дóма.
	2) 나는 내가 할 수 있는 것은 한다. — Я дéлаю, как умéею
~함께	전 **с** [s]
	1) 그는 책상에 있는 책을 집어 들었다. — Он взял книгу со столá.
	2) 남편은 곧 공장에서 돌아 올 것이다. — Муж скóро вернётся с завóда.
	3) 오늘 우크라이나에서 모스크바로 손님이 왔다. — Сегóдня в Москвý приéхали гóсти с Украи́ны.
	4) 나는 4월부터 이곳에서 일하고 있다. — Я рабóтаю здесь с апрéля.
	5) 처와 함께 댁을 찾아 뵙겠습니다. — Я идý к

вам с женой.
6) 그녀는 오랫동안 문에서 안주인과 작별인사를 나누고 있다. — Она́ до́лго проща́ется с хозя́йкой у двере́й.
7) 내일 나는 첫차로 떠난다. — За́втра я уезжа́ю с пе́рвым по́ездом.
8) 나는 이곳에서 1달 가량 지내고 있다.
— Я живу́ здесь с ме́сяц.

함께 | 부 | вме́сте [vm'és't'ı]
1) 모두 함께 все вме́сте
2) 그는 부모님을 모시고 산다. — Он живёт вме́сте с роди́телями.

함대 | 남 | флот [flót]
1) 해군 вое́нномроско́й флот, 항공대 возду́шный флот
2) 그는 해군 출신이다. — Он служи́л во фло́те.

합법적 투쟁 лега́льная борьба́

합의 | 중 | соглаше́ние [səglaʃén'ijə]
1) 쌍방 합의에 따라 по взаи́ному соглаше́нию, 평화협정 соглаше́ние о переми́рии
2) 이 일은 그와의 합의에 따라 해야한다. — Э́то на́до де́лать по соглаше́нию с ним.
3) 북한은 일본과 무역협정을 체결코자 한다.
— Се́верная Коре́я хо́чет заключи́ть торго́вое соглаше́ние с Япо́нией.

항공 | 여 | авиа́ция [əviátsija]
1) 그는 항공기술대학을 졸업했다. — Он око-

	нчил институ́т инжене́ров гражда́нской авиа́ции.
항공우편	авиапо́чта
항구	명 порт [pórt] 1) 무역항 торго́вый порт, 군항 вое́нный порт 2) 선박이 항구에 정박해 있다. — Кора́бль сто́ит в порту́. 3) 우리 상선은 여러 외국항구에 기항한다. — На́ши торго́вые суда́ быва́ли во мно́гих зарубе́жных порта́х.
항상	부 всегда́ [fs'ɪgdá] 1) 평상시와 같이 как всегда́, 항상 그렇다. всегда́ так. 2) 내게 책은 항상 아주 좋은 친구가 될 것이다. — Кни́га для меня́ всегда́ бу́дет лу́чшим дру́гом.
해결하다	불완 реша́ть [r'ɪʃát'] 《완 реши́ть 》 1) 나는 꼬박 1시간 동안 물리문제를 풀었다. — Я це́лый час реша́л зада́чу по фи́зике. 2) 이것이 그녀의 운명을 결정한다. — Э́то реша́ет её судьбу́. 3) 내가 이 문제를 옳게 해결하였음이 판명되었다. — Оказа́лось, что я пра́вильно реши́л э́ту зада́чу. 4) 우리들은 이 도시에서 며칠 더 머무르기로 했다. — Мы реши́ли остава́ться в э́том го́роде ещё не́сколько дней.
해답	중 реше́ние [r'ɪʃén'ijə]

1) 이 문제는 2개의 해답이 있다. — Эта задача имеет два решения.
2) 모든 사람들이 이 문제에 관한 대회의 결정을 기다리고 있다. — Все ждут решения съезда по этому делу.
3 결정적 요인 решающий фа́ктор

해산물 продукты морско́го про́мысла

해안
    명 бе́рег [ber'ık]
    1) 강가 бе́рег реки́, 바닷가 бе́рег мо́ря
    2) 이 도시는 바닷가에 있다. — Этот го́род стои́т на бе́регу мо́ря.
    3) 해안도시 примо́рский го́род, 해안선 берегова́я ли́ния

해야 한다[1]
    조 до́лжен [dólʒən]
    1) 우리가 당신에게 진 빚이 얼마입니까? — Ско́лько мы вам должны́?
    2) 학생들은 열심히 공부해야 한다. — Учени́к до́лжен хорошо́ учи́ться.
    3) 우리는 모든 난관을 극복해야 한다. — Мы должны́ преодоле́ть все тру́дности.

~해야 한다[2]
    술 ну́жно [núʒnə]
    1) 나는 가야 한다. — Мне ну́жно идти́.
    2) 그는 1,000루블이 필요하다. — Ему́ ну́жно ты́сячу рубле́й.

~해야 한다[3]
    술 необходи́мо [n'ıapxad'ímə]
    1) 독서를 더 많이 해야 한다. — Необходи́мо бо́льше чита́ть.

해운 морски́е перево́зки

핵

핵   [형] **я́дерный** [ják'ırnij]
1) 핵반응   **я́дерная реа́кция**, 핵무기 **я́дерное ору́жие**, 핵연료 **я́дерное то́пливо**, 핵전쟁 **я́дерная война́**
2) 핵연구소에서는 원자력의 평화적 이용 가능성을 연구한다. — В институ́те я́дерных иссле́довании изуча́ют возмо́жности испо́льзования я́дерной эне́ргии в ми́рных це́лях.

~했지만   [접]¹ [조]² **хоть** [xót']
1) 날씨가 나빴지만 우리는 교외로 갔다. — Хоть пого́да была́ плоха́я, мы пое́хали за́ го́род.
2) 한마디라도 해라 — Скажи́ хоть одно́ сло́во.
3) 오늘이나 내일이나(아무때고) 오시오 — Приходи́те хоть сего́дня, хоть за́втра.

행군   [남] **похо́д** [paxót]
1) 나폴레옹의 러시아 원정   **похо́д Наполео́на в Росси́ю**, 십자군   **кресто́вый похо́д**.
2) 나는 하이킹을 좋아한다. — Я люблю́ ходи́ть в похо́д.
3) 행군중에 모두가 유쾌하고 흥미로워 했다. — В похо́де всем бы́ло ве́село и интере́сно.

행동   [중] **де́йствие** [d'éjs't'v'ijə]
1) 행동통일   **еди́нство де́йствий**, 반작용   **обра́тное де́йствие**, 유효기간 3년   **срок де́йствия три го́да**.
2) 그는 행동가이다. — Он челове́к де́йствия.
3) 아버지의 말씀이 그녀에게 강한 영향을 미치고 있다. — Слова́ отца́ произво́дят си́льное де́йствие на неё.

| 행동하다¹ | 불완 де́йствовать [d'éjstvəvət']
1) 우리는 앞으로 어떻게 행동해야 할 것인가? — Как нам де́йствовать да́льше?
2) 이 약은 나에게 효과가 있다. — Лека́рство на меня́ де́йствует хорошо́.
3) 날씨는 건강에 영향을 미친다. — Пого́да де́йствует на здоро́вье.

| 행동하다² | 불완 поступа́ть [pəstupát'] ((완 поступи́ть))
1) 그 사람은 그렇게 행동해서는 안된다. — Ему́ не сле́дует так поступа́ть.
2) 우리 가운데 많은 사람들이 공장에 취직을 한다. — Из нас мно́гие поступа́ют рабо́тать на заво́де.
3) 우리는 이제 어떻게 해야 합니까? — Как нам тепе́рь поступи́ть?
4) 우리는 대학 경제학부에 입학했다. — Он поступи́л в университе́т на экономи́ческий факульте́т.
5) 책이 판매에 들어갔다. — Кни́га поступи́ла в прода́жу.

| 행복 | 중 сча́стье [ʃʃ'ás't'jə]
1) 가정의 행복 семе́йное сча́стье, 다행히 к сча́стью
2) 그녀가 병석에 누웠을 때 그는 그녀를 돌보는 행복감을 처음으로 느꼈다. — За вре́мя её боле́зни он впервы́е узна́л сча́стье ви́деть её.
3) 행운을 빕니다. — Я жела́ю вам сча́стья.

| 행복 | 중 бла́го [blágə]
1) 공익 обще́ственное бла́го

행복한

2) 그는 공공복지를 위해 애쓴다. — Он тру́дится на о́бщее бла́го.
3) 당신의 행복을 기원합니다. — Жела́ю вам всех благ.
4) 안녕! — Всех благ

행복한　[형] счастли́вый [ʃ'tʃ'ısl'ívij]

1) 행복했던 어린시절 счастли́вое де́тство, 안녕히 가세요 счастли́вого пути́!
2) 그가 나를 사랑한다는 생각에 행복을 느끼며 잠자리에 들었다. — Я пошла́ спать, счастли́вая от мы́сли, что он меня́ лю́бит.
3) 얼굴에 행복한 웃음을 머금은 그녀는 더욱 예뻐 보였다. — С счастли́вой улы́бкой на лице́ она́ каза́лась ещё бо́лее краси́вой.

행위　[중] поведе́ние [pəv'ıd'én'ijə]

1) 부정행위 недосто́йное поведе́ние
2) 나는 그의 생활태도가 싫다. — Его́ поведе́ние мне не нра́вится.
3) 아이들은 어떻게 행동해야 하는지 알 수 있게 어른의 행동을 본받아야 한다. — Ребёнку на́до ви́деть поведе́ние ста́рших, что́бы знать, как провести́.

행하여지다　[불완] де́латься [d'élattsə]

1) 이러한 일은 일본에서도 있는 일이다.
— Э́то и в Япо́нии де́лается.
2) 저기에 무슨 일이 일어나고 있는지 아십니까? — Вы зна́ете, что там де́лается?
3) 이 공장에서는 최고의 트랙터가 생산된다.
— На э́том заво́де де́лаются лу́чшие тра́кторы.

4) 칼은 강철로 만든다. — Нож де́лается из ста́ли.

향상   중 повыше́ние [pəviʃén'ijə]

1) 생활수준의 향상 повыше́ние жи́зненного у́ровня, 임금인상 повыше́ние зарпла́ты, 노동 생산성 향상 повыше́ние производи́тельности труда́, 물가폭등 повыше́ние цен.
2) 그들은 생활수준의 향상을 위해 노력하고 있다. — Они́ бо́рются за повыше́ние у́ровня жи́зни.
3) 환자는 다시 열이 조금 올랐다. — У больно́го опя́ть не́которое повыше́ние температу́ры.
4 점증하는 관심 повы́шенный интере́с

허가하다   완 разреши́ть [rəzr'iʃit'] ((불완 разреша́ть))

1) 의사는 환자에게 산책을 허락했다. — Врач разреши́л больно́му гуля́ть в саду́.
2) 나는 그가 의문을 풀어 주리라고 기대한다. — Я наде́юсь, что он разреши́т на́ши сомне́ния.
3) 담배 피워도 좋습니까? — Разреши́те закури́ть?
4) 문제가 쉽게 해결되었다. — Вопро́с разреши́лся легко́.
5 입국사증 разрешение на въезд в страну́

허락하다   완 позво́лить [pazvól'it] ((불완 позволя́ть))

1) 누가 당신에게 창문을 열라고 했습니까? — Кто вам позво́лил откры́ть окно́?
2) 의사는 환자의 외출을 허락하지 않았다. — До́ктор не позволя́ет больно́му выходи́ть.
3) 사정으로 인해 떠나지 못했다. — Обстоя́тель-

| 허리띠 | ства не позволя́ли уе́хать. |

| 허리띠 | 답 по́яс [pójəs] |
| | 1) 그녀는 빨간 벨트를 하고 있다. — Она́ но́сит кра́сный по́яс. |

| 허무주의 | нигили́зм |

헤엄쳐 가다	불완 정 плыть [pl'ít'] 《 완 пла́вать 》
	1) 저쪽 기슭으로 헤엄쳐 가자 — Дава́йте плывём к тому́ бе́регу.
	2) 보트는 강을 따라 내려갔다. — Ло́дка плы́ла вниз по реке́.
	3) 우리쪽으로 노란 나뭇잎이 흘러 온다. — К нам навстре́чу плывёт жёлтый лист.
	4) 우리는 기선을 타고 3일간을 주야로 항해했다. — Мы плы́ли на парохо́де тро́е су́ток.

헤엄치다	불완 부 пла́вать [plávət']
	1) 그는 수영을 잘한다. — Он хорошо́ пла́вает.
	2) 한평생 아버지는 바다와 대양을 항해하셨다. — Всю жизнь оте́ц пла́вал по моря́м и океа́нам.
	3) 나무가 물에 떠다닌다. — Де́рево пла́вает в воде́.

| 헥타르 | 답 гекта́р [g'ıktár] |
| | 1) 1헥타르는 10,000m²이다. — Оди́н гекта́р ра́вен 10,000м². |

언어	답 язы́к [jizík]
	1) 모국어 родно́й язы́к, 독설 злой язы́к
	2) 언어는 사회적 현상의 표출이다. — Язы́к

представля́ет собо́й явле́ние социа́льное.
3) 의사가 환자에게 혀를 내보이라고 했다.
— Врач попроси́л больно́го показа́ть язы́к.

혁명   여 револю́ция [r'ɪval'útsijə]

1) 위대한 사회주의 10월혁명 Вели́кая Октя́брьская Социалисти́ческая Револю́ция, 문화혁명 культу́рная револю́ция.
2) 모든 혁명에서 중요한 문제는 권력의 문제이다. — Гла́вный вопро́с вся́кой револю́ции — вопро́с о вла́сти.

혁명적   형 революцио́нный [r'ɪvəl'utsió́nnij]

1) 혁명정부 революцио́нное прави́тельство, 혁명역량 революцио́нные си́лы.
2) 나는 혁명운동사를 읽기 시작했다. — Я на́чал чита́ть исто́рию революцио́нных движе́нии.
3) 내전 당시 수백만 노동자 농민들이 혁명성과를 수호하기 위해 봉기했다. — Во вре́мя гражда́нской войны́ миллио́ны рабо́чих и крестья́н вста́ли на защи́ту революцио́нных завоева́ний.

현관   여 пере́дняя [p'ɪr'édn'əjə]

1) 그녀는 현관에서 외투를 벗었다. — Она́ сняла́ пальто́ в пере́дней.

현대적   형 совреме́нный [sǝvr'ɪm'énnij]

1) 현대적 설비 совреме́нное обору́дование
2) 새롭고 현대적인 기술이 우리 산업의 기초를 이루고 있다. — Осно́ву на́шей промы́шленности составля́ет но́вая, совреме́нная те́-

현상 510

хника.

3 동시대인 совреме́нник

현상 중 явле́ние [jivl;én'ijə]
1) 자연현상 явле́ние приро́ды, 이상한 현상 стра́нное явле́ние, 유쾌한 사실 отра́дное явле́ние.
2) 이것은 평범한 사실이다. — Э́то обы́чное явле́ние.
3) 학자는 식물 성장 과정에서 흥미로운 현상을 밝혀냈다. — Учёный обнару́жил интере́сное явле́ние в жи́зни расте́ний.

현실 여 действи́тельность [d'ıjs't'vít'il'nəs't']
1) 실제로 В действи́тельности, 특효약 действи́тельное лека́рство, 본계약 действи́тельный контра́кт.
2) 이것은 꿈이 아니라 현실이다 — Э́то не сон, а действи́тельность.
3 현실화 реализа́ция

현재의 형 настоя́щий [nəstajáʃ'ʃ'ij]
1) 진정한 친구 настоя́щий друг, 순금 настоя́щее зо́лото
2) 현재 그는 벌써 기사가 되어 있다.
— В настоя́щее вре́мя он уже́ инжене́р.
3) 그들은 평생 진짜 기선을 보지 못했다. — Никогда́ в жи́зни они́ не ви́дели настоя́щих парохо́дов.

현재의 형 ны́нешний [n'ín'eʃ'nij]
1) 금년 ны́нешний год, 현재에 와서는 в ны́нешние времена́, 현재의 조건하에서 в ны́нешних усло́виях

2) 현대의 청년들은 아주 진보적이다. — Нынешняя молодёжь очень прогрессивная.

혈압 кровяно́е давле́ние

협력 [중] сотру́дничество [sətrudnitʃ'éstvə]
1) 신문은 사회주의국가들의 협력에 관한 사설을 실었다. — Газе́та публику́ет статью́ о сотру́дничестве между социалисти́ческими стра́нами.

협상 [복] перегово́ры [p'ir'igavópi]
1) 협상의 결과 대표단장들은 무역협정에 서명했다. — В результа́те перегово́ров гла́вы делега́ции подписа́ли то́рговое соглаше́ние.

협약 [여] конве́нция [kanvéntʃ'ija]

형 [남] тип [t'íp]
1) 수상한 사람 подозри́тельный тип, 새로운 모델의 비행기 самолёт но́вого ти́па
2) 신형 자동차가 시판되었다.
— Вы́пушены автомоби́ли но́вого ти́па.

형무소 [여] тюрьма́ [t'ur'má]
1) 그는 형무소에 투옥됐다. — Его́ заключи́ли в тюрьму́.

형성 [중] образова́ние [sbrəzaván'ijə]
1) 국가의 형성 образова́ние госуда́рства, 교육을 받을 권리 пра́во на образова́ние, 국민교육 наро́дне образова́ние, 의무교육 обяза́тельное образование.

	2) 그는 러시아 국가형성사를 연구하고 있다. — Он изуча́ет исто́рию образова́ния ру́сского госуда́рства. 3) 당신 나라의 교육제도에 대해 이야기해 주십시오 — Расскажи́те о систе́ме образова́ния ва́шей страны́.
형성되다	[불완] образова́ться [abrəzaváttsə] 1) 만사가 순조롭게 될 것입니다. — Всё образу́ется. 2) 새로운 국가가 수립되었다. — Образова́лось но́вое госуда́рство.
형식	[여] фо́рма [fórmə] 1) 구형 в фо́рме ша́ра, 통치형태 фо́рма правле́ния, 형식과 내용 фо́рма и содержа́ние 2) 지구는 구형이다. — Земля́ име́ет фо́рму ша́ра.
형용사	и́мя прилага́тельное
형제	[남][활] брат [brát] 1) 형 ста́рший брат, 동생 мла́дший брат, 사촌형제 двою́родный брат 2) 그는 형제가 2명이다. — У него́ два бра́та. 3) 그는 형제의 정으로 친구를 사랑했다. — Он люби́л дру́га бра́тской любо́вью.
협력자	[남][활] помо́щник [pamóʃn'ik] 1) 아들은 아버지의 훌륭한 협력자였다. — Сын был хоро́шим помо́щником отцу́.
호랑이	[남] тигр [t'ígr]

| 호박 | 여 янта́рь [jəntár] |

| 호수 | 중 о́зеро [óz'irə]
1) 담수호 пре́сное о́зеро
2) 호수에는 작은 섬이 있다. — На о́зере есть ма́ленькый о́стров.

| 호주머니 | 남 карма́н [karmán]
1) 서류는 내 안 호주머니속에 있다. — Докуме́нты у меня́ во вну́треннем карма́не.
2) 나는 이것을 살 형편이 못된다. — Мне э́то не по карма́ну.

| 호텔 | 여 гости́ница [gas't'ín'itsə]
1) 우리는 새로 지은 호텔에 투숙했다. — Мы сня́ли но́мер в но́вой гости́нице.

| 혹성 | 여 плане́та [plan'etə]
1) 지구는 혹성들 중의 하나이다. — Земля́ явля́ется одно́й из плане́т.

| 혹은 | 접 и́ли [íli]
1) 너는 기차를 탔니, 아니면 배를 타고 갔니? — Ты е́хал по́ездом и́ли парохо́дом?
2) 서둘러 갑시다. 아니면 우리는 늦겠소 — Пойдём скоре́е, и́ли мы отста́нем.

| 혼란상태 | хаоти́ческое состоя́ние

| 홀 | 남 зал [zál]
1) 대강당 а́ктовый зал, 대기실 зал ожида́ния
2) 영화관에는 커다란 홀이 있다. — В кинотеа́-

тре большо́й зал.

| 화가 | 남 худо́жник [xudóʒn'ik] |

1) 나는 화가가 되길 꿈 꾼다. — Я мечта́ю стать худо́жником.

| 화내다¹ | 불완 серди́ться [s'ırd'ítsə] |
 《 완 рассерди́ться 》

1) 너는 누구에게 화를 내고 있니? — На кого́ ты се́рдишься?

| 화내다² | 완 рассерди́ться [rəs's'ırd'íttsə] |
 《 불완 серди́ться 》

1) 그 사람의 편지를 읽고나서 그녀는 화를 냈다. — Прочита́в его́ письмо́, она́ рассерди́лась.

| 화력발전소 | теплова́я электроста́нция |

| 화물 | 남 груз [grús] |

1) 이 배는 어떤 화물을 싣고 있습니까? — Како́й груз везёт э́тот парахо́д?

2 화물차 грузови́к

| 화산 | 남 вулка́н [vulkán] |

| 화요일 | 남 вто́рник [ftórn'ik] |

1) 화요일부터 나는 한가합니다. — Со вто́рника я бу́ду свобо́ден.

| 화장실 | 남 туале́т [tual'ét] |

1) 실례지만 화장실이 어디 있습니까? — Извини́те пожа́луйста, где туале́т?

2) 화장비누 туале́тное мы́ло, 화장대 туале́

тный сто́лик.

화재   남 пожа́р [paʒár]
1) 산불 лесно́й пожа́р, 전쟁의 불길 пожар войны́, 화재보험 страхова́ние иму́щества от пожа́ра
2) 성냥을 가지고 놀면 화재의 위험이 있다.
— Игра́ со спи́чками мо́жет привести́ к пожа́ру.

화학   여 хи́мия [x'ím'ijə]
1) 화학자 хи́мик
2) 화학은 경제에 커다란 역할을 한다. — Хи́мия игра́ет большу́ю роль в наро́дном хозя́йстве.

화학적   형 хими́ческий [x'im'ítʃ'ısk'ij]
1) 그는 화학공장에 취직했다. — Он поступи́л рабо́тать на хими́ческий заво́д.

확신하는   형 уве́реный [uv'ernij]
1) 그녀는 용기있고 자신에 차 있다.
— Она́ смела́ и уве́ренна.
2) 그는 김씨가 약속을 지키리라고 확신한다.
— Он уве́рен, что Ким сде́ржит обеща́ние.
3) 의심하지 마시오 — Бу́дьте уве́рены.
4) 미래에 대한 확신 уве́ренность в за́втрашнем дне
5) 그가 옳다는 것을 확실하게 말할 수 있다.
— Мо́жно с уве́ренностью сказа́ть, что он прав.

확신하다   불완 убежда́ться [ub'ıʒdát'tsə] 《 완 убеди́

확인	

ться))

1) 지금 우리는 평화를 수호하기 위한 투쟁의 필연성을 확신했다. — Тепе́рь мы убеди́лись в необходи́мости борьбы́ за мир.
2) 믿을 만한 증거 убеди́тельный до́вод, 설득력있는 어조 убеди́тельный тон, 간청 убеди́тельная про́сьба.

확인	중 подвержде́ние [pədv'ɪrʒ'énijə]

환경	예 среда́ [sr'ɪdá]

1) 환경보호 защи́та окружа́ющей среды́, 우리들 가운데에 12в на́шей среде́, 학자들 가운데 в среде́ учёных, 수요일마다 по среда́м
2) 인간의 성격형성에 살아온 환경이 커다란 의미를 갖는다. — В образова́нии хара́ктера челове́ка огро́мное значе́ние име́ет сре́да, в кото́рой он жил.
3) 앞으로 수요일에는 수업이 없다. — По среда́м заня́тий не бу́дет.

환자	남(활)¹ 형² больно́й [bal'nój]

1) 이 환자는 체온이 높다. — У э́того больно́го высо́кая температу́ра.
2) 그녀에게는 병든 아버지가 있다.
   — У неё больно́й оте́ц.
3) 그는 이빨이 아프다. — Он бо́лен зуба́ми

활동	예 де́ятельность [d'éjət'ɪl'nost']

1) 이 책들은 저명학자들의 활동에 관한 이야기이다. — Э́ти расска́зывают о де́ятелиности изве́стных учёных.

활동가

명 〔활〕¹ 형² больно́й [bal'nój]
1) 사회사업가 обще́ственный де́ятель, 정치가 полити́ческий де́ятель.
2) 고리끼는 위대한 러시아 문화인이었다. — Го́рький был вели́ким де́ятелем ру́сской культу́ры.
3) 클럽에서는 유명한 문화인들의 모임이 자주 열린다. — В клу́бе ча́сто устра́ивают встре́чи с изве́стными де́ятелями культу́ры.

황제

명 〔활〕 де́ятель [d'éjət'ıl']
1) 최초의 러시아 황제는 이반 3세이다.
— Пе́рвым царём назва́л себя́ Ива́н III.
2 짜리제도 ца́рский режи́м

회

명 〔활〕 царь [tsar']
1) 다시 한번 ещё раз, 하나·둘·셋 раз·два·три, 때로는 ино́й раз
2) 그녀는 몇번이고 그의 편지를 읽었다. — Она́ прочита́ла его́ письмо́ не́сколько раз.
3) 당신 시계는 내것보다 2배나 더 비싸군요
— Ва́ши часы́ в два ра́за доро́же, чем мой.
4) 그는 병이 든 이상 오지 않을 것입니다. — Раз он заболе́л, он не придёт.

회색

형 се́рый [s'érij]
1) 흐린 날 се́рый день, 평범한 생활 се́рая жизнь, 무식쟁이 се́рый челове́к
2) 장마로 건물 벽이 잿빛이 되었다. — От до́лгого дождя́ сте́ны зда́ний се́ры.

회원

명 член [tʃ'l'én]
1) 정회원 действи́тельный член

2) 그는 우리 클럽의 회원이다. — Он член нашего клуба.
3) 150여개국 이상이 UN의 회원국이다. — Более ста пятидесяти стран являются членами Организации Ообъединённых Наций.

회의   중 заседание [zəs'ıdán'ijə]
1) 기념대회 торжественное заседание, 총회 пленарное заседание, 합동회의 совместное заседание
2) 그는 지금 회의에 참석중이다. — Он сейчас на заседнии.

회의   중 собрание [sabrán'ij]
1) 민족회의 национальное собрание, 전집 полное собрание сочинений.
2) 오늘 우리는 총회가 있다. — Сегодня у нас общее собрание.
3) 그는 많은 희귀도서를 소장하고 있다.
— У него собрание редких книг.

회의   중 совещание [səv'ıʃʃ'án'ijə]
1) 그는 부회의에 참석하러 떠났다. — Он уехал на совещание в министерство.
2) 군비축소 문제에 대한 회의가 계속되고 있다.
— Продолжается работа совешания по вопросам сокращения вооружении.
3 자문기관 совещательный орган.

회장   남 президент [pr'ız'id'ént]
1) 학술원장 президент академии наук
2) 내일은 협회장 선거일이다. — Завтра день выборов президента общества.

3) 국제학생연맹 의장이 기자의 질문에 답했다.
— Президе́нт междунаро́дного сою́за студе́нтов отве́тил на вопро́сы корреспонде́нтов.

훌륭하게 | 부¹ 술² 조³ прекра́сно [pr'ıkrásnə]
1) 그는 시를 멋지게 낭독한다. — Он прекра́сно чита́ет стихи́.
2) 이곳은 쉬기에 아주 좋다. — Здесь прекра́сно отдыха́ть.
3) 좋습니다. 내일 당신 댁에 가겠습니다.
— Прекра́сно, я за́втра приду́ к вам.

훌륭한 | 형 прекра́сный [pr'ıkrásnij]
1) 어느 화창한 날 в оди́н прекра́сный день.
2) 그들은 훌륭한 성과를 거두었다.
— Они́ доби́лись прекра́сных результа́тов.

훌륭한 | 형 замеча́тельный [zəm'ıtʃ'át'ıl'nij]
1) 비범한 사람 замеча́тельный челове́к
2) 그는 대단한 기억력을 지녔다.
— У него́ замеча́тельная па́мять.

훨씬 | 부 гора́здо [garázdə]
1) 훨씬 더 좋게 гора́здо лу́чше, 훨씬 더 많이 гора́здо бо́льше, 훨씬 더 적게 гора́здо ме́ньше
2) 그는 아버지보다 훨씬 더 크다. — Он ро́стом гора́здо вы́ше, чем его́ оте́ц.

휘발유 | 남 бензи́н [binzín]
1) 많은 택시들이 휘발유나 가스로 다닌다.
— Мно́гие такси́ рабо́тают и на бензи́не, и на га́зе.

| 휴식 | 남 о́тдых [óddix]
1) 휴양소 дом о́тдыха, 낮잠 послеобе́денный о́тдых, 쉬지 않고 без о́тдыха.
2) 그는 1년 내내 쉬지않고 일했다. — Он рабо́тал весь год без о́тдыха.

휴일 | 형 выходно́й [vixadnój]
— Мне тру́дно вы́полнить ва́шу про́сьбу.
2) 그는 곤란한 상태에 빠져 있다. — Ему́ прихо́дится тру́дно.
1) 우리는 첫번째 휴일에 호수에 가기로 약속했다. — Мы договори́лись в пе́рвый же выходно́й день пое́хать на о́зеро.

흐름 | 중 тече́ние [t'ıtʃ'én'ijə]
1) 흐름에 따라 по тече́нию, 문학사조 литерату́рное тече́ние, 하루 동안에 в тече́ние дня, 온종일 в тече́ние всего́ дня
2) 이 장소는 물쌀이 아주 빠르다. — В э́том ме́сте о́чень бы́строе тече́ние

흙 | 여 по́чва [pótʃ'və]
1) 경작 обрабо́тка по́чвы, 흑토대 черно́зёмная по́чва.
2) 그는 자신이 설 기반을 잃었다. — Он потеря́л по́чву под нога́ми~.
3) 대지주의자 по́чвенник, 대지주의 по́чвенничество.

희망 | 중 жела́ние [ʒilán'ijə]
1) 열망 стра́стное жела́ние, 희망에 따라 по жела́нию
2) 당신이 바라던 바대로 나는 이일을 마쳤습니

да. — По вашему желанию я это сделал.
3) 그는 항상 여행을 하고 싶어했다. — У него всегда было желание путешествовать.

희망   [여] надéжда [nad'éʒdə]
1) 실낱같은 희망 слáбая надéжда, ~을 기대하고 в надéжде на что~
2) 어떠한 일이 있더라도 희망을 잃지 마세요 — Что бы ни случилось, не теряйте надéжды.

힘   [여] сила [s'ílə]
1) 전력을 다해 изо всех сил, 무력으로 силой оружия, 강제수단의 시행 применéниесилы, 힘의 정책 политика с позиции силы, 의지력 сила воли, 진보세력 прогрессивные силы, 병력 вооружённые силы, 육군 сухопутные силы, 해군 морские силы, 공군 воздушные силы
2) 그는 팔 힘이 대단하다.
— У него большая сила в руках.
3) 나는 힘이 다 빠졌다.
— У меня нет больше сил
4) 이것은 내 힘에 겹다.
— Это мне не под делу
5) 나는 그와 헤어질 수 없다. — Я не в силах расстаться с ним.

힘들게   [부]¹ [술]² тяжелó [t'ıʒiló]
1) 무거운 짐을 실은 тяжелó нагрýженный, 중상을 입은 тяжелó рáнен
2) 그녀는 힘겹게 숨을 쉬었다. — Она тяжелó дышáла.
3) 그를 쳐다보기가 고통스럽다. — На него тя-

힘들다

желó смотрéть.
4) 불쾌하다. — Мне тяжело.

힘들다　　[술] трýдно [trúdnə]
1) 당신 부탁을 들어 드리기 어렵습니다.
 — Мне трýдно вы́полнить вáшу прóсьбу.
2) 그는 곤란한 상태에 빠져 있다. — Емý прихóдится трýдно.

부 록

1. 명사변화

	주격	생격	여격	대격	조격	전치격
1	завóд	-а	-у	—	-ом	-е
	завóд | ы	-ов	-ам	-ы	-ами	-ах
2	солдáт	-а	-у	-а	-ом	-е
	солдáт | ы	—	-ам	—	-ами	-ах
3	гóрод	-а	-у	—	-ом	-е
	город | á	-óв	-áм	-á	-áми	-áх
3*	счёт	-а	-у	—	-ом	-е
	счет | á	-óв	-áм	-á	-áми	-áх
4	глаз	-а	-у	—	-ом	-е
	глаз | á	—	-áм	-á	-áми	-áх
5	стул	-а	-у	—	-ом	-е
	стýл | ья	-ьев	-ьям	-ья	-ьями	-ьях
6	сын	-а	-у	-а	-ом	-е
	сынов | ья́	-éй	-ья́м	-ья	-ья́ми	-ья́х
7	англичáнин	-а	-у	-а	-ом	-е
	англичáн | е	—	-ам	—	-ами	-ах
8	граждани́н	-а	-у	-а	-ом	-е
	грáждан | е	—	-ам	—	-ами	-ах
9	господи́н	-а	-у	-а	-ом	-е
	господ | á	-госпóд	-áм	-á	-áми	-áх
10	хозя́ин	-а	-у	—	-ом	-е
	хозя́ев | а	—	-ам	—	-ами	-ах
11	сосéд	-а	-у	-а	-ом	-е
	сосéд | и	-ей	-ям	-ей	-ями	-ях
12	чёрт	-а	-у	-а	-ом	-е
	чéрт | и	-éй	-я́м	-ей	-я́ми	-я́х
13	ли́д | и(복)	-éй	-ям	-ей	-ьми́	-ях
14	портфéл | ь	-я	-й	-ь	-ем	-е
	портфéл | и	-ей	-ям	-и	-ями	-ях
15	словáр | ь	-я́	-ю́	-ь	-ём	-é
	словар | и́	-éй	-я́м	-и́	-я́ми	-я́х

명사변화

	주격	생격	여격	대격	조격	전치격
16	учи́тел | ь	-я	-ю	-я	-ем	-е
	учител | я́	-е́й	-я́м	-е́й	-я́ми	-я́х
17	уче́бник	-а	-у	—	-ом	-е
	уче́бник | и	-ов	-ам	-и	-ами	-ах
18	сапо́г	-а́	-у́	—	-о́м	-е́
	сапог | и́	-сало́г	-а́м	-и́	-а́ми	-а́х
19	друг	-а	-у	-а	-ом	-е
	друз | ья́	-е́й	-ья́м	-е́й	-ья́ми	-ья́х
20	душ	-а	-у	—	-ем	-е
	ду́ш | и	-ей	-ам	-и	-ами	-ах
21	каранда́ш	-а́	-у́	—	-о́м	-е
	карандаш | и́ -е́й		-а́м	-и́	-а́ми	-а́х
21*	чер | тёж	-тежа́	-тежу́	-тёж	-тежо́м	-теже́
	чертеж | и́	-е́й	-а́м	-и́	-а́ми	-а́х
22	муж	-а	-у	-а	-ем	-е
	муж | ья́	-е́й	-ья́м	-е́й	-ья́ми	-ья́х
23	ме́сяц	-а	-у	—	-ем	-е
	ме́сяц | ы	-ев	-ам	-ы	-ами	-ах
24	слу́ча | й	-я	-ю	-й	-ем	-е
	слу́ча | й	-ев	-ям	-и	-ями	-ях
25	сло | й	-я	-ю	-й	-ем	-е
	сло | и́	-ёв	-я́м	-и́	-я́ми	-я́х
26	кра | й	-я	-ю	-й	-ем	-е
	кра | я́	-ёв	-я́м	-я́	-я́ми	-я́х
28	пут | ь	-и́	-и́	-ь	-ём	-и́
	пут | и́	-е́й	-я́м	-и́	-я́ми	-я́х
29	боло́т | о	-а	-у	-о	-ом	-е
	боло́т | а	—	-ам	-а	-ами	-ах
29*	колес | о́	-а́	-у́	-о́	-о́м	-е́
	колёс | а	—	-ам	-а	-ами	-ах
30	о́зер | о	-а	-у	-о	-ом	-е
	озёр | а	—	-ам	-а	-ами	-ах
31	де́рев | о	-а	-у	-о	-ом	-е

명사변화

	주격	생격	여격	대격	조격	전치격
	дерéв | ья	-ьев	-ьям	-ья	-ьями	-ьях
32	дн | о	-а	-у	-о	-ом	-е
	дóн | ья	-ьев	-ьям	-ья	-ьями	-ьях
33	колéн | о	-а	-у	-о	-ом	-е
	колéн | и	-ей	-ям	-и	-ями	-ях
34	нéб | о	-а	-у	-о	-ом	-е
	небес | á	-небéс	-áм	-á	-áми	-áх
35	сýдн | о	-а	-у	-о	-ом	-е
	суд | á	-óв	-áм	-á	-áми	-áх
36	гóр | е(단)	-я	-ю	-е	-ем	-е
37	мóр | е	-я	-ю	-е	-ем	-е
	мор | я́	-éй	-я́м	-я́	-я́ми	-я́х
38	я́блок | о	-а	-у	-о	-ом	-е
	я́блок | и	—	-ам	-и	-ами	-ах
39	óблак | о	-а	-у	-о	-ом	-е
	облак | á	-óв	-áм	-á	-áми	-áх
40	ýх | о	-а	-у	-о	-ом	-е
	ýш | и	-éй	-áм	-и	-áми	-áх
41	учи́лищ | е	-а	-у	-е	-ем	-е
	учи́лищ | а	—	-ам	-а	-ами	-ах
42	здáни | е	-я	-ю	-е	-ем	-и
	здáни | я	-й	-ям	-я	-ями	-ях
43	плáт | ье	-ья	-ью	-ье	-ьем	-ье
	плáт | ья	-ьев	-ьям	-ья	-ьями	-ьях
44	и́м | я	-ени	-ени	-я	-енем	-ени
	имен—á	-имён	-áм	-á	-áми	-áх
45	сéм | я	-ени	-ени	-я	-енем	-ени
	семен | á	-семя́н	-áм	-á	-áми	-áх
46	кáрт | а	-ы	-е	-у	-ой	-е
	кáрт | ы	—	-ам	-ы	-ами	-ах
46*	жен | á	-ы́	-é	-ý	-óй	-é
	жён | ы	—	-ам	—	-ами	-ах
46**	слез | á	-ы́	-é	-ý	-óй	-é

부록

	주격	생격	여격	대격	조격	전치격
	сл ǀ ёзы	-ёз	-езáм	-ёзы	-езáми	-езáх
47	недéл ǀ я	-и	-е	-ю	-ей	-е
	недéл ǀ и	-ь	-ям	-и	-ями	-ях
48	недéл ǀ я	-и	-е	-ю	-ей	-е
	недéл ǀ и	-ъ	-ям	-и	-ями	-ях
48	дя́д ǀ я	-и	-е	-ю	-ей	-е
	дя́д ǀ и	-ей	-ям	-ей	-ями	-ях
49	кни́г ǀ а	-и	-е	-у	-ой	-е
	кни́г ǀ и	—	-ам	-и	-ами	-ах
49*	щека́	-щеки́	-щеке́	-щёку	-щеко́й	-щеке́
	щёки	-щёк	-щека́м	-щёки	-щека́ми	-щека́х
50	задáч ǀ а	-и	-е	-у	-ей	-е
	задáч ǀ и	—	-ам	-и	-ами	-ах
51	ю́нош ǀ а	-и	-е	-у	-ей	-е
	ю́нош ǀ и	-ей	-ам	-ей	-ами	-ах
52	у́лиц ǀ а	-ы	-е	-у	-сй	-е
	у́лиц ǀ ы	—	-ам	-ы	-ами	-ах
53	ку́риц ǀ а	-ы	-е	-у	-ей	-е
	кур ǀ ы	—	-ам	—	-ами	-ах
54	идé ǀ я	-и	-е	-ю	-ей	-е
	идé ǀ и	-й	-ям	-и	-ями	-ях
55	ли́ни ǀ я	-и	-и	-ю	-ей	-и
	ли́ни ǀ и	-й	-ям	-и	-ями	-ях
56	тетрáд ǀ ь	-и	-и	-ь	-ью	-и
	тетрáд ǀ и	-ей	-ям	-и	-ями	-ях
56*	лóшад ǀ ь	-и	-и	-ь	-ью	-и
	лóшад ǀ и	-éй	-я́м	-éй	-ьми́	-я́х
57	вещ ǀ ь	-и	-и	-ь	-ью	-и
	вéщ ǀ и	-éй	-а́м	-и	-а́ми	-а́х
58	мат ǀ ь	-ери	-ери	-ь	-ерью	-ери
	мáтер ǀ и	-éй	-я́м	-éй	-я́ми	-я́х
59	вéт ǀ ер	-ра	-ру	-ер	-ром	-ре
	вéт ǀ ры	-ров	-рам	-ры	-рами	-рах

부록

	주격	생격	여격	대격	조격	전치격
60	сно	сна	сну	сон	сном	сне
	сны	-снов	-снам	-сны	-снами	-снах
61	ков | ёр	-ра́	-ру́	-ёр	-ро́м	-ре́
	ков | ры́	-ро́в	-ра́м	-ры́	-ра́ми	-ра́х
62	у́ров | ень	-ня	-ню	-ень	-нем	-не
	у́ров | ни	-ней	-ням	-ни	-нями	-нях
63	у́г | о́нь	-ля	-лю	-оль	-лем	-ле
	у́г | ли	-лей	-лям	-ли	-лями	-лях
64	ог | о́нь	-ня́	-ню́	-о́нь	-нём	-не́
	ог | ни́	-не́й	-ня́м	-ни́	-ня́ми	-ня́х
65	рису́н | ок	-ка	-ку	-ок	-ком	-ке
	рису́н | ки	-ков	-кам	-ки	-ками	-ках
66	ребён | ок	-ка	-ку	-ка	-ком	-ке
	ребя́т | а	—	-ам	—	-ами	-ах
67	боти́н | ок.	-ка	-ку	-ок	-ком	-ке
	боти́н | ки	-ок	-кам	-ки	-ками	-ках
68	цвет | о́к	-ка	-ку	-ок	-ком	-ке
	боти́н | ки	-ок	-кам	-ки	-ками	-ках
68	цвет | о́к	-ка́	-ку́	-о́к	-ко́м	-ке́
	цвет | ы́	-о́в	-а́м	-ы́	-а́ми	-а́х
69	кон | ёк	-ька́	-ьку́	-ёк	-ько́м	-вке́
	кон | ьки́	-ько́в	-ька́м	-ьки́	-ька́ми	-ька́х
70	не́м | ец	-ца	-цу	-ца	-цем	-це
	не́м | цы	-цев	-цам	-цев	-цами	-цах
71	от | е́ц	-ца́	-цу́	-ца́	-цо́м	-це́
	от | цы́	-цо́в	-ца́м	-цо́в	-ца́ми	-ца́х
72	па́л | ец	-ьца	-ьцу	-ец	-ьцем	-ьце
	па́л | ьцы	-ьцев	-ьцам	-ьцы	-ьцами	-ьцах
73	бр | е́ц	-йца́	-йцу́	-йца́	-йцо́м	-йце́
	бойц | ы́	-о́в	-а́м	-о́в	-а́ми	-а́х
74	кре́сл | о	-а	-у	-о	-ом	-е
	кре́сл | а	-кре́сел	-ам	-а	-ами	-ах
74*	зерн | о́	-а́	-у́	-о́	-о́м	-е́

명사변화   530

	주격	생격	여격	대격	조격	전치격
	зёр | на	-ен	-нам	-на	-нами	-нах
75	стекл | ó	-á	-ý	-ó	-óм	-é
	óкн | а	-óкон	-ам	-а	-ами	-ах
75*	стел | ó	-á	-ý	-ó	-óм	-é
	стё | кла	-кол	-клам	-кла	-клами	-клах
76	письм | ó	-á	-ý	-ó	-óм	-é
	пи́сьм | а	-пи́сем	-ам	-а	-ами	-ах
77	се́рдц | е	-а	-у	-е	-ем	-е
	сердц | á	-серде́ц	-áм	-á	-áми	-áх
78	кольц | ó	-á	-ý	-ó	-óм	-é
	ко́льц | а	-коле́ц	-ам	-а	-ами	-ах
79	яйц | ó	-á	-ý	-ó	-óм	-é
	я́йц | а	-яи́ц	-ам	-а	-ами	-ах
80	сча́ст | ье	-ья	-ью	-ье	-ьем	-ье
	сча́ст | ья	-ий	-ьям	-ья	-ьями	-ьях
81	тюрьм | á	-ы́	-é	-ý	-óй	-é
	тюрьм | ы	-тю́рем	-ам	-ы	-ами	-ах
82	весн | á	-ы́	-é	-ý	-óй	-é
	вёсн | ы	-вёсен	-ам	-а	-ами	-ах
83	сестр | á	-ы́	-é	-ý	-óй	-é
	сёстр | ы	-сестёр	-ам	-сетёр	-ами	-ах
84	ка́пл | я	-и	-е	-ю	-ей	-е
	ка́пл | и	-ка́пель	-ям	-и	-ями	-ях
85	ку́хн | я	-и	-е	-ю	-ей	-е
	ку́хн | и	-ку́хонь	-ям	-и	-ями	-ях
86	пе́сн | я	-и	-е	-ю	-ей	-е
	пе́сн | и	-пе́сен	-ям	-и	-ями	-ях
87	земл | я́	-и́	-é	-зе́млю	-ёй	-é
	зе́мл | и	-земе́ль	-ям	-и	-ями	-ях
88	ви́лк | а	-и	-е	-у	-ой	-е
	ви́лк | и	-вилок	-ам	-и	-ами	-ах
89	копе́йк | а	-и	-е	-у	-ой	-е
	копе́йк | и	-копе́ек	-ам	-и	-ами	-ах

부록

형용사 변화

	주격	생격	여격	대격	조격	전치격
90	внýчн | а	-и	-е	-у	-ой	-е
	внýчк | и	-внýчек	-ам	-внýчек	-ами	-ах
91	дéньг | и(복)	-дéнег	-áм	-и	-áми	-áх
92	овц | á	-ы́	-é	-ý	-óй	-ế
	óвц | ы	-овéц	-ам	-овéц	-ами	-ах
93	сем | ья́	-вй	-ьé	-ью	-ьёй	-ьé
	сéм | ьи	-семéй	-ьям	-ьи	-ьями	-ьях
94	люб | óвь	-вй	-ви	-óвь	-óвью	-вй
	люб | вй	-вéй	-вя́м	-ви	-вя́ми	-вя́х
95	цéрк | овь	-ви	-ви	-овь	-овью	-ви
	цéрк | ви	-вéю	-вáм	-ви	-вáми	-вáх

2. 형용사형변화

	주격	생격	여격	대격	조격	전치격
96	남 нóв | ый	-ого	-ому	-!	-ым	-ом
	중 нóв | ое	-ого	-ому	-ое	-ым	-ом
	여 нóв | ая	-ой	-ой	-ую	-ой	-ой
	복 нóв | ые	-ых	-ым	-!	-ыми	-ых
97	남 -жив | óй	-óго	-óму	-!	-ы́м	-óм
	중 жив | óе	-óго	-óму	-óе	-ы́м	-óм
	여 жив | áя	-óй	-óй	-ýю	-óй	-óй
	복 жив | ы́е	-ы́х	-ы́м	-!	-ы́ми	-ы́х
98	남 -сńн | ий	-его	-ему	-!	-им	-ем
	중 сńн | ее	-его	-ему	-ее	-им	-ем
	여 сńн | яя	-ей	-ей	-юю	-ей	-ей
	복 сńн | ие	-их	-им	-!	-ими	-их
99	남 -рéдк | ий	-ого	-ому	-!	-им	-ом
	중 рéдк | ое	-ого	-ому	-ое	-им	-ом
	여 рéдк | ая	-ой	-ой	-ую	-ою	-ою
	복 рéдк | ие	-их	-им	-!	-ими	-их
100	남 -сух | óй	-óго	-óму	-!	-и́м	-óм

부록

형용사 변화

	주격	생격	여격	대격	조격	전치격
중	сух | óе	-óго	-óму	-óе	-и́м	-óм
녀	сух | а́я	-óй	-óй	-ýю	-óй	-óй
복	сух | и́е	-и́х	-и́м	- !	-и́ми	-и́х
101 남	-хоро́ш | ий	-его	-ему	- !	-им	-ем
중	хоро́ш | ее	-его	-ему	-ее	-им	-ем
녀	хоро́ш | ая	-ей	-3й	-ую	-ею	-ею
복	хоро́ш | ие	-их	-им	- !	-ими	-их
102 남	тре́т | ий	-ьего	-ьему	- !	-ьи	-ьем
중	тре́т | ье	-ьего	-ьему	-ье	-ьим	-ьем
녀	тре́т | ья	-ьей	-ьей	-ью	-ьей	-ьей
복	тре́т ьи	-ьих	-ьим	- !	-ьими	-ьих
103 복	-трудя́щ | иесяихся	-имся	-ихся	-имися	-ихся

3. 대명사변화

		주격	생격	여격	대격	조격	전치격
104	단	я	меня́	мне	меня́	мной	мне
	복	мы	нас	нам	нас	на́ми	нас
105	단	ты	тебя́	тебе́	тебя́	тобо́й	тебе́
	복	вы	вас	вам	вас	ва́ми	вас
106	남	он	его́	ему́	его́	им	нём
	중	оно́	его́	ему́	его́	им	нём
	여	она́	её	ей	её	ей	ней
	복	они́	их	им	их	и́ми	них
107		—	себя́	себе́	себя́	собо́й	себе́
108		кто	кого́	кому́	кого́	кем	ком
109		никто́	ни · кого́	ни · кому́	ни · кого́	ни · ке́м	ни о ко́м
110		что	чего́	чему́	что	чем	чём
111		ничто́	ни · чего́	ни · чему́	ни · что́	ни · че́м	ни о чём
112		—	не́ · чего	не́ · чему	не́ · чего	не́ · чем	не о чем
113	남	э́тот	э́того	э́тому	!	э́тим	э́том
	중	э́то	э́того	э́тому	э́то	э́тим	э́том
	여	э́та	э́той	э́той	э́ту	э́той	э́той

형용사 변화

		주격	생격	여격	대격	조격	전치격
	복	э́ти	э́тих	э́тим	!	э́тими	э́тих
114	남	тот	того́	тому́	!	тем	том
	중	то	того́	тому́	то	тем	том
	여	та	той	той	ту	той	той
	복	те	тех	тем	!	те́ми	тех
115	남	сам	самого́	самому́	самого́	сами́м	само́м
	중	само́	самого́	самому́	само́	сами́м	само́м
	여	сама́	само́й	само́й	самоё	само́й	само́й
	복	са́ми	сами́х	сами́м	сами́х	сами́ми	сами́х
116	남	сей	сего́	сему́	!	сим	сём
	중	сие́	сего́	сему́	сие́	сим	сём
	여	сия́	сей	сей	сию́	сей	сей
	복	сии́	сих	сим	!	си́ми	сих
117	남	весь	всего́	всему́	!	всем	всём
	중	всэ	всего́	всему́	всё	всем	всём
	여	вся	всей	всей	всю	всей	всей
	복	все	всех	всем	!	все́ми	всех
118	남	наш	на́шего	на́шему	!	на́шим	на́шем
	중	на́ше	на́шего	нашему	на́ше	на́шим	на́шем
	여	на́ша	на́шей	на́шей	на́шу	на́шей	на́шей
	복	на́ши	на́ших	на́шим	!	на́шими	на́ших
119	남	мой	моего́	моему́	!	мои́м	моём
	중	моё	моего́	моему́	моё	мои́м	моём
	여	моя́	мое́й	мое́й	мою́	мое́й	мое́й
	복	мои́	мои́х	мои́м	!	мои́ми	мои́х
120	남	чей	чьего́	чьему́	!	чьим	чьём
	중	чьё	чьего́	чьему́	чьё	чьим	чьём
	여	чья	чьей	чьей	чью	чьей	чьей
	복	чьи	чьих	чьим	!	чьи́ми	чьих
121		мно́го	мно́гих	мно́гим	!	мно́гими	мно́гих

부록

4. 수사변화

	주격	생격	여격	대격	조격	전치격
122 남	один	одного́	одному́	!	одни́м	одно́м
중	одно́	одного́	одному́	одно́	одни́м	одно́м
여	одна́	одно́й	одно́й	одну́	одно́й	одно́й
복	одни́	одни́х	одни́м	!	одни́ми	одни́х
123 남중	два	двух	двум	!	двумя́	двух
여	две	двух	двум	!	двумя́	двух
124 남중	о́ба	обо́их	обо́им	!	обо́ими	обо́их
여	о́бе	обе́их	обе́им	!	обе́ими	обе́их
125	дво́е	двои́х	двои́м	!	двои́ми	двои́х
126	три	трёх	треём	!	тремя́	трёх
127	четы́ре	четырёх	четырём	!	четырьмя́	четырёх
128	пять	пяти́	пяти́	пять	пятью́	пяти́
129	во́семь	восьми́	восьми́	во́семь	восьмью́	восьми́
130	оди́ннад цат | ь	-и	-и	-ь	-ью	-и
131	со́рок	сорока́	сорока́	со́рок	сорока́	сорока́
132	сто	ста	ста	сто	ста	ста
133	пять-деся́т	пяти́-десяти	пяти́-десяти	пять-десят	пятью́-десятью	пяти́-десяти
134	се́мь-десят	семи́-десяти	семи́-десяти	се́мь-десят	семью́-десятью	семи́-десяти
135	во́семь-десят	восьми́-десяти	восьми́-десяти	во́семь-десят	восьмью́-десятью	восьми́-десяти
136	две́-сти	двух-со́т	двум-ста́м	две́-сти	двумя́-ста́ми	двух-ста́х
137	три́-ста	трёх-со́т	трём-ста́м	три́-ста	тремя-ста́ми	трёх-ста́х
138	четы́-реста	четы-рёхсо́т	четы-рёмста́м	четы́-реста	четырь-мяста́ми	четы-рёхста́х
139	пять-со́т	пяти́-со́т	пяти́-ста́м	пять-со́т	пятью́-ста́ми	пяти́-ста́х

	주격	생격	여격	대격	조격	전치격
140	восемь-со́т	восьми-со́т	восьми-ста́м	восемь-со́т	восемью-та́ми	восьми-ста́х
141 남중	полтора́	полу́то-ра	полу́то-ра	полтора́	полу́тора	полу́то-ра
여	полторы́	полу́то-ра	полу́то-ра	полторы́	полу́тора	полу́то-ра

5. 동사변화

	현재단수 1인칭 2인칭 3인칭	현대복수 1인칭 2인칭 3인칭	과　거 단수남성 단수여성 복　수	명　령
142 де́лать	де́лаю де́лаешь де́лает	де́лаем де́лаете де́лают	де́лал де́лала де́лали	де́лай
143 чита́ть	чита́ю чита́ешь чита́ет	чита́ем чита́ете чита́ют	чатил чита́ла чита́ли	чита́ю
144 жале́ть	жале́ю жале́ешь жале́ет	жале́ем жале́ете жале́ют	жале́л жале́ла жале́ли	жале́ю
145 теря́ть	теря́ю теря́ешь теря́ет	теря́ем теря́ете теря́ют	теря́л теря́ла теря́ли	теря́й
146 тре́бовать	тре́бую тре́буешь тре́бует	тре́буем тре́буете тре́буют	тре́бовал тре́бовала тре́бовали	тре́буй
147 рисова́ть	рису́ю рису́ешь рису́ет	рису́ем рису́ете рису́ют	рисова́л рисова́ла рисова́ли	рису́й
148 воева́ть	вою́ю вою́ешь вою́ет	вою́ем вою́ете вою́ют	вова́л воева́ла воева́ли	вою́й

동사변화

	현재단수 1인칭 2인칭 3인칭	현대복수 1인칭 2인칭 3인칭	과 거 단수남성 단수여성 복 수	명 령
149 кри́кнуть	кри́кну кри́кнешь кри́кнет	кри́кнем кри́кнете кри́кнут	кри́кнул кри́кнула кри́кнули	кри́кни
150 поги́бнуть	поги́бну поги́бнешь пгои́бнет	поги́бнем поги́бнете поги́бнут	поги́б поги́бла поги́боли	поги́бни
151 верну́ть	верну́ вернёшь вернёт	вернём вернёте верну́т	верну́л верну́ла верну́ли	верни́
152 тяну́ть	тяну́ тя́нешь тя́нет	тя́нем тя́нете тя́нут	тяну́л тяну́ла тяну́ли	тяни́
153 стро́ить	стро́ю стро́ишь стро́ит	стро́им стро́ите стро́ят	стро́ил стро́ила стро́или	строй
154 ве́рить	ве́рю ве́ришь ве́рит	ве́рим ве́рите ве́рят	ве́рил ве́рила ве́рили	верь
155 по́мнить	по́мню по́мнишь по́мнит	по́мним по́мните по́мнят	по́мнил помнила по́мнили	по́мни
156 гото́вить	гото́влю гото́вишь гото́вит	гото́вим гото́вите гото́вят	гото́вил гото́вила гото́вили	гото́вь
157 вы́ступить	вы́ступлю вы́ступишь вы́ступит	вы́ступим вы́ступите вы́ступят	вы́ступил вы́ступила вы́ступили	вы́ступь
158 ко́нчить	ко́нчу ко́нчишь ко́нчит	ко́нчим ко́нчите ко́нчат	ко́нчил ко́нчила ко́нчили	ко́нчи

	현재단수 1인칭 2인칭 3인칭	현대복수 1인칭 2인칭 3인칭	과 거 단수남성 단수여성 복 수	명 령
159 обеспе́- чить	обеспе́чу обеспе́чишь обеспе́чит	обеспе́чим обеспе́чите обеспе́чат	обеспе́чил обеспе́чила обеспе́чили	обеспе́чь
160 е́здить	е́зжу е́здишь е́здит	е́здим е́здите е́здят	е́здил е́здила е́здили	е́зди
161 вы́разить	вы́ражу вы́разишь вы́разит	вы́разим вы́разите вы́разят	вы́разил вы́разила вы́разили	вы́рази
162 заме́тить	заме́чу заме́тишь заме́тит	заме́тим заме́тите заме́тят	заме́тил заме́тила заме́тили	заме́ть
163 бро́сить	бро́шу бро́сишь бро́сит	бро́сим бро́сите бро́сят	бро́сил бро́сила бро́сили	брось
164 вы́пустить	вы́пущу вы́пустишь вы́пустит	вы́пустим вы́пустите вы́пустят	вы́пустил вы́пустила вы́пустили	вы́пусти
165 говори́ть	говорю́ говори́шь говори́т	говори́м говори́те говоря́т	говори́л говори́ла говори́ли	говори́
166 заключи́ть	заключу́ заключи́шь заключи́т	заключи́м заключи́те заключа́т	заключи́л заключи́ла заключи́ли	заключи́
167 стре- ми́ться	стремлю́сь стреми́шься стреми́тся	стреми́мся стреми́тесь стремя́тся	стреми́лся стреми́лась стреми́лись	стреми́сь
168 следи́ть	слежу́ следи́шь следи́т	следи́м следи́те следя́т	следи́л следи́ла следи́ли	следи́

부록

동사변화

	현재단수 1인칭 2인칭 3인칭	현대복수 1인칭 2인칭 3인칭	과 거 단수남성 단수여성 복 수	명 령
169 победи́ть	— победи́шь победи́т	победи́м победи́те победя́т	победи́л победи́ла победи́ли	победи́
170 согла- си́ться	соглашу́сь согла- си́шься согласи́тся	согласи́мся согла- си́тесь соглася́тся	согласи́лся согла- си́лась согласи́лись	согла- си́сь
171 прости́ть	прощу́ прости́шь прости́т	прости́м прости́те простя́т	прости́л прости́ла прости́ли	прости́
172 обрати́- ться	обращу́сь обрати́- шься обрати́тся	обрати́мся обрати́- тесь обратя́тся	обрати́лся обрати́лась обрати́лись	обрати́сь
173 измени́ть	изменю́ изме́нишь изме́нит	изме́ним изме́ните изме́нят	измени́л измени́ла измени́ли	измени́
174 получи́ть	получу́ полу́чишь полу́чит	полу́чим полу́чите полу́чат	получи́л получи́ла получи́ли	получи́
175 люби́ть	люблю́ лю́бишь лю́бит	лю́бим лю́бите лю́оят	люби́л люби́ла люби́ли	люби́
176 заяви́ть	заявлю́ зая́вишь зая́вит	зая́вим зая́вите зая́вят	заяви́л заяви́ла заяви́ли	заяви́
177 ходи́ть	хожу́ хо́дишь хо́дит	хо́дим хо́дите хо́дят	ходи́л ходи́ла ходи́ли	ходи́
178	вожу́	во́зим	вози́л	вози́

부록

동사변화

	현재단수 1인칭 2인칭 3인칭	현대복수 1인칭 2인칭 3인칭	과 거 단수남성 단수여성 복 수	명 령
возить	во́зишь во́зит	во́зите во́зят	вози́ла вози́ли	
179 плати́ть	плачу́ пла́тишь пла́тит	пла́тим пла́тите пла́тят	плати́л плати́ла плати́ли	плати́
180 носи́ть	ношу́ но́сишь но́сит	но-сим но́сите но́сят	носи́л носи́ла носи́ли	носи́
181 пусти́ть	пущу́ пу́стишь пу́стит	пу́стим пу́стите пу́стят	пусти́л пусти́ла пусти́ли	пусти́
182 роди́ться	рожу́сь роди́шься роди́тся	роди́мся роди́тесь родя́тся	роди́лся родила́сь роди́лись	роди́сь
183 услы́шать	услы́шу услы́шишь услы́шит	услы́шим услы́шите услы́шат	услы́шал услы́шала услы́шали	услы́шь
184 уви́деть	уви́жу уви́дишь уви́дит	уви́дим уви́дите уви́дят	уви́дел уви́дела уви́дели	уви́ль
185 зави́сеть	зави́шу зави́сишь<зави́сит	зави́сим зави́сите зави́сят	зави́сел зави́села зави́сели	зави́сь
186 крича́ть	кричу́ кричи́шь кричи́т	кричи́м кричи́те крича́т	крича́л крича́ла крича́ли	кричи́
187 спать	сплю спишь спит	спим спи́те спят	спал спала́ спа́ли	спи
188	шумлю́	шуми́м	шуме́л	шуми́

부록

	현재단수 1인칭 2인칭 3인칭	현대복수 1인칭 2인칭 3인칭	과 거 단수남성 단수여성 복 수	명 령
шуме́ть	шуми́шь муми́т	шуми́те мумя́т	муме́ла муме́ли	
189 горе́ть	горю́ гори́шь гори́т	гори́м гори́те горя́т	горе́л горе́ла горе́ли	гори́
190 стя́ть	стою́ стои́шь стои́т	стои́м стои́те стоя́т	стоя́л стоя́ла стоя́ли	стой
191 бежа́ть	бегу́ бежи́шь бежи́т	бежи́м бежи́те бегу́т	бежа́л бежа́ла бежа́ли	беги́
192 сиде́ть	сижу́ диди́шь сиди́т	сиди́м сиди́те сидя́т	сиде́л сиде́ла сиде́ли	сиди́
193 лете́ть	лечу́ лети́шь лети́т	лети́м лети́те летя́т	лете́л лете́ла лете́ли	лети́
194 висе́ть	вишу́ виси́шь виси́т	виси́м виси́те вися́т	висе́л висе́ла сисе́ли	виси́
195 держа́ть	держу́ де́ржишь де́ржит	де́ржим де́ржите де́ржат	держа́л держа́ла держа́ли	держи́
196 смотре́ть	смотрю́ смо́тришь смо́трит	смо́трим смо́трите смо́трят	смотре́л смотре́ла смотре́ли	смотри́
197 наде́яться	наде́юсь наде́ешься наде́ется	ндее́мся наде́етесь наде́ются	наде́ялся наде́ялась наде́ялись	наде́йся
198	вы́зову	вы́зовем	вы́звал	вы́зови

	현재단수 1인칭 2인칭 3인칭	현대복수 1인칭 2인칭 3인칭	과 거 단수남성 단수여성 복 수	명 령
вы́звать	вы́зовешь вы́зовет	вы́зовет4 вы́зовут	вы́звала вы́звали	
199 пла́кать	пла́чу пла́чешь пла́чет	пла́чем пла́чете пла́чат	пла́кал пла́кала пла́кали	плачь
200 дви́гаться	дви́гаюсь/ дви́жусь дви́гаешься/ дви́жешься дви́гается/ дви́жется	дви́гаемся/ дви́жемся дви́гаетесь/ дви́жетесь дви́гаются/ дви́жутся	дви́гался дви́галась дви́гались	дви́гайся
201 смея́ться	смею́сь смеёшься смеётся	смеёмся смеётесь смею́тся	смея́лся смея́лась смея́лись	сме́йся
202 присла́ть	пришлю́ пришлёшь пришлёт	пришлём пришлёте пришлю́т	присла́л присла́ла присла́ли	пришли́
203 писа́ть	пишу́ пи́шешь пи́шет	пи́шем пи́шете пи́шут	писа́л писа́ла писа́ли	пиши́
204 доказа́ть	докажу́ дока́жешь дока́жет	дока́жем дока́жете дока́жут	доказа́л доказа́ла доказа́ли	докажи́
205 иска́ть	ищу́ и́щешь и́щет	и́щем и́щете и́щут	иска́л иска́ла иса́ли	ищи́
206 брать	беру́ берёшь бреёт	берём берёте беру́т	брал брала́ бра́ли	бери́

	현재단수 1인칭 2인칭 3인칭	현대복수 1인칭 2인칭 3인칭	과 거 단수남성 단수여성 복 수	명 령
207 бра́ться	беру́сь беЮёшься берётся	берёмся берётесь беру́тся	бра́лся брала́сь брали́сь	бери́сь
208 звать	зову́ зовёшь зовёт	зовём зовёте зову́т	звал звала́ зва́ли	зови́
209 ждать	жду ждёшь ждёт	ждём ждёте ждут	ждал ждала́ жда́ли	жди
210 разобра́ть -ся	разберу́сь разберё- шься разберётся	разберёмся разберётесь разберу́тся	разобра́лся разобрала́сь разобрали́сь	разбе- ри́сь
211 лезть	ле́зу ле́зешь ле́зет	ле́зем ле́зете ле́зут	лез ле́зла ле́зли	лезь
212 сесть	ся́ду ся́дешь ся́дет	ся́дем ся́дете ся́дут	сел се́ла се́ли	сядь
213 вы́расти	вы́расту вы́растешь вы́растет	вы́растем вы́растете вы́растут	вы́рос вы́росла вы́росли	вы́расти
214 попа́сть	попаду́ попадёшь попадёт	попадём попадёте попаду́т	попа́л попа́ла попа́ли	попади́
215 нести́	несу́ несёшь несёт	несём несёте несу́т	нёс несла́ несли́	неси́
216 расти́	расту́ растёшь	растём растёте	рос росла́	расти́

동사변화

	현재단수 1인칭 2인칭 3인칭	현대복수 1인칭 2인칭 3인칭	과거 단수남성 단수여성 복수	명령
	растёт	растут	росли	
217 вести	веду́ ведёшь ведёт	ведём ведёте веду́т	вёл вела́ вели́	веди́
218 проче́сть	прочту́ прочтёшь прочтёт	прочтём прочтёте прочту́т	прочёл прочла́ прочли́	прочти́
219 везти́	везу́ везёшь везёт	везём везёте везу́т	вёз везла́ везли́	вези́
220 лечь	ля́гу ля́жешь ля́жет	ля́жем ля́жете ля́гут	лёг легла́ легли́	ляг
221 помо́чь	помогу́ помо́жешь помо́жет	помо́жем помо́жете помо́гут	помо́г помогла́ помогли́	помоги́
222 умере́ть	умру́ умрёшь умрёт	умрём умрёте умру́т	у́мер умерла́ у́мерли	умри́
223 боро́ться	борю́сь бо́решься бо́рется	бо́ремся бо́ретесь бо́рются	боро́лся боро́лась боро́лись	бори́сь
224 вы́пить	вы́пью вы́пьешь вы́пьет	вы́пьем вы́пьете вы́пьют	вы́пил вы́пила вы́пили	вы́пей
225 бить	бью бьёшь бьёт	бьём бьёте бьют	бил би́ла би́ли	бей
226 пи́ть	пью пвёшь	пьём пьётпила́	пил	пей

부록

동사변화

	현재단수 1인칭 2인칭 3인칭	현대복수 1인칭 2인칭 3인칭	과　　거 단수남성 단수여성 복　　수	명　령
	пьёт	пьют	пи́ли	
227 мыть	мо́ю мо́ешь мо́ет	мо́ем мо́ете мо́ют	мыл мы́ла мы́ли	мой
228 петь	пою́ поёшь поёт	поём поёте пою́т	пел пе́ла пе́ли	пой
229 дава́ть	даю́ даёшь даёт	даём даёте даю́т	дава́л дава́ла дава́ли	дава́й
230 взя́ться	возьму́сь возьмёшься возьмётся	возьмёмся возьмётесь возьму́тся	взя́лся взяла́сь взяли́сь	возьми́сь
231 нача́ться	начну́сь начнёшься начнётся	начнёмся начнётесь начну́тся	начался́ начала́сь начали́сь	начни́сь
232 нача́ть	начну́ начнёшь начнёт	начнём начнёте начну́т	на́чал начала́ на́чали	начни́
233 заня́ть	займу́ займёшь займёт	займём займёте займу́т	за́нял заняла́ за́няли	займи́
234 ваять	возьму́ возьмёшь возьмёт возьмёт	возьмём возьмёте возьму́т возьму́т	взял взяла́ взя́ли взя́ли	возьми́
235 приня́ть	приму́ при́мешь при́мет	при́мем при́мете при́мут	при́нял приняла́ при́няли	прими́
236	сниму́	сни́мем	снял	сними́

	현재단수 1인칭 2인칭 3인칭	현대복수 1인칭 2인칭 3인칭	과 거 단수남성 단수여성 복 수	명 령
снять	сни́мешь сни́мет	сни́мете сни́мут	сняла́ сня́ли	
237 подня́ть	подниму́ подни́мешь подни́мет	подни́мем подни́мете подни́мут	по́днял подняла́ по́дняли	подними́
238 подня́ться	подниму́сь подни́мешься подни́мется	подни́мемся подни́метесь подни́мутся	подня́лся подняла́сь подняли́сь	подни- ми́сь
239 стать	ста́ну ста́нешь ста́нет	ста́нем ста́нете ста́нут	стал ста́ла ста́ли	стань
240 жить	живу́ живёшь живёт	живём живёте живу́т	жил жила́ жи́ли	живи́
241 плыть	плыву́ плывёшь плывёт	плывём плывёте плыву́т	плыл плыла́ плы́ли	плыви́
242 идти́	иду́ идёшь идёт	идём идёте иду́т	шёл шла шли	иди́
243 прийти́	приду́ придёшь придёт	придём придёте приду́т	пришёл пришла́ пришли́	приди́
244 войти́	войду́ войдёшь войдёт	войдём войдёте войду́т	вошёл вошла́ вошли́	войди́
245 вы́йти	вы́йду вы́йдешь вы́йдет	вы́йдем вы́йдете вы́йдут	вы́шел вы́шла вы́шли	вы́йди
246	прие́ду	прие́дем	прие́хал	приез-

부록

동사변화

	현재단수 1인칭 2인칭 3인칭	현대복수 1인칭 2인칭 3인칭	과 거 단수남성 단수여성 복 수	명 령
приехать	прие́дешь прие́дет	прие́дете прие́дут	прие́хала прие́хали	жа́й
247 забы́ть	забу́ду забу́дешь забу́дет	забу́дем забу́дете забу́дут	забы́л забы́ла забы́ли	забу́дь
248 быть	бу́ду бу́дешь бу́дет	бу́дем бу́дете бу́дут	был выла́ бы́ли	будь
249 прибы́ть	прибу́ду прибу́дешь прибу́дет	прибу́дем прибу́дете прибу́дут	при́был прибыла́ при́были	прибу́дь
250 дать	дам дашь даст	дади́м дади́те даду́т	дал дала́ да́ли	дай
251 отда́ть	отда́м отда́шь отда́ст	отдади́м отдади́те отдаду́т	о́тдал отдала́ о́тдали	отда́й
252 переда́ть	переда́м переда́шь переда́ст	передади́м передади́те передаду́т	пе́редал передаа́ пе́редали	переда́й
253 уда́ться	— — уда́стя	— — удаду́тся	уда́лся удала́сь удали́сь	—
254 есть	ем ешь ест	еди́м еди́те едя́т	ел е́ла е́ли	ешь
255 хоте́ть	хоучу́ хо́чешь хо́чет	хоти́м хоти́те хотя́т	хоте́л хоте́ла хоте́ли	хоти́

부록

6. 명사악센트형일람

a	b	c	d	e
спор	вещество́	зе́ркало	величина́	семья́
спо́ра	вещества́	зе́ркала	величины́	семьи́
спо́ру	веществу́	зе́ркалу	величине́	семье́
спор	вещество́	зе́ркало	величину́	семью́
спо́ром	вещество́м	зе́ркалом	величино́й	демьёи
спо́ре	веществе́	зе́ркале	величине́	семье́
спо́ры	вещества́	зеркала́	величи́ны	се́мьи
спо́ров	веще́ств	зерка́л	величи́н	семе́й
спо́рам	вещества́м	зеркала́м	величи́нам	се́мьям
спо́ры	вещества́	зеркала́	величу́ны	се́мьи
спо́рами	вещества́ми	зеркала́ми	величи́нами	се́мьями
спо́рах	вещества́х	зеркала́х	величи́нах	се́мьях

f	g	h	i	j
вода́	во́лос	конь	голова́	любо́вь
воды́	во́лоса	коня́	головы́	любви́
воде́	во́лосу	коню́	голове́	любви́
во́ду	во́лос	коня́	го́лову	любо́вь
водо́й	во́лосом	конём	губово́й	любо́вью
воде́	во́лосе	коне́	голове́	любви́
во́ды	во́лосы	ко́ни	го́ловы	любви́
вод	воло́с	коне́й	голо́в	любве́й
во́дам	волоса́м	коня́м	голова́м	любвя́м
во́ды	во́лосы	коне́й	го́ловы	любви́
во́дами	волоса́ми	коня́ми	голова́ми	любвя́ми
во́дах	волоса́х	коня́х	голова́х	любвя́х

k	l	m	n
——	ма́сло	земля́	——
——	ма́сла	земли́	——
——	ма́слу	земле́	——

	ма́сло	зе́млю	
	ма́слом	землёй	
	ма́сле	земле́	
де́ньги	масла́	зе́мли	лю́ди
де́нег	ма́сел	земе́ль	люде́й
деньга́м	масла́м	зе́млям	лю́дям
де́ньги	масла́	зе́мли	люде́й
деньга́ми	масла́ми	зе́млями	людьми́
деньга́х	масла́х	зе́млях	лю́дях

7. 형용사 단어미형일람

A   1. краси́вый, краси́в, -а, -о, -ы

    2. взро́слый, 《男은 없다.》, взросла́, -о, -ы

    3. счастли́вый, сча́стлив, -а, -о, -ы

    4. похо́жий, похо́ж, -а, -е, -и

    5. вели́кий, вели́к, -а, -о, -и

    6. интере́сный, интере́сен, -сна, -сно, -сны

    7. замеча́тельный, замеча́телен, -тельна, -тельно, -тельны

    8. споко́йный, споко́ен, -ко́йна, -ко́йно, -ко́йны

    9. дре́вний, дре́вен, -вня, -вне, -вни

   10. еди́нственный, еди́нствен, -венна, -венно, -венны

   11. 《장어미는 없다.》, рад, -а, 《中은 없다.》, -ы

B   1. ма́лый, мал, -а́, -о́, -ы́

    2. тяжёлый, тяжёл, тяжела́, -о́, -ы́

    3. соединённый, соединён, соединена́, -о́, -ы́

    4. горя́чии, горя́ч, -а́, -о́, -и́

    5. ра́вный, ра́вен, равна́, -о́, -ы́

    6. чёрный, чёрен, черна́, -о́, -ы́

    7. больно́й, бо́лен, больна́, -о́, -ы́

    8. злой, зол, зла, зло, злы

    9. 《장어미는 없다.》, до́лжен, должна́, -о́, -ы́

C   1. све́жий, свеж, -а́, -о́, све́жи/свежи́

    2. лёгкий, дёгок, легка́, -о́, лёгки/легки́

D   1. це́лый, цел, цела́, це́ло, це́лы

2. весёлый, весел, весела́, ве́село, ве́селы
3. дешёвый, дёшев, дешева́, дёшево, дёшевы
4. твёрдый, твёрд, тверда́, твёрдо, твPрды.
5. солёный, со́лон, солона́, со́лоно, со́лоны
6. си́ний, синь, синя́, си́не, си́ни
7. о́бщий, общ, обща́, о́бще, о́бШи
8. стро́гий, строг, строга́, стро́го, стро́ги.
9. живо́й, жив, жива́, жи́во, жи́вы
10. молодо́й, мо́лод, молода́, мо́лодо, мо́лоды
11. плохо́й, плох, плоха́, пло́хо, пло́хи.
12. дорого́й, до́рог, дорога́, до́рого, до́роги.
13. бе́дный, бе́ден, бедна́, бе́дно, бе́дны
14. жа́ркий, жа́рок, жарка́, жа́рко, жа́рки

E
1. до́брый, добр, добра́, добро́, добры́/добры́
2. холо́дный, хо́лоден, холодна́, хо́лодно, хо́лодны/холодны́
3. у́зкий, у́зок, узка́, у́зко, у́зки/узки́

F
1. бе́лый, бел, бела́, бе́ло/бело́, бе́лы/белы́
2. жёлтый, жёлт, желта́, жёлто/желто́, жёлты/желты́
3. широ́кий, широ́к, широка́, широ́ко/широко́, широ́ки/широки́
4. далёкий, далёк, далека́, далёко/далеко́, далёки/далеки́
5. кра́сный, кра́сен, красна́, кра́сно/красно́, кра́сны/красны́
6. тёплый, тёпел, тепла́, кра́сно/красно́, кра́сны/красны́
7. у́мный, умён, умна́, у́мно/умно́, у́мны/умны́
8. по́лный, по́лон, полна́, по́лно/полно́, по́лны/полны́

G
1. коро́ткий, ко́ртоко/ко́роток, коротка́, ко́ротко/коро́тко/коротко́, ко́ротки/коро́тки/коротки́

H
1. си́льный, си́лен/силён, сильна́, си́льно, си́льны/сильны́

주요 전치사 일람표

(＊는 2개 이상의 격지배를 표시)

1. **생격 지배**
    1. без(о)…없이 : гуля́ть без шля́пы 모자를 쓰지 않고 산보하다
       Э́то бы́ло без меня́. 그것은 나의 부재 중에 있었던 일이었다.

    2. вме́сто…대신에 : посла́ть телегора́мму вме́сто письма́ 편지 대신에 전보를 치다.

    3. вокру́г…주위에 : Они́ сидя́т вокру́г стола́. 그들은 식탁에 둘러앉아 있다.

    4. для…위하여 : купи́ть кни́гу для сестры́ 자매를 위해 책을 사다.
       буты́лка для молока́ 우유병

    5. до(공간적·시간적 한계)…까지 : От ле́са до о́зера далеко́. 숲에서 호수까지 멀다 ; рабо́тать до ве́чера 저녁까지 일하다 ; до войны́ 전(戰前)에

    6. из(о) (내부로 부터의 운동)…부터 : идти́ из теа́тра в клуб 극장에서(나와) 클럽으로 가다 ; письмо́ из Москвы́ 모스끄바에서 온 편지
       (유래) оди́н из них 그들 중에 한 사람
       (재료) коро́бка из де́рева 나무(로 만든) 상자
       (원인) из любви́ к иску́сству 예술에 대한 애정 때문에

    7. из-за…의 뒤로 부터 : смотре́ть из-за две́ри 문 뒤에서

보다. из-за границы 외국으로 부터

(원인)' Из-за тумана ничего но́ не́ было видно. 안개 때문에 아무것도 보이지 않았다.

8. кроме…이외에 : эро́ме меня никого́ там не́ было. 나 외에는 그곳에 아무도 없었다.

9. о́коло…주위에 : жить о́коло реки 강 근처에 살다 ; о́коло до́ма цветы́. 집 주위에 꽃들이 있다.
약 : Мы там жи́ли о́коло го́да. 우리들은 그곳에 약 1년 살았다.

10. от(от) 공간적・시간적 기점)…로 부터 : Недалеко́ от о́зера. 호수로 부터 멀지 않다 ; письмо́ от отца́ к сы́ну 아들에게 보내는 아버지의 편지 ; рабо́тать от десяти́ до трёх 10시 부터 3시까지 일하다.

11. по́сле 후에 : по́сле обе́да 식사 후에

12. с(с)* (표면으로 부터의 이탈 ; 공간적 기점)…부터, 에서 : взять кни́гу со стола 책상에서 책을 집다 ; е́хать с восто́ка на за́пад 동쪽에서 서쪽으로 가다 ; рабо́тать с утра́ 아침부터 일하다 ; с са́мого нача́ла 바로 처음부터 ; перевести́ с ру́сского языка́ на коре́йский 러시아어에서 한국어로 번역하다.

13. среди́…한가운데에 : среди́ зимы́ 한 겨울에 ; Среди́ делега́тов мно́го же́нщин. 대표위원 중에는 많은 부인이 있다.

14. у…곁에 가까이 : сиде́ть у окна́ 창문 곁에 앉다
…집에 : жить у отца 아버지 곁(집)에 살다

부록

(소속 : У меня́ есть ру́сские кни́ги. 나는 러시아 책들을 가지고 있다 ; взять кни́ги у това́рища 동료한테 책을 빌리다

2. 여격 지배

15. к(о) …쪽으로 : итди́ к о́зеру 호수 쪽으로 가다 ; : идти к това́риму 동료에게 가다.
(시간적으로) 까지, 경 ; Приду́ к трём часа́м. 나는 3시까지 갈 것이다 ; к ве́черу 저녁 때에

16. по* (표면에서의 운동) …에서 : пдти́ по у́лиде 거리를 (에서) 가다 ; путеше́ствовать по Фра́нции 프랑스를 여행하다.
(범위·영역) : това́рищ по шко́ле 학우 ; экза́мен по матема́тике 수학시험 ; изуча́ть матема́тику по уче́бнику 교과서로 수학을 공부하다.
(…마다) : по суббо́там 토요일 마다
(이유) : пропуска́ть заня́тия по боле́зни 아파서 수업을 빼먹다 ; по кра́йней ме́ре 적어도

3. 대격 지배

17. в(о)* (내부로 향한 운동) : идти́ в парк 공원으로 가다 ; е́хать во Фра́нцию 프랑스로(타고) 가다.
(시간·요일 등)…에 : в понеде́льник 월요일에 ; в час 한 시에 ; в пе́рвый раз 첫 번째로
(기타) : играть в Футбо́л 축구를 하다.

18. за* (후방·외부로 향한 운동 : идти́ гуля́ть за́ реку 강 건너로 산보가다 ; е́хать за грани́цу 외국으로 가다

(댓가·교환) : Я купи́л это за 2 рубля́. 나는 이것을 2 루블에 샀다.

(대신) : Сде́лай э́то за меня́. 나 대신 이것을 하라.

(지지) : борьба́ за мир 평화(를 위한) 투쟁

19. на*(표면으로 향한 운동) : класть кни́гу на стол 책상 위에 책을 놓다.

(기타) : идти́ на собра́ние 회의에 가다 ; е́хать на юг 남쪽으로 가다 ; е́хать на заво́д 공장에 가다 ; идти́ в теа́тр на "Лебеди́ное О́зеро" 극장에 "백조의 호수"를 보러 가다.

20. по*…까지 : с 1985 го́да по 1988 год 1985년부터 1988년까지

21. под*(아래로 향한 운동) : класть газе́ту под стол 신문을 책상 밑에 놓다.

22. про…대하여 : Про кого́ вы говори́те? 누구에 대해서 말하십니까?

23. че́рез(통과·경과) : е́хать че́рез мост 다리를 넘어 가다 ; Я бу́ду здесь че́рез час. 한 시간 지나(후에) 오겠다.

4. 조격 지배

24. за* (후방의 위치) : За до́мом лес 집 뒤에 숲이 있다 : жить за́ городом 교회에서 살다 ; жить за грани́цей 외국에 거주하다.

(시간) : За ча́ем говори́ли о литерату́ре. 차마시며(마시는 동안) 문학에 대해 말했다.

(목적) : идти́ за биле́том 표를 사러 가다.

25. ме́жду (공간적·시간적 중간) : ме́жду окно́м и две́рью 창문과 문 사이에

26. над(о) (위로의 위치) : Со́лнце поднима́ется над го́родом.   도시 위에 해가 떠 오르다.

27. пе́ред(о) (공간적 전방·시간적 직전) : стоя́ть пе́ред до́мом   집 앞에 서다
    пе́ред обе́дом   식사 전에

28. под(о) (아래·부근의 위치) : отдыха́ть под пе-ревом   나무 밑에서 쉬다 ; би-тва под Сталингра́дом   스딸린그라드 공방전

29. с(о)* …와 함께 : идти́ с бра́том   형제와 함께 가다 ; муж с жено́й   부부 ; с удово́льствием   기꺼이

5. 전치격 지배

30. в(о)* (내부의 위치) : в ко́мнате   방 안에
    (년·월 등…에) : в э́том году́   금년(에) : в ма́рте   3월에 ;
    в мо́лодости   젊을 때에

31. на* (표면의 위치) : Кни́га на столе́.   책은 책상 위에 있다.
    (기타) : быть на собра́нии   회의에 가다 ; на се́вере   북쪽에 ; на вокза́ле   역에(서)

32. о(б), обо …관하여 : говори́ть о пого́де   날씨에 관해 말하다.

33. при (부속) : При шло́ке есть библиоте́ка.   학교에 도서관이 있다.
    (근처) : жить при ста́нции   역 근처에 살다
    (시간) : Э́то бы́ло при вас ?   이것은 당신이 있을 때 있었던 일입니까 ?
    при Петре́ Пе́рвом   뾰뜨르 1세 치세에

명령법 · 형동사를 만드는 방법

1. 명령법

현재어간의 형태		명령법의 형태
a) 모음으로 끝나는 것		어간+й(те)
b) 자음으로 끝나는 것	i) 악센트는 어미	어간+й(те)
	ii) 악센트는 어간	어간+ь(те)

* 현재어간의 형태는 2인칭단수형에서 어미를 제외한 형태와 동일하나, 악센트의 위치는 부정형 또는 1인칭 단수형에 따라서 판단해야 한다.

예 :
a) чита́ть (чита́-ю, чита́-ешь) →чита́-й(те)
  стоя́ть (сто — ю́, сто-и́шь) →сто-й(те)
b) п) говори́ть (говор-ю́, говор-и́шь) →говор-й(те)
  смотре́ть (смотр-ю́, смо́тр-ишь) →смотр-й(те)
  люби́ть (любл-ю́, лю́б-ишь) →люб-й(те)
  писа́ть (пиш-у́, пи́ш-ешь) →пиш-и́(те)
ii) жа́рить (жа́р-ю, жа́р-ишь) →жа́р-ь(те)

2. 형용사
  a) 능동형동사

i) 현재(불완)	현재 3인칭 복수형 어미의 -т를 떼어 내고, -ш-를 붙인 형태에 형용사어미를 붙인다.
ii) 과거(완 불완)	과거 남성형에서 어미 -л를 떼어내고, -вш-를 붙인형태에 형용사어미를 붙인다.

* 과거남성형에서 -л를 갖지 않는 것은 그 뒤에 -ш-를 붙인형태에 형용사어미를 붙인다.

예 : i) чита́ть (чита́ю-т) →чита́ю-щ-ий, -ая, -ее, -ие
  говори́ть (говоря́-т) →говоря́-ш-ий, -ая, -ее, -ие

명령법 · 형동사를 만드는 방법

```
         писа́ть (пи́шу-т)         →пи́шу-щ-ий, -ая, -ее, -ие
         ле жа́ть(лежа́-т)         →лежа́-щ-ий, -ая, -ее, -ие
    ii)  чита́ть (чита́-л)         чита́-в-ш-ий, -ая, -ее, -не
         прочита́ть (прочита́-л)
                                  →прочита́-в-ш-ий, -ая, -ее, -ие
         говори́ть (говори́-л)     →говори́-в-ш-ий, -ая, -ее, -ие
         писа́ть (писа́-л)         →писа́-в-ш-ий, -ая, -ее, -ие
        *нести́ (нёс)              →нёс-ш-ий, -ая, -ее, -ие
```

b) 피동형동사*

i) 현재(불완만)**	현재 1인칭 복수형에 형용사어미를 붙인다.
ii) 과거(완만)	피동형동사는 단어미형을 갖는 것에 주의

*피동형동사는 단어미형을 갖는 것에 주의.
**현대문어에서는 매우 드물게 사용된다.

```
예 : i)   чита́ть (чита́ем)          →чита́ем-ый, -ая, -ое, -ые
          говори́ть (говори́м)        →говори́м-ый, -ая, -ое, -ые
     ii)  прочита́ть                  →прочи́танный
          зажа́рить                   →зажа́ренный
```

3. 부동사

a) 불완전체부동사	현재어간에 -я를 붙인다.
b) 완료체부동사	과거남성형에서 어미 -л를 떼어내고 -в(ши)를 붙인다.

*과거남성형에서 -л을 갖지 않는 것은 -ши를 붙인다. 또한 -ся 동사의 경우는 반드시 -вшис형이 된다.

```
예 : a)   чита́ть (чита́ью, чита́-ешь)     →чита́-я
          говори́ть (говор-ю́, говор-и́шь)   →говорья́
     b)   прочита́ть (прочита́-л)          →ipovntá-в(ши)
```

부록

зажа́рить (зажа́ри-л)　　　　　→зажа́ри-в(ши)
*принести́ (принёс)　　　　　→принёс-ши
*оказа́ться(оказа́-л-ся)　　　→оказа́-вши-с%

화학의 기호 · 식의 읽는 법

cAc	акти́ний	Ga	га́ллий	-Pm	проме́тий
Ag	серебро́, арге́нтум	Gd	гадоли́ний	Pr	празео́дим
Ag	серебро́, арге́нтум	Gd	яадоли́ний	Pr	празео́дим
Al	алюми́ний	Ge	гема́ний	Pt	пла́тина
Am	амери́ций	H	водоро́д, аш	Pu	плуто́ний
Ar, A	арго́н	He	ге́лий	Ra	ра́дий
As	мышья́к, арсе́никум	Hf	га́фний	Re	ре́ний
At	аста́т, астати́н	Hg	ртуть, гидра́ргирум	Rh	ро́дий
Au	зо́лото, а́урум	Ho	го́льмий	Ru	руте́ний
B	бор	In	и́ндий	S	се́ра, эс
Ba	ба́рий	Ir	ири́дий	Sb	сурьма́, сти́биум
Be	бери́ллий	J, I	йод	Sc	ска́ндий
Bi	ви́смут	K	ка́лий	Se	селе́н
Bk	берке́лий	Kr	крипто́н	Si	кре́мний, сили́циум, си
Br	бром	La	ланта́н		
C	углеро́д, цэ	Li	ли́тий	Sm, Sa	сама́рий
Ca	ка́льций	Lu	люте́ций	Sn	о́лово, ста́ннум
Cd	ка́дмий	Md	менделе́вий	Sr	стро́нций
Ce	це́рий	Mg	ма́гний	Ta	танта́л
Cf	калифо́рний	Mn	ма́рганец	tb	те́рбий
Cl	хлор	Mo	молибде́н	Tc	техне́ций
Cm	кю́рий	N	азо́т, эн	Te	теллу́р
Co	ко́бальт	Na	на́трий	Th	то́рий
Cr	хром	Nb	нио́бий	Ti	тита́н
Cs	це́зий	Nd	неоди́м	Tl	та́ллий
Cu	медь, ку́прум	Ne	нео́н	Tu,Tm	ту́лий
Dy	диспро́зий	Ni	ни́кель	U	ура́н
Em	эмана́ция	No	нобе́лий	V	вана́дий
Er	э́бий	Np	непту́ний	W	вольфра́м
Es	эйнште́йний	O	кислоро́д, о	Xe	ксено́н
Eu	евро́пий	Os	о́смий	Y,Yt	и́ттрий
F	фтор	P	фо́сфор пэ	Yb	итте́рбий
Fe	желе́зо, фе́ррум	Pa	протакти́ний	Zn	цинк
Fm	фе́рмий	Pb	свине́ц, плю́мбум	Zr	цирко́ний
Fr	фра́нций	Pd	палла́дий		

$$K_3Cr_2O_7 + 2KOH = 2K_2CrO_4 + H_2O$$

ка́лий-два-хром-два-о-сем— плюс два ка́лий-о-аш равня́ется два ка́лий-два-хром-о-четы́ре плюс аш-два-о.

$$HgCl_2 + BaO_2 = Hg + BaCl_2 + O_2$$

гидра́ргирум-хлор-два плюс барий-о-два равня́ется гидра́ргирум плюс барий-хлордва плюс о-два.

$$CaO + H_2O = Ca(OH)_2 + 16 ккал$$

ка́льций-о плюс аш-два-о равня́ется ка́льций-о-ац два́жды плюс шестна́дцать килокало́рий.

수학의 기호 · 식의 읽는 법

+	плюс
−	ми́нус
∓	плюс ми́нус
· ×	умно́жить (знак умноже́ния)
:	раздели́ть, подели́ть (знак деле́ния)
=	равня́ется, равно́ чему (знак ра́венства)
( )	кру́глые ско́бки
[ ]	квадра́тные ско́бки
{ }	Фигу́рные ско́бки
$a = b$	a равно́ b
$a \neq b$	a не равно́ b
$a \approx b$	a приме́рно (приближённо) равно́ b
$a > b$	a бо́льше b ; a бо́лльше, чем b
$a < b$	a ме́ньше b ; a ме́ньше, чем b
$\frac{1 \times 100}{15} = 6\frac{2}{3} \approx 6{,}66$	едини́ца, умно́женная на сто и поделённая на пятна́дцать, составля́ет шесть и две тре́ти, или приблизи́тельно шесть це́лых и шесть деся́т шесть со́тых.
$a + b = c$	a плюс b равно́ (бу́дет) c
$a - b = c$	a ми́нус b равно́ (равня́ется) c
$35 + 16 = 51$	три́дцать пять плюс (приба́вить) шестна́дцать бу́дет (соста́вит) пятьдеся́т оди́н (равня́ется) (равно́) пяти́десяти одному́).
$64 - 17 = 47$	шестьдеся́т четы́ре ми́нус (отня́ть ; вы́честь) семна́дцать бу́дет (соста́вит). со́рок семь (равно́ равня́ется) сорока́ семи́).
x^2	икс квадра́т ; икс в квадра́те ; икс в сте́пени два ; икс во второ́й сте́пени
x^3	нкс куб ; икс в ку́бе ; икс в сте́пени три ; икс в тре́тьей сте́пени
10^{-6}	де́сять в сте́пени ми́нус шесть
$\sqrt{a}$	ко́рень квадра́тный из a
$\sqrt[3]{y}$	ко́рень куби́ческий из y
$\sqrt[4]{c}$	ко́рень четвёртой сте́пени из c
≤	ме́ньше или равно́
≥	бо́льше или равно́
$x = \infty$	x ра́вен бесконе́чности
$1 \times 1 = 1$	оди́ножды оки́н (бу́дет) оди́н
$a = c \times d$	a равно́ c, помно́женное (умно́женное) на d

수학의 기호·식의 읽는 법

1 : 2	оди́н к двум (отноше́ние оди́н к двум)
15 : 3 = 5	пятна́дцать, [по]делё́нное на три, равно́ пяти́
12 : 3 = 16 : 4	отноше́ние двена́дцать к трем равно́ отноше́нию шестна́дцать к четырём
$a = \dfrac{b}{c}$	a равно́ b, [по]делё́нному на c
$a = \dfrac{\frac{b}{c}}{\frac{d}{e}} = \dfrac{be}{cd}$	a равно́ отноше́нию b, поделё́нного на c к d, поделё́нному на e, равно́ (равня́ется) отноше́нию произведе́ния be к произведе́нию cd.
<	значи́тельно ме́ньше (ма́ло) по сравне́нию c чем
|a|	абсолю́тная величина́ числа́ a
$\log_b$	логари́фм при основа́нии b
lg	десяти́чный логари́фм
2n	натура́льный логари́фм
!	Факториа́л ; Факульте́т
⊥	перпендикуля́рно к чему
//	паралле́льно чему
#	равно́ и паралле́льно
⌒	подо́бно чему
△	треуго́льник
∠	у́гол
⌒	дуга́
sin	си́ну
cos	ко́синус
tan, tg	та́нгенс
ctn, cot	кота́нгенс
sec, sc	се́канс
csc	косе́канс
lim	преде́л ; лими́т
→	стреми́тся к чему
$\sum_{i=1}^{n}$	су́мма, где i изменя́ется от 1 до n
$\varDelta$	прираще́ние
d	дифференциа́л
$\int_{b}^{a}$	определё́нный интегра́л от ни́жнего преде́ла a до ве́рхнего преде́ла b
8—	во́семь гра́дусов по Це́льсию
2км/ч	два киломе́тра в час
1´12˝	одна́ мину́та двена́дцать секу́н

부록

약어 · 약자

а ампе́р
абс. ед. абсолю́тная едини́ца
авг. а́вгуст
авт автоно́мный
АЗЛК автомоби́льный заво́д и́мени Ле́нинского комсомо́ла
АЗС автозапра́вочная ста́нция
акад. акаде́мик
акц. акционе́рый
АЛС автомати́ческая лу́нная ста́нция
АМН Акаде́мня медици́нских нау́к ССР
АМС автомати́ческая межплане́тная ста́нция
АН Акаде́мня Нау́к
АН[an] самолёт констру́кции О.К.Анто́нова
Ан[an] 同上.
АО автоно́мная о́бласть
АОН[aon] Акаде́мия обще́ственных нау́к при ЦК КПСС
АПН аге́нство печа́ти Но́вости ; Акаде́мия педагоги́чеких нау́к РСФСР
апр. апре́ль
АПУ[apu] архитекту́рно-плани́ровочное управле́ние
а-сек ампе́р-секу́нда
АСиА[as'ia] Акаде́мня строи́тельства и архитекту́ры
АССР автоно́мная сове́тская социалисти́ческая респу́блика
АСУ[asu] автоматизи́рованная систе́ма управле́ння
АСУП[asup] автоматизи́рования систе́ма управле́ния произво́дством
am атмосфе́ра техни́ческая
ат.в. а́томный вес
атм. атмосфе́рный
amм. атмосфе́ра физи́ческая
АТС автомати́ческая телефо́нная ста́нция
АХ[ax] Акаде́мия худо́жеств
АХО[axo] администрати́вно-хозя́йственный отде́л
АХУ[axu] администрати́вно-хозя́йственное управле́ние
АХЧ администрати́вно-хозя́йственная часть.
а-ч ампе́р-час
АЭС[aes] а́томная электроста́нция
басс. бассе́йн
БелАЗ[b'elaz] Белору́сский автомоби́льный заво́д
б-ка библиоте́ка
БМРТ большо́й морози́льный рыболо́вный тра́улер
БНТИ бюро́ нау́чно-техни́ческой информа́ции
бр. бра́тья
БРИЗ[br'iz] бюро́ по рационализа́ции и изобрета́тельству
БССР Белору́сская Сове́тская Социалисти́ческая Респу́блика
БСЭ Больша́я сове́тская энциклопе́дия
БТИ бюро́ техни́ческой информа́ции
БТЭН[betei] бюро́ те́хнико-экономи́ческой информа́ции
б. ч. бо́льшей ча́стью
быв. бы́вший

Бэв Биллио́н (миллиа́рд) электро́н-вольт

БэР[bér] биологи́ческий эквивале́нт рентге́на

БэСМ[bésm] быстроде́йствующая электро́нная счётная маши́на.

в. век

В. восто́к

в вольт

ва вольт-ампе́р

ВАЗ[váz] Во́лжский автомоби́льный заво́д

ВАК[vák] Вы́сшая аттестацио́нная коми́ссия

ВАО[váo] всесою́зное акционе́рное о́бщество

ВАСХНИЛ[vasxn'íl] Всесою́зная акаде́мия сельскохозя́йственных нау́к и́мени В.И.Ле́нина

вв. века́

ВВС военно-возду́шные си́лы

ВВФ военно-возду́шный флот

ВГИК[vg'ík] Всесою́зный госуда́рственный институ́т кинематогра́фии

в.д. восто́чная долгота́

ВДВ воздушнодеса́нтные войска́

ВДНХ Вы́ставка достиже́нйй наро́дного хозя́йства СССР

вет. ветерина́рный

ВНИТИ[v'in'it'í] Всесою́зный институ́т нау́чной и техни́ческой информа́ции

ВКК врачёбно-консультацио́нная коми́ссня

вкл. включи́тельно

ВКП(б) Всесою́зная Коммунисти́ческая па́ртия (большевико́в) 1925 — 1952)

ВЛКСМ Всесою́зный Ле́нинский Коммунисти́ческий Сою́з Молодёжи

ВМС военно-морски́е си́лы.

ВМФ военно-морско́ё флот

ВНИИ[vn'ií] всесою́зный нау́чно-иссле́довательский институ́т

ВНИПИ[vn'ip'í] всесою́зный нау́чно-иссле́довательский и прое́ктный институ́т

ВНР Венге́рская Наро́дная Респу́блика

ВО вое́нный о́круг ; всесою́зное объедине́ние

возв. возвы́шенность

ВОКС[vóks] Всесою́зное о́бщество культу́рных свя́зей с заграни́цей (1925 — 1958)

вост. восто́чный

ВОХР[vóxr] военизи́рованная охра́на

ВПШ Вы́сшая парти́йная шко́ла при ЦК КПСС

врид вре́менно исполия́ющий до́лжность

ВРК военно-революцио́нный комите́т

ВСМ Всеми́рный Сове́т Ми́ра

ВСНХ Вы́сший сове́т наро́дного хозя́йства (1917 — 1932)

ВСНХ СССР Вы́сший сове́т наро́дного хозя́йства СССР (1963 — 1965)

вм ватт

ВТО Всеросси́йское театра́ль-

ное общество
вм-сек ватт-секу́нда
в т. ч. в том числе́
вм-ч ватт-час
ВТЭК[vtek] враче́бно-трудова́я экспе́ртная коми́ссия
ВУС[vus] военно-учётная специа́льность
ВФДМ Всеми́рная федера́ция демократи́ческой молодёжи
ВФП Всеми́рная федера́ция профсою́зов
ВХУТЕИН[vxutein] Вы́сший госуда́рственный худо́жественно-техни́ческий институ́т (1926−1930)
ВХУТЕМАС[vxutemas] Вы́сшие госуда́рственные худо́жественно-техни́ческие мастерски́е (1921−1926)
ВЦ вычисли́тельный центр
ВЦИК[vtsik] Всеросси́йский Центра́льный Исполни́тельный Комите́т (1917−1937)
ВЦСПС Всесою́зный Центра́льный Сове́т Профессиона́льных Сою́зов
ВЧ высо́кая частота́; высокочасто́чный
ВЧК Всеросси́йская чрезвыча́йная коми́ссия по борьбе́ с контрреволю́цией и сабота́жем (1917−1922)
вып. вы́пуск
выс. высота́
г год; гора́; го́род; господи́н
г грамм
га гекта́р
ГАБТ[gabt] Госуда́рственный академи́ческий Большо́й теа́тр
ГАЗ[gaz] Го́рьковский автомоби́льный заво́д
ГАИ[gai] госуда́рственная автомоби́льная инспе́кция
гвм гектова́тт
гвм-ч гектова́тт-час
ГВФ Гражда́нский возду́шный флот СССР
гг. го́ды
ГДР Герма́нская Демократи́ческая Респу́блика
ген. генера́л; генера́льный
ген.-л. генера́л-лейтена́нт
ген.-м. генера́л-майо́р
ген.-полк. генера́л-полко́вник
г-жа госпожа́
ГИТИС[g'it'is] Госуда́рственный институ́т театра́льного иску́сства и́мени А. В. Лунача́рского
ГК Гражда́нский ко́декс
ГКО Госуда́рственный Комите́т Оборо́ны (1941−1945)
гл. глава́
гл гектоли́тр
гл. обр. гла́вным о́бразом
г-моль грамм-моле́кула
ли ге́нри
г-н господи́н
ГНИИ[gn'ii] госуда́рственный нау́чно-иссле́довательский институ́т
ГО гражда́нская оборо́на
гос. госуда́рственный
ГОСТ[gost] госуда́рственный общесою́зный станда́рт
ГОЭЛРО[goelro] Госуда́рственная коми́ссия по электриф-

икации России(1920)

ГПИ государственный педагогический институт

ГПК Гражданский процессуальный кодекс

ГПТУ городское профессионально-техническое училище

ГПУ Государственное политическое управление(1922)

гр. гражданин ; гражданка

ГРУ Главное разведывательное управление

ГРЭС[grés] государственная районная электростанция

ГСКБ государственное специальное конструкторское бюро

ГСП городская служебая почта

ГТО 《Готов к труду и обороне СССР》

губ. губерния

ГУМ[gum] Государственный универсальный магазин

гц герц

г-экв грамм-эквивалент

ГЭС[gés] гидроэлектростанция

д. деревня ; дом

дб децибел

ДВ длинные волны ; длинноволновый

бг дециграмм

дек. декабрь

ден. денежный

деп. депутат

дер. деревня

дес. десятина

дж джоуль

ДК Дворец культуры ; Дом культуры

Дкг декаграмм

Дкл декалитр

дл. длина

Бл децилитр

Бм дециметр

ДНД Добровольная народая дружина

ДОЗ[dóz] деревообрабатывающий завод

ДОК[dók] деревообрабатывающий комбинат

долг. долгота

долл. доллар

до н. э. до нашей эры

ДОСААФ[dosáf] Всесоюзное Красно знамённое добровольное общество со действия армии, авиации н Флоту

доц. доцент

д-р директор ; доктор

др. дробь ; другие

ДРВ Демократическая Республика Вьетнам

ЛСК домостроительный комбинат

ДСО[deseó] добровольное спортивное общество

ед. ч. единственное число

ЕЭС[jeés] Европейское экономическое сообщество ; единая энергетическая система

ж. женский ; жители

ЖАКТ[zákt] жилищно-арендное кооперативное товарищество

ЖБИ железобетонные изделия

ЖБК железобетонные конструкции

ж.д. желе́зная доро́га
ж.-д. железнодоро́жный
жел. желе́зный
жен. же́нский
ЖКО жили́щно-коммуна́льный отде́л
ЖЭК[ᴈek] жии́щно-эксплуата́ционная конто́ра
З. за́пад
ЗАГС[zags] отде́л за́писн а́ктов гражда́нского состоя́ния
ЗАЗ[zaz] Запоро́жский автомоби́льный заво́д
зал. зали́в
зап. за́падный
з-д заво́д
з. д. за́падная долгота́
ЗЖБИ заво́д железобето́нных изде́лий
ЗЖБК заво́д железобето́нных констру́кций
ЗИЛ[z'il] Моско́вский автомоби́льный заво́д и́мени. И. А. Лихачёва
ЗИМ[z'im] Горько́вский автомоби́льный заво́д и́мени Мо́лотова
ЗИП[z'ip] заво́д измери́тельных прибо́ров
ЗИС Моско́вский автомоби́льный заво́д и́мени Ста́лина
ЗСФСР Закавка́зская Социалисти́ческая Федерати́вная Сове́тская Респу́блика (1922 — 1936)
ИВЦ информацио́нно-вычисли́тельный центр
и др. и други́е
изд. изда́ние
изд-во изда́тельство

ИККИ[ikk'i] Исполни́тельный комите́т Коммунисти́ческого Интернациона́ла (1919 — 1943)
ИЛ[il] самолёт констру́кции С.В.Илью́шина
Ил[il] 동상
им. и́мени
ИМЛ[imel] Институ́т маркси́зма-ленини́зма при ЦК КПСС
инж. инжене́р ; инжене́рный
ин-т институ́т
ИНТИ[int'i] институ́т нау́чно-техни́ческой инфома́ции
и. о. исполня́ющий обя́занности
и пр. и про́чие
ИСЗ иску́сственный спу́тник Земли́
ИСЛ иску́сственный спу́тник Луны́
и т. д. и так да́лее
и т. п. и тому́ подо́бное
ИТР инжене́рно-техни́ческие рабо́тники
к. ко́мната ; копе́йка
к кило́ ; куло́н ; кюри́
˚К температу́ра по Ке́львину
кав. кавале́рия ; кавалери́йский
кал кало́рия
кам. ка́менный
КамАЗ[kamaz] Ка́мский автомоби́льный заво́д
канд. кандида́т
КБ констру́кторское бюро́
КБО комбина́т бы́тового обслу́живания

кв короткие волны
кв. квадратный ; кватира
кв киловольт
ква киловольт-ампер
КВН Клуб весёлых и находчивых
квм киловатт
квм-ч киловатт-час
КВЦ координационно-вычислительный центр
кг килограмм
кГ килограмм-сила
КГБ Комитет государственной безопасности при Совете Министров
кГм килограммометр
кгц дилогерц
кбж килоджоуль
КЗоБСиО[kzobs'ió] Кодекс законов о браке, семье и опеке
КЗОТ[kzot] Кодеск законов о труде
КзоТ[kzot] 동상
КИП[k'ip] комплект измерительных приборов ; контрольно-измерительные приборы
ккал килокалория
кл. класс ; клуб
кп килолитр
КЛА[klá] космический летательный аппарат
км километр
км/мци километров в минуту
КМО[kmó] Комитет молодёжных организаций СССР
км/сек километров в секунду
кн. книга ; князь
КНДР Корейская Народно-Демократическая Роспублика
КНИИ[kn'ií] комплексный научно-исследовательский институт
КНР Китайская Народная Республика
коп. копейка
коэф. коэффициент
КП командный пункт ; Коммунистическая партия ; контрольный пункт
КПД коэффициент полезного действия
кпд 동상
КПП контрольно-пропускной пункт
КПСС Коммунистическая патия Советского Союза
КрАз[kráz] Кременчугский автомобильный завод
к-т комбинат ; комитет
к-та кислота
куб. кубический
КУТВ[kuтч] Коммунистический университет трудящихся Востока (1921 — 1932)
кэв килоэлектрон-вольт
КЭЧ[ketʃ'] квартирно-эксплуатационная часть
л. лист ; лицо
л литр
Л. Ленинград
ЛГУ Ленинградский государственный университет имени А.А.Жданова
ЛДК лесопильно-деревообрабатывающий комбинат
лев. левый
ЛЗС лесозащитная станция

лк листы́
ЛКСМ Ле́нинский Коммунисти́ческий Сою́з Молодёжи
пл. листы́
л.с. лошади́ная си́ла
ЛэП[lép] ли́ния электропереда́чи
м. майо́р ; масшта́б ; мину́та ; мо́ре ; мост ; мужско́й ; мыс
м метр
М. Москва́
МАЗ[máz] Ми́нский автомоби́льный заво́д
МАИ[mai] Моско́вский авиацио́нный институ́т и́менн С. Орджоники́дзе ; Моско́вский архитету́рный институ́т
макс. максима́льный
мб миллиба́р
МБР межконтинета́льная баллисти́ческая раке́та
мв милливо́льт
МВД Министе́рство вну́тренних дел
м-во министе́рство
мвм миллива́тт
Мвм мегава́тт
МВТ Министе́рство вне́шней торго́вли
МВТУ Моско́вское вы́сшее техни́ческое учи́лище и́мени. Н. Э.Ба́умана
мг миллигра́мм
МГК Моско́вский городско́й комите́т
МГУ Моско́вский госуда́рственный университе́т и́менн М.В. Ломоно́сова
Мгц мегаге́рц
МДФЖ Междунаро́дная демократи́ческая Федера́ция же́нщин ме́сяц
МЖС маши́нно-животново́дческая ста́нция
МИГ[m'íg] самолёт констру́кции А. И. Микоя́на и М. И. Гуре́вича
Миг[m'íg] 동상
МИД[m'íd] Министе́рство иностра́нных дел
мин. мини́стр ; мину́та
мк микро́н
МК Моско́вский (областно́й) комите́т
мка микроампе́р
мкв микрово́льт
мквм микрова́тт
мкгн микрогенри́
мкс ма́ксвелл
мксек микросеку́нда
мкф микрофара́да
мл. мла́дший
мл миллили́тр
млн. миллио́н
млрд. миллиа́рд
мм миллиме́тр
ММС маши́нно-мелиорати́вная ста́нция
мн. мно́жественное (число́)
мн-к многоуго́льник
МНР Монго́льская Наро́дная Респу́блика
МОК[mók] Междунаро́дный олимпи́йский комите́т ; Моско́вский областно́й комите́т

МОЛГК[moelgeka] Моско́вская о́рдена Ле́нина Госуда́рственная консервато́рия и́мени П. И. Чайко́вского

мор. морско́й

МПВО ме́стная противовозду́шная оборо́на

МПС Министе́рство путе́й сообще́ния

МРС ма́лый рыболо́вный се́йнер

МРТ ма́лый рыболо́вный тра́улер

МРТУ межреспубликанские техни́ческие усло́вия

м/сек ме́тров в секу́нду

МСЭ Ма́лая сове́тская энциклопе́дия

МТС маши́нно-тра́кторная ста́нция (1928 – 1958)

МТФ моло́чно-това́ная фе́рма

МУР[mur] Моско́вский уголо́вный ро́зыск

МХАТ[mxat] Моско́вский Худо́жественный академи́ческий теа́тр СССР и́мени М. Го́рького

МХТ Моско́вский Худо́жественный теа́тр(1898 – 1920)

м/час ме́тров в час

МЭИ[mei] Моско́вский Энергети́ческий институ́т

н нью́тон

наб. на́бережная

напр. наприме́р

нар. наро́дный

нас. населе́ние

наст. настоя́щее(вре́мя) ; настоя́щий

НАТО[nato] Организа́ция Се́веро-атланти́ческого догово́ра (<NATO)

нац. национа́льный

нач. нача́ло ; нача́льник

НВЦ нау́чно-вычисли́тельный центр

неск. не́сколько

НЗ неприкоснове́нный запа́с

ниж. ни́жний

низм. ни́зменность

НИИ[n'ii] нау́чно-иссле́довательский институ́т

НИИТЭ[n'iite] Нау́чно-иссле́довательский институ́т те́хнико-экономи́ческой информа́ции

НИС[n'is] нау́чно-иссле́довательская ста́нция ; норма́тивно-иссле́довательская ста́нция

НКВД Наро́дный комиссариа́т вну́тренних дел(1917 – 1946)

н.о. национа́льный о́круг

НОВ[nov] нестойкие отравля́ющие вещества́

НОТ[not] нау́чная организа́ция труда́

нояб. ноя́брь

НП наблюда́тельный пункт

НРА Наро́дная Респу́бликпа Алба́ния

НРБ Наро́дная Респу́блика Болга́рия

н. с. но́вого сти́ля

НСО нау́чное студе́нческое о́бщество

н. ст. но́вого сти́ля

НТБ нау́чно-техни́ческая библ-

иотека ; научно-техническое бюро
НТК научно-технический комитет
НТО научно-технический отдел ; научно-техническое общество
НТС научно-технический совет
НЧ низкая частота ; низкочастотный
н. э. нашей эры
НЭП[nep] новая экономическая политика (1921-1928)
о. область ; остров
об-во общество
обл. область ; областной
ОБХСС[obexees] отдел борьбы с хищениями социалистической собственности и спекчляцией
ОВ огнеопасное вещество ; отравляющее вещество
о-ва острова
ОВИР[ov'ir] отдел виз и регистрации иностранцев
о-во общество
ОГИЗ[og'iz] Объединение государственных издательств (1930-1949)
ОГПУ Объединённое государственное политическое управление (1922-1934)
оз. озеро
ОИЯИ Объединённый институт ядерных исследований
ок. около
ОКБ общественное конструкторское бюро ; опытно-конструкторское бюро ; особое конструкторское бюро
окр. округ ; окружной
ОКС[oks] отдел капитального строительства
окт. октябрь
ОНО[ono] отдел народнго образования
ОНТИ[ont'i] отдел научно-технической информации
ООН[oon] Организация Объединённых Наций
орг. организационный
ОРС отдел рабочего снабжения
ОРУД[orud] отдел регулирования уличного движения
отд. отдел ; отделение ; отдельный
ОТК отдел технического контроля
офиц. официальный
ОФП общефизическая подготовка
п. падеж ; параграф ; посёлок ; пункт
ПАЗ[paz] противоатомная защита
ПВО противовоздушная оборона
ПВХО противовоздушная и противохимическая оборона
пед. педагогический
пер. перевал ; перевод ; переулок
ПКБ проектоно-конструкторское бюро
ПКиО парк культуры и отд-

ыха
пл. пло́щадь
ПНР По́льская Наро́дная Респу́блика
П/О почто́вое отделе́ние
п-ов полуо́стров
пол. полови́на
полк. полко́вник
пос. посёлок
пр. пре́мия ; прое́зд ; проспе́кт ; про́чие
прав. пра́вый
пред. председа́тель
прим. примеча́ние
пров. прови́нция
прол. проли́в
пром. промы́шленный ; промы́шленность
проф. профессиона́льный ; профе́ссор
ПТО противота́нковая оборо́на ; профессиона́льно-техни́ческое обуче́ние
ПТР противота́нковое ружьё
ПТУ профессиона́льно-техни́ческое учи́лище
ПХЗ противохими́ческая защи́та
р. река́ ; род ; рубль
р рентге́н
РАПП[rapp] Росси́йская ассоциа́ция пролета́рских писа́телей(1925−1932)
РВ радиоакти́вные вещества́
РГК резе́рв гла́вного кома́ндования
рег. реги́стровый
ред. реда́ктор ; реда́кция ; редакцио́нный.

реж. режиссёр
РЖ реферати́вный журна́л
РЖО райо́нный жили́щный отде́л
РЖУ райо́нное жили́щное управле́ние
РКИ Рабо́че-крестья́нская инспе́кция(1920−1934)
РККА Рабо́че-крестья́нская Кра́сная А́рмия(1918−1946)
РКП(б) Росси́йская Коммунисти́ческая па́ртия(большевико́в)(1918−1925)
р-н райо́н
РОНО[rono] райо́нный отде́л наро́дного образова́ния
РОСТА[rosta] Росси́йское телегра́фное аге́нтство(1918−1935)
РОЭ[roe] реа́кция оседа́ния э ритроци́тов
РСДРП Росси́йская социал-демократи́ческая рабо́чая па́ртия (1898−1912)
РСДРП(б) Росси́йская социал-демократи́ческая рабо́чая па́ртия (большевико́в) (1912−1918)
РСФСР Росси́йская Сове́тская Федерати́вная Социалисти́ческая Респу́блика
РТС ремо́нтно-техни́ческая ста́нция
РТУ республика́нские техни́ческие усло́вия
с. секу́нда ; село́ ; страни́ца
С. се́вер
СА Сове́тская А́рмия

САМ[sám] счётно-аналитическая машина
сан. санитарный
сб. сборник
св. свыше ; святой
св свеча
СВ средние волны ; средневолновый
с.-в. северо-восток ; северо-восточный
СВЧ сверхвысокая частота
с. г. сего года
сг сантиграмм
СГС сантиметр-грамм-секунда
с.-д. социалдемократ ; социал-демократический
СЕАТО[seáto] Организация договора Юго-восточной Азии (<SEATO)
сев. северный
сек. секунда
сек 동상
сент. сентябрь
СЕНТО[sénto] Организация Центрального договора(<CENTO)
сер. середина
СЗ Собрание законов СССР
с.-з. северо-запад ; северо-западный
СКА[ská/eská] спортивный клуб армии
СКБ специальное конструкторское бюро
СКТБ спциальное конструкторскотехнологическое бюро
след. следующий
см. смотри
см сантиметр

СМУ[smu] строительно-монтажное управление
СНиП[sn'íp] Строительные нормы и правила
СНК Совет народных Комиссаров (1917—1946)
СНХ совет народного хозяйства(1957—1965)
СВО[sóv] стойкие отравляющие вещества
СОКК и КП[sok i kapé] Союз обществ Красного Креста и Красного Полумесяца СССР
соч. сочинение
СП Северный полюс ; Союз писателей ; стрелковый полк
СПБ Санкт-Петербург
СПб 동상
СРР Социалистическая Республика Румыння
СРТ средний рыболовный траулер
ССР Советская Социалистическая Республика
СССР Союз Советских Социалистических Республик
см стокс
ст. станция ; старший ; статья
СТК спортивно-техническая комиссия
СТО[stó] Совет труда и обороны(1920—1937)
стр. страница
ст. ст. старого стиля
СФРЮ Социалистическая Федеративная Республика Югославия

с. х. сельское хозяйство
с.-х. сельскохозяйственный
СЦБ сигнализация, централизация и блокировка
с. ш. северная широта
США [sevsʃa/seʃa] Соединённые Штаты Америки
СЭВ [sev] Совет экономической взаимопомощи
т7. тираж ; товарищ ; том ; тысяча
м тонна
табл. таблица
ТАСС [táss] Телеграфное агентство Советского Союза
ТВЧ токи высокой частоты
т. д. так далее
т. е. то есть
т. к. так как
т. н. так называемый
т. о. таким образом
тов. товарищ
т. п. тому подобное
т. пл. температура плавления
тт. товарищи ; тома
ТУ [tú] самолёт конструкции А.Н.Туполева
ТЭС [tés] теплоэлектростанция
ТЭЦ [téts] теплоэлектроцентраль
ТЮЗ [t'úz] театр юного зрителя
у. уезд ; уездный
УВЧ ультравысокая частота ; ультравысокочастотный
уд. в. удельный вес
УК Уголовный кодекс
УКВ ультракороткие волны ; ультракоротковолновый
ул. улица
ун-т университет
УПК Уголовно-процессуальный кодекс
ур. м. уровень моря
ур-ние уравнение
урс [úrs] управляемый реактивный снаряд
УССР Украинская Советская Социалистическая Республика
Ф. Форма ; Фунт ; Фут
ф фарада
февр. февраль
ФЗК фабрично-заводской комитет
ФЗМК фабрично-заводские и местные комитеты
ФЗО фабрично-заводское обучение
ФЗУ фабрично-заводское ученичество (1918—1960)
Фр франк ; французский
ФРГ федеративная Республика Германии
Ф. ст. Фунт стерлингов
Ф-т факультет
х-во хозяйство
хоз. хозяйство ; хозяйственный
хр. хребет
худ. художник
ц. нентр
ц центнер
ЦБНТИ центральное бюро научнотехнической информации
ЦБТИ центральное бюро технической информации
ЦВМ цифровая вычислитель-

ная маши́на

ЦГАДА[tsgáda] Центра́льный госуда́рственный архи́в дре́вних а́ктов СССР

ЦДКЖ Центра́льный дом дульту́ры железнодоро́жников

ЦДРИ Центра́льный дом рабо́тников иску́сств СССР

ЦДСА[tesdesá] Центра́льный дом Сове́тской А́рмии и́мени М.В.Фру́нзе

ЦИК[tesdesá] Центра́льный Исполни́тельный Комите́т СССР(1924—1937); центра́льный исполни́тельный комите́т

ЦК Центра́льный Комите́т

ЦКБ центра́льное констру́кторское бюро́

ЦКК Центра́льная контро́льная коми́ссия

ЦКТБ центра́льное констру́кторское техни́ческое бюро́

ЦНИИ[tsn'ií] центра́льный нау́чно-иссле́довательский институ́т

ЦНИИП[tsn'iíp] центра́льный нау́чноиссле́довательский и прое́тный институ́т

ЦНИЛ[tsn'íl] центра́льная нау́чно-иссле́довательская лаборато́рия

ЦНИС[tsn'ís] центра́льная нормати́вно иссле́довательская ста́нция

ЦНТБ центра́льная нау́чно-техни́ческая библиоте́ка

ЦО центра́льный о́рган

ЦПКиО центра́льный парк культу́ры и о́тдыха

ЦПКТБ центра́льное прое́ктно-констру́кторское и технологи́ческое бюро́

ЦРУ Центра́льное разве́дывательное управле́ние(США)

ЦС Центра́льный сове́т

ЦСКА[tseeská] Центра́льный спорти́вный клуб А́рмии

ЦСУ[tseseú//tseesú] Центра́льное статисти́ческое управле́ние

ЦУМ[tsúm] Центра́льный универса́льный магази́н

ЦЧО Центра́льно-чернозёмная о́бласть

ч. час; часть; челове́к; число́

ЧК Чрезвыча́йная коми́ссия по борьбе́ с контрреволю́цией и сабота́жем(1918—1922)

чл. член

чл.-кор. член-корреспонде́нт

ЧП чрезвыча́йное происше́ствие

ЧССР Чехослова́цкая Социалисти́ческая Респу́блика

шилл. шилли́нг

шир. ширина́

шт. штат; шту́ка

э эрсте́д

эв электро́н-вольт

ЭВА электро́нная вычисли́тельная маши́на

элс элсктродви́жущая си́ла

ЭКГ электрокардиогра́мма

экз. экземпля́р

ЭЦВМ электро́нная цифрова́я вычисли́тельная маши́на

Ю. юг

Юар[juár] Южно-Африканская Республика

Ю.-в. юго-восток ; Юго-западный

ЮНЕСКО[junésko] Организация Объединённых Наций по вопросам образования, науки и культуры(< UNESCO)

ю.ш. южная широта

ЯК[ják] самолёт конструкции А.С.Яковлева

Як[ják] 동상

янв. январь

예문으로 익히는 **한러사전**

초판 9쇄 인쇄 2023년 8월 25일
초판 9쇄 발행 2023년 9월 5일

편저자 슬라브연구원 최숭
발행인 서덕일
펴낸곳 도서출판 문예림

출판등록 1962년7월12일 제 2-100호
주소 경기도 파주시 회동길 366, 3층
전화 02)499-1281~2   **팩스** 02)499-1283
홈페이지 www.moonyelim.com
이메일 info@moonyelim.com

ISBN 978-89-7482-0-381(31710)

값 17,000원

★ 잘못된 책은 구입하신 서점에서 교환해 드립니다.